语言研究新视角丛书（第一批）

1. 汉语语体修辞／黎运汉、盛永生
2. 辞章体裁风格学／郑颐寿
3. 汉语方言疑问范畴比较研究／邵敬敏
4. 广告语言跟踪研究／屈哨兵　刘惠琼
5. 节目主持语言传播艺术／肖沛雄
6. 语体风格分析纲要／丁金国
7. 言语行为研究／胡范铸
8. 语用原则论析／汪国胜　冯广艺
9. 修辞学与语文教学／刘凤玲
10. 教师口才的修养／冯寿忠

“语言研究新视角丛书”编辑委员会

YUYAN YANJIU XINSHIJIAO CONGSHU
语言研究新视角丛书
主编 黎运汉

本书获得国家社会科学基金项目（03BYY029）资助

yu yan yan jiu xin shi jiao cong shu

汉语方言
疑问范畴比较研究

邵敬敏 周 娟 彭小川 邵 宜 甘于恩 曾毅平 著

三大要素，缺一不可，既是本课题的亮点，也是我们追求的目标：汉语方言；疑问范畴；比较研究。

暨南大學出版社
JINAN UNIVERSITY PRESS
中国·广州

图书在版编目（CIP）数据

汉语方言疑问范畴比较研究/邵敬敏等著．—广州：暨南大学出版社，2010.3
（语言研究新视角丛书）
ISBN 978-7-81135-430-0

Ⅰ．汉…　Ⅱ．邵…　Ⅲ．汉语方言—疑问（语法）—方言研究　Ⅳ．H17

中国版本图书馆 CIP 数据核字（2009）第 221048 号

出版发行：暨南大学出版社

地　址：中国广州暨南大学
电　话：总编室（8620）85221601
营销部（8620）85225284　85228291　85220693（邮购）
传　真：（8620）85221583（办公室）　85223774（营销部）
邮　编：510630
网　址：http://www.jnupress.com　http://press.jnu.edu.cn

排　版：暨南大学出版社照排中心
印　刷：佛山市浩文彩色印刷有限公司

开　本：787mm×1092mm　1/16
印　张：21.25
字　数：478 千
版　次：2010 年 3 月第 1 版
印　次：2010 年 3 月第 1 次
印　数：1—2000 册

定　价：40.00 元

总　序

2007年6月，暨南大学出版社策划编辑杜小陆先生邀请我为他们出版社主编一套语言学丛书。始初我有些犹豫，但为他的眼界和气魄所感动，而且觉得这是响应社会发展、对语言科学召唤的善举，便欣然应诺了。

丛书筹备工作进展很顺利，很快便得到了20多位学者朋友的赞许与支持。2007年7月和2008年4月，暨南大学出版社徐义雄社长先后两次诚邀部分编委举行了丛书策划论证会，深入讨论了丛书选题运作的相关事宜，确定丛书名为“语言研究新视角丛书”，丛书的核心思想为“创新”，即课题新、理论新、语料新、方法新，力求凸显研究对象的新规律和新特点，洋溢时代气息，体现学科走向，给读者以新的启示。学术研究贵在创新，创新是学科前进的关键，只有创新才能给语言学增加新鲜血液，使其健康发展。而创新的基础是继承和吸收。继承、吸收与创新融合是语言科学发展繁荣的重要因素，也是语言科学发展繁荣的基本规律及其研究的方法论原则。我们撰写这套丛书既注意继承优秀传统，吸收已有成果的精华，更努力于开拓创新。

这套丛书由30本组成，于2008年10月、2009年8月和2010年8月分三批出版。

丛书数量大，内容广泛而丰富多彩。它涵盖语言理论、语言本体、语言运用和语言教学的范围，涉及词汇学、语义学、语法学、社会语言学、语用学、话语语言学、方言学、修辞学、语体学、语言风格学、辞章学，以及港台语言、网络语言、广告语言、导游语言、交际语言艺术、语用与文化、语用与教学的方方面面。其中有国家、省部级社科基金规划项目成果，有较大影响的学术专著的拓新或再构，有作者多年潜心研究的新著。我们期望丛书的问世能对现代语言科学以及与其有关学科的繁荣发展有所贡献，对语言学、文艺学、文章学的教学有所帮助，对语言科学的研究者有所启示，对社会公众提高语言运用的能力有所裨益。

丛书的参撰者是海峡两岸长期从事语言学、语用学、社会语言学、文化语言学教学和研究的老中青教授、博士，他们学术造诣较深，眼光敏锐，视野开阔，颇有探索、拓荒精神，曾出版、发表了不少学术专著和系列论文，而且都以严谨、务实、求新、求精的科学态度，潜心耕耘自己的课题，竭力使研究成果具有创新性、学术性、科学性、实用性、启示性。毫无疑问，丛书的每一分册都是作者多年从事语言科学研究和教学的智慧结晶，我相信读者朋友们都能从中发现自己喜爱的闪光点。

丛书成立编委会。由本人任主编，郭熙、何自然、刘焕辉、屈哨兵、邵敬敏、肖沛雄、曾毅平、周国光、郑颐寿、宗廷虎等教授为常务编委，丛书作者为编委。作者提交的书稿经丛书编委会审定，由主编和常务编委签署意见后，交由出版社出版。全套丛书行文体例大体一致。尽管编委共同努力把好质量关，但由于我们的水平和经验所限，这套丛书的编写难免有不尽如人意的地方，敬请读者朋友不吝赐教。

暨南大学出版社欣欣向荣，富有活力，一贯重视图书出版质量。出版的图书在新闻传播学、语言文学、心理学与管理学等学科领域已形成优势和特色，诸如《中文》等系列华文教材在海内外享有盛誉，“院士科普书系”2006年获国家科技进步二等奖。这次把“语言研究新视角丛书”和全国新闻学教材系列、“海外华文文学丛书”等同列为重点图书，更显示出令人钦佩的远见和魄力。本人作为主编，代表全体作者向暨南大学出版社表示衷心的感谢，并诚挚感谢各位作者朋友对我的大力支持。

黎运汉

2008年国庆节

于暨南大学羊城苑得道居

前　言

2002 年仲秋，我告别工作了 21 年的华东师范大学，正式调入位于岭南重镇广州的暨南大学。这在我人生的道路上，应该说是一次重大的抉择。离开我从小成长的第二故乡上海（第一故乡为宁波），离开我的家人以及一大批亲戚朋友、同事学生，在接近花甲之年毅然负笈南下，确实让很多人“大跌眼镜”，也确实需要有极大的勇气和决心，我称之为“开创学术研究的第二春”。七年，就这么一晃眼过去了，现在我也许可以确信无疑地说：这一步走对了。

1. 立题

暨南大学的语言学科在全国很有影响，早在 1991 年就建立了博士点，其优势主要在汉语方言研究，尤其是粤方言的研究，可谓独步天下、蜚声海内外。这是詹伯慧教授和他的弟子们苦心经营多年的阵地。我本人的研究重心历来偏向于汉语语法，当然也做过上海方言语法的部分研究以及吴语、粤语和普通话的比较研究，例如 1996 年跟徐烈炯先生合作撰写了《上海方言语法研究》（华东师范大学出版社 1998），2005 年跟石定栩、朱志瑜教授合作撰写了《港式中文与标准中文的比较》（香港教育图书公司 2006），但是方言研究毕竟不是我的主攻方向。自我踏进暨南大学校门那一刻起，我就在思考，如何能够把暨南大学原有的研究优势跟我的研究重点有机地结合起来。答案是极为明确的，最佳的切入点应该是汉语方言语法的研究，而这不仅符合当前汉语语法研究发展的总趋势，也是 21 世纪汉语语法研究的热点和亮点之一。

20 世纪 90 年代初，我曾经拿到过一个国家社科项目，并且最终出版了专著《现代汉语疑问句研究》（华东师范大学出版社 1996）。这些年来，方言语法研究方面，疑问句的研究方兴未艾，一直是大家最关注的课题之一，事实也一再证明：疑问句、疑问范畴是汉语方言语法里很有特色的部分，是值得我们花心血去钻研的。这就促使我在 2003 年申报并且最终拿到了又一个国家社科项目“汉语方言疑问范畴比较研究”。

能够申请到国家社科项目，如果说不是那么容易的话，那么真正做好这个课题并且在研究的理论方法和结论上有所突破，那就更难了。值得庆幸的是，我们暨南大学的语言学团队为这一研究提供了相当有利的条件。首先，在汉语方言母语方面，几乎囊括了现代汉语的七大方言，这就为这一比较研究提供了最基本的语料条件。它包括彭小川的粤语、曾毅平的客家话、甘于恩的闽语、邵宜的赣语、周娟的湘语以及我本人的吴语。这样的方言母语结构的巧妙组合，可能在其他院校的语言学教师队伍中是很难找全的。其次，是我们的成员在方言语法研究方面已经积累了比较丰富的经验，彭小川、曾毅平、邵宜和甘于恩都是方言学的博士或硕士，发表了许多各自方言语法的论文，尤其是彭小川教授这几年专攻语法，在方言语法方面硕果累累，周娟这几年随我专攻语法，成绩斐然。此外，我们还得到了许多热心朋友的支持和帮助，特别是在2006年底，我们跟中国汉语方言学会合作主办了“第三届现代汉语方言语法国际研讨会”，我们的某些研究成果得以在会议上宣读，得到了各位专家的指导和帮助。

2. 立意

既然叫做“汉语方言疑问范畴比较研究”，就意味着这里有三大要素，缺一不可：①汉语方言，不只是普通话或者北方方言；②疑问范畴，不只是疑问句式，还包括所有跟疑问有关的要素；③比较研究，不是孤立的研究，而是希望结合纵向和横向的比较研究。为此，我们制订的研究计划分为三大板块：

第一，各个大方言区的疑问范畴研究，也就是要对汉语方言的七大方言区的疑问范畴进行比较全面的描写和分析。包括是非问、特指问、选择问、正反问，以及语气词、疑问代词，还包括各个方言里一些比较有趣的疑问结构和用法。

第二，各个方言里比较特殊的疑问结构或句式研究。这是为了弥补一般描写可能带来的弊病（照顾了一般和全面，往往忽略了特殊和个别），比如吴语里的“阿V”疑问句式、湘语里的测度句、粤语里的是非问句等。这一研究往往必须跟普通话以及其他方言进行比较研究，也是最容易出彩的章节，值得我们进行比较深入的描写和分析。

第三，方言疑问范畴的比较研究。各大方言是汉语的地域变体，不同方言之间存在着千丝万缕的联系。透过疑问范畴这个窗口，我们可以看到许多内在的异同之处。所以我们如果希望对汉语方言的疑问范畴有比较准确的了解，就必须进行比较研究，这显然也具有语言类型学的意义。当然，这个比较并不容易，碰到了许多意想不到的困难。

从2004年初正式启动本项研究，经历了漫长的四年多，2008年我们终于可以结题了。我们课题组的成员，有的担任了院系的领导，有的自己也承担了国家或者省部级的课题，有的当时还在攻读博士学位。总之，个个都是大忙人。所以，大多都是“挤”出时间来做这项研究的。好在各位的功底比较扎实，态度比较认真，思路比较清楚，材料比较可信，所以研究工作还算基本顺利，其中有些甘苦、有些曲折、有些困惑，都是在所难免的。在研究过程中，有些章节曾经在各种语法或者方言的学术研讨会上宣读过（也有些论文已经在各级杂志上发表），主要是：

邵敬敏，周芍．汉语方言语法研究的回顾与思考．暨南学报，2005（1）

邵敬敏，周娟．汉语方言正反问比较的几点思考．暨南学报，2007（2）

邵敬敏．上海话题疑问句和命题疑问句研究．华东师范大学学报，2007（4）

邵敬敏．由“是”构成的三种附加问比较研究．甘肃社会科学，2008（5）
彭小川．论汉语方言语法比较研究的“效度”问题．语文研究，2006（2）
彭小川．广州话是非问句研究．暨南学报，2006（4）
彭小川．关于是非问句的几点思考．语言教学与研究，2006（6）
彭小川，张秀琴．粤语阳江话是非问句末的“麽”、“呢”连用．中国语文，2008（1）
甘于恩．闽方言疑问句比较研究．暨南学报，2007（3）
曾毅平．略论反问的否定功能．暨南大学华文学院学报，2004（2）
杨海明．近百年来北京话正反问句动态研究．暨南学报，2007（2）

3. 分工

有关章节的具体分工情况如下：

前言（邵敬敏）
导论　汉语方言语法及其疑问范畴研究（邵敬敏）
上编　汉语方言疑问范畴研究
第一章　北方方言（北京话）疑问范畴研究（邵敬敏）
第二章　吴方言（上海话）疑问范畴研究（邵敬敏）
第三章　湘方言（新化话）疑问范畴研究（周娟）
第四章　赣方言（宜丰话）疑问范畴研究（邵宜）
第五章　客家方言（石城话）疑问范畴研究（曾毅平）
第六章　闽方言（福州话）疑问范畴研究（甘于恩）
第七章　粤方言（广州话）疑问范畴研究（彭小川）
中编　汉语方言特色疑问句研究
第八章　“是不是VP”问句的肯定性倾向及其类型学意义（邵敬敏、朱彦）
第九章　近百年来北京话正反问动态研究（杨海明）
第十章　陕北方言的正反是非问句（邵敬敏、王鹏翔）
第十一章　上海方言“阿V”及其相关疑问句式比较研究（邵敬敏、徐烈炯）
第十二章　上海方言话题疑问句与命题疑问句比较（邵敬敏）
第十三章　湘语新化话的测度问探析（周娟）
第十四章　广州话的是非问句研究（彭小川）
第十五章　粤语阳江话是非问句末的“麽”、“呢”连用（彭小川、张秀琴）
下编　汉语方言疑问范畴比较研究
第十六章　是非问句的比较与思考（彭小川）
第十七章　汉语方言正反问的类型学比较（邵敬敏、周娟）
第十八章　汉语方言选择问比较研究（曾毅平）
第十九章　汉语方言特指问比较研究（甘于恩）

第二十章　汉语方言附加问比较研究（邵敬敏）
第二十一章　由“是”构成的三种附加问比较研究（邵敬敏）
第二十二章　汉语方言反诘问比较研究（邵宜）
第二十三章　汉语方言回声问比较研究（周娟）
第二十四章　上海方言疑问句近百年的历史演变及其特点（邵敬敏）
第二十五章　汉语方言疑问句横向比较研究（邵敬敏、周娟、彭小川、邵宜、甘于恩）

整个课题的设计、申报、汇总由我负责，并且承担统稿以及定稿的任务。需要特别说明的是，为了使这一研究更能反映汉语方言疑问范畴的特色，收录在本项研究之内的还包括了我跟徐烈炯教授、朱彦副教授、王鹏翔副教授合作的关于疑问范畴部分研究成果，还收录了我的博士生杨海明副教授的关于正反问历史发展的一项很有意思的研究成果。

4. 思考

这一课题研究的难度超出了我们预先的设想。因为几乎没有什么可供参考的文献。我们查阅了以往所有的汉语方言的研究资料，大多是语音的，少量是词汇的，语法尽管近年来开始引起重视，但是疑问句的研究是少之又少，大多限于正反问句。因此，我们第一步的工作，不是研究，而是调查和分析。其次，疑问范畴的比较也相当的困难，主要是尽管个人对自己的方言比较熟悉，可是对其他方言的情况基本上是无知，而语法的比较研究特别依赖于对语言的感觉，所以比较难以发现不同方言在语法方面的差异和特点，更何况进而要求进行语言类型学的比较呢！有关汉语方言疑问范畴的研究涉及方方面面，必须承认，我们的研究只是一个初步的探讨，许多问题还来不及比较分析和深入探索，所以肯定留下不少遗憾，只好有待于今后继续努力了。

方言语法研究是大有可为的，方言的疑问范畴研究更是值得下工夫去探索的。我们的研究工作仅仅只是一个开始。我相信，一声鸟鸣，会引来百鸟齐鸣；一枝早梅，会引来百花齐放。我希望我们的研究就是那一声报春的鸟鸣，就是那一枝探春的早梅。

邵敬敏

2009 年 9 月于暨南大学明湖畔

目　录

下编　汉语方言疑问范畴比较研究

导论　汉语方言语法及其疑问范畴研究

汉语方言通常分为七个大区，每个大方言内部还可以再分为若干个小区（片）以及小小区。这七大方言区又可以划归为三个更大的方言群：一是北方方言群，地域最广，人口最多，大体上分布于黄河流域，其实该方言群内部差异还是很大的，所以还要分为江淮官话、东北官话、西南官话、中原官话、山西官话等。二是中部方言群，包括吴方言、赣方言以及湘方言，它们地处中国中部，位于长江流域，属于北方方言和南方方言的过渡地带，呈现一系列介于南北方言之间的中间特色。三是南方方言群，包括粤方言、闽方言以及客家方言，它们位于中国南部，属于东南沿海以及珠江流域，与普通话相比，可懂度最低，并且保留较多的古代汉语的特点。

20 世纪 80 年代之前，关于汉语方言研究，人们在认识上存在一个误区，即以为汉语各个方言的差异或区别，主要表现在语音上，其次是词汇上，至于语法则基本相近。再加上当时出于推广普通话的客观需要，首先要求学习普通话的人至少能够听得懂，口语上能够交际，至于词汇以及语法方面则需要更加高的要求，显然是属于第二位的。这就导致了方言研究偏重语音的比较和分析，而疏于对语法的研究。这一状况到了 80 年代才出现了转机，这主要是因为：第一，方言语音的调查、比较、分析和整理已经相对比较扎实，已经取得了比较明显的成果。第二，方言词汇，特别是语法上的差异引起了研究者广泛的兴趣，这不仅有助于方言地区学习普通话的深入，而且还在语言学研究方面具有类型学的意义。第三，老一辈汉语学家大力提倡加强对汉语方言语法的研究，包括吕叔湘、朱德熙等，而且他们自己也身体力行，作出了表率。

20 世纪 80 年代到 21 世纪初的汉语语法研究取得了前所未有的巨大成就，这是有目共睹的。由于吕叔湘、朱德熙等前辈学者的倡导，汉语方言语法研究也取得了长足的进步，尤其是 90 年代更是呈现出一派欣欣向荣的景象。21 世纪的汉语语法研究将出现三个热点，或者说已经开始形成了三个新的增长点，那就是语义语法研究、方言语法研究以及历史语法研究。这三者分别从内部变换研究角度、共时横向延伸、历时纵向发展进行独立的或交叉的研究，从而构成一个立体的互补的汉语语法研究网络。

一、方言语法研究长期落后的原因

从历史上看，汉语方言语法的描写实际上还早于汉语共同语（官话）语法体系的建立，这主要是国外传教士根据他们实际需要编写了一些汉语教科书，不能不涉及语法，但是仅仅局限于沿海的一些方言。根据目前所看到的材料，汉语方言语法著作最早的一本应该是艾约瑟的《上海口语语法》（Joseph Edkins，*A Grammar of Colloquial Chinese，As Exhibited in the Shanghai Dialect*）（伦敦布道团1853年初版，上海长老会1868年再版）。这本著作第一部分是“语音”，第二部分是“词类”，第三部分是“句法”，共30课，主要按照英语语法框架来描写上海方言口语语法。但这仅仅是一种记录，还谈不上研究。真正意义上的科学研究要数赵元任1926年发表的《北京、苏州、常州语助词的研究》（清华学报.1926，3（2）），该文对三地方言的语助词进行了横向比较研究，并且取得了非常有价值的结论，可以说这是汉语方言语法研究的开山之作。

自那以来，虽然汉语方言的论著泱泱大观，不下几百种之多，可是方言语法研究却长期处于半停滞状态，不但一直没有引起足够的重视，而且研究成果在现代汉语语法研究中所占的比例也无足轻重。汉语方言语法研究之所以比较落后，其原因可以从两个角度来探究：

一是从语法学界角度来看，在认识上存在三个误区：第一，以为汉语方言之间的区别主要是语音，其次是词汇，而语法基本上大同小异，没有什么太大的研究价值，所以不值得去做；第二，以为即使方言语法可以研究，那也是方言学界的事情，语法学家只需研究普通话的语法，也就是不需要去做；第三，认为现代汉语语法的研究也还是才起步，这些课题都做不完，根本没有精力和时间去涉及方言语法的问题，也就是没可能做。

二是从方言学界角度来看，客观上存在一些困难：第一，在语音、词汇都还没有调查清楚的情况下就进行语法研究，有点力不从心；第二，语法研究对语感的要求更高，所以如果不是研究自己的“母语方言语法”，就很难进行深入的研究；第三，方言学界的学者在语法研究方面缺乏基本功的训练，在掌握先进的语法理论与方法方面存在明显的先天不足。

因此，要彻底改变这种局面，首先在认识上要有根本性的转变，认识到汉语方言语法研究的重要性、迫切性和可行性。一方面，方言学界的学者要进行语法研究的理论与方法的再学习；另一方面，语法学界的学者更要关心，并且积极投入到汉语方言语法研究中去，我们要提倡“从自己的母语方言语法做起”。

二、方言语法研究的春天已经来临

朱德熙先生从20世纪80年代初就大声疾呼，要加强方言语法与历史语法的研究。他在1991年“中国语言学会第六届年会”的发言中还以自己研究“的”的深切体会指出共时和历时比较研究的重要性（中国语文.1993（4））。可喜的是，80年代以来，对汉语方言语法的研究开始逐步引起注意，而到了90年代，特别是后半期，这一研究进入兴旺期。其重要标志是各种方言学术会议开始从偏重语音研究逐步转向注重语法研讨，例如从90年代开始，广州一批中青年学者多次举办“今日粤语”小型研讨会，就以语法研究作为主要议题，并且出版了两本《广州话研究与教学》论文集；再如“吴语研究国际学术研讨会”，第二届（苏州大学2001）跟第一届（香港中文大学1988）相比，所提交的语法论文，无论是数量还是质量，都不可同日而语了。此外，“中国东南部方言比较研究计划”于1992年开始就集中对汉语方言语法进行专题性的讨论，李如龙和张双庆联合主编了一套“中国东南部方言比较研究丛书”，包括《动词的体》（之二，香港中文大学中国文化研究所、吴多泰中国语文研究中心出版1996）、《动词谓语句》（之三，暨南大学出版社1997）、《代词》（之四，暨南大学出版社1999）、《介词》（之五，暨南大学出版社2000）等。此外，全国方言学会自1981年以来，国际粤方言研讨会自1987年以来，国际闽方言研讨会自1988年以来，都是每两年举办一次，这些学术会议所提交的语法论文的数量呈明显的上升趋势。

特别是2002年12月首届国际汉语方言语法研讨会在哈尔滨举办，出版了戴昭铭主编的会议论文集《汉语方言语法研究和探索》（黑龙江人民出版社2004），这是一个里程碑式的重要会议，标志着汉语方言语法研究跨上了一个新的台阶。其主要成就在于：第一，注重方言语法研究的理论思考。例如：张振兴《〈方言〉与方言语法研究》、李小凡《当前方言语法研究需要什么样的理论框架》、刘丹青《试谈汉语方言语法调查框架的现代化》、戴庆厦《汉语方言研究与少数民族语言结合的一些理论方法问题》、鲍厚星《方言语法研究与田野调查》等。第二，方言的共时研究，开始联系历史发展的进程来考察。例如曹广顺、李纳《汉语语法史研究中的地域视角》，邢福义《“起去”的语法化与相关问题》，李先耕《关于“起去”问题的再思考》，戴昭铭《弱化、促化、虚化和语法化》，冯力《中古汉语动态助词“却”（去）在现代方言中的表现》，丁崇明、荣晶《昆明话“着”的语义语源探究》等。第三，注意了方言语法描写切入点的变化。有的强调比较研究，例如胡明扬《“着”“在那里”和汉语方言的进行态》、彭小川《关于“的”的一些思考》；有的联系语音探讨语法问题，例如郑张尚芳《温州话指代词系统及强式变化并近指变音》、汪国胜《大冶方言人称代词的变调》；有的从语法意义入手，但更多的还是从形式标记入手，例如重叠、被动标记、助词、语气词等。2004年在武汉华中师范大学举办了第二届国际汉语方言语法研讨会，并出版了由汪国胜主编的论文集《汉语方言语法研究》（华中师范大学出版社2007）；2006年在广州暨南大学举办了第三届国际汉语方言语法研讨会，并出版了由邵敬敏主编的论文集《汉语方言语法研究的新拓展》（暨南大学出版社2008）；2008年在福建由泉州师范学院举办了第四届国际汉语方言语法研讨会。这几次国际研讨会的召开标志着汉语方言语法研究的春天已经到来。

汉语方言语法研究的形势从来也没有像今天这样好过。这主要有以下几个方面的体现：

（1）通论性质的方言学著作大大加强了语法部分的阐述，例如詹伯慧《现代汉语方言》（湖北人民出版社1981）、詹伯慧主编《汉语方言及方言调查》（湖北教育出版社 1991）、游汝杰《汉语方言学导论》（上海教育出版社 1992）、李如龙《汉语方言学》（高等教育出版社 2001）、侯精一《现代汉语方言概论》（上海教育出版社 2002）等。尤其是詹伯慧《现代汉语方言》一书，虽是一部普及性著作，但对语法特别重视，从构形法、词语组合、词语位次、几类句子结构以及词类等五个方面进行了举例综述，很有启发性意义。

（2）个别方言的专著，除了语音、词汇，已经把语法部分作为不可或缺的有机组成部分，例如钱曾怡等《烟台方言报告》（齐鲁书社 1982），张振兴《台湾闽南方言记略》（福建人民出版社 1983），侯精一《长治方言志》（语文出版社 1985），李申《徐州方言志》（语文出版社 1985），李永明《衡阳方言》（湖南人民出版社 1986），詹伯慧、张日升《珠江三角洲方言调查报告》（三卷本）（广东人民出版社 1987，1988，1990），陈昌仪《赣方言概要》（江西教育出版社 1991），李如龙、张双庆《客赣方言调查报告》（厦门大学出版社 1992），钱乃荣《当代吴语研究》（上海教育出版社 1992），张启焕、陈天福、程仪《河南方言研究》（河南大学出版社 1993），李新魁、黄家教等《广州方言研究》（广东人民出版社 1995），曹志耘《严州方言研究》（日本好文出版社 1996），平田昌司《徽州方言研究》（日本好文出版社 1998），侯精一《现代晋语的研究》（商务印书馆 1999），戴昭铭《天台方言初探》（中国社会科学出版社 2002）等。

更为可喜的是，有的方言志，语法部分已经从陪衬升级为重要的组成部分，不但内容大大充实，而且地位也明显提高。比较突出的如许宝华、汤珍珠主编的《上海市区方言志》（上海教育出版社 1988）第七章“语法”（游汝杰执笔）比较详尽、全面地描写了上海话的语法系统，观察比较细致，挖掘出不少很有研究价值的语料，也注意到一些比较有趣的语法现象，并有一些新的见解，例如提出了“后置介词”、建立了“拟词”等；陈泽平的《福州方言研究》（福建人民出版社 1998）一共 13 章，语法就有 8 章之多，对某些有特色的词类，比如对数量词、代词、介词，以及特殊的句式，比如对肯定、否定和反复疑问句、受事前置的动词谓语句进行专题式讨论。有的还注意到方言语法历史上的特点，例如钱曾怡主编的《山东方言研究》（齐鲁书社 2001）不但在第二卷第三章（乐立静执笔）专门讨论了构词法、词类、短语以及句式，而且还在第三卷第三章（孙韵珩、张树铮执笔）根据《醒世姻缘传》和《聊斋俚曲集》的语言材料专门讨论了“清代山东方言语法”。还有的著作语法部分占到全书的大部分，例如高华年的《广州方言研究》（商务印书馆香港分馆 1980），该书的重点是语法部分，如第一节“词法”、第二节“句法”；语法体系基本上采用“暂拟系统”，比较细致地描写了广州方言词的构造和调形变化规律以及句子的结构和类型。

（3）出版了若干方言语法专著，这些论著可以分为两种类型：

第一，某个方言的描写性语法专著，即对某种方言的语法进行比较系统、概括的描写，特点是比较全面，也比较传统，可以让人对这一方言语法有个基本了解；缺点是探讨某些专题的深度还不够。著作方面，早期几乎都是境外学者撰写的，例如李献璋《福建语法序说》（日本东京南风书局 1950），张洪年《香港粤语语法的研究》（香港中文大学出版社（增订本）2007），罗肇锦《客语语法》（台湾学生书局 1975），马诗帆、叶彩燕（《粤语语法综论》，香港中文大学出版社 1995）等。90 年代以来，国内陆续出版了一些方言语法专著，比较有影响的如何耿镛《客家方言语法研究》（厦门大学出版社 1993），钱乃荣《上海话语法》（上海人民出版社 1997），邢向东《内蒙古西部方言语言研究》（内蒙古人民出版社 1997），乔全生《晋方言语法研究》（商务印书馆 2000），陈淑梅《鄂东方言语法研究》（江苏教育出版社 2001），张一舟、张清波、邓英树《成都方言语法研究》（巴蜀书社 2001），林寒生《闽东方言语法研究》（云南大学出版社 2002）等。此外，还有曾毓美《韶山方言语法研究》（湖南大学出版社 1999）和《湘潭方言语法研究》（湖南大学出版社 2001）、徐慧《益阳方言语法研究》（湖南教育出版社 2001）、彭兰玉《衡阳方言语法研究》（中国社会科学出版社 2005）等。

第二，某方言专题性研究的著作，这是方言语法研究中的主流，在这方面，施其生和汪国胜的研究尤为出色。施其生的研究集中反映在他的论文集《方言论稿》（广东人民出版社 1996）中，该书除了 4 篇是关于方言语音调查之外，其余 14 篇都是研究方言语法的，以汕头和广州方言为主，例如“论‘有’字句”、“广州方言的‘量＋名’组合”都很有见地。汪国胜《大冶方言语法研究》（湖北教育出版社 1994）列出 10 个专题，分别作了探讨，其中“大冶金湖话的‘的’‘个’和‘的个’”，用方言材料验证朱德熙关于现代汉语的“的”应该分为三个不同性质的“的”的论断，其他章节也写得比较扎实。此外，徐烈炯、邵敬敏的《上海方言语法研究》（华东师范大学出版社 1998），就 10 个课题进行了专门的研究，方法比较新颖，同时还附有“上海方言语法概要”。项梦冰《连城客家话语法研究》（语文出版社 1997）、林立芳《梅县方言语法论稿》（中华工商联合出版社 1997）、李小凡《苏州方言语法研究》（北京大学出版社 1998）等也都颇有特色。

近年来又出现一种新的迹象，就是就某个专题进行集中的研究。例如伍云姬主编的《湖南方言的时态助词》（湖南师范大学出版社 1996）、《湖南方言的介词》（湖南师范大学出版社 1998）、《湖南方言的代词》（湖南师范大学出版社 2000），卢小群《湖南土语代词研究》（中国社会科学出版社 2004），方小燕《广州方言句末语气助词》（暨南大学出版社 2003）等。更为可喜的是集中对某类语法现象活语法范畴进行比较研究或者历史演变研究，如罗自群《现代汉语方言持续标记的比较研究》（中央民族大学出版社 2006）、钱乃荣《上海语言发展史》（上海人民出版社 2003）等。

三、方言语法专题研究的深化

方言语法专题研究的单篇论文成倍增长，这反映了方言学家和语法学家都开始关注这一课题的研究。这也标志着这一研究逐步走向深化：

（一）特点概述研究

即就某个方言区或方言点的某些特点进行概述，例如潘悟云《吴语的语法、词汇特征》（温州师专学报.1986（3））、曹志耘《金华方言的句法特点》（中国语文.1988（4））、崔振华《长沙方言的几个语法特点》（湖南师范大学学报.1992（3））、黄雪贞《客家方言的词汇和语法特点》（方言.1994（4））、吴启主《常宁方言的语法特点》（中国语言学报（5）.商务印书馆1995）等。长处是论述集中，特色鲜明，给人一个比较清晰的概貌。

引人注目的是，人们开始认识到北方方言区内部的语法实际上并不完全一致，某些地区或者某个方言点都具有自己的语法特色，这类论文有王培基、吴新华《关于青海口语语法的几个问题》（中国语文.1981（1）），胡双宝《文水方言的一些语法现象》（语文研究.1981（2）），汪平《贵阳方言的语法特点》（语言研究.1983（1）），张成材《西北方言语法调查提纲》（固原师专学报.1991（2）），徐凤云《黔南汉语方言的特点》（贵阳师专学报.1991（3）），钱曾怡、罗福腾等《山东诸城方言的语法特点》（中国语文.1992（1）），王磊《论牡丹江方言语法》（牡丹江师范学院学报.1992（2）），陈汝立《新疆汉语方言语法述要》（新疆师范大学学报.1992（2）），何伟棠《增城方言的语法特点》（方言.1993（2）），屈哨兵《湖北宣恩话语法札记》（中国语文.1993（6））等。

（二）词缀研究

词缀的研究，包括特殊的构词方式，这是方言语法研究的热点。例如熊正辉《南昌方言的子尾》（方言.1979（3））、郑张尚芳《温州方言的儿尾》（方言.1979（3））、李申《徐州方言的词缀》（中国语文.1981（2））、甄尚灵《遂宁方言的形容词的生动方式》（方言.1984（1））、方松熹《浙江吴方言里的儿尾》（中国语文.1993（2））、周日健《广东省惠东客家方言的语缀》（方言.1994（2））、乔全生《山西方言“字尾”研究》（山西大学学报.1995（3））等。

（三）重叠研究

所谓的重叠，包括形容词以及动词的重叠。例如张盛裕《潮阳方言的重叠式》（中国语文.1979（2）），朱彰年《宁波方言量词的重叠式》（中国语文.1981（3）），郑懿德《福州方言单音动词重叠式》（中国语文.1983（1）），梁玉璋《福州方言重叠式名词》（中国语文.1983（3）），宋玉柱《河北昌黎方言双音形容词的重叠方式》（中国语文.1986（3）），郑良伟《台湾话动词重叠式的语义和语法特点》（中国语文.1988（6）），陈亚川、郑懿德《福州话形容词重叠式的音变方式及其类型》（中国语文.1990（2）），马重奇《漳州方言的重叠式形容词》（中国语文.1995（2）），朱景松《扬州话单音动词的生动重叠》（中国语文.1993（3）），潘家懿《海丰话形容词的生动形式》（语文研究.1994（1）），陈淑梅《湖北应山方言形容词的重叠式》（方言. 1994（1）），马重奇《漳州方言的重叠式动词研究》（语言研究 . 1995（1）），谢自立、刘丹青《苏州方言变形形容词研究》（中国语言学报（6）. 商务印书馆 1995），徐烈炯、邵敬敏《上海方言形容词重叠式研究》（语言研究 . 1997（2）），孟庆泰《山东淄博方言的重叠式》（中国语文 . 2002（2））等。

（四）虚词研究

虚词研究也是方言语法研究的重点，主要有两种研究方法：第一，与普通话比较，从而发现方言虚词的某些特点，例如史有为《常州方言里的“佬”》（中国语文. 1982（3））、范晓《吴语“V－脱”中的“脱”》（吴语论丛. 上海教育出版社 1988）、谢留文《南昌县（蒋巷）方言的两个虚词“是”与“着”》（中国语文 . 1998（2））、邵敬敏《试析上海方言的虚语素“头”》（语文论丛（四）. 上海教育出版社 1989）、乔全生《洪洞方言助词“着”的共时研究》（方言 . 1990（2））、林伦伦《潮汕方言的虚词及其语法意义》（汕头大学学报 . 1992（1））、彭可君《贵阳话的副词“把”》（中国语文 . 1991（6））、涂光禄《贵阳方言语气词初探》（贵州大学学报. 1993（1））、陈满华《湖南安仁方言的句段关联助词》（中国语文 . 1993（3））、宋秀令《汾阳方言的语气词》（语文研究 . 1994（1））、刘清源《成都话动态助词“过”的一个用法——“VO 过”》（中国语言学报（6）. 商务印书馆 1995）等。第二，方言内部同类型虚词的比较，例如钱乃荣《上海话的虚词“LAʔ”和“Lʔ”》（吴语论丛 . 上海教育出版社 1988）、施其生《论广州方言虚成分的分类》（语言研究 . 1995（1））、刘丹青《无锡方言的体助词“则”（仔）和“着”》（中国语言学报（6）. 商务印书馆 1995）、邢向东《陕北神木话的助词“得”》（中国语文 . 2001（5））等。

（五）代词研究

代词研究方面，既有建立系统，以描写为主的，也有分析其中的特殊用法以揭示其特点的。例如谢自立《苏州方言的代词》（吴语论丛. 上海教育出版社 1988）、陈鸿迈《海口方言的指示代词和疑问代词》（中国语文 . 1991（1））、张邱林《陕县方言远指代词的面指和背指》（华中师范大学学报 . 1992（5））、项梦冰《连城（新泉）方言的疑问代词》（方言 . 1993（3））、项梦冰《连城（新泉）方言的指示代词》（方言 . 1992（4））、施其生《汕头方言的人称代词》（方言 . 1993（3））、宋秀令《汾阳方言的指示代词与疑问代词》（山西大学学报 . 1994（1））、孟守介《诸暨方言的代词》（语言研究 . 1994（1））等。

（六）特殊结构和句式分析

特殊结构和句式分析一直是研究热点，例如侯精一《平遥方言的动补式》（语文研究 . 1981（2））、陈法今《闽南方言的两种比较句》（中国语文 . 1982（1））、马文忠《大同方言的动趋式》（中国语文 . 1986（6））、胡明扬《海盐方言里存现句和静态句》（中国语文 . 1988（1））、乔全生《山西方言的“V＋将＋来/去”结构》（中国语文 . 1992（1））、丁崇明《大理方言中与动词“给”相关的句式》（中国语文 . 1992

(1))、罗福腾《牟平方言的几种常用句式》(方言. 1992 (2)) 和《山东方言比较句的类型及其分布》(中国语文. 1992 (3))、陈法今《泉州方言的述补结构》(方言. 1992 (3))、汪国胜《大冶话的“倒”字及其相关句式》(华中师范大学学报. 1992 (5))、邢向东《呼和浩特方言感叹句的常用句式》(方言. 1994 (2))、张林林《九江话的“着”及其相关句式》(九江师专学报. 1992 (2))、周长楫《厦门话的被动句》(厦门大学学报. 1993 (3))、陈垂民《闽南话的“去”字句》(暨南学报. 1993 (3))、林连通《福建永春方言的述补式》(中国语文. 1995 (6))、丁力《安康方言中的“V开 (NP) 了”结构》(湖北大学学报. 1995 (6))、饶长溶《长汀话表可能的“V得”组合》(中国语言学报 (6). 商务印书馆 1995)、徐复岭《山东方言比较句式溯源简说》(中国语文. 1995 (2))、陈淑梅《汉语方言里一种带虚词的特殊双宾句式》(中国语文. 2001 (5)) 等。

其他还有涉及体貌的，例如陈慧英《广州方言表示动态的方式》(中国语文. 1990 (2))、刘祥柏《汉语方言体貌助词研究与定量分析》(中国语文. 2000 (3))。总体来看，有关研究的数量已经达到一定程度，但是质量还有待于改进，尤其是所采用的理论和方法大部分停留在传统语法的层面，只有少数有所突破。

四、汉语方言疑问范畴研究

疑问是人们认知结构里不可或缺的重要组成部分。几乎所有的方言志，尤其是方言语法研究，都有关于疑问范畴的部分。20 世纪 90 年代以来，汉语方言研究的重点，开始从语音、词汇的研究，转向语法的研究，其中疑问范畴的研究是最具特色、成果也比较突出的一个部分。

(一) 疑问系统

近年来出版的方言语法著作里，大多有专门章节论述疑问句，如彭玉兰的《衡阳方言语法研究》(中国社会科学出版社 2005)。其中上海方言疑问范畴做得比较出色，主要是许宝华和汤珍珠主编、游汝杰执笔的《上海市区方言志》的有关部分，虽还是拘泥于传统思路，在“疑问代词”和“疑问语气助词和疑问句”里分别论述，但有些特点的揭示是很有见地的，如指出在一个陈述句后头，用“对哦”来提问，目的是“要求对方加以证实而已”；又如指出已经包含“阿”的句子，还可以再加上别的疑问语气词，构成“双重疑问”。钱乃荣的《上海话语法》(上海人民出版社 1997) 也比较有特色，该书分三个部分论述疑问范畴：一是疑问代词，分为十个方面；二是疑问的表现，分为三种句式，可惜缺乏进一步的分析与解释；三是讨论历史的发展，有一节谈及“是非问句的变化”，比较有意思，涉及阿 V、V 勿、V 哦、V 勿 V 等格式的变迁。

(二) 疑问句式

在疑问句的四种结构类型中，由于正反问 (也叫“反复问”) 的形式变化比较特殊，所以研究比较深入，讨论也最热烈。选择问，也有少数文章进行了研究，至于特指问句以及是非问句，往往结合疑问代词和疑问语气词来进行，几乎没有什么独立的研究。

1. 正反问

1985 年朱德熙《汉语方言里两种反复问句》（中国语文 . 1985（1））从语言类型学的角度提出了对立的两种正反问句类型。他认为某些方言中，如苏州话的“耐阿晓得”为反复问句，而“可 VP”和“VP 不 VP”两种反复问句无论是在历史上还是现代，始终相互排斥，不在同一方言里共存。至于“可 VP 不 VP”句式则应看作“可 VP”和“VP 不 VP”两种句式糅合在一起的混合句式，是“可 VP”型反复问句的一种变例。此文发表后引起语言界广泛的兴趣，学者们发表了一系列有关论文，对朱氏的观点进行讨论、商榷。王世华《扬州话里两种反复问句共存》（中国语文 . 1985（6））认为扬州方言中有两种反复问句共存的现象，并推测这与其他方言的影响有关，是不同方言留下的痕迹。施其生《汕头方言的反复问句》（中国语文 . 1990（3））指出汕头方言有“可 VP”、“不 VP”以及“可 VP”与“不 VP”的混合型三种反复问句，并认为它们都是潮州方言所固有的，而且应把混合型看作第三种类型，而不是看作“可 VP”的变例。刘丹青《苏州方言的发问句与“可 VP”句式》（中国语文 . 1991（1））则对朱氏把“可 VP”式归为反复问句提出质疑，并从几个方面证明应把它看作是非问，持相似观点的还有游汝杰《吴语里的反复问句》（中国语文 . 1993（2））。此外，还有李小凡《也谈“反复问”》（语言学与汉语教学，北京语言学院出版社 1990）从答问方式、句末语气词以及疑问句系统三个方面论证苏州方言中的“阿 VP”型疑问句跟普通话的是非问句相对应，苏州话疑问系统中“非特指问”有两类：是非问和选择问；贺巍《获嘉方言的疑问句——兼论反复问两种句型的关系》（中国语文 . 1991（5））对有关研究进行了小结，并进行了理论上的探索，很有见地。

朱德熙在进一步比较各方言的反复问句后，又写了《“V－Neg－VO”与“VO－Neg－V”两种反复问句在汉语方言里的分布》（中国语文 . 1991（5）），指出：①这两种不同的语序代表了方言的不同句法类型，前者主要见于南方方言，后者主要见于北方方言。②某些方言中，“V－Neg－VO”经常紧缩为“VV（O）”形式，它实际上有两种情况：省略式“V－φ－V（O）”和融合式“VV（O）”。③反复问句中的各种句式形成不同层次。这一研究不仅揭示了反复问句的动态变化层次，而且具有类型学的意义。

20 世纪 90 年代对正反问的研究方兴未艾，陆续有关于各个方言的正反问句的研究问世，进入 21 世纪以来，这一研究更加深入。主要分为以下三类研究：

第一类是讨论北方方言里正反问的特殊形式，例如邵敬敏、王鹏翔《陕北方言的正反是非问句——一个类型学的过渡形式研究》（方言 . 2003（1）），指出陕北方言没有“吗”字是非问句，但有一种使用频率极高的特殊问句类型“VP－Neg?”，这可看作正反是非问句。文章从类型学的角度探讨了该类问句的结构特点，分析了煞尾的“不”、“没”的语义语用特征以及语法化进程，并借此验证了普通话的“吗”字句来源于早期正反问句的观点。郭校珍《山西晋语的疑问系统及其反复问句》（语文研究.2005（2））认为从语法意义和疑问功能看，晋语的反复问格式“VP－（Prt）－Neg”相当于普通话的无标记肯定式“吗”字问句，它之所以能与“敢”字句并存于晋语的疑问系统，是因为两者的疑问功能不同，前者是真性问句，后者是非真性问句。邢向东《陕北晋语语法比较研究》（商务印书馆2006）主要讨论否定词为“不”或“没”的反复问句。罗福腾《山东方言里的反复问句》（方言.1996（3））利用现有的方言调查成果来分析山东全省反复问句的类型及其地域分布情况，并根据明末清初用山东方言写成的文学作品所反映的反复问句的事实，讨论现今山东话反复问句的某些类型的历史来源。此外，还有杜永道《华县话反复问句的几种特殊形式》（中国语文.1989（3））、刘祥柏《六安丁集话的反复问形式》（方言.1997（1））。

第二类是讨论南方方言里特殊的正反问句，例如邢福义《“有没有VP”疑问句式》（华中师范大学学报.1990（1）），指出这类疑问句式本来是东南沿海方言地区使用的，已有进入普通话的趋势。相关的论文还有刘丹青、余蔼芹《广东开平方言的疑问句》（中国语文.1992（4）），邝霞《“有没有”反复问句的定量研究》（汉语学习.2000（3）），杨秀明《“有没有VP句”在闽南方言区的结构差异》（漳州师范学院学报.2003（3）），杨秀明《关于港澳台学生口语中一种常见的句法现象——新兴问句“有没有＋VP”产生依据探析》（福建省“对外汉语教材建设问题”学术研讨会论文集.2003），董秀芳《现代汉语中助动词“有没有”》（语言教学与研究.2004（2）），陈海燕《关于“有没有VP”中“有”的副词性探讨》（海南师范学院学报.2004（6）），马春华《“有没有VP”与“VP没有”的比较研究》（洛阳高等专科学校学报.2005（1））以及申云玲《“有没有VP”正反问句答句的对称与不对称》（忻州师范学院学报.2006（1））。

第三类是进行相关句式的比较研究，例如徐烈炯、邵敬敏《“阿V”及其相关疑问句式比较研究》（中国语文.1999（4））专门讨论上海方言里“阿V”与“V”、“V勿V”三种疑问句式之间的关系。侯兴泉《广东封开南丰话的三种正反问句》（方言.2005（2））指出，南丰话的正反问句有“VP曾”、“阿VP”、“阿VP曾”三种，它们属于不同的历史层次。其中“VP曾”处于历史的最底层，由“P－Neg曾”脱落否定副词而来；“阿VP”是后来从别的方言借入的；“阿VP曾”则是一种混合型句式，是借入“阿VP”后本地化的创新。杨海明《近百年来北京话正反问句动态研究》（暨南学报.2007（2））则从语用交际的四大原则来探讨正反问从后省演变为前省的内在规律。

2. 选择问

方言的选择问研究比较薄弱。主要有史素芬《山西武乡方言的选择问句》（语文研究.2002（2）），此文指出，跟正反问句一样，选择问句也可以按时态差异分为未然和已然两种类型。未然体常用的形式是“VP＋嘞＋VP嘞”和“VP＋呀＋VP呀”；已然体常用的形式只有一种“VP＋来＋VP来”。武乡方言选择问句的两个特点：第一，属于“VP不VP”型。第二，“VP＋嘞＋不”和“VP＋呀＋不”是反复问句中常用的两种简略形式，它们所蕴涵的时间意念不同。此外，还有宋金兰《甘青汉语选择问句的特点》（民族语文.1993（1））、赵蔡欣《武汉方言中的两种问句》（汉语学习.1993（6））、史素芬《山西武乡方言的选择问句》（语文研究.2002（2））等。

3. 疑问代词与特指问

疑问代词的研究，大多跟特指问句的研究结合在一起。系统描写的如卢小群《湖南方言代词研究》（中国社会科学院出版社2004）。他认为疑问代词的语音和词汇形式复杂，本字难考，在语法上，除了“哪”不能单独使用之外，“其他的功能与北京话疑问代词的语法功能几乎是一样的”，认为这显示出一种语法功能的趋同性。专题性研究有周小兵《普通话和广州话的人称疑问代词》（双语双方言（五）），此文认为：“A式：谁是张老三？”问的是“哪一个是张老三？”，而“B式：张老三是谁？”问的是“张老三是什么人？”。广州话里，“边个”可以用于A和B式，但是“乜谁”则能够用于B式。

4. 疑问语气词与是非问

普通话里的语调是非问，刘月华专门做过研究，方言里很少有单纯依靠语调构成的是非问句，而疑问语气词则相对比较丰富，所以这一研究往往结合是非问句一起进行。

方小燕《广州方言句末语气助词》（暨南大学出版社2003）指出广州话是粤方言的代表，有着丰富的语气助词。基于句子表述性是语言交际功能本质体现的认识，该书着重论述了广州话的句末语气助词对句子表述性的作用，指出广州话句末语气助词的基本功能是辅助句调表达语气，不仅仔细辨别了不同疑问语气词的差别，而且重点讨论了它们对语气、焦点、表义、足句的作用。通过对句末语气助词分布的观察，发现：有部分分布在是非疑问句的句末语气助词对语气起决定的区别作用，这些语气助词与非疑问句末的语气助词形成互补关系。全部的句末语气助词都有表达情态语气的作用，传递各种复杂的主观态度或感情。相关的研究还有汪平《苏州话里表疑问的“阿、曾阿、啊”》（中国语文.1984（5））、石定栩《上海话疑问成分“哦”的语义及句法地位》（中国语文.2007（5））。

五、方言语法研究的理论思考

虽然汉语方言语法研究已经取得了相当大的成就，但是跟普通话语法研究相比，还是存在比较明显的差距。因此，要想取得更进一步的成就，就需要发现差距，寻找原因，明确改进的方向。

（一）深化“比较”研究

方言语法研究，离不开“比较”这个基本的方法。应该说大多数方言语法学家已经确立了比较强烈的比较意识，并且部分人也已经比较娴熟地掌握了这一方法，写出了不少比较色彩浓郁的论文，如于根元《上海话的“勒勒”和普通话的“在、着”》（语文研究．1981（1）），李英哲《官话和闽方言中的几个动词短语结构的比较研究》（语言教学与研究．1992（1）），林伦伦《广东闽方言语法特点的比较研究》（汕头大学学报．1993（2）），傅雨贤《连平话祈使句的形式标志“好”——兼与普通话祈使句作比较》（双语双方言论文集（二）），许绍早《广东阳江话否定句和普通话否定句的比较》（双语双方言论文集（二）），胡性初《英东话否定句和普通话否定句的比较》（双语双方言论文集（三）），邢福义《南味“好”字句》（双语双方言论文集（四）），陈垂民《闽南话和普通话述补结构的比较》（双语双方言论文集（四）），郑贵友《赤峰话中的“W＋呢啊”是非问句》（双语双方言论文集（四）），叶竹钧《慈溪话普通话否定词语的用法比较》（双语双方言论文集（五）），邵敬敏《上海方言与北方方言疑问代词比较研究》（中国语言学的新拓展．香港城市大学1999），李科凤《重庆方言疑问句与普通话的差异》（重庆工商大学学报．2005（3））以及邵敬敏、周娟的《汉语方言正反问的类型学比较》（暨南学报．2007（1））等。

但是，目前的方言比较研究往往局限于某个方言跟普通话语法的比较，换言之，还属于单一性的比较研究。我们认为应该把视野放宽，一是就某个专题，把几个相关的方言，加上普通话放在一起进行比较，即在更加广阔的方言背景下进行比较观察。二是将方言跟有关的汉藏语言进行比较，因为两者之间显然存在着千丝万缕的联系。这类研究最著名的当推朱德熙的论文，例如《北京话、广州话、文水话和福州话里的“的”字》（方言．1980（3））一文中，这种比较研究显得更为淋漓尽致。作者一方面从历史上考察了唐宋时“地1、地2”和“底”的区别，另一方面又从平面上比较了北京话、广州话、文水话和福州话的有关用法，从而证明北京话中同语音形式的“的”确实应分化为不同的三个“的”。这比他在《说“的”》（中国语文．1961（12））中仅仅依靠分布来证明更有说服力。这类论文还有游汝杰《温州方言的一些特殊语法现象及其在台语里的对应表现》（吴语论丛．上海教育出版社1988），吴振国《助词“着”在若干方言中的对应形式》（双语双方言论文集（三）），甘于恩、邵慧君《汉语部分南方方言否定副词的类型比较》（双语双方言论文集（四）），邵敬敏、鲍茂振《从北京话、上海话、香港话看语言渐变的走势》（香港语文建设通讯．1997（3））。著作方面有刘纶鑫《客赣方言比较研究》（中国社会科学出版社1999）、刘镇发《香港客粤方言比较研究》（暨南大学出版社2001）。特别要指出的是，余霭芹《汉语方言语法比较》（*Comparative Chinese Dialectal Grammar*，EHESS，Paris，1993）更是有意识地把若干个方言语法的材料放在一起进行比较研究，从而建立起汉语方言语法的比较研究学。还有张惠英的《汉语方言代词研究》（语文出版社2001），就若干方言的代词进行的综合性的比较研究，也很有学术价值。

事实证明，比较方法是非常有潜力的。比如，我们把吴方言（上海话为代表）、粤方言（广州话为代表）跟普通话（北京话为代表）一起进行疑问句的比较，就会发现一些很有意思的现象：

粤方言（广州话）：问：有冇搞错？　　肯定性回答：有，有搞错。

吴方言（上海话）：问：有勿有搞错脱？　　肯定性回答：搞错脱勒。

普通话（北京话）：问：搞错了没有？　　肯定性回答：搞错了。

"有没有"带动词性宾语提问的疑问句式，在粤方言里不但可以问，而且可以做正面肯定性回答，单独用"有"或者"有"加上动词性短语，台湾的华语也可以这样提问和回答。普通话却不行，不能这样问，更不能这样回答。有趣的是吴方言，可以这样提问，却不能这样做肯定性回答，换言之，提问跟粤方言一样，而回答则跟普通话相似，好像各取一半，恰好处于中间状态，这就具有语言类型学的价值。

平面的共时的研究，还必须要联系历史发展的进程来考察，例如陕北方言的疑问句式没有"今天是二月二吗？"的说法，只有"今天是二月二？"和"今天是二月二不？"两种说法，后者形式上是正反问，但是表达上却属于是非问，因为回答只能是"是"或者"不是"。我们据此可以推论出句尾的"不"正在经历语法化的过程，也反映出"吗"字是非问的历史演变过程应该是："今天是二月二不是二月二？"→"今天是二月二不是？"→"今天是二月二不？"→"今天是二月二吗？"方言的证明可以参见台湾的歌曲《酒干倘买无》，意思是酒喝干了酒瓶卖吗。"无"的读音是[bo]，就是双唇音，应该是由"不"演变而来。这类研究应该引起我们充分的重视。

（二）变换研究的思路

语法研究通常是从形式入手去寻找语义的解释，也可以从语义入手去寻找形式的验证。现在的研究大多还是从形式出发的，无非这样几种角度：一是构词、构形，包括重叠式；二是词类，集中在虚词、代词等封闭性词类；三是特殊结构，例如动补结构、趋向结构；四是句式，包括疑问句、比较句。那么，我们能不能变换一个角度呢？比如从范畴出发，关于方言的体貌范畴研究就很有启发。因为"体貌"问题一方面与动词有关，另一方面又与虚词，特别是时态助词有关，而且在各个方言里有不少变化，所以理应引起特别的关注。例如邢向东《神木话表过去时的"来"》（延边大学学报.1991（1））、王晖《山东临朐话的时间助词"着"》（中国语文.1991（2））、刘叔新《广州话的趋向范畴》（南开学报.1991（6））、吕枕甲《运城方言的两个表时间的助词》（方言.1993（2））、伍云姬《长沙方言的动态助词》（方言.1994（3））、戴耀晶《赣语泰和方言完成体》（语文研究.1995（1、2））等。胡明扬主编的《汉语方言体貌论文集》（江苏教育出版社1996），集中对体貌，包括时、态、体等重要的语法范畴进行研究，还讨论了余蔼芹提出的16种态（汉语方言比较语法.1993）。

除了语法范畴之外，我们提倡从语义范畴出发来进行方言语法的研究，例如疑问、比较、致使、选择、因果、等同、程度等都可以成为研究的课题，同时还要提倡运用语义特征、语义指向、语义角色、语义结构等新的理论与方法来积极进行研究。方言学家亟须进行再学习，从汉语语法研究中吸取营养。如果满足于现有的知识结构，我们的研究就很难有新的突破。

（三）关注语言的接触、渗透、交融和互相影响

语言，包括方言的接触，也是我们需要特别重视的课题。例如，我们在《现代汉语正反问研究》（汉语言文化研究（第四辑）.1994）中指出：南方方言的减缩类型"V不VO"格式正在渗透到北方方言里去，并有逐步取代"VO不V"格式的趋势，这里虽然有南方地区经济发达等外部原因，但起决定因素的还是语言的内因，即从人的认知上进行解释：南方方言类型的疑问结构结合紧密，更能显示疑问焦点，在语义理解上V与不V语义同时指向O，符合人们的思维走势；而北方方言类型的疑问句不但疑问焦点分散，而且由于中间隔着O，不V的语义指向却必须反搜索，不符合人们的思维走势，因此，后者就有可能被前者替代。同类论文还有温端政《从浙南闽南话形容词程度表示方式的演变看优势方言对劣势方言的影响》（语文研究.1994（1））等。

这方面，"双语双方言（国际）研讨会"作出了特殊的贡献，他们的研究不仅涉及比较研究，包括普通话跟汉语方言、普通话跟少数民族语言、普通话跟外语、汉语方言跟汉语方言等多类型、多层面的双语双方言的比较研究，而且还进一步考察了方言之间的接触、交融和互相影响等问题。例如邢福义《"有没有VP"疑问句式》（双语双方言论文集（一））、吴永德《香港汉语与大陆汉语的词汇、语法差异》（双语双方言论文集（一））、周小兵《新加坡华语小说的语法特点》（双语双方言论文集（一））、陈垂民《闽南话和普通话"有"字用法比较》（双语双方言论文集（三））、邢福义《"很淑女"之类说法语言文化背景的思考》（双语双方言论文集（五））等。

当然，这方面的研究还涉及方言跟民族语言的比较、交叉和影响，特别是在民族混居地区以及边疆地区。

（四）在理论与方法论上有所突破

方言专题研究不能就事论事，而应该把事实的研究上升到理论的高度来进行认识。对方言语法研究的理论与方法的探讨，包括对有关研究进行述评。例如詹伯慧《汉语方言语法研究大有可为》（语文研究.1994（4）），贺巍《汉语方言语法研究的几个问题》（方言.1992（3）），项梦冰、曹晖《大陆的汉语方言语法研究》（云南师范大学学报.1992（6）），邵敬敏、周芍《汉语方言语法研究的现状与思考》（暨南学报.2005（1））。这方面香港学者就比较注意，例如邓思颖的《汉语方言语法的参数理论》（北京大学出版社2003），密切结合汉语方言语法，特别是粤语的双宾语结构、与格结构以及被动结构的语言事实，试图证明根据乔姆斯基"原则与参数"的最新理论也适用于汉语方言语法研究，在形式化方面做了有益的尝试。我们可以批评他的某些例句不那么规范，也可以不同意他的某些解释，但是这种尝试则应该予以肯定和鼓励。

方言语法研究还需要以小见大，即通过具体课题的分析挖掘出具有重大意义的理论价值。当年朱德熙发表《汉语方言里的两种反复问句》（中国语文.1985（1））、《“V-Neg-VO”与“VO-Neg-V”两种反复问句在汉语方言里的分布》（中国语文.1991（5））及其引发的争论，指出这两种不同的词序代表了方言的不同句法类型，前者主要见于南方方言，后者主要见于北方方言。某些方言中“V-Neg-VO”经常紧缩为“VV（O）”形式，它实际上有两种情况：省略式和融合式。他还指出，反复问句的各种句式形成不同的层次。这一研究引起了广泛的注意和争论，先后发表的论文有王世华《扬州话里两种反复问句共存》（中国语文.1985（6））、刘丹青《苏州方言的发问句与“可VP”句式》（中国语文.1991（1））、施其生《汕头方言的反复问句》（中国语文.1990（3））、贺巍《获嘉方言的疑问句——兼论反复问两种类型的关系》（中国语文.1991（5））、余蔼芹《广东开平方言的中性问句》（中国语文四十周年纪念刊文集.商务印书馆1993）、徐烈炯和邵敬敏《“阿V”及其相关疑问句句式比较研究》（中国语文.1999（3））等。不仅显示了汉语方言里反复问句的复杂性和多样化，而且揭示了这类句型的动态变化，因此具有语言类型学的意义。我们欣喜地看到，年青一代的学者已经迈出了坚实的步伐，例如刘丹青《语言类型与介词理论》（商务印书馆2003），就通过吴语的介词分析，在语序类型学方面进行了有益的探索。同类论文还有施其生《广东开平方言“的”字结构：从“者”“之”分工谈到语法类型分布》（中国语文.1995（4））等。

（五）开展方言语法调查的基础性工作

事实上，直到现在，我们对汉语各个方言语法的了解还是非常肤浅的，因为当年大规模的方言调查主要集中在语音方面，其次则是词汇，语法仅仅是一种点缀。即使是调查提纲也非常粗糙。可喜的是，我们现在拥有了一份初具规模的方言语法的调查手册：黄伯荣等编著的《汉语方言语法调查手册》（广东人民出版社2001）是继《汉语方言调查简表》、《方言调查词汇表》和《汉语方言调查词汇表》之后又一个重要的调查表，这三个表只分别列举了37个、53个和200多个语法例句，显然依靠这样少数例句是不可能完成汉语方言语法调查繁重而艰巨的任务的。该手册根据250多个方言点的语法资料，制定出一个比较全面的调查大纲，包含12章68节，涉及现行现代汉语语法系统的各个方面，大体上可分为词类（8章43节）、句法结构（1章5节）、句型（1章18节）以及语序与省略（1章2节）。其特点是：第一，以词类调查为主，涉及构词形态、重叠、小类等内容。第二，句型的含义是广义的，包括一般所谓的结构句型、句类和句式。第三，调查项目比较传统，比如“区别词”就没有，否定、比较等项目只有相应句子的调查，疑问和祈使只在语气部分出现。第四，句子的变化和运用中的问题，除了语序和省略，其余还没能够触及。虽然存在一些不足，但这是一种基础性研究，应该提倡，并且在实践中修正和补充有关的调查项目。

此外，黄伯荣主编的《汉语方言语法类编》（青岛出版社 1996）收录 1991 年之前的汉语方言语法研究中涉及的语法条目 2 500 多条，按照词法和句法顺序排列，并且先列语法意义相同的，再列语法形式相同的，七大方言区的顺序则按照传统的从北到南进行。这是一件很有意义的工作，材料相对比较齐全，为方言语法的比较研究提供了方便，有一定的实用价值。

（六）加强团队合作

方言语法研究跟方言语音研究很不一样。我们对一种完全无知的方言，通过听音、辨音、记音，加上整理，可以得出该方言的语音系统。但是方言语法却很难，事实告诉我们，语法的研究如果不是自己的母语，几乎很难体会其中细微的差别，也很难理解其中的语法意义。对方言语法研究来讲，大多数的学者主要是分析自己母语方言的语法，所以我们提倡发扬团队精神，就某个专题，几个方言区的学者可以开展合作，群策群力，集中攻关。

总的来看，由于汉语方言语法研究还刚刚起步，无论是一般的全面描写，以建立某个方言的语法框架也好，还是就某个语法专题进行深入的比较分析也好，都是需要的。只有这样的调查研究积累到一定数量以后，才有可能取得方言语法研究上根本性的突破。我们也不能不承认，目前汉语方言语法研究极大部分还是以材料的收集和归纳为主，在研究理论和方法上突破不多，特别缺少新颖的角度。如果要在这方面研究真正有所突破，首先要加强方言语法的调查研究，其次是抓住方言语法的特殊点，加强方言与普通话的语法比较，再次是加强多种方言间的横向比较研究以及不同历史阶段的纵向比较研究。最后要强化理论意识，提高方言语法研究的理论与方法水平。

我们坚信，现代汉语方言语法研究将是一个新的增长点。有关研究的深入，不仅可以极大地丰富汉语语言学的语料宝库，而且具有方法论上的意义和语言类型学的意义，将对普通语言学理论作出特殊的贡献。

上编

第一章 北方方言（北京话）疑问范畴研究

疑问范畴，既是句法范畴，也是语义范畴，更是功能范畴。在结构上有特殊的标记，在语义上有特别的内涵，在语用上有特定的功能。因此，疑问范畴历来是汉语语法研究重点关注的对象之一。汉语的疑问范畴研究，涉及疑问句的结构类型、疑问句的功能类型、疑问代词、疑问语气词、疑问语调、疑问程度以及问句与答句的关系，等等。

一、汉语普通话疑问范畴研究概况

汉语北方方言的疑问范畴研究，这里主要指普通话的疑问范畴研究，实际上也是以北京话为代表的北方方言的疑问范畴的研究，传统上主要归属于语气范畴，早期则以助词为纲。《马氏文通》把句子按助字所传之语气分为传信、传疑两大类。传信相当于陈述句（判断句）。传疑则分为三种："一则有疑而用以设问者"，如"或曰：'管仲简乎？'"；"一则无疑而用以拟议者"，如"子曰：'学而时习之，不亦乐乎？'"；"一则不疑而用以咏叹者"，如"一则谓甚，其可再乎？"前者相当于一般疑问句，中者相当于反问句，后者相当于感叹句。黎锦熙《新著国语文法》继承了马氏的观点，仍以助词为纲，把句类放在"语气——助词纲目"中去论述，他把句类分为五种：决定句、商榷句、疑问句、惊叹句和祈使句。其中疑问句又分为表然否的疑问句、助抉择或寻求疑问和无疑而反诘语气三种。

20 世纪 40 年代的研究摆脱了以助字为纲的束缚，从整个句子的语气入手，建立了疑问句系统。尤其是吕叔湘《中国文法要略》第一次明确指出"疑"和"问"的范围不完全一致，有传疑而不发问的句子，也有不疑而故问的句子，只有询问句是疑而且问的句子，因此，询问、反诘、测度总称为疑问句；并对疑问句从结构、特点和作用等方面作了详细的分析。此外，王力《中国现代语法》提出了"问语与答语的关系"，高名凯《汉语语法论》区分了"询问命题"和"疑惑命题"，这些都是很有特色的研究。

20 世纪 50、60 年代，由于忙于汉语语法体系的构拟，主要关注的是词类、主宾语等问题的讨论，对疑问句的研究未给予必要的重视，唯一值得一提的是黄伯荣的《陈述句 疑问句 祈使句 感叹句》（新知识出版社 1957）。他认为，影响句子语气或用途的分类的主要有四种因素：①语调；②语气助词；③语序；④说话人的态度表情。其中，语调起着很重要的作用。

这种状况一直到20世纪80年代才有了较大的改观。关于疑问句研究，形成了几次高潮。第一次冲击波是由陆俭明《由“非疑问句形式+呢”造成的疑问句》（中国语文.1982（6））、《关于现代汉语里的疑问语气词》（中国语文.1984（5））以及范继淹《是非问句的句法形式》（中国语文.1982（4））引发的，这三篇论文标志着有关句类的研究开始从宏观的分类转入微观的分析。第二次冲击波是由林裕文《谈疑问句》（中国语文.1985（2））以及吕叔湘《疑问·肯定·否定》（中国语文.1985（4））引发的，这些文章偏重于理论上的探讨，很有启迪意义，是在前一阶段研究基础上的升华和深化。由朱德熙《汉语方言里的两种反复问》（中国语文.1985（1））及其引发的若干篇讨论方言中两种反复问句的一批文章，则形成了第三次冲击波，也是从语言类型学的角度来进行汉语方言疑问句的比较研究。与此同时，台湾等地的学者对疑问句也做了大量的研究。他们研究的特点是采用了一些新的理论方法，包括Chomsky的生成语法理论，例如汤廷池《汉语疑问句的研究》（台湾师范大学学报.1981（26））和《汉语疑问句综述》（台湾师范大学学报.1984（29））等。20世纪90年代中期形成了第四次冲击波，重点是对特殊疑问句进行了专题研究，还包括反诘问、回声问、附加问、假性问以及新兴疑问句式“有没有VP?”、“A不AB?”等，代表作是邵敬敏的《现代汉语疑问句研究》（华东师范大学出版社1996），这是迄今为止对汉语疑问句研究最全面的专著，几乎涉及汉语疑问句的各种类型。近年来，疑问句研究又有新的拓展：一是专注于疑问句的功能研究；二是专注于疑问句的语法化研究；三是加强了汉语方言的疑问句比较研究。

二、疑问句的分类系统

疑问句从不同角度、按不同标准进行分类，会得出不同的结果。分类的角度大致有五种情况：

（一）派生系统

这是根据疑问句内部小类的派生关系来分类的系统，以吕叔湘《疑问·否定·肯定》为代表。他认为特指问与是非问是两种基本类型，而正反问与选择问是从是非问中派生出来的，因为它们是由“两句是非问合并而成的”。即：

你去？你不去？→你去不去？　　你去？我去？→你去还是我去？

疑问句派生系统的内部关系应为：

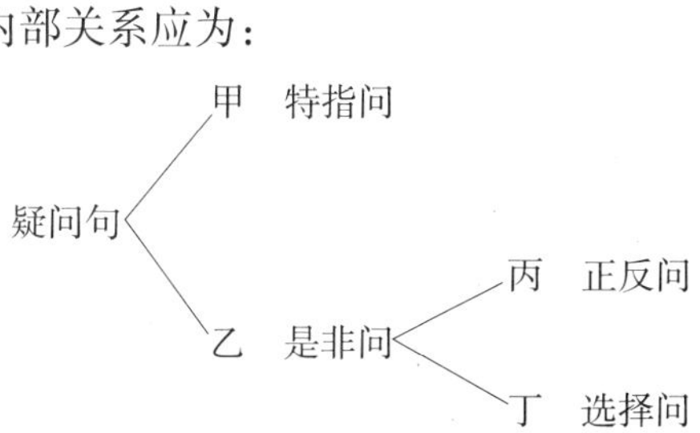

（二）转换系统

这是根据疑问句与陈述句之间的转换关系来分类的系统，以朱德熙《语法讲义》为代表。他认为：①只要把相应的陈述句的语调变换成疑问语调，就成了是非问句；②在相应的陈述句里代入疑问词语，加上疑问语调，就变成了特指问；③把陈述句的谓语部分换成并列的几项，再加上疑问语调，就变成了选择问。总之，可以把这三类问句都看成是由陈述句转换来的句式。疑问句的转换系统内部关系如下：

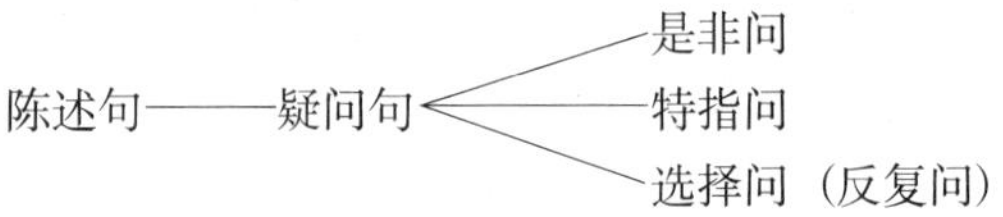

（三）结构系统

这是根据疑问句的结构形式特点来分类的系统，以林裕文、陆俭明为代表。林氏认为疑问句在形式上的特点有四点：①疑问代词；②“是 A 还是 B”选择形式；③“X不 X”的正反并立形式；④语气词与句调。因此疑问句内部的对立应建立在这四项形式对立上。陆氏《由“非疑问形式＋呢”造成的疑问句》（中国语文．1982（6））在具体比较了疑问句各种类型后认为，特指问和选择问有两项重要的共同点跟是非问形成对立：①前两种疑问句都是由疑问形式的语言成分构成的，而是非问句则是由非疑问形式的语言成分构成的；②前两种疑问句末尾都能带语气词“呢”，不能带“吗”，而是非问正好相反。疑问句形式系统的内部分类如下：

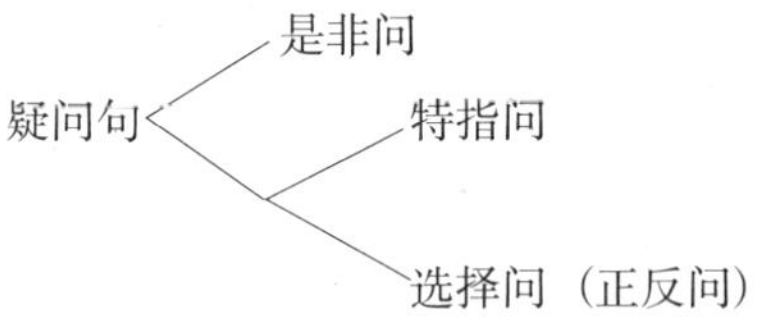

（四）功能系统

这是根据语句的交际功能，即说话的意图来分类的系统，以范继淹《是非问句的句法形式》为代表。他认为，除特指问句外，其他的疑问句都是一种选择关系，因此是非问句是选择问句的一种特殊形式。他的出发点是语义理解，对人工智能、信息处理和机器翻译等更具有实用价值。疑问句功能系统的内部关系如下：

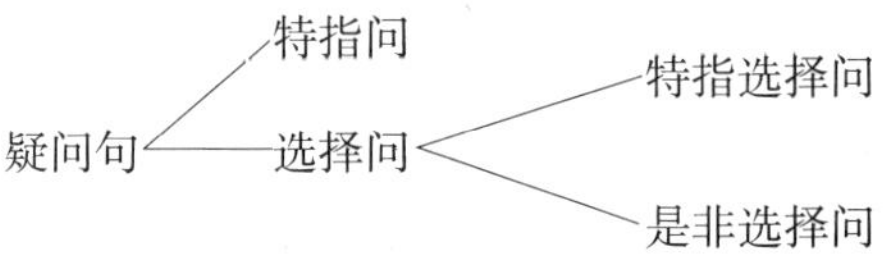

（五）选择系统

这是根据回答是要求肯定否定，还是针对性地进行选择来分类的系统，以邵敬敏

《现代汉语疑问句研究》为代表。他认为，是非问和正反问本质上都是一种是非选择，关键是句子中出现的选择项是单项还是双项；而特指问和选择问都是若干的选择，关键是选择项是有定还是无定。因此，该系统的内部关系如下：

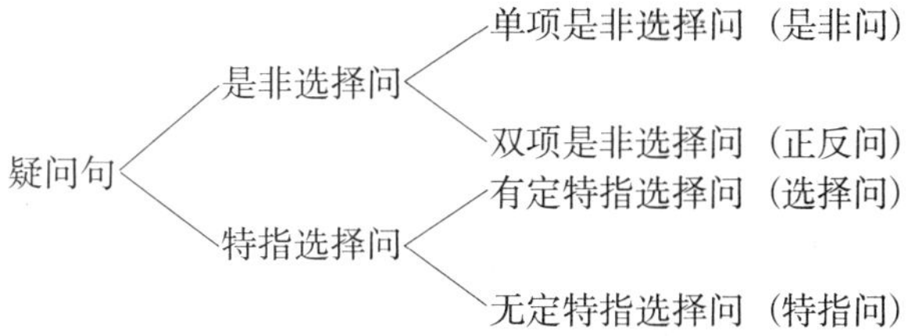

疑问句分类的多样化与精密化反映了语法研究的深入。这些研究的结论虽不尽相同，但有几点共识是相当重要的：

（1）疑问句内部分类的不同，反映了人们对事物之间联系的多角度认识，也反映了各种疑问句之间存在着多维的交叉性的联系。

（2）疑问句内部的小类分布具有层次性，不同的小类在不同的疑问句系统中的地位不是平等的。

（3）除朱氏三分之外，另外三家都是两分再两分，实际上反映了这样的对立关系：吕氏是特指问与非特指问的对立；林氏和陆氏是是非问与非是非问的对立；范氏是选择问与非选择问的对立；邵氏是正反选择与特指选择的对立。

三、疑问语气词的研究

疑问语气词，早期也称为传疑助词。《马氏文通》以来，不少人以它为纲来研究疑问句。这些研究有两点不足：第一，局限于书面语的研究，把语调与语气词两者的作用混为一谈，缺乏准确性；第二，对语气词的作用与意义的分析，仅凭语感，缺少验证与比较，缺乏科学性。

近年来，这方面的研究有所突破，首先是胡明扬《北京话的语气助词和叹词》（中国语文．1981（5、6））颇多建树，该文特别重视口语，因而能分辨同一语气词在口语中的不同变体及其表示的不同意义；特别注意应该把语调所表示的意义和语气词所表示的意义区分开，重视语气词本身所具有的基本语义，因此发现了不少以前鲜为人知的特点和规律。例如指出“用‘呢’和不用‘呢’的区别在于用‘呢’是提醒对方”。该文富有启发性，但缺少理论上的分析和形式上的证明。

在这方面研究卓有成效的还有陆俭明《关于现代汉语里的疑问语气》，他认为要判断疑问句末尾的语气词是否是疑问语气词，必须“要看它是否真正负载疑问信息，这一点又必须能在形式上验证，验证的办法是比较”。陆氏对一般认为是疑问语气词的“吗”、“呢”、“吧”、“啊”逐个进行了分析，结论是：①是非问句的疑问信息主要由升调与“吗”分别承担，因此，“吗”是疑问语气词。②一般特指问句与选择问句的疑问信息由疑问词或疑问结构承担，句尾的升调或“呢”只是一种羡余信息；但在“丁四呢?”“我不要钱呢?”这种特指问和选择问的简略形式中，如果没有“呢”，只能理解为是非问句，所以这里的“呢”也是个负载疑问信息的疑问语气词。③“吧”是个表示“信疑之间语气”的语气词。④“啊”不负载任何疑问信息。最后的结论是：现代汉语中的疑问语气词有两个半：“吗”、“呢”和半个“吧”。该文主要用比较来论证，在方法论上具有一定的意义。

关于疑问语气词，争论最大的是“呢”及由非疑问形式带“呢”构成的问句。邵敬敏《语气词“呢”在疑问句中的作用》（中国语文.1989（3））用大量语言事实证明，即使在“非疑问形式+呢”这类特殊疑问句中，疑问信息也主要不是“呢”来承担的，换言之，疑问句的性质不是由语气词“吗”或“呢”决定的，而是由疑问句的性质决定选择什么语气词。因此，“呢”只是非是非问的一种形式标志，有无这个形式标志并不影响疑问句的性质。“呢”的基本作用是表示“提醒”，在非是非问句中表示“提醒”兼“深究”，在非是非问的简略式中还兼起“话题”标志的作用。史金生《语气词“呢”在疑问句中的功能》（面临新世纪挑战的汉语语法研究.山东教育出版社2000）则提出不同的看法，该文对“呢”在三种环境中使用的情况进行了考察，认为“呢”的基本语义功能是表疑惑；在不同的语境中还有以疑为问、追问等附加功能；在语法上有成句作用；在语篇上有预示功能、连接功能和转移话题功能。可见，研究疑问语气词必须结合语调、语境才能进行，孤立地分析无法达到预期的效果。

四、疑问点与答问的研究

疑问点，即疑问句的信息焦点，最早是由吕叔湘在《中国文法要略》中提出来的。他认为在是非问中“我们的疑问点不是在这件事情的哪一部分，而是在这整个事件的正确性”，特指问句中“用疑问指称词来指称疑问所在”。后来在《疑问·否定·肯定》中对疑问点的理论又有所发展，主要是指出是非问句的疑问点的变化：“是非问句一般是对整个命题的疑问，但有时也会集中在某一点，形成一个焦点，这个焦点在说话时可以用对比重音来表示”，“无论说和写，也都可以用‘是’字来表示”。

林裕文《谈疑问句》对吕氏的这一思想作了进一步的发展，该文指出：①疑问句的疑问点与表疑问的词语和特殊格式及答问都是相互联系的。②在特指问中，疑问点也就是疑问代词，因此一个疑问句可同时有几个疑问点，如“这是谁给谁买的药?”③选择问（A还是B）中，疑问点往往是由A或B中不同的成分来表示，如“你吃饭还是吃面?”疑问点是“饭”还是“面”，这只是一个疑问点。④正反问（X不X）中，“X不X”既负载疑问信息，也是疑问点。⑤是非问句“是对整个句子的肯定或否定，这就无所谓疑问点了”，如果要突出疑问点，可以用句中重音来表示。林文对疑问点的分析更为细致，但关于一般是非问句没有疑问点的看法，实际上是与吕氏的观点相悖的。

跟疑问点密切相关的是“答语”。吕氏指出“回答问话，一般不用全句，只要针对疑问点，用一个词或短语就够了”。答语主要是显示听话人心目中的疑问点，它可以跟问话人心目中的疑问点相一致，但也可以不一致，因此疑问点还要区分是问话人表达的疑问点还是听话人理解的疑问点。例如，甲问：“谁去北京?”乙答：“北京?”甲问句的疑问点显然是“谁”，而乙答句显示的疑问点却是“北京”。

关于答句的研究还需要进一步深入。吕明臣《汉语答句的意义》（语法求索．华中师大出版社 1989）从语用角度作了初步的有意义的探索。该文着重分析了“答非所问”的句子，指出：①疑问句中必须有疑问点，没有疑问点就无所谓疑问句，这是疑问句的本质。②发问前必须遵守：a. 答话人愿遵守合作原则；b. 回答人有能力回答问题；c. 回答除了明确指向疑问点外，还有一些答句是指向发问前提的，如“昨天你和谁在一起?”“你没有必要知道。”（不愿遵守合作原则）或“妈妈她为什么生气?”“我也不清楚。”（没能力回答问题）。据此，归纳出答句的几种意义类型：①完成型意义的答句：超标准完成型、弱标准完成型。②非完成型意义的答句：a. 取消意义；b. 无力意义；c. 回避意义。萧国政《现代汉语非特指问简答式的基本类型》（语法研究和语法应用．北京语言学院出版社 1994）讨论了非特指问（是非问、选择问、反复问）简答式及其类型。他认为从形式构成来看，这类简答式可分为选词简答式（从问句中选取词语构成的答式）和派词简答式（另取词语构成的答式）。从简答式的形式与所传信息的对应关系来看，可分为基础式和复合式（是基础单质简答式的增字扩展式）。周小兵《特指问的否定应答》（汉语学习．1996（6））联系言语交际中预设、语境等语用因素对特指问的否定回答所包含的特定含义作了分析。比较集中研究答句的是朱晓亚《现代汉语问答系统研究》（现代汉语句模研究．北京大学出版社 2001），她建立了问答系统的基本结构模式，分为毗邻式、交叉式、环扣式、嵌入式。尤为重要的是还建立了答句的语义系统框架。

五、疑问程度的研究

吕叔湘在《中国文法要略》中指出：“疑问语气是一个总名，‘疑’和‘问’的范围不完全一致。一方面有传疑而不发问的句子，例如‘也许会下雨吧’，可以用问句语调，也可以不用问句语调；另一方面也有不疑而故问的句子，例如‘这还用说?’等于说‘这不用说’。前者是测度，后者是反诘；测度句介乎疑信之间，反诘句有疑问之形无疑问之实。只有询问句是疑且问。”“询问、反诘、测度，总称为疑问语气。”这实际上是按疑问程度把疑问句分为三类。赵元任《汉语口语语法》对此也有所论述：“吗”字是非问句“对于肯定的答案抱有或多或少的怀疑，也就是可能性在 50% 以下”，“V 不 V 的问话是不偏于哪一边的”。这些见解虽不是很系统，但很有见地。

疑问程度涉及多种因素：疑问句的内部类型、语气词与语气副词、句调以及上下文和语境等。其中疑问句的类型是最基本的。徐杰、张林林《疑问程度和疑问句式》(江西师范大学学报.1985（2））把疑问程度予以量化，分为100%、80%、60%、40%四级，主要考察疑问句类型与疑问程度的关系，结论有两条：①疑问程度越低，其表达形式越灵活，可选用的疑问句式越多；疑问程度越高，其表达形式受到的限制就越多，可选用的疑问句式就越少。②高程度疑问的典型句式适应的范围最广泛，而低程度疑问的典型句式适应的范围较窄。该文做了有益的尝试，但疑问程度参数的确定带有较大的随意性，句式和疑问程度的照应也缺少必要的证明，而且在分析时采用的方法也不够一致，这就必然会影响到结论的准确性。黄国营《"吗"字句用法初探》(语言研究.1986（2））则根据前文或语境把疑问程度定为五级：

SQ 0	真的概率为0	无疑而问
SQ 1/4	真的概率为1/4	表示怀疑和猜测
SQ 1/2	真的概率为1/2	真正疑问句
SQ 3/4	真的概率为3/4	表示怀疑和猜测
SQ 1	真的概率为1	无疑而问

这实际上是把吕氏按疑问程度所分的三类情况具体化而已。由于疑问句疑问程度实际上要涉及多种因素，因此这一分析还显得比较粗疏。此后李宇明、唐志东《汉族儿童问句系统习得探索》(华中师大出版社1992)，把疑问句分为高疑问句、低疑问句和无疑问句三种，其思路实质上也是一样的。

邵敬敏《"吧"字疑问句及其相关句式比较研究》(第四届国际汉语教学讨论会论文集.北京语言学院出版社1995）通过几种疑问句式以及疑问语气词的比较，指出信与疑是两种互为消长的因素，信增一分，疑就减一分；反之，疑增一分，信就减一分。因此，当信为1时，疑为0；信为3/4时，疑为1/4；信为1/2时，疑为1/2；信为1/4时，疑为3/4；信为0时，疑为1。对疑问程度起决定性作用的是疑问句类型，其次是疑问句语气词。正反问由于提出肯定、否定两项，因此可能与不可能各占一半，疑惑程度居中，即信、疑各为1/2，特指问对所询问对象完全不知，疑惑程度最强，即信0而疑1；反诘问虽采用疑问形式，但问话人心中已有明确的看法，答案就在问句中，没什么疑惑，即信1疑0。至于"吗"字是非问句则为信1/4而疑3/4，"吧"字是非疑问句为信3/4而疑1/4。除疑问句类型以外，句中的某些副词、助动词以及上下文语境都会对疑问程度有所影响，但这种影响是有一定限制的，即不可能超越某一种界限，否则就要变为另一种疑问句类型了。换句话说，其他因素只能起到"微调"的作用，从而疑惑程度构成由0～1的一个连续统。

六、疑问句的功能研究

近些年来，一个新动向是运用功能语法来研究疑问句的功能，主要涉及疑问句的疑问域、疑问信息、疑问标记、疑问功能的衰变和迁移等。张伯江《疑问句功能琐议》（中国语文.1997（2））运用共时语法化的观点来辨析疑问句中的几个主要问题。他认为疑问句的疑问域有大有小，主要有三种：点、部分和整体。疑问域为一个点，就是特指问所反映的事实；疑问域为一个包含析取关系的集合，就是选择问所反映的事实；疑问域为整个命题，就是广义是非问所反映的事实。据此可分为：A. 特指问句；B. 选择问句；C. 是非问句。疑问域的不同反映了期待信息量的不同。因此在话语中表现出强度不等的倾向性功能：疑问域小的问句所需要的信息量小，往往标志着一个话轮的结束；疑问域大的问句所需要的信息量大，常常标志着一个新的话轮的诱导，即广义的是非问句常常在话轮转换中发挥积极的作用。他把各类疑问句的功能描述如下：

疑问域：A（一个点）＜B（一个区域）＜C（一个命题）

转换话轮作用：A（较弱）＜B（中性）＜C（较强）

李宇明《疑问句的复用及标记功能的衰退》（中国语文.1997（2））认为：仅用一个疑问标记来传递一个问元的疑问信息，称为疑问标记的独用；用两个或三个疑问标记共同传递一个问元的疑问信息，称为疑问标记的复用。疑问标记的复用会带来疑问信息的羡余，但是疑问标记并不羡余。在某些特殊的条件下，句中出现了疑问标记，但它并不负载疑问信息，或不能很好地负载起它所应负载的疑问信息，称为疑问功能衰变。徐盛恒《疑问句探询功能的迁移》（中国语文.1999（1））认为：如果疑问句的形式表达陈述性内容或指令性内容，这就是疑问句功能的迁移。疑问句的功能是“全疑而问—半疑（猜测）而问—无疑而问”，与之相应的是“强发问—弱发问—非问”；非问包括陈述性内容和指令性内容。疑问句探询功能的变化是从强发问过渡到弱发问，探询功能的迁移是从“问”迁移到“非问”。

七、疑问句内部类型的研究

（一）是非问句

这主要有两类，一是由语调承担疑问信息的句子，二是由语气词“吗”承担疑问信息的句子。刘月华《用“吗”的是非问句和正反问句用法比较》（句型和动词. 语文出版社 1987）中指出“S 吗”的询问意义有三种：①问话人预先有倾向性的答案，问话人的目的是为了从对方得到答案。②答案对问话人并不重要，或问话的目的不是为了求答案，而是另有目的。③问话人预先没有倾向性的答案，问话的目的是为了从对方那里得到答案。她的另外一篇文章《语调是非问句》（语言教学与研究. 1988（2））主要讨论了由语调构成的是非问句的形式特点及表达功能。一是“S1＋?”，即重复性问句，也叫回声句，表达功能是对刚刚听到的话表示怀疑和惊讶；二是“S2＋?”，即接引性问句，由上下文语境引起，对答案有明显的倾向性，询问功能很弱，发问是为了进一步证明。邵敬敏《“吧”字疑问句及其相关句式比较研究》（第四届国际汉语教学讨论会论文选. 1995）重点讨论了这类是非疑问句所表示的四种语法意义，并且比较了各类疑问句的疑惑程度，在方法论上有一定的启迪作用。

（二）选择问句

邵敬敏《现代汉语选择问研究》（语言教学与研究 . 1994（2））对选择问句从形式到意义作了比较全面的分析。首先是总结出选择问句的形式特点，据此归纳出选择问句的五种基本类型，并且进一步根据前后选项的语义关系，归纳出三种语义类型：A. 对立关系（包括正反型、反义型、颠倒型、语境型）；B. 差异关系；C. 相容关系。此外，还讨论了相同项的省略规则。吴振国《选择问的删除规则》（语法研究与语法应用. 北京语言学院出版社 1994）认为选择问句中的同指成分都可以按一定规则删除，但不同句式删除规则不同。

（三）正反问句

关于正反问句的形式变化，吕叔湘《疑问・否定・肯定》指出："总的原则是：如果谓语很短，只有一个格式（你去不去?），稍微长点就要省去后一部分，只反复前一部分。全部反复虽然也可以，不免显得繁重。反复部分又有相连不相连两种格式。"范继淹《是非问句的句法形式》对此作了比较详细的分析。该文把"吗"字疑问句与"V 不（没）V"的各种形式都归入是非问句，认为它们是一种"同义歧形句"，例如：

①你带雨衣不带雨衣？——带（不带）

②你带不带雨衣？——带（不带）

③你带雨衣不带？——带（不带）

④你带雨衣不？——带（不带）

⑤你带雨衣吗？——带（不带）

范氏认为是非问句句法形式的增减变化，决定于动词的各种体范畴（包括未然体、曾然体、已然体、持续体）和谓语结构（主要是单纯动词句、兼及助动短语句、动结短语句、动趋短语句）。邵敬敏《现代汉语正反问研究》（汉语言文化研究（四）. 1994）比较全面地分析了正反问的删略变式以及应用价值，特别是指出了南方方言的"V 不 VO"格式有取代北方方言"VO 不 V"格式的趋势，并从认知上分析了原因。

（四）特指疑问句

有关特指疑问句的研究比较少，例如邵敬敏《"怎么"疑问句的语法意义及功能类型》（语法研究和探索（七）. 1995）。研究主要集中在特指问的简略格式，也叫做"非疑问形式＋呢"问句。第一个对这类句式作深入研究的是陆俭明，他在《由"非疑问形式＋呢"造成的疑问句》一文中（中国语文 . 1982（6）），把非疑问形式记作 W，"W＋呢"问句有两种句式："NP＋呢"和"VP＋呢"，指出"W＋呢"疑问句既可以跟特指问句对应，也可以跟选择问句对应，这种对应关系要受到上下文的制约，而不是像一般所认为的只能跟特指问句相对应。他认为"W＋呢"问句实际上是非是非问句的一种简略形式。"W + 呢"问句用作始发句时，询问人或物的所在；不用作始发句时，则不限于询问处所。"W + 呢"都不能用作始发问句。李宇明《"呢"句式的理解》(汉语学习. 1989 (3)) 认为"NP 呢"主要表示两种语义：①询问人或物之所在；②其他情况。此文指出这类问句的三条规律：①甲类意义问句可以是始发句，也可以是后续句；乙类意义的问句只能是后续句。进入乙类意义问句的 NP 的外延大于进入甲类意义问句的 NP 的外延。②先行句和后补句是理解"NP 呢"问句的两把钥匙。当先行句为疑问句时，"NP 呢"可以理解为对句义信息核心的提问。"NP 呢"与后补句同解。③"NP 呢"在句式上属于特指问、选择问带"呢"问句的简略形式，但在语义上也可以理解为是非问，这是由语形与语义错综性而造成的。邵敬敏《"非疑问形式 + 呢"疑问句研究》(现代汉语疑问句研究. 华东师范大学出版社 1996) 主要讨论了"NP 呢?"与"VP 呢?"两类问句对语境的依赖性及其对不同语法意义的制约。李大勤《"WP 呢?"问句疑问功能的成因试析》(语言教学与研究. 2001 (6)) 赞同目前大多数人的看法，即"WP 呢?"中的"呢 "并不负载疑问语气，但他认为"呢"是该问句疑问语气得以形成的一个内在因素。

(五) 特殊疑问句

这主要包括两种情况：一是指具有某种特殊表达功能的问句，如附加问、回声问；二是指不表疑惑的疑问形式，如反问句、间接问句。

反问句，又叫反诘句，在句法结构形式上同一般疑问句没什么区别，但其表达功能却完全不同。吕叔湘在《中国文法要略》中指出："反诘实在是一种否定的方式，反诘句里没有否定词，这句话的用意就在否定；反诘句里有否定词，这句话的用意就在肯定"，"特指问和是非问都可以用作反诘句，而以是非问的作用最为明显"，"抉择式和反复式因为都是两歧的形式，反诘的语气不显"，"但一般来说，抉择式问句多半肯定后句，反复式的问句多半肯定正面"。这些见解为以后的有关研究奠定了基础。

有关反问句的研究，主要涉及几个问题：

(1) 探讨反问句的性质与划界。于根元《反问句的性质和作用》(中国语文. 1984 (6)) 指出：由于反问句实际包含有答案，因此一般不需要回答，但从听话人角度分析，发现反问句不少是可以回答的，而且实际上是有回答的，一种是自问自答，一种是此问彼答。关键是反问句往往要对方不作反对的回答。符达维《不宜扩大反问句的范围》(中国语文天地. 1989 (6)) 则持比较谨慎态度，他认为反问句"是一种运用语法结构（语法上的疑问句）达到某种语用目的的修辞手段"。因此表推测的疑问句不是反问句，表责问的也不一定是反问句。他还提出了确定反问句的两个语用与语义的必要条件，即它不需要对方作出回答，对方也不能作出与说话者意愿不同的回答。刘汉松《反问句新探》(南京师范大学学报. 1989 (1)) 运用表层结构和深层结构理论来区别一般疑问句和反问句。

(2) 探讨反问句的意义和作用。许皓光《试谈反问句语义形成的因素》(辽宁大学学报.1985（3））认为影响反问句的语义因素至少有五个：①语言环境；②副词“不是”或“还”；③语句重音的转移；④词序的变化；⑤词语意义的虚化。其中前三项最为重要。沈开木《反问语气怎样起否定作用》（中国语文通讯.1985（6））指出反问句“寄托体”的实质性成分受否定时，要看这个成分的等级以及是不是在关联副词之后而定。等级有三个：一等，疑问代词开头的；二等，待定词语（如“是”、助动词、“不+副词”、“有”等）开头的；三等，其他词语（包括前面有否定词）开头的。常玉钟《试析反问句的语用含义》（汉语学习.1992（5））提出在语境中把握反问句的语用含义，指出它具有隐含性、行为性和多样化三个特点。运用语用学的理论来研究反问句的语义，这是对传统语法研究的一个突破。郭继懋《反问句的意义和作用》（汉语语法特点面面观.北京语言文化大学出版社1999）指出反问句的作用不是单纯强调，而是间接地告诉别人他做的事不合情理的。邵敬敏《反问句的类型与语用意义分析》指出反问句在语用上显示说话者的“不满情绪”、“独到见解”以及“约束力量”；并根据反问语气，分出三种强弱不等的程度：责怪和反驳是强级，催促和提醒是中级，困惑和申辩是弱级。

此外，还有一些很有特色的疑问句。例如王志《回声问》（中国语文.1991（2））、邵敬敏《回声问的形式特点和语用特征分析》（华东师范大学学报.1992（2））、陈炯《关于疑问形式的子句作宾语的问题》（安徽大学学报.1984（1））、邵敬敏《间接问句及其相关句类比较》（华东师范大学学报.1994（5））等。其他还有设问句、附加问、追问等。

第二章　吴方言（上海话）疑问范畴研究

通常认为，现代吴方言的代表是上海方言，有关上海方言的记录和研究最早可以追溯到艾约瑟《上海口语语法》（1853），但是那主要还是口语语法的调查和记录，几乎没有什么分析。真正具有现代语言学意义的方言语法研究的论著当推赵元任的《现代吴语的研究》（1928）。这中间虽然出版了不少关于上海方言的书籍，其中不乏语法的章节，但是多为材料的记录，或者是教科书。如 Anonymous《土话指南》（1889）、J. W. Rofoot & F. Rawlinson《沪语开路》（1915）、王廷珏《实用上海话》（1919）、《上海指南卷九》的《沪苏方言纪要》（1926）等。1949 年以来的上海方言的调查研究，主要还是集中在语音系统和词汇系统，对语法的重视是逐步得到体现的。

吴方言可以分为五大片：太湖片、台州片、东瓯片、婺州片、处衢片。内部分歧比较大，所以还可以再分为若干小片（颜逸明，1994）。吴方言早期以苏州话为代表，近期则以上海话为代表。所以，对吴方言的疑问范畴研究，可以以上海话为主。

吴方言的疑问范畴之所以开始引起大家的兴趣，源于朱德熙的《关于汉语方言里的两种反复问句》（1985）以及《“V－Neg－VO”与“VO－Neg－V”两种反复问句在汉语方言里的分布》（1991），他指出这两种不同的词序代表了方言的不同句法类型，前者主要见于南方方言，后者主要见于北方方言。这一研究引起了广泛的注意和争论，多数不赞同朱的结论，一是否认“阿 V”疑问句属于正反问，认为应该属于是非问；二是也不认为它同是非问完全对立互补，认为在不少方言里，两种句式共存。先后有王世华、施其生、贺巍、余蔼芹等的文章发表，其中，刘丹青《苏州方言的发问句与“可 VP”句式》（1991）以及徐烈炯、邵敬敏《“阿 V”及其相关疑问句句式比较研究》（1999）的论文涉及吴方言的疑问句式。这一研究不仅显示了汉语方言里反复问句的复杂性和多样化，而且揭示了这类句型的动态变化，因此具有语言类型学的意义。

关于上海话的疑问范畴，一直没有专门的研究，涉及有关研究主要有三家：

（1）许宝华、汤珍珠主编的《上海市区方言志》（1988），语法部分执笔人为游汝杰。特点是仍然以词法统辖句法，基本上在传统语法的框架里进行，分别从“疑问代词”和“疑问语气助词和疑问句”两个角度进行描写。对事实的观察比较细致，但往往只是列举，遵循的是《新著国语文法》的路子。

（2）钱乃荣《上海话语法》（1997），除了“疑问代词”以及“疑问语气助词”

仍然采取列举之外，还另外在“常用句法”中单列“疑问的表现”，可惜依然只是列举事实，缺乏分析。比较精彩的是关于“是非问句的变化”，已经初具历史发展的眼光。特别需要指出的是，钱氏后来出版的《上海语言发展史》（2003）专列“疑问句的变化”，包括“选择问句的变化”和“是非问句形式的纷杂”两个小节，都有精彩的论述，这是前人没有涉及过的历史发展领域。

（3）徐烈炯、邵敬敏《上海方言语法研究》（1998），其中有三篇跟疑问范畴有关：上海方言与北方方言疑问代词比较研究、“阿V”及其相关疑问句式比较研究、包孕疑问句的句法特点。特点是就上海方言和普通话进行了专题性的比较研究，相对比较深入，尤其是“阿V疑问句”的分析颇有特色。书后附有《上海方言语法纲要》，简要介绍了疑问代词、疑问语气词以及疑问句式的特点。

综上所述，吴方言的疑问范畴只有一些零星的专题研究，以及以描写为主的列举式介绍，并没有进行过系统的研究，更谈不上比较有特色的深入研究。

关于上海话的研究，还有一点必须说明：上海由于地位特殊，特别开放，全国各地区的人几乎都有，方言之间不可避免地相互影响、交融，加上几十年来普通话的推广与普及，所以，这一百多年，尤其是最近几十年来上海话发展变化得特别快。上海话，根据变体的年龄层次，一般可以分为老派、中派和新派。三派基本一致，但略有差异，属于方言内部的社会变体。一般来说，老派是指20世纪40年代以前出生的上海人，中派是指20世纪40年代至70年代出生的上海人，20世纪80年代以后出生的就是新派了。这不仅反映在语音上，而且还反映在一些用法上。例如“阿V”问句，老派用得比较多，中派可以接受，但用的时候主要限于熟语性质的“阿是”、“阿有”、“阿会得”、“阿晓得”等少数几个，新派则基本上不用这类格式。

一、吴方言是非问

疑问语气词、语调跟是非疑问句的关系最为密切，因为是非疑问句的疑问信息主要由语气词或者语调来承担。所以，我们首先可以分为两大类：带疑问语气词的和用语调来表示疑问信息的。凡是带有疑问语气词的，语调可以升，也可以平，或者降。上海方言里的疑问语气词跟普通话里的疑问语气词大体对应。主要有以下几种：

（一）带疑问语气词的是非疑问句

1. 哦

上海方言的疑问句常常用“勿”煞尾，读为入声［vəʔ］[23]。例如：

①侬明早去勿？

②侬讲闲话算数勿？

③衣裳好看勿？

④伊是美国人勿？

这个“勿”，我们通常可以看作是“V勿V”的后省式，因为可以这样还原：

①' 侬明早去勿？——侬明早去勿去？

②' 侬讲闲话算数勿？——侬讲闲话算数勿算数？

③' 衣裳好看勿？——衣裳好看勿好看？

④' 伊是美国人勿？——伊是美国人勿是？

这个“勿”在书面上跟否定副词“勿”同形，所以我们可以看作是正反问的省略格式，但是，在口语中读作轻声，语义也明显虚化，表示否定的意义不那么明确了，所以我们有理由相信它正在虚化为一个疑问语气词。这类疑问句的语调比较平缓，疑和信各半，没有明显的倾向。

“哦”字问句，我们认为是在“勿”的基础上加上“啊”构成的，读为［va^{34}］，表示对某个问题确有怀疑，基本上不清楚，所以要发问，希望对方给以明确回答，是求证性询问，相当于普通话的“吗”字的求证问句，这就属于是非问句了。例如：

⑤侬是北京人哦？

⑥伊有迭本书哦？

⑦夜饭侬吃过勒哦？

⑧香港伊去过哦？

“哦”字后面还可以带上语气词“啦”，语气更加强烈，带有不耐烦的语用含义。例如：

⑨伊是北京人哦啦？

⑩侬有一千块哦啦？

⑪伊是北京人，对哦啦？

⑫侬交我一道去，好哦啦？

2. 噱

“噱”字问句，表示已经基本上知道某个信息，但是还不能确认，所以提出来，要求对方证实，相当于普通话里的“吧”字问句。例如：

⑬伊是北京人噱？

⑭侬有30岁噱？

⑮夜饭侬吃过勒噱？

⑯此地到伊面头有10里路噱？

3. “末”（么）

肯定式跟否定式的疑问意义有所不同。肯定式表示所述事实出乎意料，带有惊讶口吻。例如：

⑰伊迭个胆子倒不小末？

⑱侬也吃过西餐末？

否定式实际上是反问语气，表示一种“提醒”的口气。例如：

⑲侬皮夹子里勿是有100块洋钿末？

⑳三毛，侬勿是要学生意末？

4. 咯

肯定式跟否定式的疑问意义也有所不同。肯定式表示就对所述事实要求对方验证该信息是否准确，带有不大相信的惊讶口吻。例如：

㉑鱼伊吃过咯？

㉒侬明早去咯？

否定式实际上是反问语气，既表示“提醒”，也表示一种“不满”的口气，意思是简直不能相信。例如：

㉓小王，侬勿轧苗头咯？

㉔介便当的问题，侬也勿晓得咯？

（二）语调是非疑问句

即没有出现任何语气词，只是依靠升调来表示疑问信息的疑问句，该疑问句表示强烈的不相信，语气上虽然还没有反问句那样强烈，但是实际上表示出乎意料，极端怀疑。例如：

㉕侬是北京人？

㉖伊有迭本书？

㉗侬夜饭吃过勒？勿要骗我噱。

㉘侬明早也要去香港？我哪能勿晓得？

㉙叫我也要出操？

㉚听你迭能讲，侬也是苏北？

这类疑问句也可以使用语气词，但不是疑问语气词“啊”。

“啊”字问句，表示已经知道某个信息，但是不敢相信、不敢确认，通过发问，希望对方予以确认，语气里含有惊讶、出乎意料的意味。这类疑问句，语调必须是升的，如果改为降调，就可能是感叹句或者陈述句。例如：

㉛侬是北京人啊？

㉜伊有迭本书啊？

㉝侬夜饭吃过勒啊？

㉞我也有资格参加啊？

如果疑问语气词是“咯”，则表示出乎意料的“惊讶”。例如：

㉟侬是北京人咯？

㊱伊有迭本书咯？

㊲侬夜饭吃过咯？

㊳我也有资格参加咯？

上海方言的是非问有一个鲜明的特点，就是动词的宾语往往提前到句首充当话题。例如：

㊴我八千，你七千，规矩懂哦？(《上海滑稽戏选集》(6))
㊵大饼吃哦？(《上海滑稽戏选集》(9))
㊶啥物事拿来哦？(《上海滑稽戏选集》(13))
㊷选个会哦？(《上海滑稽戏选集》(20))
㊸黄包车侬看见过哦？(《上海滑稽戏选集》(22))

二、吴方言特指问

特指问是指由疑问代词承担疑问信息的问句，所以这类句式跟疑问代词密切相关。上海话的疑问代词比较特别，有三个系列：A. 独用系列；B. 由“啥”跟名词组合而成的系列；C. 由“鞋里（衣）”跟其他名词组合而成的系列。

	A. 独用系列	B. 组合系列
①问事物		啥—啥格、啥末事—啥格末事
②问人		啥人—啥格人
③问处所		啥地方（啥场化、湖荡）—啥格地方
④问时间	几时	啥辰光—啥格辰光
⑤问目的和原因	哪能	为啥、做啥、啥事体—啥格事体
⑥问情状	哪能	
⑦问方式	哪能　哪能格	
⑧问数量	几格　几忽　多少	
⑨问程度	几忽　多少	
⑩问选择	鞋里（衣）	

①~③，只有组合系列，没有独用系列；⑥~⑨，只有独用系列；④~⑤则两个系列兼有；⑩比较特殊，选择的对象虽说可以无所不有，但实际上主要是问人、物和处所，其他的很难组合。可见，上海方言的疑问代词内部有适当的分工，从而形成一个比较整齐的疑问代词系列。

由于特指问都需要由疑问代词来承担疑问信息，所以这一类疑问句跟疑问代词的关系特别密切。按照提问的内容，疑问代词通常可以分为：

1. 问人

现代汉语里，“谁是张老三?”跟“张老三是谁?”都可以提问，但是两者有明显区别：前者询问的是“哪一个”，语法意义是“指别”（A），从一群人中间指出特定的一个。后者则可以有两种理解：第一种，等同于“谁是张老三?”（A）；第二种是询问“什么人”，语法意义是“求解”，即指出该人具有的属性（B）。这可以从回答中看出来：

①谁是张老三?（哪一个是张老三）他是张老三。（A）

②张老三是谁？张老三是他。（A）

③张老三是谁？张老三是他哥哥（B）。

现代汉语里，用的都是同一个疑问代词，只是语法位置的不同体现了语法意义的不同。而在上海话里，“啥人”相当于“谁”，但在不同的语法位置，也是有区别的。例如：

④啥人是阿三？迭个人是阿三。（A）

⑤阿三是啥人？阿三是伊格阿弟。（B）

⑥＊阿三是啥人？阿三是伊。（A）

可见，“啥人”在主语位置是指别，“啥人”在宾语位置是求解，如果回答是指别，就不能成立，听者会感到很奇怪，如例⑥。

凡是问人，“啥人”问的是“什么人”，是询问人的属性；“鞋里格人”问的是“哪一个人”，询问的是指别。例如：

⑦伊是啥人？伊是我阿妹。

⑧伊是鞋里格人？伊是里头最最长格人。

⑨＊伊是啥人？伊是里头最最长格人。

⑩＊伊是鞋里格人？伊是我阿妹。

例⑨、⑩的回答都无法满足提问的要求，所以是不能成立的。

“啥人”和“啥格人”也是有区别的。后者相当于询问“什么样的人”，比起“啥人”更加具有追究性，所以不出现在主语位置，只能够出现在宾语位置。例如：

⑪伊是啥人？（一般性询问）

⑫伊是啥格人？（追究性询问）

⑬阿三是啥人？（一般性询问）

⑭阿三是啥格人？（追究性询问）

⑮＊啥格人是阿三？

例⑪相当于问的是：“他是谁?”回答可以是指别：伊是小张，也可以是解释：伊是我同学。例⑫的回答只能够是解释，不能是指别，但是例⑬和例⑭的回答都要求是解释，因为主语“阿三”已经指别。正因为“啥格人”要求解释，所以它不可能在句首充当主语，例⑮不成立。下面再举一些实际句例：

⑯啥人？（《上海滑稽戏选集》（16））

⑰寻啥人？（《上海滑稽戏选集》（16））

⑱姓啥叫啥？（《上海滑稽戏选集》（16））

⑲侬是啥人？（《上海滑稽戏选集》(16)）

2. 问事物

“啥”和“啥格”主要用于泛问，相当于普通话的“什么”。“啥”不能单独成句提问，总是跟“格”组合成为“啥格”来询问。例如：

⑳＊啥？

㉑啥格？侬鞋（也）要去？

如果受到数量词语修饰，则可以单独用“啥”提问。例如：

㉒侬怨我点啥？（《上海滑稽戏选集》(15)）

㉓侬想吃点啥？

“啥格”中的“格（个）”相当于“的”（定语标志），“啥格”的意义跟“啥”基本相同，只是用法上有所区别。“啥”可以在句子中充当主语、宾语和定语。例如：

㉔啥叫聪明？（主语）

㉕侬勒讲啥？（宾语）

㉖今朝啥日脚？（定语）

“啥”跟单音节名词组合作定语时，要受到限制，往往要用“啥格”，例如“买啥格菜”、“坐啥格车”有时好像只是在问“啥菜”、“啥车”，其实可以感觉到“格”的弱化音节，实际上是“格”在语流中的弱化或省略。至于修饰双音节名词，一般不受到限制，可带“格”，也可以不带“格”，只是口语中带“格”的比较普遍。比较带“格”和不带“格”的句子，我们可以发现两者的区别仅仅在于语气的不同，前者比较强，带有追究意味，后者普通。例如：

㉗侬穿啥衣裳？

㉘侬穿啥格衣裳？

㉙啥地方好白相？

㉚啥格地方好白相？

至于“啥”作状语，询问“怎么”、“为什么”，我们发现，早期吴语（苏州话）也是可以的。下面我们引用《海上花列传》的例句为证。例如：

㉛秀宝夺过手说道：“教耐做媒人，啥勿响嗄？”

㉜蕙贞道：“洪老爷，耐啥见仔沈小红也怕个嗄？”

㉝张蕙贞便也笑道：“耐哚拳啥勿豁哉嗄？”

㉞王莲生道：“耐哚酒啥勿吃哉，子富庄阿曾完嗄？”

㉟啸庵道：“耐汤老爷倒也要紧哚唍，啥勿搭倪罗老爷坐一歇，说说闲话嗄。”

也发现用“为啥”来发问的。例如：

㊱陈小云道：“善卿为啥还勿来？只怕先到仔别场花去应酬哉。”

但是，现在上海话则必须说成“为啥”、“做啥”，“啥”单独作状语，老派上海人还可以说，而且也听得懂，但是新派基本上不说了。

具体询问事物，常常用“啥事体”（事情）、“啥末事（物事）”（东西）；“啥格事体”（事情）、“啥格末事”（东西）。其中“啥事体”还可以用来表示“干什么”，可以理解为“做啥事体”的口语交际中的语用省略。例如：

㊲侬敲我一记，啥事体？

㊳啥事体？我又无没碍着侬！

㊴侬勒吃啥末事？

㊵啥物事拿来？（《上海滑稽戏选集》(13)）

3. 问时间

这类问句的疑问词有啥（格）辰光（泛问，一般倾向于某天里的具体时间）、几时（问哪一天）、啥（个）日脚（问具体哪一天）、几点钟。例如：

㊶侬啥（格）辰光来咯？我中浪头来咯。

㊷侬几时来咯？我前天来咯。

㊸侬啥（格）日脚来咯？我3月5号来咯。

㊹侬几点钟来咯？我四点钟来咯。

“几时”、“几点钟”跟普通话基本一致，这是问的“时点”。如果问多少时间（时段），则用“几忽辰光”，例如“到学堂要几忽辰光?”但是现在逐渐被“多少辰光”替代，显然是受到普通话的影响。

时间不论长短，“啥辰光”都可以用；如果时间比较短，就不能用“几时”，这可能跟发问人的心理预设有关。例如：

㊺马上吃饭勒，侬啥辰光回来？

㊻＊马上吃饭勒，侬几时回来？

㊼明早啥辰光过来？

㊽＊明早几时过来？

㊾还有半个月就要开学勒，侬啥辰光回来？

㊿还有半个月就要开学勒，侬几时回来？

至于“鞋里（衣）”则只能跟“年”、“月份”、“号头”（日）组合，即比较大的时点，而不能跟“钟头”、“分钟”等比较小的时点组合。例如：

(51)侬鞋里（衣）年来咯？

(52)侬鞋里（衣）月份来咯？

(53)侬鞋里（衣）号头来咯？

(54)＊侬鞋里（衣）钟头来咯？

(55)＊侬鞋里（衣）分钟来咯？

4. 问处所

有两套问法：“鞋里搭（鞋衣搭）？”和“啥地方？”前者比较土，老派常用；后者跟普通话比较接近，新派常用。还有一种更加土的问法：本地人，尤其是浦东人常常问“啥湖荡?”（湖塘）可能跟周围的地理环境有关，因为那时浦东地区水网交叉，湖泊特别多，所以，问地方依照水面来定位时最方便。“啥场化?”是苏州地方话，老派上海人也经常这样使用，《海上花列传》就有不少这样的例句。“场花（场化）”相当于“地方”。例如：

㊻我看起来，上海场花要寻点生意也难得势哚。

㊼耐就上海场花搭两个朋友，也刻刻要留心。

㊽就是张小村、吴松桥，算是自家场花人，好像靠得住哉，到仔上海倒也难说。

㊾张寿问道：“该搭是啥个场花嗄？耐哚倒也会白相哚！”

㊿长福道：“耐说像啥场花?”

不过，无论是“啥湖荡”，还是“啥场化”，现在上海方言里已经很少使用了，最常用的询问还是“啥地方”，这也是因为受到普通话的影响。例如：

(61)格张纸头上写格是啥地方?（《上海滑稽戏选集》(12)）

(62)我问侬：侬勒啥地方?（《上海滑稽戏选集》(13)）

5. 问目的、原因

做啥，相当于“干什么”；为啥，相当于“为什么”；哪能，相当于“怎么”。“做啥”有几种形式：做啥、做啥事体（简略式为“做啥体”、“啥事体”、“啥体”）。“为啥”也有几种形式：为啥（为仔啥、为点啥）、为啥事体（为啥体）。例如：

(63)侬做啥勿去?（你干什么不去?）

(64)侬为啥勿去?（你为什么不去?）

(65)侬哪能勿去?（你怎么不去?）

此外，还有一种问法：做啥道理、为啥道理、哪能道理，跟不带“道理”的提问相比，似乎比较倾向于追究性发问。

如上文所述，“啥”以前可以单独用来询问“目的、原因”，现在则必须说成为“做啥”、“为啥”。“哪能”应该属于吴语的底层，“做啥”、“为啥”似乎受到普通话的影响，是仿照“干什么”、“为什么”发展来的。例如：

(66)我还没有问侬过，侬到上海来做啥?（《上海滑稽戏选集》(7)）

(67)为啥哭?（《上海滑稽戏选集》(39)）

(68)哪能弄出隔壁头阿姐?（《上海滑稽戏选集》(13)）

(69)哪能道理?

“哪能道理”可以单独发问，相当于“怎么回事”，问的是原因。

6. 问方式

“哪能”也可以问方式：

(70)我哪能去法?（我怎么去法?）

⑦迭只小菜哪能烧法？（这只菜怎么烧？）

⑦那么哪能办法呢？（《上海滑稽戏选集》（17））

⑦侬自己昨日出去的辰光哪能讲的？（《上海滑稽戏选集》（12））

其实，普通话里的“怎么”本来就有两种用法：问原因和问方式（邵敬敏1996）。例如：

⑦你怎么去上海？上海我没有去过。（重音在“上海”，问原因）

⑦你怎么去上海？当然坐飞机去了。（重音在“怎么”，问方式）

同样，上海话里“侬哪能到上海来格呢？（《上海滑稽戏选集》（17））”就是歧义的。可以有两种理解：

⑦侬哪能到上海来格呢？我到上海来寻条出路。（重音在“上海”，问原因）

⑦侬哪能到上海来格呢？我是坐小船来格。（重音在“哪能”，问方式）

实际情况是“三阿姐”问“三毛”为什么要到上海来，是问原因，如果改用“为啥”就没有歧义了，只是问原因。

7. 问情况

“哪能”如果作谓语，单独提问（不作定语和状语），也可以问情况。例如：

⑦伊最近身体哪能？（怎么样）

⑦我准备去打球，侬哪能？（怎么样）

⑧我要哪能才考得取研究生？（怎么样）

⑧到底哪能一桩事情？（《上海滑稽戏选集》（13））

8. 问数量

几（几个）、几忽、多少。显然，“几忽”是方言色彩浓的，“多少”则明显受普通话影响。例如：

⑧侬有几个铜钿？

⑧侬有几忽铜钿？

⑧侬有多少铜钿？

⑧八仙桥几钿？（《上海滑稽戏选集》（5））（“几钿”是“几忽铜钿”的简称）

⑧侬有几日天勿吃饭拉？（《上海滑稽戏选集》（13））

普通话里，“几”不能单用，往往跟可计数的单位名词组合，而且一定要有量词，例如“几个人”、“几本书”、“几只鸟”，不可以说“几人”、“几书”、“几鸟”。然而，“几忽”可以单独提问：“用几忽拿几忽，勿要浪费！”而且往往跟集合名词或者抽象名词组合，组合时也不需要量词，例如“几忽铜钿”、“几忽物事”、“几忽辰光”、“几忽本事”等。

与“多少”组合的是可数名词，量词可用，也可不用，例如“多少床”、“多少张床”、“多少人”、“多少个人”。如果组合的是集合名词，则往往不用量词，例如“多少钞票”、“多少物事”、“多少水”、“多少本事”。

9. 问程度

程度跟数量是息息相通的，所以用来问数量的“几忽”和“多少”也可以来问程度，所修饰的对象主要是形容词和心理动词。现在使用“多少”比“几忽”多得多。例如：

⑻迭个河浜有几忽（多少）深？

⑻伊到底有几忽（多少）漂亮？

⑻侬到底了解伊几忽（多少）？

⑽迭座山有几忽（到少）高？

10. 问选择

主要用“鞋里”（鞋衣）跟其他名词组合来进行提问，而且往往需要用量词组合，目的是从若干个中间选择一个。比如：

⑴鞋里（鞋衣）个？（哪一个？）

⑵鞋里（鞋衣）搭？（哪里？）

⑶鞋里（鞋衣）位？（哪一位？）

⑷鞋里（鞋衣）日？（哪一天？）

⑸鞋里（鞋衣）件？（哪一件？）

其中的“鞋”，也可以写作“阿”。我们认为应该是“阿”更加接近本义，在吴方言里用“阿”来发问是比较普通的。而“阿”［Aʔ］作为元音单独成为单韵母音节，发声时，元音前面往往会发成一个喉塞半元音［h］，这就跟上海话里的“鞋”同音了。

总的来讲，上海方言的疑问代词，有几个比较明显的特点：

（1）疑问代词分为两大系列：独用系列和组合系列，两者对立互补。

（2）疑问代词带不带“格”，一般在语义上没有区别，但在表达上形成差别。

（3）跟普通话相比，上海方言的疑问代词出现“同化”和“简化”的趋势。比较土的疑问代词逐渐淘汰，而改用普通话通用的疑问代词。

（4）上海方言特指问也有简略格式，即不出现疑问代词，只用“呢”来提问。例如：

⑹三毛，老头子人呢？（《上海滑稽戏选集》（30））

⑺不是这个，还有呢？（《上海滑稽戏选集》（30））（还有的东西呢）

⑻我勿去呢？侬拿我哪能办？

⑼明早走勿脱呢？

（5）“哪能”可以单独发问，也可以修饰动词、形容词，或者修饰名词。例如：

⑽哪能？侬到底去勿去？

⑾侬看哪能？（《上海滑稽戏选集》（26））

⑿到底哪能上去？

⑩③侬讲，伊到底有哪能好？

⑩④格么哪能办法呢？（《上海滑稽戏选集》(17)）

⑩⑤哪能道理？（《上海滑稽戏选集》(29)）

三、吴方言正反问

（一）一般正反问

上海方言里的正反问还是比较普遍的。可以分为两大类：

1. 单音节

主要是动词或者形容词，格式为“V 勿 V”。例如：

①是勿是？

②有勿有？

③去勿去？

④对勿对？

⑤好勿好？

2. 双音节

包括 AB 双音节的动词、形容词，以及动词带着宾语各种情况，比较复杂。根据肯定形式 AB 的省略形式不同，又可以分为两种情况：

（1）完全格式：AB 勿 AB。例如：

⑥吃饭勿吃饭？

⑦打扫勿打扫？

⑧漂亮勿漂亮？

虽然是完全格式，实际口语中却比较少见，因为太繁琐。

（2）简略格式：A 勿 AB，不限于动宾词组，也包括双音节动词与形容词。例如：

⑨吃勿吃饭？

⑩打勿打扫？

⑪漂勿漂亮？

这一格式属于常规格式，在上海方言里运用相当普遍。

上海方言的正反问有几个特点：

第一，除了“是勿是”可以携带谓词性宾语，“有勿有”也可以，这跟普通话不太一样，却跟粤方言和闽方言比较相近。普通话里的“有没有”后面只能够带体词性宾语。但是上海方言里，肯定性回答不能用“有”或者“有 VP”，这点是上海方言跟粤方言和闽方言的重要区别所在。例如：

⑫是勿是侬去讲？

⑬报纸侬是勿是已经买来了？

⑭有勿有吃过饭？吃过勒。

⑮香港侬有勿有去过？去过勒。

第二，正反问可以带上语气词。例如：

⑯伊到底是勿是呢？

⑰伊去勿去呢？我也勿晓得。

⑱是勿是侬去讲啊？

⑲是勿是侬去讲咯？

加上“呢”，⑯表示深究；⑰表示设问，可以自问自答。如果带“啊”，表示征求意见，一般性询问；如果带“咯”，表示对已经发生的事件追究、盘问。

（二）“阿”字问句

这其实是苏州话的格式，是不是属于正反问，历来有争议。为了论述方便，我们暂且归到这里予以讨论。其实最好的办法是自成一类。上海人里，中老年说得比较多，年轻人用得比较少。此外，上海方言里，主要是用一些常用格式：“阿是”、“阿有”、“阿好”、“阿会”、“阿会得”、“阿要”、“阿有啥”等。例如：

⑳侬阿是北京人？

㉑里面阿是杨树浦？（《上海滑稽戏选集》（9））

㉒伊阿有迭本书？

㉓迭个小贼阿有神经病咯？（《上海滑稽戏选集》（8））

要特别注意的是，“阿是”、“阿有”以及“阿好”、“阿会”等后面还可以带上动词性宾语。例如：

㉔阿是三日天无没吃啦？（《上海滑稽戏选集》（29））

㉕阿是到了？（《上海滑稽戏选集》（7））

㉖阿是侬还要去鼓叫怨呀？（《上海滑稽戏选集》（15））

㉗那面孔上阿是勒浪开南货店？（《上海滑稽戏选集》（22））

㉘阿有啥讲也勿讲就跑脱勒。（哪里有讲也不讲就跑掉了的？）

㉙伊阿好讲闲话勿算数咯？（他怎么能够讲话不算数的？）

不过，一些常用动词，也可以在动词前面加上“阿”来发问。例如：

㉚阿寻着哦？（《上海滑稽戏选集》（28））

㉛侬夜饭阿吃过勒？

㉜日本侬阿去过？

㉝伊阿来海？

“阿”显示疑问焦点，一般句末不需要疑问语气词，但是也可以添加“啊”或者“哦”，还可以是“咯”，但是不可以加“嚎”。例如：

㉞侬阿是北京人啊/哦？

㉟伊阿有迭本书啊/哦？

㊱迭个小贼阿有神经病咯？

“阿”字问，往往用“阿是、阿有、阿晓得、阿会得”来提问，成为常规格式。这可称为“前问式”。例如：

㊲侬阿晓得，刚刚这个小囡是寻啥人来咯？(《上海滑稽戏选集》(17))

㊳阿有啥个办法想？(《上海滑稽戏选集》(17))

㊴老伯伯，你阿是袋袋里的钱包不见了？(《上海滑稽戏选集》(30))

所谓“后问式”，实际上就是附加问。例如：

㊵侬也去上海，阿是咯？

㊶伊也要去香港，侬阿晓得？

前后两种格式比较，说明“阿是”在前面的句子带有提醒对方注意的意思，“阿是”作为附加问，是验证句。例如：

㊷侬有几日天勿吃饭拉？阿是三日天无没吃啦？(《上海滑稽戏选集》(29))

㊸外头湿嗒嗒个，阿是落雨啦？

㊹伊有三日没吃饭勒，阿是咯？

㊺外头落雨勒，阿是咯？

四、吴方言选择问

上海方言的选择问，语调在第一个选择项后面明显提升。例如：

①侬是吃饭，还是吃面？

②侬是去北京，去南京，还是去哈尔滨？

有趣的是语气词“呢”的位置，如果只有两个选择项，一般出现在第一个选择项的后面；如果有三个选择项，可以出现在第一和第二个选择项的后面，但是通常不出现在最后一个选择项的后面，这显然跟普通话不太一样。例如：

③侬是吃饭呢，还是吃面？

④？侬是吃饭，还是吃面呢？

⑤侬是去北京呢，去南京呢，还是去哈尔滨？

⑥？侬是去北京，去南京，还是去哈尔滨呢？

在这样的选择问中，选择连词“还是”常常可以省略，普通话里很少有这样的问法。例如：

⑦迭个塘里个鱼多呢，还是勿多？——迭个塘里个鱼多呢（，还是）勿多？

⑧阿拉是去北京呢，还是去南京？——阿拉是去北京呢（，还是）去南京？

上海方言的疑问句，还有一些比较特殊的提问方式：

第一，比较喜欢出现“我问侬”等格式，明确显示询问的意图。例如：

⑨我问侬：侬勒啥地方？(《上海滑稽戏选集》(13))

⑩我问侬，侬苏北到上海，今朝侬要勿碰着那姐姐，侬稀饭有得吃？(《上海滑稽戏选集》(25))

⑪好啦，我再问侬，今朝碰勿着那阿姐，侬阿是投亲不遇，阿要流落他乡？(《上海滑稽戏选集》(25))

第二，喜欢运用“勿晓得……”这样的格式来表示自己的疑问。例如：

⑫勿晓得小赤佬跑得快哦？(《上海滑稽戏选集》(21))

⑬勿晓得选种书包几钿一只？

第三，喜欢运用“侬晓得”、“侬看”这类提示语来发问。例如：

⑭侬晓得是啥物事？(《上海滑稽戏选集》(21))

⑮老伯伯，侬想迭个小囡作孽哦，投亲不遇，路费也无没。(《上海滑稽戏选集》(28))

⑯老伯伯，侬想想看，大人都饿勿起，小囡哪能好饿三日天呢？(《上海滑稽戏选集》(29))

第三章　湘方言（新化话）疑问范畴研究

湘方言作为湖南省最具代表性的一种方言，主要分布于湖南的湘江、资江流域和沅江中游少数地区，总共近40个市县。此外，在广西、四川、陕西等地也有分布。湖南境内的湘语可分长益片、娄邵片、衡州片、辰溆片和永全片共5片，使用人口约3 438万（陈晖、鲍厚星，2007）。湘语研究发展至今，语音和词汇研究的成果丰硕，与之相比，语法研究无论是广度还是深度都十分薄弱，具体到某一语法范畴如疑问范畴，就更为薄弱了。事实上，湘方言疑问范畴的研究是从20世纪80年代中期才开始的。最早的研究当推李永明《衡阳方言》（湖南人民出版社1986）中对衡阳方言疑问句的勾勒性描写。到目前为止，有关的研究集中于两个阶段：

第一阶段是20世纪末。在这一阶段，随着“湖南方言研究丛书”中崔振华《益阳方言研究》（湖南教育出版社1998），储泽祥《邵阳方言研究》（湖南教育出版社1998），李维琦《祁阳方言研究》（湖南教育出版社1998），罗昕如《新化方言研究》（湖南教育出版社1998），鲍厚星、崔振华、沈若云、伍云姬《长沙方言研究》（湖南教育出版社1999），彭泽润《衡山方言研究》（湖南教育出版社1999），贺凯林《溆浦方言研究》（湖南教育出版社1999），陈晖《涟源方言研究》（湖南教育出版社1999）和曾毓美《韶山方言研究》（湖南师范大学出版社1999）等单点方言研究著作的出版[①]，有很多方言点如益阳、邵阳、祈阳、新化、长沙、衡山、溆浦、涟源等的疑问范畴都得到了概貌性的描写。但这些研究大都是零星的、非系统的、不深入的，绝大多数都停留于条目式的列举阶段。除彭兰玉《衡阳话的疑问句》（古汉语研究.1995（增刊））外，甚至连以疑问范畴为研究对象的单篇论文都很少见到。

第二阶段是21世纪初到现在。在这一阶段，随着全国汉语方言语法研究的蓬勃发展，湘语区也连续出版了徐慧《益阳方言语法研究》（湖南教育出版社2001）、曾毓美《湘潭方言语法研究》（湖南大学出版社2001）和彭兰玉《衡阳方言语法研究》（中国社会科学出版社2005）这三部专门研究某一方言点语法的著作。这样，益阳、湘潭、衡阳的疑问范畴都得到了较为全面的描写，其中徐氏和彭氏的描写较为细致。此外，在单篇论文方面，专门研究湘语疑问句的文章有彭兰玉《衡阳话的疑问句》（古汉语研究.1995（增刊））、《湘乡方言的疑问句初探》（语言研究.2006（3））和吴青峰《涟源市古塘方言疑问句研究》（长春大学学报.2006（6））、《涟源古塘方言与蓝田方言疑问句比较研究》（安徽农业大学学报（社会科学版）.2007（4））；研究语气词在疑问句中的用法的文章有胡萍《长沙方言语气词研究》（湖南经济管理干部学院学报. 2002（4））、彭兰玉《衡阳方言的语气词》（方言．2003（2））和彭逢澍《湖南娄底方言中有特色的语气词举例》（湘潭大学社会科学学报．2002（6））等。

可见，自20世纪末以来，湘语疑问范畴的研究已取得一定进展，但总体来看，目前的研究还有大力加强的必要，这是因为：第一，在近40个湘语点中，除了上面提到的10来个点之外，其余还没有疑问范畴方面的材料发表。即便是上面提到的10来个点，除益阳、湘潭、衡阳比较详细外，其余也都是纲领性的、条目式的，无法对各方言点进行深入系统的比较研究。第二，疑问范畴是一个比较大的语义语法范畴，它包括疑问句类（结构类和功能类）、疑问语气、疑问代词、疑问语气词、疑问程度、问答系统等，但目前寥寥可数的一点研究成果都只是集中于疑问句式和语气词这两块。

本章以新化话为研究对象，我们的工作是对新化这一方言点的疑问范畴进行专题研究。新化是湖南省娄底市下属的一个县，它位于湖南省中部偏西、娄底市西部，资水中游，雪峰山东南麓，其方言属于湘语娄部片。关于其疑问范畴，罗昕如（1998）已有所涉及，本章拟在此基础上作进一步深入、细致的探讨。

一、是非问

新化话是非问只有语气词是非问，无语调是非问。能够出现在是非问中表疑问的语气词相当丰富，总共有“咹”［·ã］、“唻”［·læ］、“偌哩”［·yõ·li］、“吗”［·mA］、“吧”［·p‘A］、“喃”［·nã］、“喃唠”［·nã·lə］7个。除“咹”、“吧”分别与普通话“呀”、“吧”基本对应外，其余都无法在普通话中找到对应的词语。下面我们分倾向性是非问和非倾向性是非问两类加以讨论。

（一）倾向性是非问

所谓“倾向性是非问”，是指说话人对问题的答案已经有所肯定或否定，询问的目的是求得证实的是非问。在上述7个疑问语气词所构成的是非问中，“S＋咹?”②、“S＋唻?”、“S＋偌哩?”、“S＋吗?”、“S＋吧?”都属此类。至于这五种格式之间的差异，则主要在语义重心或情感色彩。特别要指出的是，新化话的“吗”跟普通话的“吗”本质上是不同的。

1. S＋咹?

“S＋咹?”为一般求证问，即该问句只以求证为唯一目的，不带任何其他的情感色彩。例如：

①你在那做生意咹?（你是在那儿做生意呀?）

②饭熟哩咹?（饭熟了呀?）

③今日星期一咹?（今天星期一呀?）

④其冇去过北京咹?（他没去过北京呀?）

在句调上，该式一般使用平调。疑问语气词“咹”除用于求证性是非问外，还可用于特指问、正反问和选择问。该式纯表求证的语用特点，使得它与附加问“S，是有是？[③]”功能相当，且可互换。例如：

①' 你在那做生意咹？——你在那儿做生意，是冇是？

②' 饭熟哩咹？——饭熟哩，是冇是？

③' 今日星期一咹？——今天星期一，是冇是？

④' 其冇去过北京咹？——他没去过北京，是冇是？

2. S＋咻？

“S＋咻？”为顿悟性求证问，即该问句在求证的同时，重在凸显说话人恍然大悟的内在心理。因为对于问题的答案，说话人往往是在某一瞬间顿悟到的。例如：

⑤（哦！）你昨日冇来咻？（哦，你是不是昨天没来？）

⑥（哦！）其又讨哩个老婆咻？（哦，他是不是又娶了个老婆？）

⑦其俚嘅田冇做得好咻？（他们的田是不是种得不好？）

⑧尔只鸟崽飞咖去哩咻？（那只鸟是不是飞走了？）

在句调上，该式表现为明显的下降语调。疑问语气词“咻”除用于顿悟性是非问外，不再用于其他问句。句前还常常出现表示顿悟性的叹词句“哦［o^{21}］！”。而“S＋咹？”疑问句前一般是不能出现“哦！”的。例如：

①" 你是做生意嘅咹？——？哦！你是做生意嘅咹？

②" 饭熟哩咹？——？哦！饭熟哩咹？

③" 今日星期一咹？——？哦！今日星期一咹？

④" 其冇去过北京咹？——？哦！其冇去过北京咹？

3. S＋偌哩？

“S＋偌哩？”为责备性求证问，即该问句在求证的同时，重在凸显说话人对事件不满、责备的内在心理。疑问语气词“偌哩”一般只用于此种问句，不用于其他问句。例如：

⑨其去哩偌哩？（他去了吗？）

⑩你唔敢去偌哩？（你不敢去吗？）

⑪要你喊我嘅，你冇喊我偌哩？（要你叫我的，你没叫我吗？）

⑫个久巴久哩，你还冇还到其偌哩？（这么久了，你还没还给他吗？）

上述四个新化话例句，句子的责备义、不满义都非常明显。可是，对于相应的普通话译句而言，除后两例因语境衬托而稍显不满之外，其余是无法显示其责备义的，除非是通过说话人的语调、表情等超语段或非语言因素表现出来。因此，这里的“S＋偌哩？”与“S＋吗？”并不对等。在句调上，该式一般用平调或降调。

4. S＋吗？

“S＋吗？”为惊讶性求证问，即该问句在求证的同时，旨在凸显说话人惊奇、意外的情感色彩。在句调上，该式可用平调或升调，一般不用降调。例如：

⑬个多年哩，你还有买屋吗？（这么多年了，你还没买房子吗？）

⑭你喊哩我吗？（你喊了我吗？）

⑮饭有熟吗？（饭没熟吗？）

⑯尔个电脑修好了吗？（那个电脑修好了吗？）

上述四例每个问句惊讶的情感色彩都较明显，而对于相应的普通话例句而言，如果没有语境的衬托，我们是无法体会到“S＋吗？”的情感义的，因此，新化话“S＋吗？”与普通话“S＋吗？”并不是两个完全对应的格式。另外，在新化话中，疑问语气词“吗”除了可用于这种带有惊讶色彩的求证性是非问外，还可用于反问性是非问。例如，下面的四个例子，句子的用意都不在询问，“S＋吗？”其实都是表示“不可能”、“不相信”的意思。在这种情况下，新化话“S＋吗？”与普通话“S＋吗？”就对应了。

⑰明日三十七度？可能吗？

⑱你冇去吗？我分明看着你在尔落。（你没去吗？我分明看见你在那。）

⑲冇落雨吗？以个地下偌里湿嘅？（没下雨吗？这地下怎么湿的？）

⑳个多嘅人，你敢吗？（这么多的人，你敢吗？）

5. S＋吧？

“S＋吧？”为估测性求证问，即该问句在求证的同时，旨在告诉对方说话人目前的答案是自我估测到的。例如：

㉑ 9点钟哩，你呷哩黑饭吧？（9点钟了，你吃了晚饭吧？）

㉒你嘅作业应该做完哩吧？（你的作业应该做完了吧？）

㉓你一定冇打预防针吧？（你一定没打预防针吧？）

㉔尔只猫膩卖咖哩吧？（那只猫卖掉了吧？）

跟普通话“S＋吧？”一样，该式在句调上一般用降调。疑问语气词“吧”除用于这种估测性求证问外，也不用于其他问句。因为以估测为语义重心，所以该式通常都可添加“大概”、“一定”、“应该”等词作状语。而这种句法调整，对于前几种格式来说都是不适用的。例如：

㉕你是大学生咹？——＊你大概/一定/应该是大学生咹？

㉖你是大学生崃？——＊你大概/一定/应该是大学生崃？

㉗你是大学生偌哩？——＊你大概/一定/应该是大学生偌哩？

㉘你是大学生吗？——＊你大概/一定/应该是大学生吗？

㉙你是大学生吧？——你大概/一定/应该是大学生吧？

（二）非倾向性是非问

所谓“非倾向性是非问”，是指说话人对问题的答案基本处于“无知”的状态，询问的目的是从对方那里获取答案的是非问。在新化话7个疑问语气词所构成的是非问中，“S＋喃？”和“S＋喃唠？”即属于这一种。至于这两种格式的差异，则主要在说话人对问题的肯定、否定回答的企望性上。

1. S + 喃?

如果S以肯定的形式出现，“S + 喃?”一般为无企望性是非问，即说话人在问话时，对问题的答案是肯定还是否定一般无明显的企望心理。例如：

㉚饭煮好哩喃?（饭煮好了吗?）

㉛你个次及格哩喃?（你这次及格了吗?）

㉜其俚行咖哩喃?（他们走了吗?）

㉝桃熟哩喃?（桃子熟了吗?）

上述四例，说话人都只是就事物的实际情况进行客观询问，并没有对答案的肯定或否定状况怀有一定的企望心理。但是，如果S以否定的形式出现，那就带有企望性了，因为此时说话人总希望所出现的答案是否定性的。例如：

㉞其俚冇行喃?（他们没走吗?）

㉟你俚冇呷饭喃?（你们没吃饭吗?）

㊱你俚路上冇绊着喃?（你们在路上没摔着吗?）

㊲你做手术冇痛着喃?（你做手术时没有很痛苦吗?）

正因为“S（否） + 喃?”对问题的答案常具有企望性，因此，一些问候性的语句如例㊱、㊲，通常是不宜换为肯定式的，否则就不能凸显说话人对对方处境关心或担忧的内在心理。

此外，无论“S + 喃?”有无企望性，其句调都可升可降。疑问语气词“喃”除用于这种不带情感色彩的是非问外，不再用于其他问句。可见，跟普通话“吗”相比，“喃”的使用范围要小得多。

2. S + 喃唠?

“S + 喃唠?”为企望性是非问，即说话人在发问时，对问题的答案有很明显的企望心理。肯定性问句企望肯定答案；否定性问句企望否定答案。例如：

㊳明日天晴喃唠? 我要晒被。（明天天晴吗? 我要晒被子。）

㊴你俚哪个到北京去喃唠? 我好希望有一个人和我做伴咹!（你们谁到北京去吗? 我好希望有人跟我做伴呀!）

㊵你冇得么个病喃唠?（你没有什么病吗?）

㊶尔个身份证冇偷咖去喃唠?（那个身份证没有被偷去吗?）

普通话其实是没有与“喃唠”完全对应的疑问语气词的，上面用“吗”译“喃唠”，其实也是一种不对应的翻译法。该式在句调上可升可降，疑问语气词“喃唠”除用于这种企望性的是非问外，还可用于企望性的特指问。

总之，新化话是非问虽无语调是非问，但由疑问语气词构成的是非问种类多样，色彩鲜明。在上述7种格式中，除“S + 咹?”、“S + 吧?”、“S + 喃?”之外，其余都难以在普通话中找出相应的对应格式。为凸显各类问句的联系与区别，现把它们总括为下表：

<table>
<tr><th colspan="3">特点
是非问类型</th><th>语用色彩</th><th>语调</th><th>与普通话
对应格式</th></tr>
<tr><td rowspan="5">倾向性
是非问</td><td colspan="2">S＋咹？</td><td>一般求证</td><td>平调</td><td>S＋呀？</td></tr>
<tr><td colspan="2">S＋唻？</td><td>表顿悟</td><td>降调</td><td>—</td></tr>
<tr><td colspan="2">S＋偌哩？</td><td>表责备</td><td>平调、降调</td><td>—</td></tr>
<tr><td colspan="2">S＋吗？</td><td>表惊讶</td><td>升调、平调</td><td>—</td></tr>
<tr><td colspan="2">S＋吧？</td><td>表估测</td><td>降调</td><td>S＋吧？</td></tr>
<tr><td rowspan="3">非倾向性
是非问</td><td rowspan="2">S＋喃？</td><td>肯定式</td><td>—</td><td rowspan="2">升调、降调</td><td rowspan="2">S＋吗？</td></tr>
<tr><td>否定式</td><td>表企望</td></tr>
<tr><td colspan="2">S＋喃唠？</td><td>表企望</td><td>升调、降调</td><td>—</td></tr>
</table>

二、特指问

新化话特指问跟普通话一样，可分为有疑问代词（包括疑问结构）的特指问和无疑问代词的特指问（即特指问的简略格式）两种。从语用功能来看，特指问可就人、物、处所、时间、数量、方式、原因、情况、程度等多种情况进行提问。下面分类说明。

（一）用疑问代词询问

1. 问人

新化话对人的提问只能由疑问代词“哪个”、“哪粒人”承担。其中“哪个”只询问单数个体，“哪粒人”只询问复数群体，相当于“哪些人”。在分布上，两者都常居主语、宾语、定语的位置。例如：

①哪个是你俚嘅班长？（谁是你们的班长？）（主语）

②其在尔落骂哪个？（他在那儿骂谁？）（宾语）

③以个是哪个嘅书？（这是谁的书？）（定语）

④哪粒人行咖哩？（哪些人走了？）（主语）

⑤你喜欢哪粒人？（你喜欢哪些人？）（宾语）

⑥哪粒人嘅书忘咖哩？（哪些人的书忘记了？）（定语）

2. 问事物

新化话问事物的功能由疑问代词“么个”承担。它既能询问单数事物，也能询问复数事物。在句法上，“么个”也常在句中充当主语、宾语和定语。例如：

⑦么个冇得哩?（什么没有了?）（主语）

⑧你在尔落寻么个?（你在那儿找什么?）（宾语）

⑨其得哩么个病?（她得了什么病?）（定语）

3. 问处所

新化话问处所用的疑问代词主要是“哪落”和“哪粒地方”。“哪落”用于询问单个处所，“哪粒地方”用于询问多个处所，且两者在句中都可充当主语、宾语和定语。例如：

⑩哪落/哪粒地方有以种草?（哪里/哪些地方有这种草?）（主语）

⑪你去年在哪落/哪粒地方?（你去年在哪/哪些地方?）（宾语）

⑫你是哪落嘅人?（你是哪里人?）（定语）

⑬你俚是哪粒地方嘅人?（你们是哪些地方的人?）（定语）

4. 问时间

新化话问时间用的疑问代词主要是“好久”、“么个时节”等。“好久”既可问时点，也可问时段；“么个时节”只能问时点。在句法上，“么个时节”一般在句中充当定语和状语；“好久”则可充当定语、状语和补语。例如：

⑭以个是么个时节（好久）嘅报纸?（这是什么时候的报纸?）（问时点/定语）

⑮你俚么个时节（好久）开学?（你们什么时候开学?）（问时点/状语）

⑯你俚转正学习要学好久?（你们转正学习要学多久?）（问时段/补语）

⑰你一般好久回来一趟?（你一般多长时间回来一趟?）（问时段/状语）

此外，询问时间也可以用“几+点/号/个钟头/天/个月……”等来进行。

5. 问数量

新化话问数量一般由疑问代词“好多”和“几”承担。这两个词在用法上的差异跟普通话“多少”和“几”的差异大体相当。

（1）“几”一般用来问1~10之间的数字；“好多”可以问任何一个数字。但如果答案明显在10以下，以用“几”为宜；如果答案明显在10以上，以用“好多”为宜。例如：

⑱你俚屋里有几个人?（你们家有几口人?）

⑲你俚班有好多同学唧?（你们班有多少同学?）

⑳买个冰箱要好多钱?（买个冰箱需要多少钱?）

（2）“几”与名词连用时，中间通常要插入适当的量词；“好多”与名词连用时，其间的量词可有可无。例如：

㉑个落有几吨煤?（这里有几吨煤?）

㉒个落有几张床?（这里有几张床?）

㉓个落有好多（个）座位?（这里有多少（个）座位?）

㉔你一共写哩好多（个）字?（你一共写了多少（个）字?）

（3）“几”可以用在“个”、“十”、“百”、“千”、“万”、“十万”、“百万”、“千万”、“亿”等位数词前；“好多”只能用在“个”、“万”、“亿”三个位数词之前。例如：

㉕尔个村有几十/百/千/万户人？（那个村有几十/百/千/万户人？）

㉖以套书一共有几十万/百万/千万字？（这套书总共有几十万/百万/千万字？）

㉗尔落有好多个人？（那里有多少人？）

㉘你一年嘅收入有好多万？（你一年的收入有多少万？）

㉙中国连咖有好多亿人哩？（中国现在有多少亿人了？）

（4）“几”前可用疑问代词“哪个”，而“好多”不能。下面两例中的“几”都不能用“好多”来替换。例如：

㉚你唔喜欢哪个几种颜色？（你不喜欢哪几种颜色？）

㉛哪个几个字你唔认得？（哪几个字你不认识？）

6. 问方式

新化话问方式用的疑问代词主要是“偌里”，在句中只能充当状语。例如：

㉜尔个字偌里写嘅？（那个字怎么写的？）

㉝你是偌里来嘅？（你是怎么来的？）

7. 问原因

新化话问原因和问方式的情形完全一样，也是用疑问代词“偌里”，且两者在句中的分布完全一致。例如：

㉞其偌里个样晏哒回来？（他为什么这么晚才回来？）

㉟偌里你俚太师嘅咸出去哩？（为什么你们大家都出去了？）

8. 问情况

新化话问情况用的疑问代词主要是“偌里”、“偌样”、“偌何”和“偌样子唧”。虽然都可对应于普通话的“怎么/怎么样”，但它们在句法功能上是有差异的。详见下表：

词项＼功能	谓语	定语	补语
偌里	+	+	−
偌样	+	+	+
偌何	+	−	−
偌样子唧	+	−	+

值得注意的是，在实际话语中，补语位置上的“偌样子唧”和“偌样”一般是可互换的；定语位置上的“偌里”和“偌样”也可互换；但谓语位置上只有“偌样”和“偌样子唧”可互换，其余都不能互换。因为在该句法位置上，“偌里”一般只用于询问事物的突变情状，“偌何”只用于征询对方意见，“偌样”和“偌样子唧”则只用于询问事物的一般情状。例如：

㊱考试准备得偌样/偌样子唧？（考试准备得怎样？）（补语）

㊲到底是一种偌样/偌里嘅情况？（到底是一种怎样的情况？）（定语）

㊳尔只狗崽偌里哩，动也唔动哩？（这只小狗怎么啦，动也不动了？）（谓语）

＊尔只狗崽偌样哩，动也唔动哩？

＊尔只狗崽偌何哩，动也唔动哩？

＊尔只狗崽样子唧哩，动也唔动哩？

㊴一个多月哩，你俚娘偌样/偌样子唧？（一个多月了，你妈怎么样了？）（谓语）

＊一个多月哩，你俚娘偌里？

＊一个多月哩，你俚娘偌何？

㊵我明天就行偌何？（我明天就走怎么样？）（谓语）

＊我明天就行偌里？

＊我明天就行偌样/偌样子唧？

9. 问程度

新化话对程度的提问是由疑问副词“好”承担的。“好”相当于普通话的“多”，常用于单音节形容词前。例如：

㊶以个东西有好重唧？（这东西有多重？）

㊷从个落到天安门有好远？（从这里到天安门有多远？）

（二）用特指问的简略格式询问

1. NP + 咪［·læ］？

“NP + 咪？”主要用于询问处所，其中“咪”就相当于普通话中的“呢”[④]，因为新化话是 n、l 不分的。例如：

㊸碗和筷子咪？（碗和筷子呢？）

㊹锄头在灰落屋里，扁担咪？（锄头在装土灰的屋子里，扁担呢？）

但是，“NP + 咪？”并不限于问处所，当这种格式独立成句且居于后续句的位置时，还可询问时间，以及其他情况。例如：

㊺新闻联播七点钟开始，尔个电视剧咪？（新闻联播七点钟开始，那个电视剧呢？）（问时点）

㊻我俚队开三天会，你俚队上咪？（我们队开三天会，你们队呢？）（问时段）

㊼我俚坐车来嘅，你俚咪？（我们坐车来的，你们呢？）（问情况）

㊽其俚是通过中介买嘅屋，你俚咏？（他们是通过中介买的房，你们呢?）（问情况）

2. VP + 咏 [·læ]?

“VP + 咏?”主要用于询问情况，既可用于后续句，也可用于始发句，但两种情况下都只用于询问假设条件下所产生的结果性情况。例如：

㊾把东西放到尔落，要是掉咖落来哩咏？（把东西放到那里，要是掉下来了呢?）

㊿我赢哩咏？你也唔拿到我？（我赢了呢？你也不拿给我?）

三、选择问

新化话的选择问跟普通话基本相同，疑问点均由并列式承担，句调可升可平，关联词“（是）……还是……”可用可不用，其差异只在于语气词的选择不同罢了。普通话的选择问常用的语气词是“呢”，有时也可用“啊”及其变体“呀、哇、哪”，新化话则只用“咏 [·læ]”（相当于普通话“呢”）、“咹”（相当于普通话“呀”）和“唠”（普通话没有与之对应的语气词）。下面我们根据并列项 X、Y 有无关联词的情况分两类说明。

1. 无关联词“（是）……还是……”连接的选择问

并列项 X、Y 无关联词“（是）……还是……”连接时，新化话选择问有以下五种格式：

A 式：“XY?”

B 式：“X 咹 Y?”

C 式：“XY 咹?”

D 式：“XY 咏?”

E 式：“XY 唠?”

例如：

①马铃薯煮倒呷炒倒呷？（马铃薯煮着吃炒着吃?）（A 式）

②马铃薯煮倒呷咹炒倒呷？（马铃薯煮着吃呀炒着吃?）（B 式）

③马铃薯煮倒呷炒倒呷咹？（马铃薯煮着吃炒着吃呀?）（C 式）

④马铃薯煮倒呷炒倒呷咏？（马铃薯煮着吃炒着吃呢?）（D 式）

⑤马铃薯煮倒呷炒倒呷唠？（马铃薯煮着吃还是炒着吃?）（E 式）

上述五式，①为无语气词的“紧凑式”[⑤]，一般在说话节奏较快的时候使用。②～⑤均为有语气词的舒缓式，但由于使用的语气词不同，因此，其语用功能或语用色彩也不同。其中，“XY 咹?”和“XY 唠?”询问意味较强，即说话人提问时，一切都是等着对方给出答案，自己是不主动去思索问题的答案的；“XY 咏?”则不同，说话人在询问对方的同时，往往自己也在对答案进行积极的思索。这种语用功能的差异，导致了下列句法上的差异：

④’马铃薯煮倒呷炒倒呷咪？——我俚一起来想想，马铃薯煮倒呷炒倒呷咪？

③’马铃薯煮倒呷炒倒呷咹？——＊我俚一起来想想，马铃薯煮倒呷炒倒呷咹？

⑤’马铃薯煮倒呷炒倒呷唠？——＊我俚一起来想想，马铃薯煮倒呷炒倒呷唠？

当然，同样是询问义较强的选择问，“XY 咹？”和“XY 唠？”也是有区别的。这种区别主要表现为适用句类不同。“XY 咹？”主要用于追加问，而“XY 唠？”主要用于对比问。例如：

⑥甲：马铃薯煮倒呷炒倒呷？（乙没听到或没回答）

甲（又问）：我问你，马铃薯煮倒呷炒倒呷咹？

——＊我问你，马铃薯煮倒呷炒倒呷唠？

⑦其俚讲马铃薯煮倒呷，你讲煮倒呷炒倒呷唠？（他们说马铃薯煮着吃，你说煮着吃炒着吃呀？）

——？其俚讲马铃薯煮倒呷，你讲煮倒呷炒倒呷咹？

至于②和③的差异，则表现在语气的轻重上。一般说来，用②时因选择前项后面出现语气词“咹”，说话人的语调显得比较轻松，语气比较缓和；用③时因选择前项和后项紧密衔接，则明显带有不耐烦的情感色彩。也正因如此，②常用于首发问，③常用于重复问。因为首次发问时，说话人态度一般都比较随和，重复问几次，就显得不耐烦了。

2. 有关联词“（是）……还是……”连接的选择问

当并列项 X、Y 有关联词“（是）……还是……”连接时，新化话选择问主要可采用以下四种格式：

F 式：（是）X（，）还是 Y？

G 式：（是）X 咹/咪（，）还是 Y？

H 式：（是）X（，）还是 Y 咹/咪？

I 式：（是）X 咹/咪（，）还是 Y 咹/咪？

例如：

⑧你（是）喜欢以件（，）还是喜欢尔件？（F 式）

⑨你（是）喜欢以件咹/咪（，）还是喜欢尔件？（G 式）

⑩你（是）喜欢以件（，）还是喜欢尔件咹/咪？（H 式）

⑪你（是）喜欢以件咹/咪（，）还是喜欢尔件咹/咪？（I 式）

其中，G 式还经常采用“（是）X 咹/咪（，）是 Y？”这样的变式。例如：

⑨’你（是）喜欢以件咹/咪（，）还是喜欢尔件？——你（是）喜欢以件咹/咪（，）是喜欢尔件？

总体来看，跟前面无关联词的选择问格式相比，这四种格式选择意味更为突出，语气更为缓和。

四、正反问

新化话正反问常见的主要有以下几种格式[⑥]："V＋唔/冇＋V?"、"V＋唔/冇＋V＋O?"、"A＋唔/冇＋AB＋O?"、"冇＋没有＋VP?（VP哩＋冇有?）"、"V＋唔＋V＋得＋C"[⑦]。正反问如用疑问语气词，也只能用"唻［·læ］"和"咹"，而且"唻"、"咹"的差异和在选择问中完全一样。

1. V＋唔/冇＋V?

这是单音节动词（不带宾语）或形容词的正反问形式。例如：

①你去唔/冇去?（你去不/没去?）

②尔个地方远唔远咹?（那个地方远不远呀?）

③其行冇行?（他走没走?）

④我讲得对唔对?（我说得对不对?）

如果是双音节动词或形容词（两者均记为AB）的正反问形式，则既可以使用"AB唔/冇AB?"，也可以使用"A唔/冇AB?"。但总体来看，"A唔/冇AB?"更常用。例如：

⑤你嘅成绩提高冇提高?——你嘅成绩提冇提高?（你的成绩提没提高?）

⑥你满间节睏觉冇睏觉?——你满间节睏冇睏觉?（你中午睡没睡觉?）

⑦尔朵花好看唔好看咹?——尔朵花好唔好看咹?（那朵花好看不好看呀?）

⑧个个句子造得通顺唔通顺?——个个句子造得通唔通顺?（这个句子造得通顺不通顺?）

2. V＋唔/冇＋V＋O?

这是单音节动词带宾语时最常见的正反问形式，也是前省略式。例如：

⑨你下午做唔做暑假作业?（你下午做不做暑假作业?）

⑩你俚看冇看尔个电视剧?（你们看没看那个电视剧?）

⑪你想唔想穿袜子?（你想不想穿袜子?）

⑫二毛要冇要我尔件衣服?（二毛要没要我那件衣服?）

当然，对于宾语由名词性词语充当的动宾短语，还可采用"VO＋唔/冇＋V?"格式。例如：

⑨' 你下午做暑假作业唔做?

⑩' 你俚看哩尔个电视剧冇看?

如果名词性宾语特别短，仅由单音节或双音节词语充当，则可采用"V唔/冇VO?"、"VO唔/冇V?"和"VO唔/冇VO?"三种形式。例如：

⑬你呷唔/冇呷饭?——你呷饭唔/冇呷?——你呷饭唔/冇呷饭?

⑭你卖唔/冇卖鹅梨?——你卖鹅梨唔/冇卖?——你卖鹅梨唔/冇卖鹅梨?

⑮你打唔/冇打票？——你打票唔/冇打？——你打票唔/冇打票？

⑯其俚看唔/冇看电影？——其俚看电影唔/冇看？——其俚看电影唔/冇看电影？

即使是结构相对凝固的动宾式离合词，也可这三种形式并用。例如：

⑰你上冇/唔上班？——你上班冇/唔上？——你上班冇/唔上班？

⑱你理冇/唔理发？——你理发冇/唔理？——你理发冇/唔理发？

当然，无论具体情况如何，在并用的三种形式中，都是“V 唔/冇 VO?”的使用频率最高，“VO 唔/冇 V?”次之，“VO 唔/冇 VO?”最次。

如果宾语由谓词性词语充当，那么，除了宾语特别简短时有“V 唔/冇 VO?”和“VO + 唔/冇 + VO?”两种形式外，其余都只有“V 唔/冇 VO?”一种形式。如：

⑲你想唔想去？——你想去唔想去？——*你想去唔想？

⑳你想唔想看电视？——*你想看电视唔想看电视？——*你想看电视唔想？

3. A + 唔/冇 + AB + O?

这是双音节动词带宾语时最常见的正反问形式，也是前省略式。例如：

㉑你晓唔晓得个桩事咪？（你知不知道这件事呢？）

㉒你俚喜唔喜欢看足球比赛？（你们喜不喜欢看足球赛？）

㉓以个消息告冇告诉其俚？（这个消息告没告诉他们？）

㉔你同冇同意我借钱到其？（你同没同意我借钱给他？）

其实，如果采用“AB + 唔/冇 + AB + O?”式，也是可以的，只是在实际交际中没有“A + 唔/冇 + AB + O?”式常用罢了。如：

㉑' 你晓得唔晓得个桩事咪？

㉔' 你同意冇同意我借钱到其？

这里，最关键的是宾语的长度。总的倾向是：宾语越长，越倾向于采用“A + 唔/冇 + AB + O?”；宾语越短，则既可以采用“A + 唔/冇 + AB + O?”，也可以采用“AB + 唔/冇 AB + O?”。如果宾语特别短，仅由单音节或双音节词语充当，则可采用“A + 唔/冇 + AB + O?”、“AB + O + 唔/冇 + AB + O?”和“AB + 唔/冇 + AB + O”三种形式（当然相对而言，后两种形式使用频率较低）。例如：

㉕你喜唔喜欢我俚？——你喜欢唔喜欢我俚？——你喜欢我俚唔喜欢我俚？

㉖你告冇告诉其？——你告诉冇告诉其？——你告诉其冇告诉其？

4. 有 + 冇（有） + VP? / VP 哩 + 冇有?

这是新化话中纯粹用于已然体的正反问格式。这其实是两种格式：一是“有 + 冇（有） + VP?”，二是“VP 哩 + 冇有?”。例如：

㉗你去哩你俚姐姐那冇有？/你有冇有去你俚姐姐那？（你去了你姐那儿没有？）

㉘面洗哩冇有咪？/有冇有洗面咪？（脸洗了没有呢？）

㉙你呷哩饭冇有？/你有冇有呷饭？

㉚花红哩冇有？/花有冇有红？（花红了没有？）

这两种格式功能相当，使用频率也基本一致。在答语上，“有+冇（有）+VP?”和“VP哩+冇有?”都只能用“VP哩”作肯定回答，用“冇有（VP）”作否定回答，而不像粤方言那样可以用“有”、“有VP”作肯定回答。例如：

㉛你昨日有冇有做作业？/你昨日做作业哩冇有？

肯定回答：做哩。

*有。| *有做。

否定回答：冇有/冇有做。

5. V+唔+V+得+C?

这是一般能性述补结构“V得C”最常见的正反问形式。例如：

㉜你拿唔拿得动？（你拿得动拿不动？）

㉝你呷唔呷得完咪？（你吃得完吃不完呢？）

㉞尔场球我俚打唔打得好？（那场球我们打得好打不好？）

㉟黑板高落嘅字还抹唔抹得脱咹？（黑板上的字还擦得掉擦不掉呀？）

当然，跟普通话“V+得+C+V+不+C?”一样，新化话中也有对能性述补结构进行正反问的“V+得+C+V+唔+C?”式，但该式的使用频率远不如“V+唔+V+得+C?”。例如：

㉜' 你拿得动拿唔动？

㉝' 你呷得完呷唔完咪？

另外，在使用条件上，也并不是所有的“V得C”用例（限于能性述补结构）都有“V+唔+V+得+C?”和“V+得+C+V+唔+C?”这两种正反问形式的，事实上，两者并用的条件只限于补语由单音节动词或形容词充当的情形，如果补语为双音节动词或形容词，或者补语后又带了宾语，则只能采用“V+唔+V+得+C+(O)?”式。例如：

㊱个个题你做唔做得出来？（这道题你做得出来做不出来？）

㊲个大嘅年纪其看唔看得清楚咹？（这么大的年纪他看得清楚看不清楚呀？）

㊳一个夜更你看唔看得完以本书咹？（一个晚上你看得完看不完这本书呀？）

㊴公公，你看唔看得懂《人民日报》？（爷爷，你看得懂看不懂《人民日报》？）

除了能性述补结构“V得C”式外，新化话跟普通话一样，还有一类表示“能够”、“可以”的“V得”式。但普通话“V得”式的正反问只能采用“V得V不得”，新化话正反问则还可以采用“V唔V得”。例如：

㊵以粒砖晒得晒唔得咪？/以粒砖晒唔晒得咪？（这些砖晒得晒不得呢？）

㊶个碗菜还呷得呷唔得？/个碗菜还呷唔呷得？(这碗菜还吃得吃不得?)

㊷尔种片子细人唧看得看唔得？/尔种片子细人唧看唔看得？(那种片子小孩子看得看不得?)

㊸尔担桶崽还用得用唔得？/尔担桶崽还用唔用得？ (这担桶子还用得用不得?)

总之，新化话正反问格式十分丰富。在上述几种格式中，最能表现新化话方言特色的是“A＋唔/冇＋AB?”、“A＋唔/冇＋AB＋O?”以及“V＋唔＋V＋得＋C?”，它们凸显了新化话正反问的“前省式”特点。但从新化方言对“V＋唔/冇＋VO”和“VO＋唔/冇＋V”、“VP哩＋冇有?”和“有＋冇有＋VP?”、“V＋唔＋V＋得＋C”和“V＋得＋C＋V＋唔＋C”、“V＋唔＋V＋得”和“V＋得＋V＋唔＋得”的并列使用看，该方言又显然兼具南北方言的特点。因此，在正反问这一层面，新化话似乎可以看作是北部方言向南部方言的过渡带。

附注

①后来出版的《娄底方言研究》(刘丽华，中南大学出版社，2001) 也可纳入该系列。

②此式中的“咹”也可用“咹是”[·ã·ʂʅ]来替换，且两者功能相当，一样常用。

③在该格式中，“是冇是”可置于句中、句首和句尾，这里统一记为“S，是冇是?”格式。

④在新化话中，所有特指问句末的“唻”都是与普通话“呢”相对应的，但是非问末尾的“唻”不能与普通话“呢”相对应，我们把这两个“唻”看作不同的疑问语气词。

⑤“紧凑式”中X和Y在构成上必须有异有同，如果全都不同(如“你扫屋洗碗?”)则不能用此式，只能用下面的“F－I”式。

⑥另外，还有一种“是冇是VP?”格式，虽然形式上像正反问，但它在问话时是带有一定倾向性意见的，这与其他正反问不同，因此，我们把它放在测度问中加以阐述。

⑦这些格式中的“唔”相当于普通话的“不”,“冇”相当于普通话的“没”。

第四章　赣方言（宜丰话）疑问范畴研究

赣方言主要分布于江西省的中部和北部以及相邻的湖南省东部、湖北省东南部、安徽省西南部和福建的西北部等广大地区，使用人口大约 3 000 万。赣方言是汉语诸大方言中研究较为薄弱的一种，早期罗常培先生曾经调查和记录了临川方言，后来整理为《临川音系》（1941）。大面积对赣方言进行调查和记录，后来进行过三次。第一次是颜森先生对江西各地赣方言点的调查，后来发表出版的成果并不多（如《黎川方言研究》）；第二次是由李如龙和张双庆两位先生率领的调查组于 20 世纪 80 年代后期所做的一系列调查，后来基本上都反映在《客赣方言调查报告》（1992）里；第三次是由刘伦鑫先生率领的课题组对江西境内赣方言的全面搜索，其调查成果都收入后来出版的《客赣方言比较研究》（1999）。

这三次调查以语音和词汇为主，虽也记录了一些语法材料，但数量较少且不成系统，以专题形式（如疑问句）开展研究的更加鲜见。其他研究赣方言的论文在谈到赣方言的特点时，更多是从语音和词汇角度考察，较少涉及语法，专门研究疑问句的就更少了。

本文以江西宜丰话为对象，按照“疑问句→疑问代词→疑问语气词→疑问语调”这样的先后顺序对宜丰话疑问句进行描写与研究。

赣方言的疑问句结构类型跟普通话相似，也可分为是非问、特指问、选择问和正反问四类。跟普通话相比，赣方言的疑问句尽管在语气词、疑问词、句式及句调等的选择上与普通话有一定差异，但从总体上说，其基本类型与普通话较为一致。

一、赣方言是非问句

与普通话比较，赣方言是非问疑问句的特色主要表现在以下两点：第一，在疑问信息的载体上，普通话的是非疑问句既可由语气词负载疑问信息，也可由句调（升调）负载疑问信息，而赣方言是非问句的疑问信息只能由语气词负载。第二，在语气词的运用上，普通话是非问句末可用语气词“啊”、“吧”、“吗”，赣方言是非问句末则用“墨”、“啊”、“吧”。

（一）赣方言是非疑问句的常见格式及其特征

赣方言是非问句必须匹配语气词，这是与普通话的明显不同之处，也就是说，仅凭语调表达疑问的是非问句在赣方言里是不存在的。

1. S＋墨［mæ³³］

这是典型的是非问句。说话人对客观事实未能掌握足够的信息，主观上无法作出肯定或否定的判断，故而通过提问来获得答案。语气词“墨”相当于普通话的“吗”。请看下面的例句：

①你昨日上了课墨？（你昨天上了课吗？）

②你哩爷晓得你归来了墨？（你爸爸知道你回来了吗？）

③天气预报话明日会落雨墨？（天气预报说明天会下雨吗？）

④佢是开得车积来咯墨？（他是开着车来的吗？）

和普通话的疑问语气词“吗”一样，赣方言是非疑问句如果改为其他表示疑问的手段，语气词“墨”就不能出现，而要改用“叻”。譬如用正反疑问形式，上述句子就得说成：

⑤你昨日上冇上课叻？（你昨天上没上课呢？）

⑥你哩爷晓不晓得你来了叻？（你爸爸知道不知道你来了呢？）

⑦天气预报话冇话明日会落雨叻？（天气预报说没说明天会下雨呢？）

⑧佢是不是开得车积来咯叻？（他是不是开着车来的呢？）

2. S＋啊［æ³³］

这是求证是非问句，问话人对疑问内容有某种程度的预判，只是主观上尚不能确定，故而发问求证。这里的“啊”带有惊讶的语气。普通话是非问句的疑问信息可以由升调承担，但是赣方言例外，因此，“啊”在这里被看作是疑问语气词。例如：

⑨你不记得阿啊？（你不记得我了？）

⑩松伢昨日冇上课啊？（松伢昨天没上课吗？）

⑪你哩许块通了火车啊？（你们那儿通了火车了？）

⑫讨你哩吃得赢了两只啊？（被你们吃得剩下两只了？）

受前面音节韵尾的影响，语气词“啊”有几种音变形式，鼻音韵尾（宜丰话前后鼻音韵尾不分，只有前鼻音韵尾）后面变成“哪”，前高元音韵尾后面变成“呀”，后高元音韵尾后面变成“哇”。这与普通话“啊”的音变几乎一样。例如：

⑬佢话了明日归呀？（他说了明天回来吗？）

⑭你过了许只桥哇？（你过了那座桥哇？）

⑮你认得个只人哪？（你认识这个人吗？）

⑯你不晓得佢去了北京哪？（你不知道他去了北京吗？）

3. S＋吧

该格式疑问句的疑问语气相对较弱，即信大于疑，但也要求对方回答，语气词“吧”承担了疑问信息。这跟普通话的“吧”字疑问句类似。例如：

⑰个是你哩爷吧？（这是你爸爸吧？）

⑱个积晏正来，睏着了觉吧？（这么晚才来，睡迷糊了吧？）

⑲你哩是两姊妹吧？（你们是两姐妹吧？）

⑳看你走路咯样子，你吃了酒吧？（看你走路的样子，你喝了酒吧？）

如果语气词换成“墨”或“啊”，疑问语气增强，要求对方一定给予回答。

（二）赣方言是非疑问语气词“墨”与“啊”的比较

使用不同的语气词，表达的意思会有所不同，故而通常情况下语气词不能随意替换。而如果改变问话的语气，通常也是通过改变语气词来实现的。

1. 语气词“墨”和“啊”的分工

如果用“墨”，问话人对事件基本上不了解，是典型的是非问句。这类疑问句的回答格式一般是对谓语动词的肯定或否定（否定句式还可以用简单式“冇”[①]）。例如：

㉑你吃了饭墨？（你吃了饭吗？）——吃了（喔）/冇吃（喔）

㉒你今阿下昼去了街墨？（你今天下午上街了吗？）——去了（喔）/冇去（喔）。

㉓厅下咯灯微了墨？（客厅的灯熄了吗？）——微了（喔）/冇微（喔）

㉔佢哩姐姐嫁了人墨？（她姐姐嫁了人吗？）——嫁了（喔）/冇嫁（喔）。

如果用“啊（包括其音变形式）”，通常问话人对结果已猜出七八分，问话只是想进一步证实。这类疑问句的回答格式一般也是对谓语动词的肯定或否定。例如：

㉕你吃了饭哪？（你吃了饭了？）

㉖你今阿下昼去了街呀？（你今天下午上了街了？）

㉗厅下咯灯微了哇？（客厅的灯熄灭了？）

㉘佢哩姐姐嫁了人哪？（她姐姐嫁了人了？）

2. 语气词“墨”和“啊”的差异

虽然都是表示是非问的语气词，“墨”和“啊（及其音变形式）”所表达的语气还是有差异的。例如：

㉙你哩老婆生咯是崽墨？

㉚你哩老婆生咯是崽啊？

假如听话人一直渴望生个儿子，问话人得知听话人的妻子已经生产，便询问听话人生的是不是男孩儿。上面两个句子问话的情境是绝不相同的。㉙问话人不知道生的是男是女，因为此前未曾获得任何有关信息，故而询问，希望了解事实。㉚听话人或许已经知道生的肯定是男孩儿，故而喜上眉梢，问话人根据对听话人的表情观察作出判断：八成是儿子；或者问话人已经听到风声或传言，对事实已有大致的估计。因为有了预设判断，问话的疑问程度显然不如㉙，只是为了进一步验证。

此外，从回答的趋向来看，两者也是不同的。㉙的回答可以有两个选项：肯定或否定。㉚则不同，由于有了预设判断，而且这个判断多半能够成立（即符合事实），因而回答通常只能有一个选项，即做肯定的回答。一般情况下，不会出现否定的回答。

以上所讨论的内容，可用格式表示如下：

A 式　问：S＋墨？答：肯定式或否定式

B 式　问：S＋啊？答：肯定式

在反问句里，两者也有区别，用“啊”表示问话人比较意外或失望，而用“墨”在意外或失望之外略有一丝不满甚至愤怒。

A 式：你哩老婆生咯不是崽墨？

B 式：你哩老婆生咯不是崽啊？

但两者有一点是共同的，那就是对事实感到意外或失望，这正是反诘问的特点。

（三）赣方言是非问测度句

测度问介乎疑、信之间，它表示说话人对所说内容持一种不十分肯定的态度。普通话的测度句一般是在句中添加语气副词“大概”、“别是”、“恐怕”等，或是在句尾添加语气助词“吧”而构成。赣方言的测度句不用“别是”一类词，但可以用“莫”、“怕”以及“吧”、“奔”、“奔吧”等语气词表示。下面根据这些标记词的差异来探讨赣方言测度问句的各种格式。

1. S＋吧？

表示对 S 所陈述的命题内容持某种怀疑倾向。例如：

㉛佢不得做杠咯事吧？（他不会做这样的事吧？）

㉜个件事是你话咯吧？（这件事是你说的吧？）

㉝总不得是阿舞坏咯吧？（总不会是我弄坏的吧？）

㉞你哩姐姐阿好似冇看过吧？（你姐姐我好像没见过吧？）

2. S＋奔？

“奔”不是一个专职疑问语气词，表示疑问语气时通常出现在否定句式中。例如：

㉟你总不会卢阿奔？（你总不会骗我吧？）

㊱个次总不得塌八奔？（这次总不会误事吧？）

㊲个次你总怪不得别人奔？（这次你总怨不得别人吧？）

㊳佢总冇话你奔？（他总没有说你吧？）

3. S＋奔吧？

表示对 S 所述内容持一种猜测的态度，而且希望对方给予证实。例如：

㊴话了九点钟咯，总会来奔吧？（说好了九点钟的，大概快来了吧？）

㊵天个积暗，会落雨奔吧？（天这么黑，快下雨了吧？）

㊶个积大咯肚积，会生奔吧？（这么大的肚子，快生了吧？）

㊷到了钟奔，会出来奔吧？（到了时间了，快出来了吧？）

4. 莫＋S？

表示对 S 所述内容持一种怀疑或猜测的态度。例如：

㊸莫佢不来了喔？（别是他不来了？）

㊹莫是你话讯到佢听咯？（别不是你告诉他的？）

㊺莫今阿不上课了喔？（别是今天不上课了？）

㊻莫你哩爷晓得了喔？（别是你爸爸知道了？）

（四）是非问与疑问语气的关系

根据上述分析，赣方言是非疑问句有两个主要的疑问语气词“墨”和“啊”。这两个疑问语气词可以相互替换，但替换后表达的语义或语气存在一定的差异。

1. 问句为肯定格式

使用“啊”的语气比使用“墨”更有一种出乎意料的惊讶、惊喜。例如：

㊼个是你哩老妹呀？（这是你妹妹吗？）

㊽佢就是你话咯小学同学啊？（他就是你说的小学同学吗？）

㊾个是正舞咯饭哪？（这是刚做的饭吗？）

㊿你是昨日暗头上咯车啊？（你是昨天晚上上的车吗？）

例㊼还可以简略为“你哩老妹啊？”通常不说“你哩老妹墨？”譬如发现自己喜爱的漂亮姑娘原来是同学的妹妹，通常会说“个是你哩老妹呀？”而不说“个是你哩老妹墨？”

用语气词“墨”，只是一般性的疑问，问话人此前并未获得可供预设判断的相关信息，因而也不可能对对方的回答作出某种推测。而以“啊”发问，问话人事先对答案已有基本的预判，其依据来源于听到的风声或对某些现象的观察。

2. 问句为否定格式

如果问句是否定格式，用“啊”与用“墨”表达的语气也不一样，两者都带有出乎意外的语气，但前者表现的更多的是失望的语气，而后者则有质询的意味，不满之情溢于言表。例如：

(51)佢冇开得车积来啊？

(52)佢冇开得车积来墨？

3. 疑问语调与疑问语气

表示一般询问的疑问语气是最强的，其语调是上扬的。例如：

(53)你去北京哪？

如果疑问焦点是“去北京”，即强调的重点在“去北京”，整个句子的疑问语调落在句末。如果疑问焦点在“你”，即强调重点在“你”，整个句子的疑问语调在重读“你”时已经体现，句末语调则显得不那么重要了。

表示测度语气的疑问句，其疑问语气是最弱的，因而疑问语调通常都是下降的。例见上。

二、赣方言特指问句

特指疑问句一般是指由疑问代词表示疑问焦点，并要求针对该疑问代词作出回答的疑问句。在赣方言宜丰话中，常用的疑问代词主要有谁、什（什么）、许块（哪里）、什辰间（什么时候）、几久、几多（多少）、几、凼（怎么、怎样）等，它们是构成宜丰话特指疑问句的基础。另外，跟普通话一样，在宜丰话中，有时特指问的疑问代词也可以不出现，而是由语境来确定疑问焦点的。根据疑问代词出现的情况，我们可以把宜丰话的特指问分为由疑问代词表现疑问焦点的一般格式和语境制约下由疑问语气词表示疑问焦点的特殊格式。

（一）赣方言特指疑问句的一般格式

由疑问代词表示疑问焦点。赣方言的疑问代词主要有谁（谁人）、什、许块、什辰间、凼、几等。一般情况下，句末需有语气词呼应；特殊情况下（如追问），语气词可以不必出现。例如：

1. 谁、谁人、什人

询问关于人的信息。“谁”与“谁人”相当，色彩较为中性，可以互换。“什人”用于句中常有责备、埋怨等色彩。请看例句：

①许只着花褂积咯人是谁叻？（那个穿花褂子的人是谁呀？）

②谁人拿阿咯鞋积弃起来了？（谁把我的鞋子藏起来了？）

③个件事你是听闻谁话咯叻？（这件事你是听见谁说的？）

④什人话咯今日会出日头叻？（什么人说的今天会出太阳啊？）

⑤什人撂得个块咯叻？（什么人丢在这儿的？）

“谁”表示任指意义，通常用于表示反问的语气，这时就格式而言与特指疑问句有些类似。

但表示反问语气时，“谁”等只能出现在句首的位置，而且须读重音。试比较下面两句：

⑥谁请了假叻？（凼少一个人呐？）——谁请了假了？（怎么少一个人？）

⑦谁请了假叻？（阿不日日系个上班哪。）——谁请了假了？（我不天天在这儿上班吗？）

⑥中的“谁”不重读，⑦中的“谁”重读。就普通话而言，如果形式相同，“谁”是否重读能够区分两种不同语气，宜丰话也是通过重读与否来区分不同的语义。

再者，如果将“谁拿你咯车积骑起走了啊？莫乱话叻！（谁把你的车骑走了，别乱说！）”换成“谁拿阿咯车积骑起走了啊?”，则句子只表示特指疑问语气，没有反问语气。也就是说，如果询问的事件关乎第一人称，那么就是特指疑问语气；反之，如果询问的事件关乎第二或第三人称，则特指疑问和反问两种语气都有可能。

2. 什

“什”加在名词或名词性词组前面，构成偏正结构，这个结构通常出现在主语或宾语的位置，询问有关的事情或事物，相当于普通话的“什么”。请看例句：

⑧你手底拿了什东西叻？（你手里拿了什么东西呀？）

⑨佢寻阿有什事叻？（他找我有什么事吗？）

⑩医师跟你开了什药叻？（医生给你开了什么药哇？）

⑪什事舞得你吃不落困不着叻？（什么事弄得你吃不下睡不着啊？）

“什”如果出现在句首位置，也会出现同一形式既可以表示特指问又可以表示反问的现象。例如：

⑫什东西佢吃不得叻？（什么东西他不能吃啊？）

⑬什苦你有吃过叻？（什么苦你没吃过啊？）

⑫中的“什”表示疑问，则整句为特指疑问句，若“什”表示任指，则句子表达的是反问语气。和普通话一样，宜丰话也可以用重读和非重读的方式来区分特指和反问。如果上述两个句子中的人称代词换成第一人称代词“阿”，则“什”表示任指，句子只表示反问语气，而不是特指问了。这一情形带有普遍性，前面也举过类似的例子。

3. 许块[②]

询问地点等。例如：

⑭阿咯衣裳你放得许块叻？（我的衣服你放在哪儿了？）

⑮佢不晓得老师住得许块啊？（他不知道老师住在哪儿吗？）

⑯你到底许块痛哪？（你究竟哪儿痛啊？）

⑰佢哩哥哥系许块浸杀咯叻？（他哥哥在哪儿淹死的？）

“许块”如果位于句首，仍然可以表示特指问。例如：

⑱许块寻得你到叻？（哪里能找到你啊？）

⑲许块有齐整妹积叻？阿一个齐冇看着！（哪里有漂亮姑娘呢？我一个也没见着。）

和上面几个疑问代词一样，“许块”位于句首时可以表示任指义，整个句子是反问的语气。特指义和反问语气可以通过重读“许块”来加以区分。

另外，位于句首的“许块”在很多情况下其处所义开始弱化，与“许”（难道）相若，更像一个语气副词。一般情况下，这种句子表达的多半是反问语气了。例如：

⑳许块哭了叻？你莫乱话！（哪儿哭了？你别胡说！）

㉑许块冇话叻？嘴筒齐话烂了。（哪儿没说啊？嘴巴都说破了。）

4. 什辰间、几辰间、几久

询问时间。“什辰间”可以指现在或过去的某一时间，“几辰间”一般只能指现在或不久的时间。例如：

㉒什辰间出咯日头叻？（什么时候出的太阳啊？）

㉓佢什辰间正得归叻？（他什么时候才能回家呢？）

㉔几辰间咯事叻？（什么时候的事啊？）

㉕要等几久正轮到阿哩叻？（要等多久才轮到我们哪？）

5. 几、几多

询问数量。“几”后面若连接单音节名词，则必须有量词作中介，“几多”则无此限制。例如：

㉖间积底坐了几个人叻？（房间里坐了几个人哪？）

㉗你请了几多人叻？（你请了多少人哪？）

㉘佢有几姊妹叻？（他有几个兄弟姐妹呀？）

㉙话了几多钟到叻？（说了几点钟到啊？）

询问数量的疑问代词无论出现在句子中的什么位置，其表达的意义和功能都是一样的，没有反问语气的功能。

6. 几

后接形容词，询问程度。例如：

㉚门口咯塘有几深哪？（门口的池塘有多深哪？）

㉛你咯崽长得几高来了哇？（你儿子长得多高了？）

㉜从你哩屋阿到学堂底有几远积叻？（从你家到学校有多远哪？）

㉝个张床有几阔叻？（这张床有多宽哪？）

和询问数量的疑问代词“几”、“几多”一样，询问量度的“几”的表意功能也是单一的，并不会随着其在句中位置的改变而有所不同。

7. 凼

用于谓语动词前面（有时省略谓语动词），询问方式。例如：

㉞佢硬不晓得凼办？（他简直不知道怎么办？）

㉟凼拿得到你叻？（怎么拿给你呢？）

㊱阿凼话你正会相信阿叻？（我怎么说你才会相信我呢？）

㊲你准备凼赔叻？（你准备怎么赔呢？）

“凼”是可以用来表示反问语气的。针对一般已经或曾经发生的事情可以用反问语气发问，这时候询问的已经不是方式，而是一种情绪，事实上并无明显的疑问语气。例如：

㊳你凼打得佢赢呢？（你怎么打得过他呢？）

㊴凼阿会不晓得呢？（怎么我会不知道呢？）

㊵你凼舞得康块积都是叻？（你怎么弄得到处都是啊？）

8. 做什、凼

后接谓语动词，询问原因，可以互换。例如：

㊶你做什不耳佢叻？（你为什么不理他呀？）

㊷佢哩爷做什发个大咯气叻？（他爸爸为什么发这么大的火啊？）

㊸你凼不话讯佢听叻？（你为什么不告诉他呢？）

㊹旧年过年你凼不归来叻？（去年过年你为什么不回来呢？）

（二）赣方言特指问的特殊格式——简略格式

简略格式不出现疑问代词，但特指意味较浓，询问的焦点还是“谁、哪里、什么、怎样”等，由具体的语境而定。请看举例：

1. N + 呢［ni^{33}］/时

“N”表示名词性短语。“呢”和“时”在这个位置上可以互换，意思不受影响。例如：

㊺你哩娘呢/时？（你妈妈呢？）

㊻阿咯书包呢/时？（我的书包呢？）

㊼正脚放得个块咯车积呢/时？（刚才放在这里的车呢？）

㊽阿昨日钓咯鱼积呢/时？（我昨天钓的鱼呢？）

这类问话的回答不能像一般的是非问那样简单肯定或否定，必须对潜在的疑问焦点（即省略的疑问代词）进行针对性的回答。如问“你哩娘呢/时?”，回答必须是“去了街/系屋阿/还好喔……”。实际上，在具体的语境当中，这类对话的意思是非常清楚明白的。

2. VO + 呢［ni^{33}］/时

㊾去乡下呢/时？（去乡下呢？）

㊿换过一件呢/时？（换一件呢？）

(51)走路去呢/时？（走路去呢？）

(52)试下中药呢/时？（试试中药呢？）

这些句子都是动宾短语充当主语，意思是“如果去乡下/换过一件/走路去怎么样”，回答必须针对省略的疑问代词（疑问焦点），回答也不可以简单地肯定或否定，必须针对性地给予回答。

（三）特指问句与是非问句的区别

特指问句与是非问句无论是在形式上还是使用疑问语气词上都存在一定的相似性，因而有时容易混淆。我们主要谈谈形式上的区别。

特指问句是指出现了疑问代词的疑问句，但是不一定有疑问代词的都是特指问句。请看下面两组例句：

A组：	B组：
你晓得谁是校长墨？	（你估）谁是校长叻？
你晓得佢买了什墨？	（你估）佢买了什叻？
你记得佢住得许块墨？	（你估）佢住得许块叻？
你晓得佢凼话咯墨？	（你估）佢凼话咯叻？

B 组是特指问句，A 组是是非问句，尽管每一句都出现了疑问代词。判断特指问句和是非问句的办法有三个：第一，最重要的就是语气词的不同，“墨”只能够用于是非问句，“叻”只能够用于非是非疑问句。第二，疑问代词在句子中是处于第一层次还是第二层次，如果处于第一层次的主语、谓语、宾语或第二层次的状语、定语位置，该句则为特指问句，如 B 组；如果是第二层次的主语、谓语、宾语或补语，则该句为是非问句，如 A 组。第三，看其如何回答，特指问句是就疑问代词来发问及作答的，而是非问句是就动词谓语来发问及作答的。试比较下面的例句：

A. 你晓得佢买了什墨？　　B. 你估佢买了什叻？

A 句的疑问代词是宾语（由主谓短语“佢买了什”充当）中的小宾语，属于第二层次，此外，回答针对的不是疑问代词“什”，而是动词谓语“晓得”。其回答有两个选项：肯定（晓得）或否定（不晓得）。而 B 句的“什”是句子的第一层次（宾语），而且回答必定针对“什”。所以 A 句是是非问句而 B 句是特指问句。

（四）特指问句的语气词

特指问句的疑问信息主要由疑问代词承担，所以句子有时可以不出现疑问语气词。例如：

㊸你是谁？

㊹你放得许块？

㊺你凼骂佢咯？

㊻你系个做什？

通常这样发问时语气都不太客气，加上语气词后语气有所缓和。例如“你是谁”通常用于表达对造访者不太欢迎，而“你是谁叻”则语气缓和得多。

事实上，特指疑问句常常伴随语气词的出现，出现在特指疑问句中的语气词数量有限，“叻”是其中最为常见的一个。此外，还有“啊”（包括其各种音变形式）。受特指疑问句的功能限制，不是任何语气词都能在这类疑问句中出现的。请看例句：

㊼佢什辰间会来叻？（他什么时候会来呢？）

㊽你放得许块叻？（你放在哪里了？）

㊾你凼卖得到佢咯叻？（你怎么卖给他的？）

㊿个次考试你得了几多分叻？（这次考试你得了多少分呀？）

“墨”一般用于是非问句，以上四句中的“叻”不能替换为“墨”。

语气词“呢［ni³³］”只用于疑问句，而且只用于特指疑问句。一般情况下，“呢［ni³³］”出现在简略格式中。实际上，与出现在这个位置上的另一个语助词“时”一样，它们所导出的语言片断（VO，不包括 N）是一个假设复句的条件部分，其结果部分在口语中被隐去了。例如：

61去乡下呢/时？（你去不去？）——（如果）去乡下呢？（你去不去？）

62换过一件呢/时？（你着不着？）——（假如）另换一件呢？（你穿不穿？）

㊸走路去呢/时？（你去不去？）——（要是）走路去？（你去不去？）

口语当中通常把复句的后一个分句省略不说。由于整句是疑问句，承载疑问语气的后一个分句的省略导致疑问语气只能附着在前一个分句上了，这才有了本无疑问的前一分句表示疑问语气的现象。

特指问句的常用语气词包括“叻”、“啊”、“喔”（包括其音变形式“哟”、“喏”等）。使用不同的语气词表意有没有差异呢？我们来比较下面几个例句：

A. 你是谁叻？　　B. 你是谁啊？　　C. 你是谁哟？

A、B 两句表达的语气是相同的，而 C 句表达的语气略有不同，有追问的含义。譬如听话人在回答“你是谁叻”或“你是谁啊”的问话后，问话人尚不能明白，通常用 C 句表示追问，并略有不耐烦的语气。再如：

A 组：你放得许块叻？　　B 组：你放得许块啊？　　C 组：你放得许块哟？
你㓜卖得到佢咯叻？　　你㓜卖得到佢咯啊？　　你㓜卖得到佢咯哟？
你得了几多分叻？　　你得了几多分哪？　　你得了几多分喏？

“你放得许块哟”是在问话人听到听话人关于“你放得许块叻”或“你放得许块啊”的回答去寻找而没有找到后的第二次询问；“你㓜卖得到佢咯哦”是在问话人听到听话人针对“你㓜卖得到佢咯叻”或“你㓜卖得到佢咯啊”的回答感觉不满意后的再次追问；“你得了几多分喏”也是在问话人听到听话人关于“你得了几多分叻”或“你得了几多分哪”的回避式回答后的第二次询问，都含有问话人不耐烦的语气。

三、赣方言选择问句

选择问句是指由发话人提出并列的两项或多项，让听话人从中进行选择的疑问句。因此“提出并列的两项或多项”是选择问句区别于别的疑问句句式的最显著的特征。根据并列项组合情况的不同，我们可把赣方言宜丰话的选择疑问句格式分为两种类型。

（一）赣方言选择疑问句的格式及其特征

两个或多个选择项的结构是相同的，即“VO……啊……VO（叻）”或“NO……啊……NO（叻）”。例如：

①你吃啤酒啊吃白酒叻？（你喝啤酒还是喝白酒呢？）

②你坐飞机啊坐火车叻？（你坐飞机还是坐火车呢？）

③你着一件啊着两件叻？（你穿一件还是穿两件哪？）

④相信你啊相信佢叻？（相信你呢还是相信他呢？）

⑤今日是礼拜一啊礼拜二叻？（今天是星期一还是星期二呀？）

⑥你估红咯啊绿咯叻？（你猜是红的还是绿的呢？）

⑦谁人接你哪？你哩娘啊你哩爷叻？（谁接你呀？是你妈妈还是你爸爸呢？）

中间的连接成分“啊”是可以省略的，省略时，后面的语气词“叻”也同时省略，“叻”［læ³³］不是“啊”的音变形式，它不会受前面音节的影响而发生变化。用“叻”的疑问句不能用“墨”或“啊”替换。即便是结构相同的选项（如VO），其重复的词语（通常是动词）也不能够省略。这种表达语气上略微有些生硬，多用于熟人之间或带有不太客气的口气。例如：

⑧你吃啤酒吃白酒？

⑨你坐飞机坐火车？

⑩你着一件着两件？

⑪相信你相信佢？

如果选项是名词性结构（NO），将“啊”和句末语气词“叻”省略即可。例如：

⑫今日是礼拜一礼拜二？

但如果选项为独立的片断，通常不适用于这种省略格式。例如：

⑬谁人接你呐？你哩娘啊你哩爷叻？

⑭明日什天哪？阴啊晴叻？

⑮你要许只叻？大个啊细个叻？

⑯你什辰间来叻？今日啊明日叻？

如果前后两项的谓语动词相同，后项的谓语动词可以承前省略，通常为“VO……啊……O（叻）”。前文的例子可说成：

⑰你吃啤酒啊白酒叻？

⑱你坐飞机啊火车叻？

⑲你着一件啊两件叻？

如果选项所指是不同的两个行为或事件，则只适用第一种格式。例如：

⑳你哩坐车啊走路叻？

㉑你今日下昼看书啊写作业叻？

㉒你今日暗头打为看电视啊困觉叻？

连接两个或多个选择项的成分通常被认为是连词，譬如“或者”、“要么”等。宜丰话出现在两个选项之间的“啊”可以看作是起停顿作用的语气词。受普通话影响，宜丰话也用“……还是……？”的格式表示选择疑问。例句从略。

（二）由“有”和“冇”构成的选择问句

“有冇NP”应该属于正反问句，但是，在宜丰话里，这两个选项中间一定要出现语气词“啊”，所以可以看作是选择问，或者叫做“正反选择问”。根据其后面所接成分的性质，这类句式又分为两种情况：

1. 有NP啊冇叻

“有”和“冇”是真正的谓语，因而在语境许可的情况下，NP完全可以省略。请看下面的例子：

㉓个次活动佢有份哪冇叻？（这次活动他有没有份？）

㉔你有佢咯地址啊冇叻？（你有没有他的地址？）

㉕你心底到底有佢啊冇叻？（你心里到底有没有他？）

“有”的宾语NP如果移至句首作主语，或者在一定的上下文中省略，其最简略的格式是“有啊冇叻”。例如：

㉖佢咯地址你有啊冇叻？（他的地址你有没有？）

2. VP了啊冇叻

由于是对已然的情况发问，因而VP的V后面必然有时态助词“了”，“有”只能用于表示已然的情形，因而不需再加“了”。请看举例：

㉗你吃了饭哪冇叻？（你吃了饭没有？）

㉘你去看下饭熟了呀冇？（你去看看饭熟了没有？）

㉙正脚佢看着你哪冇叻？（刚才他看见你没有？）

一般情况下，这类选择问句句末都带有语气词（最常见的是“叻”），只有一种情况下，语气词是不出现的，那就是“VP啊冇”作为宾语出现在整个选择问句中，如上面的“你去看下饭熟了呀冇？”这类句子一般是祈使句。再如：

㉚你去问下佢归了啊冇？（你去问问他回来了没有？）

㉛你去看下佢哩落来啊冇？（你去看看他们下来了没有？）

如果询问的是未然的情况，则一定不能用“VP了啊冇（叻）”格式，而要用“VP啊不VP”格式。例如：

㉜你去问下佢肯哪不肯？（你去问问他愿意不愿意？）

㉝你去试下佢会话讯你哪不会？（你去试试他会不会告诉你？）

这类选择问句跟正反问句的界限容易模糊，区别的形式标记就是：如果在正反选择项中间出现语气词，那么就是选择问句，如例㉜；如果不出现语气词，那就属于正反问句，如例㉝。

宜丰话里，对于VP的否定是用“冇+VP”的格式，这与大多数南方方言一致，但是肯定式不用“有+VP”的格式，例如可以说“佢冇去”（他没去），但不能说“佢有去”，而必须用动词后加时态助词的方式表达，因而只能说“佢去了”。这种不对称的情形与粤方言、闽方言不太一样，但是跟吴方言比较接近。

四、赣方言正反问句

赣方言宜丰话的正反疑问句既有跟普通话对应的地方，也有较多能显示自己方言特色的不对应之处：①前省式和后省式并存；②后省式有两种格式并存。

（一）赣方言正反疑问句的格式及其特征

1. VO不VO？

这是最为完整的正反问句式，但在实际语言活动中，这种格式的使用频率并不高。例如：

①你认得阿不认得阿叻？（你认识我不认识我？）

②你咯店赊账不赊账咯？（你的店赊账不赊账？）

③个件事话讯佢不话讯佢听呢？（这件事告诉他不告诉他呢？）

2. V 不 VO？

为“VO 不 VO？”的前省略格式，又分两种情况：一种是 V 为单音节动词，另一种是 V 为双音节动词。比较特殊的是第二种情况，双音节动词出现在“V 不 VO？”格式的正问部分只出现第一个音节，这个音节可能可以单说，也可能不能单说。举例如下：

第一种情况（V 不 VO？VO 为短语）：

④你咯店赊不赊账咯？（你的店赊不赊账的？）

⑤佢哩爷骂不骂人咯？（他爸爸骂人不骂人的？）

第二种情况（A 不 AB？AB 为双音节词）：

⑥你认不认得阿叻？（你认识不认识我？）

⑦个件事话不话讯佢听叻？（这件事告诉不告诉他呢？）

“认”、“话”都能单说，但下面例句中的“欢喜”的“欢”、“刦剥”的“刦”是不能单说的，同样可以出现在该格式中。例如：

⑧你到底欢不欢喜许只妹积叻？（你究竟喜欢不喜欢那个女孩儿啊？）

⑨佢哩娘刦不刦剥了？（她妈妈刻薄不刻薄啊？）

这个现象可用格式类化来解释。

3. V 不 V？

这种格式里的“V”一般是及物动词，只是它的宾语或出现在句首，或由于语境的制约而省略、隐含，没有说出。例如：

⑩正煮熟咯饭，吃不吃叻？（刚煮熟的饭，吃不吃啊？）

⑪一块钱两斤，买不买叻？（一块钱两斤，买不买啊？）

⑫你到底欢喜不欢喜叻？（你到底喜欢不喜欢啊？）

即便宾语出现在“V”后面，上面的句子仍然能说，例如“你到底欢喜不欢喜佢叻？”

4. VO 不 V？

这种格式类似普通话正反问句的后省略式。从信息传递的角度看，省略的是已知信息“O”，其实普通话还有一种更为简略的格式“VO 不？”“VO”作为已知信息完全省略，只是保留否定词“不”表示正反问的语气。这种更为简略的格式在赣方言宜丰话里没有相对应的格式。请看例句：

⑬个积好咯天，去街不去叻？（这么好的天气，上不上街？）

⑭不晓得今日上课不上？（不知道今天上不上课？）

⑮你哩两个人吃酒不吃？（你俩喝酒不喝？）

⑯佢哩两公婆间哪话事不话？（他们夫妻俩现在说话不说？）

这些句子不能说成“去街不？”“上课不？”“吃酒不？”“话事不？”。

5. VO 不？

这是“VO 不 V？”进一步省略的格式，其特点是句末一定要配有语气词“叻”或“咧”。换言之，这类正反问的省略格式不能说成“VO 不”而必须说成“VO 不叻/咧”。“叻”和“咧”两个语气词语气的强弱有些差异，前者比后者强。例如：

⑰阿出咯价比佢高，卖得到阿不叻/咧？（我出的价比他高，卖给我行不行？）

⑱暗边积舞得正不叻/咧？（傍晚能不能弄好？）

⑲系屋阿咯辰间，你哩爷打你不叻/咧？（在家的时候，你爸爸打你不？）

⑳你看桌上伶俐伶俐不叻/咧？（你看看桌上干净不？）

判断动词“是”同样适用该格式。例如：

㉑你是佢哩娘不叻/咧？（你是不是他妈妈？）

该格式不能用于否定句。如：

㉒你不晓得寻墨/哪？——＊你不晓得寻不叻？

（二）选择问、正反问的语调和语气词

一般选择问句的语调是上扬的，以语气词“叻”作为标志，而特殊选择问句“S＋墨咧”的语调则是下降的。这与问话人的心理活动有关，还与这类问句的表义特征和语气有关。这类选择问句可以说是带有问话人的某种心理倾向的，也就是说有一个问话人希望对方接受的选择项。譬如“你认得咯许只妹积也会去，你去墨咧？”问话人希望对方去，并提供了一个很可能引导对方作出自己希望的选择的理由——你认得咯许只妹积也会去。从疑问强度来说，这类选择问句是较弱的，反映在语调上自然呈下降之势。

附注

①宜丰话“冇”有两个读音，做动词用时音 mau^{53}，如“屋阿冇人”（家里没有人）；做否定副词时音 mau^{21}，如“佢冇去医院”（他没去医院）。

②在宜丰话里，“许”有上声和高升调两种读音，表示远指读的是上声调，表示疑问指读的则是高升调。

第五章　客家方言（石城话）疑问范畴研究

客家方言主要分布于我国广东、广西、福建、江西等省，四川、湖南、台湾、重庆、香港、澳门亦有分布。全国有客家县（市）302个，其中纯客县（市）41个，非纯客县（市）261个，说客家方言的人口约7 000万。客家方言随着客家人定居海外而分布于亚洲、大洋洲、美洲、欧洲、非洲的81个国家和地区，人口约500万，其中亚洲的印度尼西亚、马来西亚、泰国、新加坡、越南、韩国、日本、缅甸、印度、柬埔寨、菲律宾，美洲的美国、秘鲁、牙买加、加拿大，欧洲的法国、英国，非洲的毛里求斯、南非、留尼旺，大洋洲的澳大利亚等国人数较多。客家方言下位方言片一般认为可分为粤东、闽西、赣南三片。本章讨论客家方言的疑问句，选取笔者母语赣南客家方言石城话为描写对象。

石城县位于江西省东南部，赣州市东北部，地处闽赣边界武夷山余脉区，距“客家祖地”福建宁化县石碧村仅20来公里。石城是中原汉人入闽粤的主要通道，素有“闽粤通衢”之称，历史上是中原汉人南迁的主要聚散区，被称为“客家民系的发祥地”。石城为纯客县，当地人将本县方言分“上水声”、“下水声”、“城里声”三种口音，所谓“上水”、“下水”，指纵贯县境的赣江源头——琴江的上游、下游。下水占县境大半，与福建宁化、长汀以武夷山脉界接。下水声以龙岗话为代表。龙岗乡乡址龙岗圩距县城33公里，建于明宏治5年（1492年），以境内岗峦起伏蜿蜒如龙得名。本文描写的石城话为下水声龙岗话。

一、客家方言是非问

石城话是非问跟普通话一样，也可分为添加疑问语气词和用语调表达两大类，其特色就在于语气词比较丰富，而且有着细微的区别，主要是疑问色彩或疑问程度有所差异。常用的疑问语气词有“么、吧/吧喇、咪、淮、啊、囖”等。

1. S＋么？

“么”［mo^{453}］相当于普通话的“吗”，提问者并无倾向性意见，而是有所疑惑，希望对方予以解答，为一般性询问，答语要求就疑问点作出肯定或否定的具体回答。

（1）S为名词性谓语句。

谓语部分是隐含了“是”字的判断陈述，谓语部分属逻辑上的谓项。答语肯定用“係”（是），否定用“蛮係”（不是）。例如：

①今朝年初三么？（今天正月初三吗？）

②天光国庆节么？（明天国庆节吗？）

（2）S 是形容词性谓语句。

谓语部分为形容词，提问者就谓语形容词所描述的性状询问，肯定答语复述谓语，否定在谓语前加“冇”。例如：

③饭熟来么？——熟来/冇熟。（饭熟了吗？——熟了/没熟。）

④莲㖠嫩么？——嫩/冇嫩。（莲子嫩吗？——嫩/不嫩。）

（3）S 为动词性谓语句。

谓语动词不带动态助词，答语用动词肯定式，或在动词前加“唔”否定；带动态助词用“冇”否定。述补短语疑问点在补语，答语为补语的肯定式或前加“冇”的否定式。例如：

⑤你个木料卖么？——卖/唔卖。（你的木料卖吗？——卖/不卖。）

⑥秀㖠起来床呃么？——起来/冇起来。（秀儿起床了吗？——起了/没起。）

⑦菜头生来精么？——精/冇精。（萝卜长得茂盛吗？——茂盛/不茂盛。）

例⑤是一般式。例⑥的“来”是动态助词，相当于普通话的“了”。例⑦的“来”是结构助词，相当于普通话的“得”，是补语的标志。

（4）S 为“有”字句。肯定答“有”，否定用“冇”，“有”、“冇”后也可带形容词或动词性成分。例如：

⑧猪有大么？——有/冇（大）。（猪长得快吗？——快/不快。）

⑨脚趾有出血么？——有/冇（出血）。（脚趾出血了吗？——出血了/没出血。）

要特别注意的是，“S + 么”中的 S 只能用肯定陈述，即“么”不能用在否定陈述后。例如：

①’＊今朝蛮係年初三么？

③’＊饭冇熟么？

⑥’＊秀㖠冇起床么？

⑦’＊猪冇大么？

2. S + 吧/吧喇？

语气词“吧/吧喇”［$pa^{31}/pa^{31}la^{3}$］，声母也可弱化为［P‘］。“S + 吧/吧喇”属推测性是非问句，提问者有一个由 S 表达的先入为主的推测性看法，即信大于疑，用“吧/吧喇”发问，以求证该推测。疑问语气词“吧”和“吧喇”属自由变体，可互换。由“吧/吧喇”构成的疑问句答语为“係/蛮係”。例如：

⑩天光星期日吧/吧喇？（明天星期天吧？）

⑪热头蛮高呃吧/吧喇？（太阳很高了吧？）

⑫你话醒渠吧/吧喇？（你告诉了他吧？）

⑬几年都冇转石城过年呃吧/吧喇？（几年都没回石城过年了吧？）

3. S + 咪?

用语气词“咪”［mi^{453}］提问，跟用“么”提问不同，前者属于证实性提问，目的是要对方就S所陈述的事实作出然否回答，答域限定在对提问者所陈述的事实的判断上。有点儿接近普通话的“S，是吗?”的附加问。S作为陈述句可以是名词、动词、形容词性谓语以及主谓谓语句，不论“S”是属何种功能性质，答语都可以是“係/蛮係”，也可根据疑问点具体作答。例如：

⑭天光年初三咪?（明天年初三，是吗?）

⑮饭熟来咪?（饭熟了，是吗?）

⑯公安局个提到渠咪?（公安局的逮到了他，是吗?）

⑰金达菜你也唔欢喜食咪?（金达菜你也不喜欢吃，是吗?）

4. S + 淮?

用语气词“淮”［fai^{24}］来提问，属于证实性提问，即提问者对S所陈述的内容有一定的确信度。在表达证实性提问时，“淮”可以替换“咪”，两者的差别是，“淮”的信度略高于“咪”，接近于普通话的“S，是吧?”。例如：

⑱天光年初三淮?（明天年初三，是吧?）

⑲饭熟来淮?（饭熟了，是吧?）

⑳你唔怕死淮?（你不怕死，是吧?）

㉑渠屋下五个人食饭淮?（他家五口人吃饭，是吧?）

5. S + 啊?

“啊”［a^{453}］在是非问句中读扬升调24。带“啊”的是非问也是证实性提问。与“咪”、“淮”有所不同的是，S往往指别人提供的信息，所以用“啊”这一语气词，有略为惊讶的味道，并且要求对方进行证实，而“咪”、“淮”不强调信息的来源，也没有惊讶的味道。例如：

㉒天光年初三啊?（明天年初三呐?）

㉓饭熟来啊?（饭熟了哇?）

㉔你唔怕死啊?（你不怕死啊?）

㉕水管嘚会漏水啊?（水管儿会漏水呀?）

6. S + 嚯?

用语气词“嚯”［xo^{53}］来提问，也属于证实性是非问句，其中S所陈是提问者主观上已有的看法，用“嚯”提问，是征询听话人看法，S所陈是否属实。在信息的内源性（来自提问者的看法）和外源性（据说）方面，“嚯”与“啊”形成互补分布。例如：

㉖今朝年初三呃嚯?（今天正月初三了，是吧?）

㉗渠屋下蛮穷嚯?（他家很穷，是吧?）

㉘坐飞机蛮有味道嚯?（坐飞机很有意思，是吧?）

㉙班车今朝唔下瑞金嚯？（班车今天不下瑞金去，是吧？）

7. S+↗？

S带扬升语调表疑问，在石城话中不是很常用，主要用于求证事实，表示惊讶、怀疑、斥责等，带有反问性质。例如：

㉚今年有一个上分数线↗？（今年没一个上分数线？）

㉛你唔晓得↗？（你不知道？）

㉜渠爹真个发来脾气↗？（他爹真的发了脾气？）

㉝听地话明年开始唔收农业税↗？（听说明年开始不收农业税？）

例㉚、㉛对S所述带有惊讶、怀疑，发问以求证，S以否定式居多。例㉜、㉝是求证所听闻到的事情，句中常用“真的”、“听地话”（听说）等词语。

石城话主要的是非问形式列表如下：

形式	功能	疑问手段	信疑度
S+么？	一般询问	疑问语气词	疑大于信
S+吧/吧喇？	推测性是非问	疑问语气词	信大于疑
S+咪？	求证性是非问	疑问语气词	信大于疑
S+淮？	求证性是非问	疑问语气词	信大于疑
S+啊？	求证外源性命题	疑问语气词	信大于疑
S+嚯？	求证内源性命题	疑问语气词	信大于疑
S+↗？	求证事实，表示惊讶、怀疑、斥责等	疑问语调	极小怀疑

二、客家方言特指问

客家方言特指问句有两大类：一类为用疑问代词提出疑问点的问句；另一类为不用疑问代词而用疑问语气词提问的简略格式。

（一）用疑问代词构成的特指问

疑问代词的主要功能是标示疑问点，客家方言有两套系统：一是疑问代词独立表示疑问点；二是疑问代词与其他词组合，构成表示疑问的习用短语。主要疑问范畴、疑问代词和习用疑问短语列表如下：

疑问对象	疑问代词	习用短语	普通话
人	斯哩［sɿ^{453}li］	什么人［sən^{453}mə nin^{24}］	谁、什么人
事物	什么［sən^{453}mə］	什么事［sən^{453}mə sə$^{\underline{53}}$］ 什么东西［sən^{453}mə tuŋ^{453}çi］	什么
处所	哪［na^{453}］ 哪里［na^{453}li］	哪多嘚［na^{453}to^{453}tə］ 哪迹嘚［na^{453}tçiak^{4}tə］ 哪块嘚［na^{453}k‘ui^{31}tə］ 哪在嘚［na^{453}ts‘ai$^{\underline{53}}$tə］	哪 哪儿 哪里 什么地方
		什么当在［sən^{453}mə tɔŋ^{31}ts‘ai$^{\underline{53}}$］ 什么地方［sən^{453}mə t‘i^{31}fɔŋ$^{453/31}$］	
时间	几时［ki^{31}sɿ^{4}］	几久［ki^{31}kiəu^{31}］ 几久哩［ki^{31}kiu^{31}li］	多久 多会儿 什么时候
		哪阵嘚［na^{453}xən$^{\underline{53}}$tə］	
		什么场间［sən^{453}mə ts‘ɔŋ^{24}kan^{453}］ 什么场中［sən^{453}mə ts‘ɔŋ^{24}tsuŋ^{453}］	
数量	几 ki^{31} 几多 ki^{31}to$^{453/31}$		几 多少
程度	几 ki^{31}		多
方式	样斯［iaŋ$^{\underline{53}}$sɿ^{24}］ 样斯道哩 ［iaŋ$^{\underline{53}}$sɿ^{24}t‘au$^{\underline{53}}$li］	像/做/成样斯 ［ts‘iɔŋ$^{\underline{53}}$/tso^{31}/saŋ^{24}iaŋ^{453}sɿ^{24}］ 像/做/成样斯道哩 ［ts‘iɔŋ$^{\underline{53}}$/tso^{31}/saŋ^{24}iaŋ^{53}sɿ^{24}t‘au$^{\underline{53}}$li］	怎么 怎么样 如何
	叮［tin^{453}］	叮样［tin^{453}iaŋ$^{\underline{53}}$］ 叮样斯［tin^{453}iaŋ$^{\underline{53}}$sɿ^{24}］ 叮样斯道哩［tin^{453}iaŋ$^{\underline{53}}$sɿ^{24}t‘au$^{\underline{53}}$li］	

（续上表）

疑问对象	疑问代词	习用短语	普通话
状态	样斯［iaŋ$^{\underline{53}}$sɿ^{24}］ 样斯道哩 ［iaŋ$^{\underline{53}}$sɿ^{24}t‘au$^{\underline{53}}$li］	像/做/成样斯［ts‘iɔŋ$^{\underline{53}}$/tso^{31}/saŋ^{24} iaŋ$^{\underline{53}}$sɿ^{24}］ 像/做/成样斯道哩 ［ts‘iɔŋ$^{\underline{53}}$/tso^{31}/saŋ^{24}iaŋ$^{\underline{53}}$sɿ^{24}t‘au$^{\underline{53}}$li］	怎么 怎么样
	叮［tin^{453}］	叮样［tin^{453}iaŋ$^{\underline{53}}$］ 叮样斯［tin^{453}iaŋ$^{\underline{53}}$sɿ^{24}］ 叮样斯道哩［tin^{453}iaŋ$^{\underline{53}}$sɿ^{24}t‘au$^{\underline{53}}$li］	
原因	叮解［tin^{453}kai^{31}］	做什么［tso^{31} sən^{453}mə］ 做样斯［tso^{31}iaŋ$^{\underline{53}}$sɿ^{24}］	为什么 干什么 怎么
	样斯［iaŋ$^{\underline{53}}$sɿ^{24}］		
选择	哪		哪

1. 斯哩

斯哩［sɿ^{453}li^{21}］，本字未明，相当于普通话的“谁”，是问人的疑问代词，可以问单数，也可以问复数。例如：

①你係斯哩？（你是谁？——单数）

②你郎係斯哩？（你们是谁？——复数）

北方话的“谁”有时也可带多数词尾“们”，仅仅见于书面语，但也少用，石城话“斯哩”则可附加多数标记“多个”、“多人”、“多个人”，而且是惯常用法。例如：

③斯哩多个舞坏掉电视机嘚？（哪些人搞坏了电视机？）

④斯哩多人去沿江赶圩？（哪些人去沿江赶集？）

⑤斯哩多个人还冇交学费？（哪些人还没交学费？）

2. 什么

什么［sən^{453}mə］，客家话也叫做“麻介话”，即由指事物的疑问代词“麻介”（相当于普通话“什么”）而得名，如梅县 mak$_{\supset}$ kɛi$^{\supset}$、翁源 mak$_{\supset}$ kai$^{\supset}$、连南 mak$_{\supset}$ $_{\subset}$kai、清溪 mak$_{\underline{\supset}}$ $_{\subset}$kai、揭西 mak$_{\supset}$ kai$^{\supset}$。赣南有叫“麻介”的，如三都 mak$_{\supset}$ ki$^{\supset}$；也有用“什么”的，如赣县 səŋ$^{\supset}$moʔ$_{\supset}$、大余 $^{\subset}$sə $_{\subset}$mo。闽西宁化为$_{\subset}$sɯŋ mɤ$_{\supset}$。

石城话“什么”的用法与普通话基本一致，单用时指事物，不指人，可作主语、宾语和谓语，也可作定语。例如：

⑥什么放栖油镬里煎来啪啪响？（什么放在油锅里煎得啪啪响？）［主语］

⑦小华嘚赢渠老伯话来什么哦？气来渠嚷嚷跳！（小华子跟他哥哥讲了什么呢？气得他跳脚！）［宾语］

⑧书包里个什么？拿出来！（书包里的什么？拿出来！）［谓语］

⑨什么颜色个衫渠着来更好看？（什么颜色的衣服他穿着更好看？）［定语］

由“什么”组合的习用短语，主要有问事物的“什么事”、“什么东西”，问处所的“什么当在”、“什么地方”，问时间点的“什么场间”、“什么场中”等。例如：

⑩你瞒来什么事吧？（你瞒了什么事嘛？）

⑪什么东西落栖屋脑上？（什么东西掉在屋顶上？）

⑫有什么当在栽二季稻么？（有什么地方种二季稻吗？）

⑬劈柴什么地方更好卖？（木柴什么地方更好卖？）

⑭下个月什么场间做电影？（下个月什么时候放电影？）

⑮银行里什么场中唔会咁烊？（银行什么时候不会那么挤？）

石城话里，相当于普通话“为什么”、“干吗”的习用短语是“做什么”，用来问原因，它既可放在谓语前，也可放在宾语后或主语前。例如：

⑯你做什么又惹渠吧？（你干吗又惹他嘛？）

⑰你惹渠做什么？（你惹他干吗？）

⑱做什么你一句都唔声吧？（干吗你一声都不吭嘛？）

3. 哪

哪［na^{453}］，单用问处所，充当宾语为常，也可作主语。例如：

⑲你哟几工住哪咧？（你这几天住哪儿呢？）［宾语］

⑳哪係留来等渠做新屋个？（哪儿是留着给他建新房子的？）［主语］

单音节的“哪”在石城话里较少独立用来问处所，用得较多的是“哪里”。此外，问处所也常用“哪多嘚”、“哪迹嘚”、“哪块嘚”、“哪在嘚”等习用短语。问时间的习用短语是“哪阵嘚”。这些习用短语可以充当主语、谓语、宾语（含介词宾语）、定语、状语。例如：

㉑哪里有珍花鸭蛋卖？（哪里有珍花鸭〈一种本地鸭子〉蛋卖？）

㉒你爹去哪多嘚呃？（你爸爸去哪儿了？）

㉓哟张画嘚贴去哪迹嘚更好？（这张画贴到哪儿更好？）

㉔至今渠个车嘚到来哪块嘚呃？（现在他的车子到哪儿了？）

㉕哪在嘚个番薯粉头好卖？（哪儿的番薯粉最好卖？）

㉖你娭哪阵嘚转来？（你妈什么时候回来？）

“哪”还可以用来问选择。“哪”与量词组合，如“哪个”、“哪只”、“哪张”、“哪种”、“哪条”等，表示在同类事物中加以选择。例如：

㉗哪个话过夜晡要开会？（哪个说过晚上要开会？）

㉘哪个店个茶叶头一新鲜？（哪个店的茶叶最新鲜？）

㉙啲伙鸡嘚係哪只鸡婆菢个？（这群小鸡是哪只母鸡孵的？）

㉚哪只水桶会漏？（哪个水桶会漏水）

4. 几

几［ki^{31}］，单独使用，询问数目。例如：

㉛2 加 2 得到几？（2 加 2 等于几？）

㉜啲只赖嘚几岁呃？（这个男孩几岁了？）

“几”也可以用来问程度，相当于普通话问程度的“多”。例如：

㉝镬头要烧到几□$xən^{24}$哩？（锅头要烧到多热？）

㉞嘎个做生意个到底几恶柴哩吧？（那个做生意的到底多狠毒吗？）

“几多”和“几时”是常用的疑问代词。“几多”用来问数量，相当于普通话的“多少”；“几时”用来问时间，相当于普通话的“什么时候”，其中“时”泛指“时候”，可以是日期、时辰或者某个完整时间过程中相对的一段。例如：

㉟落花生油卖几多一斤？（花生油卖多少钱一斤？）

㊱几时圩日？（哪天集市？）

“几多”和“几”都用来问数量，两者的不同之处是，“几”不能直接加在名词前问数目，“几多”则可带可不带量词，如不说“几人”、“几钱”，可以说“几多人”、“几多钱”。但表示动量时，“几多”必须带量词，如“去过几多次城里”，动量词“次”不能省略。正因为“几多”可直接修饰名词，因而可用于不可数名词问数量。例如：

㊲焖饭要放几多水？（焖饭要放多少水？）

㊳夯地基还要几多泥？（打地基还要多少泥土？）

以上两例换成“几”必须带由容器名词转化成的量词，如“几碗水”、“几车泥”等。

“几”常用的疑问组合格式有两类：一是与量词组合，“几＋量词”用来问数量。如几只、几斤、几条、几尾（鱼）、几坪（几摊/滩）、几捆、几床、几张、几揽（抱）、几回等。例如：

㊴今朝晡辰捉到几尾鱼？（今天下午抓到了几条鱼？）

㊵烟嘚晒做几坪？（烟叶晒成几摊？）

㊶要揽几揽秆过来烟酒？（要抱多少抱稻草过来熏酒？）

㊷啲个月去来几回瑞金？（这个月去了几回瑞金？）

二是用在形容词前，构成“几 A”或“几 A 哩”结构，用来问程度。如几厖（［$maŋ^{453}$］长）（哩）、几久（哩）、几大（哩）、几早（哩）、几红（哩）、几高（哩）、几远（哩）、几深（哩）、几宽（哩）。“几 A（哩）”是个能产的疑问结构，相当于普通话的“多 A”组合。用“几 A”与“几 A 哩”提问基本意义相同，加上

“哩”带有“掂量”、“估摸”的意味。“几A哩”格式更顺口、更常用。例如：

㊸从瑞金去长汀有几远？（从瑞金去长汀有多远？）

㊹鞋底纳几厚正有软絮？（鞋底纳多厚才软绵？）

㊺几久转屋下一次？（多久回家一次？）

㊻哟箱油行得几远哩到？（这箱油能跑多远？）

㊼旧年买个猪条几大哩呃？（去年买的子猪多大了？）

㊽鞋底要打几厚哩？（鞋底要打多厚的样子？）

㊾写字个桌㗎做几高哩合适？（写字的桌子做多高的样子合适？）

5. 样斯/样斯道哩

样斯［iaŋ^{53}sɿ^{24}］，相当于普通话的“怎么”、“怎样”；样斯道哩［iaŋ^{53}sɿ^{24}t‘au^{53} li］相当于普通话的“怎么样”，两者可互换。主要用来问方式、状态。例如：

㊿样斯用电话卡打电话去美国？（怎样用电话卡打电话去美国？）

51你样斯积到叮多邮票个？（你怎么积存到这么多邮票的？）

52旧年栽个树样斯呃？（去年种的树怎么样了？）

53你觉得肚里会样斯？（你觉得肚子里怎么样？）

例㊿、51问方式，例52、53问状态。以上各例“样斯”都可替换为“样斯道哩”，意义没有差别。

“样斯”和“样斯道哩”还可以用来问原因，“样斯”由于形式简短，使用频率高于“样斯道哩”。例如：

54你样斯连信都唔写封转来咧？（你怎么连信都不写一封回来呢？）

55哟伙鸡㗎样斯有一只鸡公㗎咧？（这群小鸡怎么没一只小公鸡呢？）

问原因还可以用习用短语“做样斯”、“做样斯道哩”。例如：

56哟几工你做样斯脾气咁暴躁咧？（这几天你干吗脾气那么暴躁呢？）

57学生㗎做样斯道哩会唔欢喜着校服咧？（学生干吗会不喜欢穿校服呢？）

6. 叮/叮解

叮［tin^{453}］，单用可用来问方式、状态，相当于普通话问方式、状态的“怎么”或“怎样”。例如：

58你要人家叮话吧？（你要人家怎么说嘛？）

59渠女生来叮？标致啊柴人？（他女儿长得怎样？漂亮还是难看？）

以上例58问方式，例59问状态。

“叮解”是问原因的疑问代词。例如：

60叮解有一个人可怜渠哦？（为什么没一个人可怜他呀？）

61个个人都话过来年想去打工，小芳㗎叮解一点都唔悯出去哦？（个个都说过了年想去打工，小芳为什么一点儿也不想出去呀？）

由“叮”组合的习用短语有“叮样”、“叮样斯”、“叮样斯道哩”，也是问方式、状态的。例如：

㉒你要渠叮样做正落意吧？（你要他怎样做才满意嘛？）

㉓电脑叮样斯道哩认字个？（电脑怎么认字的？）

㉔叮样斯赢渠爹话？（怎么跟他爹说？）

㉕张婆太个病叮样斯呃？（张老太太的病怎么样了？）

㉖水库里个鱼嘚叮样？（水库里的鱼儿怎么样？）

㉗柿嘚沤来叮样斯道哩正食得？（柿子浸泡得怎样了才能吃？）

以上例㉒、㉓、㉔问方式；例㉕、㉖、㉗问状态。

特指问句的疑问信息由疑问代词承担，但也可以在句末带上语气词“咧”、“吧”、“哦”。带上语气词不改变特指问句的性质，但语气要和缓些。例如：

㉘你骂斯哩咧/吧/哦？

㉙斯哩个鸡鸭□niɔ[31]来禾田咧/吧/哦？

是非问句中“吧”可以被“吧喇”替换，特指问中不可以。在带有疑问代词的特指问句中，句末添加语气词“吧喇”，全句变为揣测性是非问句。试比较：

㉚a. 斯哩食来夜饭坐拖拉机去水庙看戏吧？——哥哥赢嫂嘚。（谁吃了晚饭乘拖拉机去水庙看戏呢？——哥哥和嫂子。）

b. 斯哩食来夜饭坐拖拉机去水庙看戏吧喇？——係/蛮係。（谁吃了晚饭要乘拖拉机去水庙看戏吧？——是/不是。）

例㉚a 句为特指问句，要针对疑问点做答；b 句为表推测的是非问句，答语为“是”或“不是”，其中的“斯哩”表任指。

（二）由语气词“咧”、“时”造成的特指问

不用疑问代词，而由语气词“咧”、“时”加在 NP 或 VP 后提出疑问，是客家方言特指问的简略格式。石城话所用的语气词为“咧”［liɛ[453]］和“时”［sɿ[24]］。比起普通话的“呢”，多了一个语气词。

由“咧”造成的特指问，“咧”相当于普通话的“呢”。

1. NP + 咧？

名词或名词性短语带“咧”造成的特指问句，如果是始发句，问的是处所，相当于普通话的“NP 在哪儿”。例如：

㉛袜嘚咧？（袜子在哪儿呢？）

㉜兵兵个枪嘚咧？（兵兵的玩具枪在哪儿呢？）

2. S_1，NP/VP + 咧？

这类“NP/VP 咧”特指问承上文 S 而来。S 是先导句，可以是提问者的话，也可以是会话对象所言，或者为语境隐含。“NP/VP 咧”与 S 具有对举关系，承上省去谓语，其语法意义为比照上文问“怎么样”。在结构上，S 可以是各类主谓句、非主谓句，后续问句是 NP 还是 VP 取决于 S 的陈述对象和焦点信息。例如：

⑦③腈肉10块钱一斤，排骨咧？（瘦肉10元一斤，排骨多少钱呢？）

⑦④今年个莲嘚冇价，烟嘚咧？（今年的莲子价钱不好，烟叶怎么样呢？）

⑦⑤老伯冇转来过年，细老弟嘚咧？（大哥没回家过年，小弟怎么样呢？）

⑦⑥食药做唔得，打针咧？（吃药不行，打针呢？）

⑦⑦栽禾唔得，栽番薯咧？（种稻子不行，种红薯呢？）

⑦⑧讲古讲来好听，演戏文咧？（讲故事讲得好听，说书呢？）

⑦⑨做车生意赚到蛮多，做饮食店咧？（做运输赚了不少，做餐饮呢？）

由“时”造成的特指问，“时”也相当于普通话的“呢”。

“时”在客家方言中以语素形式出现在“几时”（什么时候）、“背时”（运气差）、“冇时”（碰上忌讳的事/不走运）等词语中，是“时间”、“时运”的意思。“时”也可作语气词使用，一为表提顿，标示话题，用在句首充当话题的成分之后。例如：

⑧⓪天光时，冇一定有人去瑞金。（明天的话，不一定有人去瑞金。）

⑧①学来大学时，你唔要指望渠转来工作。（读了大学的话，你不要指望他回来工作。）

⑧②鱼骨头时拿来供猫也做得。（鱼骨头的话拿去喂猫也行。）

⑧③好时係好，就怕做唔到。（论好呢是好，就怕做不到。）

以上四例都是话题句，其中的“时”用在话题成分之后，是一个专职的话题标记，具有后附、定位的特点，闽西连城客家话也有此用法（项梦冰，1997）。

二为疑问语气词，出现在句末，与扬升语调一起表疑问。位序上有别于句前话题标记的“时”，用来问“怎么样”。

3. S_1，NP/VP 时？

这类“NP/VP时”简略特指问，结构上与“NP/VP咧”相同，都是承上文 S_1 先导句而来，具有对举关系，比照 S_1 问 NP/VP“怎么样”。例如：

⑧④三秀嘚十八岁，华生嘚时？（三秀十八岁，华生几岁呢？）

⑧⑤渠爷佬嘚齐大个仔食，渠姼哩时？（他父亲跟大儿子生活，他母亲怎么样呢？）

⑧⑥村干部个个人选，乡干部时？（村干部大家选举产生，乡干部怎么样呢？）

⑧⑦菜油煎来唔好食，茶油时？（菜籽油煎不好吃，茶籽油怎么样呢？）

⑧⑧供猪冇划，供鸡时？（养猪不划算，养鸡呢？）

⑧⑨学书又唔会学，做生意时？（读书又不会读，做生意呢？）

4. S + 时？

这类特指问，是就某种假设或推测的情况问“如何”、“怎么样”、“怎么办”。“时”有比较强的“假设”或“推测”意味，区别于前述的对举性或比照性提问。例如：

⑨到天光都冇寻到锁匙时？（到明天都没找到钥匙呢？）

⑨种㖠公司夜还有货时？（种子公司要是还有货呢？）

“时”和“咧”都可以添加在句子末尾造成特指问，两者的差别主要有：

第一，“咧”可以直接添加在NP后问处所，而“时”不能。如“袜㖠咧”，是“袜子在哪”，而“袜㖠时”，要有上文句子才站得住，并且其疑问点要依上文谓语的意义范畴而定。如“鞋㖠洗净，袜㖠时？”（鞋子洗干净了，袜子呢？）问的是袜子怎么样。

第二，“S_1，NP/VP时”和“S_1，NP/VP咧”都是有先导句的对举、比照性特指问，在这一意义上，“时”和“咧”可以互换。两者语法意义上的细微差别是，“咧”是纯粹的疑问语气词，而“时”兼具假设和推演的附加意味。即由S论及NP/VP，具有“假如NP/VP的话又怎样？”的意味，“时”具有“……的话呢”的意味。表现在形式上，就是在“NP/VP时”前加上假设连词“夜”（要是）可强化这种假设推测性，与“时”相呼应构成“夜……时”结构。例如：

⑨供猪冇划，夜供鸡时？（养猪不划算，要养鸡呢？）

⑨学书唔会学，夜做生意时？（读书不会读，要做生意呢？）

以上两例中的“时”都不宜换成“咧”。

三、客家方言选择问

选择标记是连接选择项，体现选择关系的语法成分，石城方言选择问句中的选择标记有“啊［a^{453}］”、“还［xai^{24}］”、“还就［$xai^{24}ts‘u^{53}$］”等。其中“还”的声母可弱化为［f］，“就”可读为［tɕ‘iu］。

（一）选择问的基本类型

1. X啊Y？

“啊”是具有关联作用的疑问语气词，用于连接选择项X、Y，并作选择提问。例如：

①过煌俫啊过煌表嫂去横江赶圩？（过煌俫还是过煌表嫂去横江赶集？）

②你洗脚啊洗汤？（你洗脚还是洗澡？）

③你老伯过年过城里过啊转龙岗去？（你大哥过年在城里过还是回龙岗去？）

④买赣州啊南昌个车票？（买赣州还是南昌的车票？）

选择标记“啊”具有以下特点：①“啊”用于选择项之间，是附在选择前项后的语气词，但其韵律延宕至选择后项，“啊”后不加逗号，是一个具有关联作用的疑问语气词，或者说是一个正在向选择连词过渡的疑问语气词。②在X、Y之间用“啊”作选择提问非常顺口，与用“还”、“还就”连接选择项同属石城话典型的选择问格式，“啊”的使用频率甚至高于“还”、“还就”。③去掉“啊”，要表达选择的语法意义，前项X的句调必须为扬升调，而后项Y为降抑调，但这种格式远没有用

“啊”的顺口。④“X 啊 Y 啊？”也能说，其中 Y 项末尾的“啊”读降抑调，最自然的语气词搭配则是“X 啊 Y 哦/吧/咧？”

2. X 还 Y？

“还”[xai²⁴]，弱读[fai²⁴]，选择连词。用在 X、Y 之间，表选择关系，相当于普通话的“还是”。例如：

⑤今朝星期一还星期三？（今天星期一还是星期三？）

⑥炒牛肉还猪肉？（炒牛肉还是猪肉？）

⑦买四斤还五斤猪肉？（买四斤还是五斤猪肉？）

⑧你天光还后日去出差？（你明天还是后天去出差？）

3. X，还就 Y？

“还就”[xai²⁴ts‘u⁵³]，可弱化为[fai²⁴ tɕ‘iu]。“还”、“就”本是独立的连词和副词，分别修饰中心语，由于用在 X、Y 之间，长期同现，已隔层词化为表示选择的连词，相当于普通话的“还是”。例如：

⑨红秀嘚还就红发嘚个衫等人偷走？（红秀子还是红发子的衣服被人偷了？）

⑩校长天光坐火车还就飞机去北京？（校长明天坐火车还是飞机去北京？）

⑪打针更快些好，还就食药？（打针更快好还是吃药？）

⑫肯坐过屋下作田，还就去广东打工？（愿意在家种田，还是去广东打工？）

在形式上，“还”和“就”之间已不能有语音停顿，读音也由[xai²⁴][ts‘u⁵³]弱化为[fai²⁴ tɕ‘iu]；在组合关系上，“还就”后还能跟“就”，例如“重新写过啊，还就就叮哩？”（重新写过呢，还是就这样？）。“还就”为后附性连词，加在选择后项 Y 之前，X 和“还就”之间可以有停顿，用逗号隔开，也可没有停顿，以不停顿为常。

4. X ↗，Y ↘？

不用词汇手段，单靠语调作选择标记的选择问句在石城客家方言中比较少用，其语调模式为：前一选择项 X 读扬升调，X 的末音节时长略有延宕，以补偿选择连词的缺省，而 Y 项以降抑调与之呼应，“扬—降”的语调模式体现 X 与 Y 的选择关系。例如：

⑬三秀嘚↗华秀嘚↘过生日哦？（三秀还是华秀过生日？）

⑭坐火车↗坐飞机↘去北京？（坐火车还是坐飞机去北京？）

⑮踢两场↗三场↘？（踢两场还是三场？）

⑯过屋下斫柴卖↗，过广东打工↘？（在家砍柴卖，还是去广东打工？）

这类选择问句有以下特点：①选择项结构多对称，有相同的提示成分。②选择项多位于句首或句末。③选择项之间有停顿或者句末带语气词更顺。④前选择项用扬升调，后选择项用降抑调，通过扬抑对比来强化选择意味，从而与表陈述的并列关系的 X、Y 相区别。

5. X 啊，还/还就 Y?

这是一种复合型的选择问句，两种选择标记共现，前项 X 带疑问语气词“啊”，后项 Y 前用“还”或者“还就”，往往比一般的选择问句语气加强。例如：

⑰等几工添啊，还/还就情严转去?（再等几天呢，还是马上回去?）

⑱生子个更多啊，还/还就生女个更多?（生男孩的多呢，还是生女孩的多?）

⑲赶去瑞金住啊，还/还就就过龙岗过夜?（赶到瑞金去住呢，还是就在龙岗过夜?）

⑳今年清水塘的水田你栽多㖞莲㖞啊，还/还就就栽禾?（今年清水塘的水田你种些莲子，还是就种水稻?）

（二）多项选择问

多项选择问句的选择标记一般出现在前两项或后两项之间，也可每一选择项都带选择标记。在多项选择问中，选择标记“啊”和“还”只能置于前两项或后两项之间，“还就”可以用于两两之间。多项选择问有以下几种格式：

1. A 啊 B，C，D，……还就 N?

㉑过屋下斫柴卖啊去广东打工，学开车，还就补习考大学?（在家砍柴卖呀，去广东打工，学开车，还是补习考大学?）

㉒广昌啊石城，宁都，还就瑞金个莲㖞最好?（广昌呀石城，宁都，还是瑞金的莲子最好?）

2. A，B，C，D，……还就 N?

㉓过屋下斫柴卖，去广东打工，学开车，还就补习考大学?（在家砍柴卖，去广东打工，学开车，还是补习考大学?）

㉔广昌啊石城，宁都，还就瑞金个莲㖞最好?（广昌呀石城，宁都，还是瑞金的莲子最好?）

3. A 还 B，C，D，……还就 N?

㉕过屋下斫柴卖还去广东打工，学开车，还就补习考大学?（在家砍柴卖还是去广东打工，学开车，还是补习考大学?）

㉖广昌还石城，宁都，还就瑞金个莲㖞最好?（广昌还是石城，宁都，还是瑞金的莲子最好?）

4. A 还就 B，还就 C，还就 D，……还就 N?

㉗过屋下斫柴卖还就去广东打工，还就学开车，还就补习考大学?（在家砍柴卖，还是去广东打工，还是学开车，还是补习考大学?）

㉘广昌还就石城，还就宁都，还就瑞金个莲㖞最好?（广昌还是石城，还是宁都，还是瑞金的莲子最好?）

（三）选择问中的疑问语气词

石城客家方言选择问句的疑问语气词有“吧”、“哦”、“咧”、“啊”、“洼”5个。

1. “吧”、“哦”

“吧”、“哦”只能出现在句末。例如：

㉙煮面啊煮粉干吧？（煮面条还是煮粉干嘛？）

㉚补习一年添还就寻个事做吧？（再补习一年还是找个事做嘛？）

㉛你係南昌人啊还就赣州人哦？（你是南昌人还是赣州人呀？）

㉜过年过城里过还就转石城去哦？（过年在城里过还是回石城去嘛？）

2. “淮”

“淮”只能出现在前项。例如：

㉝猪肝用来打汤淮，还就用来炒菜头？（猪肝用来煮汤呢，还是用来炒萝卜？）

㉞打谷机㖡坏掉淮，还等人偷走？（打谷机坏了呢，还是被人偷了？）

3. “咧”、“啊”

“咧”、“啊”可以用在前项，也可以用在句末。例如：

㉟过几工会天晴咧，还就落雨？（过几天会是晴天呢，还是下雨？）

㊱栽番薯还就栽西瓜咧？（种红薯还是种西瓜呢？）

㊲打电话话更便啊，还就写信话更便？（打电话说更方便呢，还是写信说更方便？）

㊳食昼饭还食夜饭啊？（吃午饭还是吃晚饭哪？）

4. 选择问中疑问语气词的共现

由于“淮”只能出现于前项，而“咧”和“啊”在前、后项都可以出现，“吧”、“哦”、“咧”只能呈现于后项，因此，这些语气词之间形成以下搭配形式：

（1）……淮……哦/吧/咧/啊？例如：

㊴你去过上海淮，还就去过杭州哦？（你去过上海呢，还是去过杭州呀？）

㊵你去过上海淮，还就去过杭州吧？（你去过上海呢，还是去过杭州嘛？）

㊶你去过上海淮，还就去过杭州咧？（你去过上海呢，还是去过杭州吧？）

㊷你去过上海淮，还就去过杭州啊？（你去过上海呢，还是去过杭州啊？）

（2）……啊……哦/吧/咧/啊？例如：

㊸哋张桌㖡用来卖水果㖡啊，还就用来卖猪肉哦？（这张桌子用来卖水果呢，还是用来卖猪肉呢？）

㊹哋张桌㖡用来卖水果㖡啊，还就用来卖猪肉吧？（这张桌子用来卖水果呢，还是用来卖猪肉嘛？）

㊺哋张桌㖡用来卖水果㖡啊，还就用来卖猪肉咧？（这张桌子用来卖水果呢，还是用来卖猪肉吧？）

㊻哋张桌㖡用来卖水果㖡啊，还就用来卖猪肉啊？（这张桌子用来卖水果呀，还是用来卖猪肉呀？）

（3）……咧……哦/吧/咧/啊？例如：

㊼係渠先动手打你咧，还係你先惹渠哦？（是他先动手打你呢，还是你先惹他呢？）

㊽係渠先动手打你咧，还係你先惹渠吧？（是他先动手打你呢，还是你先惹他嘛？）

㊾係渠先动手打你咧，还係你先惹渠咧？（是他先动手打你呢，还是你先惹他吧？）

㊿係渠先动手打你咧，还係你先惹渠啊？（是他先动手打你呢，还是你先惹他的呀？）

四、客家方言正反问

（一）正反问中的否定词

石城客家方言的否定词有“唔”、“冇”、“唔係/蛮係”三个。

1. 唔

唔［n^{24}］，相当于普通话的“不”，可以用在以下类别词语前表否定：

动词：唔话（不说）、唔食（不吃）、唔晓得（不知道）、唔欢喜（不喜欢）

形容词：唔红（不红）、唔乖（不乖）、唔奇怪（不奇怪）、唔划算（不划算）

能愿动词：唔要（不要）、唔会（不会）、唔敢（不敢）、唔应该（不应该）

“唔”也可以用在动结式和动趋式中表否定：

动结式：打唔烂（打不烂）、洗唔净（洗不净）、住唔落意（住不安心）

动趋式：行唔开（走不开）、放唔下去（放不下去）、提唔起来（提不起来）

2. 冇

冇［mau^{24}］，相当于普通话的“没”、“没有”，可用在以下词语前：

名词：冇人（没人）、冇电（没电）、冇阵（没伴）、冇镬头（没锅头）、冇人工（没时间）、冇面光（没脸面）、冇惆头（没想头）、冇票嘚（没钱）

代词：冇什么（没什么）、冇斯哩（没谁）、冇几多（没多少）、冇样斯（没怎么）

动词：冇割（没割）、冇话（没说）、冇欺负（没欺负）、冇惆过（没想过）

形容词：冇烂（没烂）、冇熟（没熟）、冇便宜（没便宜/不便宜）、冇要紧（不要紧）、冇划算（不划算）、冇红（没红）、冇熟悉（没熟悉、不熟悉）、冇团结（不团结）

数量词：冇一个（没一个）、冇三桌（没三桌）、冇八斤（没八斤）

有些形容词性的词语，普通话用“不”否定，石城话可以用“冇”，也可以用“唔”，且以“冇”为常，如“冇便宜”、“冇要紧”、“冇划算”、“冇熟悉”、“冇团结”等。

3. 唔係/蛮係

唔係［$n^{24}xei^{31}$］、蛮係［$man^{24}xei^{31}$］，相当于“不是”，两者可互换，“唔係”在语感上较“土”，“蛮係”使用频率更高。“唔係”是短语，“蛮係”的“蛮”本字未明。“唔係/蛮係”可用在体词性词语和谓词性词语之前。例如：

体词性：唔係/蛮係渠（不是他）、唔係/蛮係（老师）、唔係/蛮係广东人（不是广东人）。

谓词性：唔係/蛮係话你（不是说你）、唔係/蛮係讲口（不是吵口）、唔係/蛮係生当（不是陌生）、唔係/蛮係便宜（不是便宜）。

（二）正反问及其省略格式

正反问句中的肯定项和否定项之间应该是“零形式”，如果出现“啊”、“还”、“还就”等选择性词语，就应该看作是选择问句。考虑到由肯定和否定项构成的选择问和正反问具有相同的省略规则，本节就一起讨论。

1. VP 为单音节

a 式的选择标记为零形式。b、c 两式用词汇手段连接选择项，c 式属于后省格式。

可以用“唔”来否定。例如：

①a. 贵唔贵？　b. 贵啊/还/还就唔贵？　c. 贵还就唔

②a. 甜唔甜？　b. 甜啊/还/还就唔甜？　c. 甜还就唔

③a. 笑唔笑？　b. 笑啊/还/还就唔笑？　c. 笑啊/还/还就唔

④a. 洗唔洗？　b. 洗啊/还/还就唔洗？　c. 洗啊/还/还就唔

例①、②为形容词，例③、④为动词。a、b、c 三式中较常见 b 式，其中又以“啊”为选择标记的“X 啊唔 X”使用频率最高；a 式次之；c 式少用，但尚能成立，其中形容词很少用，且选择标记一般用双音节的“还就”。动词 c 式比形容词用得多，且三个选择标记都用。

也可以用“冇”否定。例如：

⑤a. 熟冇熟？　b.（有）熟啊/还/还就冇熟？　c. 熟啊/还/还就冇？

⑥a. 高冇高？　b.（有）高啊/还/还就冇高？　c. 高啊/还/还就冇？

⑦a. 笑冇笑？　b.（有）笑啊/还/还就冇笑？　c. 笑啊/还/还就冇？

⑧a. 洗冇洗？　b.（有）洗啊/还/还就冇洗？　c. 洗啊/还/还就冇？

例⑤、⑥为形容词，例⑦、⑧为动词。一般肯定部分用“有 X”或 X 的复杂形式，如带体貌标记（如来、过、紧、住、正等）或补语更为顺口，且有以下变式。例如：

⑨a. 有高啊/还/还就冇高？　b. 有高啊/还/还就冇？　c. 有高冇？

a. 有洗啊/还/还就冇洗？　b. 有洗啊/还/还就冇？　c. 有洗冇？

⑩a. 高来啊/还/还就冇高？　b. 高来啊/还/还就冇？　c. 高来冇？

a. 洗来啊/还/还就冇洗？　b. 洗来啊/还/还就冇？　c. 洗来冇？

⑪a. 洗过/紧/正/白净（补语）啊/还/还就冇洗过/紧/正/白净?

b. 洗过/紧/正/白净（补语）啊/还/还就冇洗?

c. 洗过/紧/正/白净（补语）啊/还/还就冇?

d. 洗啊/还/还就冇洗过/紧/正/白净（补语）?

例⑨的肯定项为“有X”，例⑩的前项带完成体标记“来”，例⑪的X带“过”（经历体）、“紧”（进行体）、“正”（完成体）或者补语。我们发现，这些格式不仅有后省略式b，而且还有最简式c。值得注意的是，带补语的⑪不仅有后省略式b、c两式，也有前省略式d式。

2. 多音节词或短语的正反问形式

用AB代表多音节词或短语。

（1）形容词及述宾结构正反问及其变式。

a. 完整式“AB（啊/还/还就）唔AB”；b. 前省略式“A（啊/还/还就）唔AB”；c. 后省略式“AB（啊/还/还就）唔A”；d. 后省略最简式“AB啊/还/还就唔”四种形式。例如：

⑫a. 新鲜（啊/还/还就）唔新鲜?

b. 新（啊/还/还就）唔新鲜?（新不新鲜?）

c. 新鲜（啊/还/还就）唔新?

d. 新鲜啊/还/还就唔?

⑬a. 信神（啊/还/还就）唔信神?

b. 信（啊/还/还就）唔信神?（信不信神?）

c. 信神（啊/还/还就）唔信?

d. 信神啊/还/还就唔?

⑭a. 勤力（啊/还/还就）唔勤力?

b. 勤（啊/还/还就）唔勤力?（勤不勤劳?）

c.（空缺）

d. 勤力啊/还/还就唔?

⑮a. 标致（啊/还/还就）唔标致?

b. 标（啊/还/还就）唔标致?（漂不漂亮?）

c.（空缺）

d. 标致啊/还/还就唔?

以上四种形式以a、b两式为常，c式有的可说，有的不能说，尤其是联绵词，例如伶俐（干净）、龌糟（肮脏）等。一般而言，A如果是自由语素的，用c式会显得顺口一点。

（2）由多音节动词构成的述宾结构，正反问的格式更丰富。例如：

⑯a. 承认偷东西（啊/还/还就）唔承认偷东西?

b_1. 承（啊/还/还就）唔承认偷东西？

b_2. 承认（啊/还/还就）唔承认偷东西？

c. 承认偷东西（啊/还/还就）唔承认？

d. 承认偷东西啊/还/还就唔？

⑰a. 结拜兄弟（啊/还/还就）唔结拜兄弟？

b_1. 结（啊/还/还就）唔结拜兄弟？

b_2. 结拜（啊/还/还就）唔结拜兄弟？

c_1. 结拜兄弟（啊/还/还就）唔结拜？

c_2. 结拜兄弟（啊/还/还就）唔结？

d. 结拜兄弟啊/还/还就唔？

（3）述补结构正反问及其变式。

动词带可能补语的正反问形式有：

⑱a_1. 煮得熟（啊/还/还就）煮唔熟？

a_2 煮唔熟（啊/还/还就）煮得熟？

b_1. 煮得（啊/还/还就）煮唔熟？

b_2. 煮唔（啊/还/还就）煮得熟？

c_1. 煮得熟（啊/还/还就）唔熟？

c_2. 煮得熟啊/还/还就唔？

⑲a_1. 住得落意（啊/还/还就）住唔落意？

a_2. 住唔落意（啊/还/还就）住得落意？

b_1. 住得（啊/还/还就）住唔得落意？

b_2. 住唔（啊/还/还就）住得落意？

c_1. 住得落意（啊/还/还就）唔落意？

c_2. 住得落意（啊/还/还就）唔？

当述补短语带宾语时，情况就更加复杂了。例如：

⑳a_1. 汤湖里个水煮得熟鸡蛋（啊/还/还就）煮唔熟鸡蛋？

a_2. 汤湖里个水煮唔熟鸡蛋（啊/还/还就）煮得熟鸡蛋？

b_1. 汤湖里个水煮得（啊/还/还就）煮唔熟鸡蛋？

b_2. 汤湖里个水煮唔（啊/还/还就）煮得熟鸡蛋？

c_1. 汤湖里个水煮得熟鸡蛋（啊/还/还就）煮唔熟？

c_2. 汤湖里个水煮得熟鸡蛋啊/还/还就唔？

c_3. 汤湖里个水煮唔熟鸡蛋（啊/还/还就）煮得熟？

c_4. 汤湖里个水煮唔熟鸡蛋（啊/还/还就）煮得？

d. 汤湖里个水煮得熟（啊/还/还就）唔熟鸡蛋？

（4）带状态补语的正反问及其变式。

石城客家方言引导状态补语的结构助词有“来”和“得”两个。大多数状态补语标志“来”可用“得”替换，但“得”可能是受普通话影响的后起用法，本地地道的说法多用“来”。“来”的使用范围比“得”要窄。当状态补语由形容词充当时，“得”可以引导单个形容词，也可以引导形容词的复杂形式（包括生动形式和形容词性短语），而“来”不能在陈述句中引导单个的一般形容词。例如：

㉑a_1. 生来标（啊/还/还就）唔标致？

a_2. 生来标致（啊/还/还就）生来唔标致？

a_3. 生来唔标致（啊/还/还就）生来标致？

b_1. 生来标（啊/还/还就）唔标致？

b_2. 生来标致（啊/还/还就）唔？

b_3. 生来唔标致啊/还/还就标致？

㉒a. 洗来伶（啊/还/还就）唔伶俐？

b_1. 洗来伶俐（啊/还/还就）唔伶俐？

b_2. 洗来伶俐（啊/还/还就）唔？

b_3. 洗来唔伶俐（啊/还/还就）伶俐？

c_1. 洗来伶俐（啊/还/还就）洗来唔伶俐？

c_2. 洗来唔伶俐（啊/还/还就）洗来伶俐？

㉓a_1. 今朝个猪肉卖来快（啊/还/还就）唔快？

a_2. 今朝个猪肉卖来快啊/还/还就唔？

a_3. 今朝个猪肉卖来唔快啊/还/还就快？

b_1. 今朝个猪肉卖来快（啊/还/还就）卖来唔快？

b_2. 今朝个猪肉卖来唔快（啊/还/还就）卖来快？

㉔ a_1. 雨落来大（啊/还/还就）唔大？

a_2. 雨落来大啊/还/还就唔？

a_3. 雨落来唔大啊/还/还就大？

b_4. 雨落来大（啊/还/还就）落来唔大？

b_5. 雨落来唔大（啊/还/还就）落来大？

例㉑、㉒为双音节或多音节形容词补语，可以提取补语的首音节，构成 a 式，其中 A 代表补语 C 的首音节，B 为其他音节。例㉓、㉔为单音节形容词补语，没有对补语提问的“A 啊 AB”式。此外，由于单音节节律上的不对称，有些格式的选择标记是必要的，如例㉓、㉔中的 a_2、a_3。

状态补语可以由“有/冇字短语”充当，以上各例都可把形容词补语改为“有/冇”形式。以例㉑为例：

a. 生来有标（啊/还/还就）冇标致？

b_1. 生来有标致（啊/还/还就）冇标致？

b_2. 生来有标致（啊/还/还就）冇？

b_3. 生来冇标致（啊/还/还就）有标致？

c_1. 生来有标致（啊/还/还就）生来冇标致？

c_2. 生来冇标致（啊/还/还就）生来有标致？

此外，还可以用“有（啊/还/还就）冇”构成正反问，可构成为d式。例如：

㉕生来有（啊/还/还就）冇标致？

积极的状态补语用“有/冇”构成正反问，消极的补语改用“会/唔会”提问。例如：

㉖ a. 生来会柴（啊/还/还就）唔会柴人？（长得会不会难看？）

b_1. 生来会柴人（啊/还/还就）唔会柴人？

b_2. 生来会柴人（啊/还/还就）唔？

b_3. 生来唔会柴人（啊/还/还就）会柴人？

c_1. 生来会柴人（啊/还/还就）生来唔会柴人？

c_2. 生来唔会柴人（啊/还/还就）生来会柴人？

d. 生来会（啊/还/还就）唔会柴人？

㉗a. 栽来会謷（啊/还/还就）唔会謷老赖在？（栽得会歪呀不会歪歪扭扭？）

b_1. 栽来会謷老赖在（啊/还/还就）唔会謷老赖在？（栽得会歪歪扭扭呀不会歪歪扭扭？）

b_2. 栽来会謷老赖在（啊/还/还就）唔？（栽得会歪歪扭扭呀不？）

b_3. 栽来唔会謷老赖在（啊/还/还就）会謷老赖在？（栽得不会歪歪扭扭呀会歪歪扭扭？）

c_1. 栽来会謷老赖在（啊/还/还就）栽来唔会謷老赖在？（栽得会歪歪扭扭呀栽得不会歪歪扭扭？）

c_2. 栽来唔会謷老赖在（啊/还/还就）栽来会謷老赖在？（栽得不会歪歪扭扭呀栽得会歪歪扭扭？）

d. 栽来会（啊/还/还就）唔会謷老赖在？（栽得会不会歪歪扭扭？）

第六章　闽方言（福州话）疑问范畴研究

闽方言通行于福建大部地区、广东东部和西部的部分地区、台湾大部、海南大部、浙江南部部分地区以及江西、广西的少数地区，港澳和海外也有某些区域使用闽语。福州是福建省的省会，福州话是闽东方言的代表方言，具有闽语的许多共同特点。闽南方言是指以厦门（或泉州）话为代表的分布于福建南部地区的闽语。当然，福州话与闽南话也有一些差异，疑问范畴亦不例外。本文主要介绍以福州话为代表的闽东方言，必要的时候也跟闽南方言做一些比较。

较早研究福州话疑问句特点的是林宗德《福州话反复句》（在1985年第3届全国汉语方言学术年会上宣读，但未公开发表），后来有李延瑞《福州话反复问句的特点》（福建师范大学学报.1987（3））、魏岫明《论福州方言的否定词及正反问句》（台湾大学中文学报.1995（4））以及陈泽平《福州方言的否定词和反复疑问句》（方言.1998（1））。尤其是陈泽平对福州话的疑问范畴进行了比较细致的探讨，例如《福州方言研究》（福建人民出版社1998）之第八章（疑问代词）和第十一章（反复疑问句），他的《北京话福州话疑问语气词的对比分析》（中国语文.2004（5））将闽东方言的疑问语气词与普通话的相应成分做了比较，是一篇较有深度的专题论文。此外，林寒生的《闽东方言词汇语法研究》（云南大学出版社2002）也涉及福州话疑问代词、反复问句的特点。

关于闽南话疑问范畴研究状况，主要成果有黄丁华《闽南方言里的疑问代词》（中国语文.1963（2）），是目前见到的探讨闽南话疑问代词的较早期文献。之后发表的相关文献有毕长朴《闽南语疑问词研究》（台湾文献.1983）和《闽南话疑问词研究续议："何"字语音演变之专题研究》（台湾文献.1985），汤廷池《闽南语的是非问句与正反问句》（汉学研究.1987（12）），陈秋梅《台语的疑问句尾助词》（第一届台湾语言国际研讨会论文集.1993），李燕辉《台湾话中疑问句的分布与释义》（同上），连金发《台湾闽南语疑问代词的历史和方言演变》（同上），王本瑛、连金发《台湾闽南话中的反复问句》（台湾闽南语论文集.1994），周长楫《厦门话疑问句末的"不"、"无"、"𫠛"、"未"》（第五届闽方言学术研讨会论文集.1999），周氏与欧阳忆耘合著的《厦门方言研究》也有专章和专节涉及疑问句和疑问词的特点，陈垂民《谈安溪话的正反问句》（第五届闽方言学术研讨会论文集.1999），李少丹《漳州话与普通话疑问句的异同》（漳州师范学院学报.2001（2））把两者在疑问句上的特点做了比较，是目前看到的关于漳州话疑问句的较重要论文，马重奇《漳州方言研究》

(香港纵横出版社 1994)第七章有专节(句法)谈到漳州话疑问句(是非问、特指问、选择问和反问句)的情况,但缺乏分析;李如龙《闽南方言的代词》(代词．暨南大学出版社 1999)亦涉及疑问代词的特点。此外,还有施其生的《闽南方言中性问句的类型及其变化》(语言变化与汉语方言．华盛顿大学,2000)。

在广东闽语的研究上,有施其生《汕头方言的反复问句》(中国语文 . 1990(3))、吴芳《粤东闽语与福建闽南方言疑问句比较研究》(未刊稿 . 2004)。

有关整个闽方言内部的疑问范畴比较,主要有甘于恩《闽方言疑问句比较研究》(暨南学报 . 2007(3))和《闽方言疑问指代的比较研究》(第九届国际闽方言研讨会论文 . 2005),这两篇论文将闽东、闽南、潮汕方言的相关语言特点做了初步的比较研究,并将闽方言内部不同写法的疑问形式加以联系,考察其共同的源头。

一、闽方言是非疑问句

闽方言的是非疑问句的主要类型有两大类:由语调构成的是非问和由疑问语气词构成的是非问。

(一)语调是非问

语调是非问,可以标写为"S＋↗"(S 指单句,↗指句末上升调)。陈述句如果加上句末上升调,就变成了语调是非问句,带有明显的怀疑、惊讶的语气,所以常常有反问的意味,表示简直不相信会这样。询问的功能较弱,一般不需要对方给予回答,这点与普通话是相通的。例如福州话:

①伊今旦去北京↗?(他今天上北京?)

②汝共伊只几年都无联系了↗?(你和他这几年都没有联系了?)

提出"伊今旦去北京↗?"时,往往无需听话者作出回答,其隐含的意思是"我怎么不知道啊"或"怎么走得这么匆忙"等,有时说话者会加上一些表意外的后续句,如"只猛快"(这么快)之类。S 也可以采用否定式。例如:

③汝固未去?(你还没去?)

闽南话也可以采取"S＋↗"的形式表示一种强烈质疑的语气,往往不必等听者回答,就加上带否定意味的后续句。例如:

④汝是大学生↗?(后续句是表示怀疑的句子)

⑤伊者早煞要去啰↗? (他怎么这么早要走了?后续句是"阁加住几日"[再多住几天])

(二)疑问语气词是非问

在闽语中,由疑问语气词构成的是非句有两类:一类是求证性疑问句,说话者对命题已经有所了解,但未能十分肯定,要求对方予以证实;一类是一般疑问句,说话者对命题内容没有什么了解,要求对方予以回答。

1. 求证性疑问句

在这种句式中，福州话用语气词“啦”，闽南话则用“吓”（或“乎”）。福州话的“啦”在分布上与北京话的“吗”对应，只用在是非问句的末尾，不用于其他各类疑问句，但功能上与北京话的“吗”并不完全对当。陈泽平（2004）说：“福州的‘S啦?’在‘功能—语义’上更接近于北京话的‘S↗?’，它们包含一个命题，这个命题是说话人根据一定的语境推测得出的，但对这个命题的真实性感到怀疑、惊讶，以‘问’的形式要求对方释疑。”例如：

⑥今旦礼拜三啦？（“今天星期三↗?”，隐含“不相信今天星期三”义）

⑦汝也有去比赛啦？（“你也去比赛↗?”，隐含“不相信你会去参加比赛”义）

闽南话是非问句，更常见的是采用“S+疑问语气词”的形式，听者必须针对所问作出回答。例如厦门话：

⑧恁咧开会吓？（你们在开会吗?）

⑨汝卜请伊吓？（你想请他吧?）

“吓”音［hẽʔ³²］，周长楫、欧阳忆耘（1998）说：“‘吓’的语气比较重，带有‘是吗’的强调意味，也就是希望得到听话者的证实。”

在泉州话中，相应的是非疑问句的语气词用“乎”，这种疑问句的疑问程度较弱，即信的程度强于疑。例如：

⑩恁咧开会乎？（你们在开会吧?）

如果要表示疑的程度强于信，通常用正反问的形式，即“恁是伓是咧开会?”，详见下文“三、正反疑问句”。

2. 一般疑问句

由于福州话的否定词“伓”（不）的黏附性极强，必须依附于谓语动词之后，不可以单独回答问题，只有“无”、“未”可以置于句末，似乎类于“吗”，但实际上跟普通话的“吗”还有不同。例如：

⑪汝有去无？（≈你去了吗?）

⑫汝食未？（≈你吃了吗?）

上述两句普通话可以用“是”、“不”来作答，而福州话只能用“有/无”、“食了/未食”来作答，因此这种句式其实是正反问句的省略，即：

⑪’汝有去无去？

⑫’汝食未食？

闽南话的情形也有类似之处，只是闽南话的疑问语气词“伓”、“无”、“未”通常读轻音形式，表明已经有所虚化。例如：

⑬伊要来伓？（他要来吗?）

⑭王先有来恁兜无？（王先生来你家了吗?）

⑮小陈睏醒未？（小陈睡醒了吗?）

从历时的角度看，这种格式实际上是正反疑问句省略了后一分句的谓语动词后弱化而来的（伊要来伓来？→伊要来伓？［重读式］→伊要来伓？［轻读式］），到了轻读式的阶段，否定词“伓”、“无”、“未”等跟纯粹语气词的作用差别就很小了。但是，从是否黏附（独立回答问题）这点来看，“伓”、“无”、“未”都可以单独回答问题，表示否定，这点又与普通话“吗”这类语气词有明显的不同，因此，我们倾向于把例句⑬、⑭、⑮仍然处理为正反疑问句，视为向是非问转化的过渡形式。

二、特指疑问句

特指问句需要对疑问点作出回答，所以疑问信息由疑问代词承担。闽方言的特指问也有两类：一类是疑问代词构成一般问句；一类是疑问代词隐含的简略问句。

（一）疑问代词构成的特指问

闽方言在疑问指代上体现出相当多的共性，这反映了闽语在语法上的内部一致性，但也存在一些差异点。闽方言的疑问代词的语音形式跟普通话差别很大，但是其表示的意义与用法跟普通话则没有多大的差别。根据所问对象的不同可以把闽方言（以福州话为例）的疑问代词分为9大类：

所问对象	疑问代词	与普通话相对应的词
人	底人（侬）［tie^{33} nøyŋ^{53}］ 甚乇人（侬）［sieŋ^{35} no^{33} nøyŋ^{53}］ 底蜀只	谁 什么人 哪个
事物	甚乇［sieŋ^{35} nɔʔ^{24}］ 甚乇名［sieŋ^{35} no^{33} miaŋ^{53}］ 底蜀只	什么 哪个
处所	底呢［tie^{24} nœ^{33}］ 底（蜀）角［tie$^{24-53}$ oyʔ^{24}］ 底（蜀）对［tie$^{24-53}$ lo^{21} loy^{213}］ 底（蜀）边［tie$^{24-53}$ lo^{21} βeiŋ^{55}］	哪儿、哪里
时间	乜乇辰候/乜候	什么时候
	偌夥行	多长时间
数 量	偌夥 几	多少 几
程度	偌夥（大）［nuo^{53} uai^{242}］	多

（续上表）

所问对象	疑问代词	与普通话相对应的词
方式	怎样［tsuoŋ^{33} ŋuoŋ^{33}］	怎么
状况	怎其［tsuoŋ$^{33-21}$ ŋi^{53}］	怎么样
原因	做甚乇［tsɔ$^{213-21}$ sieŋ^{35} nʔ^{24}］ 怎讲［tsuoŋ^{24} ŋuoŋ^{33}］ 溪势［k‘e^{53} lie^{213}］ 敢妗势［kaŋ^{21} mɛ^{53} lie^{213}］	为什么

1. 问人

福州话问人的疑问代词有“底侬”［tie^{33} nøyŋ^{53}］、“甚乇侬”［sieŋ^{35} no^{33} nøyŋ^{53}］和“底蜀只”，虽然都用于问人，但是各有特点，用法并不相同。

A. “底侬”用于问人，在句子中可以充当主语、宾语和定语。例如：

①底侬有事计？（作主语：谁有事情？）

②今旦底侬来？（作主语：今天谁来了？）

③汝讨底侬？（作宾语：你找谁？）

④叫底侬底侬行上来。（作宾语：叫谁谁就走上来。）

⑤底侬其伞？（作定语：谁的伞？）

⑥底侬其袜只猛臭？（作定语：谁的袜子这么臭？）

作定语时，定语和中心语之间一般要有结构助词“其”（相当于表示从属关系的“的”）。

B. “甚乇侬”跟“底侬”不同，其区别正如普通话“什么人”与“谁”的区别一样。以“底侬”发问，要求指别，所以回答时用人称代词或专有名词就可以了。例如：

⑦问：底侬讨我？（谁找我？）

答：我（或：张三）

福州话以“甚乇侬”发问则往往要求具体说明所问对象的性质或特点。例如：

⑧问：汝讨甚乇侬？（你找什么人？）

答：我讨蜀只矮矮势、廿几岁其大学生？（我找一个矮矮的、二十来岁的大学生。）

厦门话里跟“底侬”相当的疑问代词是“甚物侬”或“啥侬”。例如：

⑨甚物侬无来？（谁没来？）

C. 福州话“底蜀只”相当于普通话的“哪（一）个”，侧重于选择，从一群人中挑选出某一个。厦门话则用“底蜀个”（哪一个）。例如：

⑩只几只姿娘囝台中，汝中意底蜀只？（福州话：这几个女孩子当中，你喜欢哪一个？）

⑪底蜀个未食饱？（厦门话：哪一个没吃饱？）

2. 问物

福州话问物的疑问代词有“甚乇”、“甚（乇）名”和“底蜀隻（简体作‘只’）”。

A. “甚乇”相当于普通话的“什么”，可以单独成句，也可以单独充当主语或宾语。例如：

⑫甚乇？甚乇拍毛了？（独用：什么？什么东西丢了？）

⑬甚乇便宜？（主语：什么［东西］便宜？）

⑭汝昨冥着［tsuai^{53}］呢做甚乇？（宾语：你昨天在这里做什么呢？）

也作定语直接修饰名词，中间无须插入结构助词“其”。例如：

⑮甚乇声音？（什么声音？）

⑯汝有甚乇事计？（你有什么事情？）

B. “甚乇名”可简作“甚名”［sieŋ^{33} miaŋ^{53}］，是名词性的成分，与“甚乇”意思相近，但不可充当定语，相当于普通话的“什么东西”，“甚乇”一般都可以用“甚乇名”替换。推测“名”应是“乜”（“什么”的早期形式）与“件”的合音形式。

厦门话用“甚物”［siam$^{53-55}$ miʔ^{5}］询问，“物”意思上相当于“东西”，但具黏附性，单用时则说成“物件”。例如：

⑰汝找甚物物件？（你找什么东西？）

⑱甚物？你讲甚物？（什么？你说什么？）

“甚物”用作限定语时，也可以用［siã$^{53-55}$］（写作“啥”）替代。例如：

⑲汝是甚物侬/汝是啥侬？（你是什么人？）

3. 问处所

问处所的疑问代词有“底呢”、“底（蜀）角”、“底（蜀）对”、“底（蜀）边”，相当于普通话的“哪里”、“哪个地方”，其中“底”相当于普通话的“哪”，所不同的是闽方言（福州话）的“底”是个黏着成分，不可以单独充当句子成分。问处所的疑问代词在句子中可以充当主语、宾语和定语。

A. 作主语。例如：

⑳底呢有票卖？（哪里有票卖？）

㉑底（蜀）边有番薯卖？（哪个地方有番薯卖？）

不过，如果要指称泛指的“哪里”，福州话多用“底呢”，因为其他形式还在一定程度上带有实义。

B. 作宾语。例如：

㉒今年冥春节拍算去底呢？（今年春节打算去哪里啊？）

㉓汝厝里夹［kaʔ[5]］在底（蜀）对？（你家在哪里？）

㉔汝厝里夹城里底（蜀）角？（你家在城里哪个地方？）

C. 作定语。例如：

㉕汝是底呢侬？（你是哪里人？）

㉖底（蜀）对其犬囝跑［pie[213]］来食堂？（哪里的狗跑来食堂？）

福州话处所疑问代词作定语时，以用“底呢”为多，在修饰单音节名词“人”时可以直接置于“人”之前，无须加“其”；其他处所疑问代词作定语时，一般必须带有“其”字。

问处所时，厦门话用“底落”［to[55] loʔ[5]］，一般写作“倒落”，本字应是“底落”（［to[55] loʔ[5]］←［te[55] loʔ[5]］），看来福州话的“底呢”语源亦为“底落”，乃“落”脱落了入声韵尾所致。与“底落”相同的词语是“底（蜀）位”、“底（蜀）迹”（泉州）。例如：

㉗汝卜去底落？（厦门：你要去哪里？）

㉘恁厝里伫底蜀迹？（泉州：你家在哪里？）

4. 问时间

福州话问时间的疑问代词有“乜乇辰候”和“乜候”，相当于普通话的“什么时候”，而“乜候”则是“乜乇辰候”的简缩形式，两者完全等义。例如：

㉙汝乜乇辰候（乜候）来？（你什么时候来？）

㉚卖票着等遘乜乇辰候（乜候）？（卖票要等到什么时候？）

如果要询问时间的长度（多久），福州话用“偌夥行”。例如：

㉛华林路遘东街口着行偌夥行？（从华林路到东街口得走多久？）

㉜汝困偌夥行了？（你睡了多久了？）

如果问一般的时间（非钟点），闽南话用“底时”或者“甚物时阵”，两者亦完全等义，可以互相替换。例如：

㉝底时开车？（什么时候开车？）

㉞甚物时阵汝卜来？（你什么时候来？）

5. 问数量

福州话问数量的疑问代词有“偌夥”和“几”。“几”的用法与普通话大体相同，一般代指10以下的数字，但问时间的点钟可以用“几”，而不限于10以下。例如：

㉟问：只行几点了？（现在几点了？）

答：十二点了。

“偌夥”相当于普通话的“多少”，可以修饰名词，作定语，询问数量。例如：

㊱偌夥侬食饭？（多少人吃饭？）

㊲蜀斤偌夥钱？（一斤多少钱？）

与普通话不同的是，“偌夥”不可作独立的句子成分，例如普通话可以说：

㊳你要多少？

但是，同样的意思，在福州话里必须具体化为：

㊴汝卜值偌夥钱？（你要多少钱？）

㊵汝卜值偌夥乇？（你要多少东西？）

厦门话问数量也用“偌夥”。例如：

㊶偌（夥）侬食饭？（多少人吃饭？）

不过，与福州话有些不同，“偌夥”可以独立作主语、宾语。例如：

㊷偌夥者有够？（多少才够？）

㊸汝有偌夥？（你有多少？）

6. 问程度

福州话问程度的疑问代词用“偌夥”，可以修饰形容词，作状语，相当于普通话的“多”。这种用法可以省略为“偌”。例如：

㊹只间有偌（夥）大？（这间有多大？）

㊺只种车会开偌（夥）快？（这种车能开多快？）

厦门话问程度与福州话有点不同，“偌夥”在作状语时，必须用简式，用“偌”，不用“偌夥”。例如：

㊻恁厝有偌大？（你家有多大？）

7. 问方式

福州话问方式的疑问代词用“怎样”，“怎样”是双音节的黏附形式，只用于动词前作状语，问动作行为的方式，相当于普通话的“怎么”。例如：

㊼空调怎样装？（空调怎么装？）

㊽去鼓楼怎样行？（去鼓楼怎么走？）

询问方式，厦门话也用“怎样”，与福州话没有什么不同，而泉州话则用“怎款”。例如：

㊾即字怎样写？（这个字怎么写？）

㊿即字怎款写？（泉州话，同上）

8. 问状况

福州话用“怎其”询问状况，相当于普通话的“怎么样”。可以单独成句，也可以在句中充当谓语、补语或者心理动词的宾语。例如：

51怎其？有想去无？（单独成句：怎么样？想不想去？）

52伊最近身体怎其？（充当谓语：他最近身体怎么样？）

53汝书读怎其？（充当补语：你读书读得怎么样？）

54汝见觉怎其？（充当宾语：你觉得怎么样？）

厦门话询问状况时，既可以用“怎样”，还可以用“安怎”。例如厦门话：

㊺怎样？恁老父有卡好势无？（怎么样？你父亲有没有好一点？）

㊻伊近来安怎？（他近来怎样？）

㊼因老父病情安怎？（他父亲病情如何？）

但“安怎”一词泉州话说成“怎款”。例如：

㊽伊近来怎款？

与福州话不同的是，闽南话的“怎样”或“怎款”可以单独提问或作谓语（福州话的“怎样”不可单独提问或作谓语），是个非黏附的成分，这时相当于福州话的“怎其”。例如闽南话：

㊾怎样/怎款？共我买蜀块。（怎么样，向我买一个吧？）

㊿汝最近身体怎样/怎款？（你最近身体怎么样？）

9. 问原因

福州话问原因的疑问代词有“做甚乇”、“怎讲”、“溪势”和“敢絵势”，但用法和意味略有差异。

（1）“做甚乇”问原因，一定程度上带有责问的意味，一般不独立成句。例如：

(61)汝做甚乇伓去？（你为什么不去？）

(62)伊做甚乇只猛行固未清醒？（他为什么这么久还没有睡醒？）

如独立成句则非问原因，而是问在做什么事情。例如：

(63)汝做甚乇？（你在做什么？）

（2）“怎讲”、“溪势”、“敢絵势”这三个形式属于同义形式，可互相替换。它们都可以单独成句或者作状语修饰动词。例如：

(64)怎讲？怎讲变总款去？（怎么了？怎么变成这样了？）

(65)溪势？溪势无来？（怎么？怎么没来？）

(66)汝溪势会做只猛快？（你怎么做得这么快？）

(67)敢絵势？半冥了固只满吵。（怎么啦？半夜了还这么吵。）

(68)只几日敢絵势只满热？（这几天怎么这么热？）

厦门话询问原因用“做甚物”，泉州话一般则用“干哪”。例如：

(69)做甚物无侬来？（厦门：为什么没人来？）

厦门话有时也用“创甚物”，这时便带有责问的意味。例如：

(70)创甚物者少人？（厦门：怎么搞的，这么少的人？）

(71)汝干哪拍伊？（泉州：你为什么打他？）

（二）隐含疑问代词的简略问句

1. NP＋语气词

福州话和厦门话都有一种不靠疑问代词来提问的简略问句“NP＋语气词”，即在一个词或短语之后加上疑问语气词来提问。福州话用“哩”，厦门话用“呢”，疑为同源。例如：

㉒汝其书哩？（福州话，你的书在哪里？）

㉓汝个册呢？（厦门话，同上）

这种句子如果作为起始句，往往限于询问处所，但是如果属于后续句，则根据前面句子的语义来决定具体询问什么，这跟普通话的同类疑问句式的功能基本一致。例如：

㉔我其书破了，汝其书哩？（福州话，我的书破了，你的书呢［怎么样］？）

㉕我个册破去咯，汝个册呢？（厦门话，同上）

回答时要根据前句来表述状况，例如"我其书也破了"（我的书也破了）或"我其书固未破"（我的书还没破）。

2. VP + 语气词

普通话还有一种"VP + 语气词"的简略问句，VP 可以是动词，也可以是形容词，甚至是完整句。例如：

㉖花金子：我要走了呢？
仇　虎：跟着你走。
花金子：死了呢？
仇　虎：陪着你死。

（曹禺《原野》）

"VP + 语气词"问句出现的语境为口语，例㉖带有假设性，即"如果我走了，怎么样？""如果我死了，怎么样？"是以假设作为条件，询问相应的状况。

闽语与普通话不同的是，往往表假设的关联词语必须出现，而状况疑问代词可以出现，也可以省略。例如厦门话：

㉗我若卜走去呢？（直译：我若要走了呢？）
——代汝去。（直译：跟着你去。）
若卜死呢？（直译：若要死呢？）
——合汝做寨死。（直译：和你一起死。）

三、正反疑问句

闽方言的正反疑问句很有特点。按照陈泽平的观点，福州话的正反疑问句有 A、B 两种格式，即：

A 式（肯定结构 + 否定结构）	B 式（VP + 句末否定词）
①汝去伓去看电影？	—
②汝有无字典？	汝有字典无？
③汝会𡅏去看电影？	汝会去看电影𡅏？
④汝有无去看电影？	汝有去看电影无？

⑤面有无红？　　　　　　　　面有红无？

⑥面会絵红？　　　　　　　　面会红絵？

⑦—　　　　　　　　　　　　伊去上班未？

陈氏（2004）认为，在疑问语气的语调作用下，处于句末的“无”、“絵”、“未”“可以很方便地‘重新分析’为句末语气词”，似乎与闽南的句末否定性疑问语气词（伓、无）没有什么不同。不过，福州话的B式没有轻读式，说明B式的否定词“反面”的色彩还比较浓厚，还没有完全虚化为句末语气词，我们暂且把它们称为“类语气词”或“准语气词”。

福州话的正反疑问句经常发生音变，音变的规则是“夹在相同的动词间的‘伓’与前一音节融合，变为前一音节的韵尾”，变调规则则同一般的连读变调。例如：

去伓去　k‘oŋ^{55} ŋɔ^{213}（←k‘ɔ^{213} iŋ^{55} ŋɔ^{213}）

爬伓爬　paŋ^{21} ma^{53}（←pa^{53} iŋ^{55} pa^{53}）

看伓看　k‘aŋ^{55} ŋaŋ^{213}（←k‘aŋ^{213} iŋ^{55}k‘aŋ^{213}）

拍伓拍　p‘aŋ^{55} maʔ^{23}（←p‘aʔ^{23} iŋ^{55} p‘aʔ^{23}）

闽南话的正反问句，主要有三种形式：

（1）由谓语的肯定形式和否定形式并列构成。可以是完整式，宾语可以是前省式，也可以是后省式，不过以前省式更为常见。例如：

⑧伊要来伓来？

⑨小王会拍字絵拍字？

⑩汝是大学生伓是（大学生）？

⑪即本册汝买伓买？（更常用的说法是：即本册汝要买伓［买］？）

（2）形式跟是非问一样，但是句尾的疑问语气词，还保留有否定的语义，所以，更像一个否定副词，也可以看作处于转变的过程之中。说话者可以此表示正反问，听话的人要靠具体语境来分辨。例如：

⑫伊要来伓？（伊要来伓来？）

⑬明仔有去无？（明仔有去无去？）

（3）形式上是用肯定和否定两个简单的词并列，如“是伓”、“有无”、“会絵”，而且总是处于句末。例如：

⑭伊来恁兜，是伓？（他到你家是吗？）

⑮借我五角银，有无？（有没有五毛钱，借给我？）

⑯鸡囝奂豪大，着伓？（小鸡长得这么快，是吗？）

⑰伊来一认就去，会絵？（他来一趟就走，会不会？）

从形式上看，只有第一种格式属于标准的正反疑问句，它的疑问点是由肯定和否定并列构成的；第二种格式属于标准格式的弱化；第三种句子则属于一种附加问、追问。从前句来看，可以是陈述句（例⑭）、祈使句（例⑮），也可以是感叹句（例

⑯)，甚至是疑问句（例⑰）。

比较闽东话（福州话）和闽南话（厦门话）的正反问句，可以看出有以下差别：

第一，福州话有“V 伓 V”的格式，而厦门话这种格式很少见，一般要用“要 V 伓 V”的形式，这种形式其实是选择问句的变形，可以扩展为“要 V + 抑是 + 伓 V”，是正反选择问句的紧缩。

第二，以“伓”为否定词的正反问句，福州话要发生音变（有音变式），而厦门话无音变式；不过，由于福州话的“伓”是黏附式的（必须依附于谓语中心），所以没有厦门话的“V + 伓”的弱化式。

四、选择疑问句

福州话的选择问句多用“抑是”插入选择项（A、B）标示，A 项也可以前加“是”表强调。例如：

①汝（是）去北京抑是去上海？

“是”不是必需的，说成“汝去北京抑是去上海？”也成立。口语中有简式的表达，说成：

②去北京，去上海？

③食饭，食粥？

A、B 两项之间必须有较明显的语音停顿。

闽南话的选择问句通常用“是……抑是……”或“是要……抑是要……”连接选择项 A、B，其中“抑”有时读作［ia^{53}］，写作“野”，当属同源。例如：

④汝是看戏抑是佚迌？（你想看戏还是想玩）

⑤伊是要读册抑是要做工？（他想读书还是想工作？）

但在口语中，A、B 两项为名词时，往往可以用简单的“抑”加以连接。例如：

⑥咸菜抑菜脯？（要咸菜还是要萝卜干？）

⑦饭抑糜？（要干饭还是要稀饭？）

第七章　粤方言（广州话）疑问范畴研究

粤方言以广东省省会广州市的方言为代表，又称“白话”。关于广州话的疑问范畴，前人的成果较多体现在对它的某些疑问形式，尤其是疑问语气词的研究上，系统地论述整个范畴的比较少。

关于疑问语气词，张洪年的《香港粤语语法的研究》（1972）第五章“助词”对香港粤语助词（含疑问助词）的介绍比较早，此外还有李新魁等的《广州方言研究》（1995）第八章第二节“助词”。至于专门研究广州话疑问语气词的主要是方小燕的《广州话里的疑问语气词》（1996）和《广州方言句末语气词》（2003），其他多是在论述粤语的语气助词时涉及疑问语气词，如欧阳觉亚的《广州话的语气助词》（1990）、邓少君的《广州话常见的语气词》（1991）、植符兰的《广州方言的语气词》（1997）等。各家所列的疑问语气词数量不一，问题在于疑问语气词的界定标准不同。

关于疑问句式，高华年的《广州方言研究》（1980）单列了“疑问句”和“反诘句”两节，其中“疑问句”分为6类：①用疑问代词在句子里表示疑问。②重复谓语的主要成分，中间加一否定词副词“唔”表示疑问。③在句子的后面加“未”或“未曾”表示疑问。④用“有……冇/无”或“有”、“冇”连在一起构成疑问句。⑤用疑问语气词“咩 mɛ ˥”、“啊 a˩”等在句末构成疑问句。⑥用连词“定”、“抑或”等连接词、词组或句子，表示疑问。

第①类对应于特指问句；第②～④类属正反问句；第⑥类是选择问句；问题最大的是第⑤类，就整类来说应属是非问句，但其中夹杂了一些正反问同时句末带语气助词的例句，这说明高书分类的标准略显混乱。此外，李新魁等的《广州方言研究》（1995）关于“疑问句”的论述比较简单，认为“表示疑问的句式，广州话与普通话大体相同，有差别的只是个别地方，都是属于反复问句的”。

专门讨论广州话正反问句的是方小燕的《广州话里的反复问句》（1997）。该文全面论述了广州话正反问句的三大类型跟“体”的关系，指出“VP唔VP”与未然体有联系；“有冇VP”与曾然体有联系；“VP未”与完成体有联系。但实际上“VP唔VP”不能全“看作是动词未然体反复问句”；“VP未”还有“VP咗未”与“VP过未”等说法，可见，尚存在一些需要继续深入研究之处。

关于疑问范畴，麦耘的《广州话疑问语气系统概说》（1998）将广州话疑问语气系统分为四个子系统：疑问句式、疑问代词、疑问语气词、疑问语调。另外，还有疑问叹词。其中“疑问语调”专门列为一个子系统，很有创见，也很有价值。但是对

“疑问句式”仅介绍了几种正反问和选择问的句式，至于是非问句只在语调部分提到一下。其实是非问句用来表达疑问的手段最为复杂，对此的探讨尚嫌不足。

一、粤方言是非问

广州话是非疑问句表达疑问的手段有两大类：一是在陈述句后加上疑问语气助词；二是在陈述句上加上疑问语调。大致有下表中的5大类8小类（本文用“S”表示陈述句，“→”表示低平语调，“↗”表示高升语调），其特点是疑问语气词特别丰富，不同的疑问语气词往往在表意上有细微的区别。

功能		形式	疑问手段
一般询问（中性问）		S＋嘛［ma^{33}］?	疑问语气词
求证	回应性求证	S＋啊（或：咋、啦、㗎”）→?	低平语调
	不出所料式的求证	S＋咧［$l\varepsilon^{13}$］?	疑问语气词
	寻求认同式的求证	S＋嗬［$h\text{ɔ}^{35}$］?	疑问语气词
揣测		S＋啩［kwa^{33}］?	疑问语气词
征询		S＋咧［$l\varepsilon^{21}$］?	疑问语气词
诧异、疑惑		S＋咩［$m\varepsilon^{55}$］?	疑问语气词
		S＋↗?	高升语调

（一）S ＋ 嘛［ma^{33}］?

（1）语义单一，不会产生歧解。属于一般询问句，中性问。问话人事先没有确定的答案，纯粹是对所不了解的事实的提问，想从对方那里得到答案。例如：

①老细同意嘛？（老板同意吗？）

②佢有问过你嘛？（他问过你吗？）

③嗰度交通方便嘛？（那儿交通方便吗？）

④你嘅仔出年返嚟嘛？（你儿子明年回来吗？）

这跟普通话的“S＋吗?”不同，该句式具有两种功能：一是想从对方得到答案的询问，与广州话“S＋嘛?”相当；二是用于表示诧异、怀疑或完全不信。广州话的“S＋嘛?”不能用于诧异问。试比较：

⑤广州话：你中意佢嘛？（你喜欢他吗？）（只能是一般询问）

⑥普通话：你喜欢他吗？　　　　（a. 一般询问；b. 惊讶）

（2）“S＋嘛?”的“S”只有肯定形式，绝对不会有否定形式。如果“S”本身是个否定形式（如“老板不同意”、“那儿交通不方便”），那就表明问话人实际上已经知道答案了。再要表示疑问的话，就只能是对这个否定的命题表示惊讶或疑惑。普通话的“S+吗?”有否定形式，用于带有回应性的诧异问或反问。

(3) 询问的语气比较轻。广州话的正反疑问句“V 唔 V?”等也可表示事先没有确定答案的一般询问，与“S+嘛?”常可互换。例如：

⑦你中意佢嘛?（你喜欢他吗?）——→你中唔中意佢?（你喜欢不喜欢他?）

⑧你去嘛?（你去吗?）——→你去唔去?（你去不去?）

例⑧的“你去嘛?”一般都是语气比较平和的询问；而“你去唔去?”既可用于语气平和的询问，也可用于带威胁性或别的含义的场合。请比较下面的例句：

⑨[情景：请不认识的人帮忙]

a. 唔该，可以帮下手嘛?（劳驾，能帮帮忙吗?）

b. ? 唔该，可唔可以帮下手啊?

⑩[情景：妻子在忙，看见丈夫只顾自己玩耍，不满地说]

a. 你可唔可以帮下手啊?

b. ? 你可以帮下手吗?

(二) S+啊（或：咋、啦、㗎）$_{\rightarrow}$?

这种格式可以是回声问，说话人已得知答案，发问只是希望得到求证。例如：

⑪甲：我中意佢。（我喜欢他。）

乙：你中意佢啊$_{\rightarrow}$?（你喜欢他呀$_{\rightarrow}$?）

⑫[情景：接电话]

喂，我係。边间话? 派咗去一〇三中啊$_{\rightarrow}$?（喂，我是。哪一间? 派到一〇三中去啦?）

⑬甲：哎呀，对唔住啊，得一个咋 [tsa^{33}]。（哎呀，对不起，只有一个。）

乙：得一个咋$_{\rightarrow}$?（只有一个啊$_{\rightarrow}$?）

也常用于非回声问场合，说话人根据眼前的情况已有初步的估测和判断。例如：

⑭[情景：看见对方在收拾东西]

你要走啦$_{\rightarrow}$?

⑮甲：阿莲，食咗饭啦$_{\rightarrow}$?（阿莲，吃了饭啦$_{\rightarrow}$?）

乙：食咗啦，喺饭堂食嘅。（吃了，在食堂吃的。）

甲：乜阿玲请食饭啊$_{\rightarrow}$?（怎么，阿玲请吃饭哪$_{\rightarrow}$?）

乙：係啊，阿玲请我食啊。（是呀，阿玲请我吃。）

这两种情况下，说话人发问都是着眼于对现场所闻、所见或感受到的某种情况的确认或求证，宽泛地说带有一种回应性。这类是非问句的疑问信息是由低平语调负载的。低平语调以“覆盖叠加”（麦耘 1998）的方式把语气助词“啊”（或“咋”、“啦”、“㗎”）的原字调（33）覆盖了。

（三）S+咧［$lɛ^{13}$］？

该格式表示对事实不出所料的求证，“咧［$lɛ^{13}$］”相当于普通话疑问语气词“吧”的部分用法。

（1）用在先前已有所料、情况证实了果真如此的场合。例如：

⑯我话过佢实唔中意咧？（我说过他肯定不喜欢吧？）

⑰嗱，佢唔制咧？（瞧，他不肯吧？）

⑱嗰度几靓咧？（那儿的确蛮漂亮吧？）

上述例句都是有预设的。如例⑯，言者之前已断定“他肯定不喜欢”；例⑱，言者早前已向对方介绍“那儿蛮漂亮的”，这里的“不出所料”之“料”，对于言者来说，有的是事前的揣测，如例⑯、⑰；有的则根据自己的了解或亲身经历，在事前已主观上有所认定，如例⑱。

有的句子单纯用“咧”，如例⑱；有的句子除了“咧”外，还出现“我话过（我说过）”、“嗱（瞧）”这样的辅助性词语，如例⑯、⑰。

（2）用在已料定如此、需进一步证实的场合。例如：

⑲你係广州人咧？（你是广州人吧？）

⑳你唔想去咧？（你不想去吧？）

㉑你好中意佢咧？（你很喜欢她吧？）

这种用法跟第1种相同的是均为已有所料，且都信大于疑，言者都相信会是如此。不同的是，此处所判断、料定的是对方的情况，尚需先证实，体现在形式上，句子的主语大多是第二人称代词。如需表示第1种情况，则必须加上“我话过（我说过）”之类的词语。拿例㉑来说，这儿只是言者对自己所料定的情况的一种求证；如果言者先前已说过对方很喜欢“她”而对方不承认，现在事实证明果真如此，那么，必须改为“我话过你好中意佢咧？”（我说你很喜欢她吧？）

（四）S+嗬［$hɔ^{35}$］？

“S+嗬？”相当于普通话的“S，+对吧？”的部分用法，希望对方认同自己的观点和看法。例如：

㉒嗰度几靓嗬？（那儿蛮漂亮的，对吧？）

㉓噉做唔係几好嗬？（这样做不是太好，对吧？）

㉔呢场波我哋实会赢嘅，嗬？（这场球我们队肯定会赢的，对吧？）

与“S+咧［$lɛ^{13}$］？”不同的是，“S+嗬？”并不是对事实不出所料的一种求证，而是重在表达自己的观点，寻求对方认同。试比较例⑱与㉒，例⑱是有预设的，而例㉒使用的情景则是：对方从“那儿”回来，言者顺着话题说出自己对那个地方的评价，希望对方认同自己的观点。

“嗬”与S之间可以没有停顿，也可以有停顿。

（五）S＋啩［kwa^33］？

“S＋啩？”表示对已存在的或将发生的未知情况的揣测，而不是求证，相当于普通话的“S＋吧？”的部分用法。例如：

㉕咁耐重未嚟，唔会係塞车啩？（这么久还没到，不会是堵车吧？）

㉖今次唔会又畀佢闹喇啩？（这回不会又挨他骂了吧？）

㉗呢次展销会佢哋会嚟参展啩？（这次的展销会他们会来参展吧？）

“啩”可以表示对已存在的未知情况的揣测，如例㉕；也可以表示对将发生的情况的揣测，如例㉖、㉗。

（六）S＋咧［lɛ^21］？

“S＋咧［lɛ^21］？”往往首先提出某种建议和设想，向听话者征询，或跟其商量，希望对方同意自己的意见，有时有恳求的口气。例如：

㉘我哋等多几日咧？（咱们多等几天吧？）

㉙听日一齐去探下佢咧？（明天一块儿去看看他吧？）

㉚听晚去睇场电影咧？（明晚去看场电影吧？）

“咧［lɛ^21］”与“嗬”都着眼于希望对方同意。不过，“S＋咧［lɛ^21］？”是带有祈使性质的疑问句，言者提出自己的建议，希望对方同意并付诸行动；“S＋嗬？”则是带有陈述观点性质的疑问句，言者提出自己的看法，希望对方赞同自己的观点。

（七）S＋咩［mɛ^55］？

“S＋咩？”用于表示诧异性的疑惑。例如：

㉛你冇同佢哋一齐去咩？（你没跟他们一起去吗？）

㉜就嗽两本咩？（就这么两本吗？）

㉝啊？件事你冇听讲咩？（啊？这件事你没听说吗？）

（八）S＋↗？

“S＋↗？”往往表达诧异性疑惑的语气，语调高扬。问话人往往并不是想询问什么，也不着重在求证什么，而是用在出乎意料的情况下，表达自己对刚得悉的情况的惊讶或怀疑。例如：

㉞佢离咗婚↗？（他离了婚↗？）

㉟你想退学↗？

㊱呢种人会改↗？（这种人能改↗？）

㊲你唔知今日要开会↗？（你不知道今天要开会↗？）

有时，问话人也有求证的意味，但更多的是诧异或疑惑。试比较：

㊳琴日你同佢借钱哪→？（昨天你向他借钱哪→？）

㊴琴日你同佢借钱↗？（昨天你向他借钱↗？）

例㊳可有不同情况，可能是正常的求证，也可能是多少有些出乎意料之求证。例㊴不排除有求证的意味，但惊讶的语气非常重。这说明低平语调与高升语调各自的最基本的功能是不尽相同的。

二、粤方言特指问

根据疑问代词出现的情况，我们可以把广州话的特指问分为由疑问代词表现疑问点的一般格式和语境表示疑问点的简略格式两大类。

（一）特指问的一般格式

在广州话特指问的一般格式中，疑问代词是构成特指疑问句的基础。

广州话的疑问代词的表现形式跟普通话差别很大，但是其表示的意义与用法跟普通话则没有多大的差别。我们根据所问对象的不同可以把粤方言的疑问代词分为 9 类：

疑问内容	疑问代词		普通话相对应的词
	独立式	组合运用	
问事物的类属	乜嘢［mɐt^{55} jɛ^{13}］、乜$_1$［mɐt^{55}］		什么
问确指的人或事物		边$_1$［pin^{55}］+量词/数量词	哪+量词/数量词
问人	边个［pin^{55} kɔ^{33}］	乜嘢人［mɐt^{55} jɛ^{13} jɐn^{21}］	谁/什么人
问处所	边度［pin^{55} tou^{22}］、边处［pin^{55} sy^{33}］、边$_2$［pin^{55}］	乜嘢定方［mɐt^{55} jɛ^{13} tɛŋ^{22} fɔŋ^{55}］	哪里、哪儿、哪/什么地方
问时间	几时［kei^{35} si^{21}］	乜嘢时候［mɐt^{55} jɛ^{13} si^{21} hɐu^{22}］	多会儿/什么时候
	几耐［kei^{35} nɔi^{22}］	-	多久
问数量	几$_1$［kei^{35}］、几多［kei^{35} tɔ^{55}］		几、多少
问程度	几$_2$［kei^{35}］		多
问方式	点［tim^{35}］、点样［tim^{35} jœŋ^{35}］		怎么、怎么样
问原因	点解［tim^{35} kai^{35}］、乜$_2$［mɐt^{55}］	做乜［tsou^{22} mɐt^{55}］、为乜嘢［wɐi^{22} mɐt^{55} jɛ^{13}］	为什么、怎么、干什么、干吗

1. 问事物

问事物主要用疑问代词“乜嘢”、“乜$_1$”。“乜嘢”作为问事物的类属的疑问代词，在句中充当主语、宾语和定语。

（1）作主语。例如：

①乜嘢唔见咗？（什么不见了？）

②乜嘢係唔使钱嘅？（什么是不用钱的？）

（2）作宾语。如：

③琴日出街买咗乜嘢？（昨天上街买了什么？）

④你响度揾乜嘢啊？（你在找什么啊？）

（3）作定语。如：

⑤你哋餐厅有乜嘢招牌菜啊？（你们餐厅有什么招牌菜？）

⑥广州乜嘢定方最好玩？（广州什么地方最好玩？）

“乜”由“乜嘢”省略而来，但这种省略是有条件的，即“乜嘢”作主语时，一般不可以省略“嘢”。这是因为广州话中还有另一个问原因的“乜”，它常用在句首，作主语的“乜嘢”若省略了“嘢”，可能会理解为问原因。如例①若改成“乜唔见咗？”，那是在问“怎么不见了”。当“乜嘢”作宾语和定语时，通常都可以省略“嘢”。如例③～⑥中的“乜嘢”都可以省略“嘢”而仅用一个“乜”来发问。

2. 问人

在广州话中，“边个”是问人的一个疑问代词，它在句子中可以充当主语、定语和宾语。

（1）作主语。例如：

⑦边个倒啲垃圾喺处啊？（谁把垃圾倒在这儿啊？）

⑧求先边个同你倾偈嚟？（刚才谁跟你聊天来着？）

（2）作宾语。例如：

⑨你揾边个啊？（你找谁？）

⑩你谂住投诉边个？（你想投诉谁？）

（3）作定语。此时，定语和中心语之间一般要有结构助词“嘅”或量词。例如：

⑪呢个戴眼镜嘅係边个嘅老公？（这个戴眼镜的是谁的丈夫？）

⑫边个本书畀人偷走咗？（谁的书被人偷走了？）

应该说，这里的“边个”实质上就是上表所列的“边$_1$＋量词/数量词”，但由于广州话中没有与普通话“谁”直接对应的单音节疑问语气词，而问人的用法又在日常生活中使用频率很高。这样，“边个”实际上已经词汇化了，可以看作凝固成为一个疑问代词了，这尤其体现在“边个”的虚指用法上。检测的方法就是发现这种用法的“边个”中间不能插入数量词“一”。例如：

⑬我要揾边个问下至得。（我要找谁问问才行。）

⑭？我要揾边一个问下至得。

3. 问处所

“边度”、“边处”、“边$_2$”，询问处所，相当于普通话的“哪里”、“哪儿”、“哪”。“边度”和“边处”在句子中可以充当主语、宾语和定语，“边$_2$”可以单独充当句子成分。

（1）作主语。例如：

⑮边度有水卖啊？（哪儿有水卖？）

⑯边处停车比较方便？（哪里停车比较方便？）

（2）作宾语。例如：

⑰你由边度嚟㗎？（你从哪里来的？）

⑱五一谂住去边啊？（五一打算去哪儿啊？）

（3）作定语。例如：

⑲广东边度啲小食最出名？（广东哪里的小吃最出名？）

⑳边处啲民居比较有特色？（哪里的民居比较有特色？）

“边$_2$”的使用有很多的限制：

广州话询问地点的时候一般不用“边”作主语，当“边”作主语的时候，句子往往是用来表反问的，如例⑮若改成“边有水卖啊？”句子只能理解为反问句“哪有水卖”，意为没水卖。例⑯的“边处”也不能换成“边”。

“边”也不能直接作定语，询问处所的例⑲、⑳中的“边度”、“边处”不能换成“边”。例⑲若改成“广东边啲小食最出名？”就变成是问定选的事物，即“广东哪些小吃最出名”。

“边”询问处所只能作宾语，如例⑱，但也不是那么自由，例⑰就不能用“边”来询问。

4. 问时间

“几时”、“几耐”都是询问时间的疑问代词，前者用来询问时点，后者用来询问时段。

“几时”在句中可以充当状语、定语和介词宾语。例如：

㉑你几时返屋企？（你什么时候回家？）（状语）

㉒几时嘅报纸开始有广告㗎？（什么时候的报纸开始有广告的？）（定语）

㉓你由几时开始学游水？（你从什么时候开始学游泳的？）（介词宾语）

“几耐”在句中可充当状语、定语和补语。例如：

㉔老细几耐出一次差？（老板多长时间出一次差？）（状语）

㉕个青铜器有几耐历史啦？（这个青铜器有多长的历史了？）（定语）

㉖你喺马来西亚住咗几耐？（你在马来西亚住了多长时间了？）（补语）

5. 问数量

广州话询问数量的疑问代词有两个：“$几_1$” 和“几多”。

（1）“$几_1$” 多用来问 10 以内的数量，而“几多” 可以问任何数量。但如果答案明显在 10 以下，用“$几_1$” 比较合适；如果答案明显在 10 以上，用“几多”则更合适。例如：

㉗你屋企有几个人？（你家里有几个人？）

㉘“1 +3” 等于几？（“1 +3” 等于几？）

㉙中国而家有几多人？（中国现在有多少人？）

㉚买部宝马大概要几多钱？（买辆宝马大概要多少钱？）

㉛一围台可以坐几（几多）个人？（一张桌子可以坐几（多少）个人？）

㉜有几（几多）个电影明星会参加今次嘅颁奖典礼？（有几（多少）个电影明星会参加这次的颁奖典礼？）

例㉗、㉘的数量明显小于 10，因此多用“$几_1$” 来提问；而例㉙、㉚数量明显比较大，所以需要用“几多”来提问；至于例㉛、㉜预测的数量不清楚，所以用“几”或“几多”都可以。

（2）“$几_1$” 与名词连用时，中间通常要插入适当的量词，而“几多”与名词连用时，其间的量词可有可无。例如：

㉝我哋要买几箱水？（我们需要买几箱水？）

㉞招几个人先至够啊？（招几个人才够啊？）

㉟广州有几多（条）立交桥？（广州有多少（座）立交桥？）

㊱你篇文章写咗几多（个）字？（你的文章写了多少（个）字？）

（3）“$几_1$” 可以用在“个”、“十”、“百”、“千”、“万”、“十万”、“百万”、“千万”等位数词前；而“几多”只能用在“个”、“万”、“亿”三个位数词之前，相当于普通话里的“多少”。

（4）“$几_1$” 前可用疑问代词“边”，而“几多”不能。

6. 问程度

广州话的“几”跟普通话的“几”最大的区别是前者还可以用来问程度，而后者只能用来问数量。例如：

㊲你有几高？（你有多高？）

㊳件衫有几靓？（这件衣服有多漂亮？）

㊴深圳离广州有几远啊？（深圳离广州有多远？）

㊵你话你中意集邮，究竟有几中意啊？（你说你喜欢集邮，到底有多喜欢？）

特别要指出的是，广州话问程度的疑问代词“$几_2$” 在陈述句和感叹句中已经变成一个程度副词了。例如：

㊶佢呢牌身体几好。（他最近身体挺好的。）

㊷你睇佢跑得几快！（你看他跑得多快啊！）

7. 问方式

“点”和“点样”都是询问动作方式和事物情状的疑问代词。当用来询问动作方式时，在句中充当状语。例如：

㊸你係点（样）揾到㗎？（你是怎样找到的？）

㊹点（样）解释呢个问题？（怎样解释这个问题？）

当询问事物情状时，主要充当谓语、补语和定语。例如：

㊺我冇问题，你老窦点（样）？（我没问题，你老爸怎么样？）（谓语）

㊻你嘅英文学成点（样）？（你的英文学得怎么样？）（补语）

㊼点（样）嘅男人先至系成功嘅男人？（怎样的男人才是成功的男人？）（定语）

“点”和“点样”原则上可以换用，但“点”的使用频率更高一些。

8. 问原因

“点解”、“做乜”和“为乜嘢”都是询问原因的，其中“点解”的使用频率最高，在句中通常是充当状语。例如：

㊽点解唔见王老师嘅？（为什么不见王老师呢？）

㊾你做乜又同洪仔打交啊？（你为什么又跟小洪打架啊？）

㊿老王为乜嘢要搞绝食啊？（老王为什么要闹绝食呢？）

51啲后生仔乜咁中意打机呢？（这些年轻人怎么这么喜欢玩游戏机？）

9. 问确指的人或事物

问确指的人或事物的疑问代词是“边$_1$”［pin^{55}］，即要求从某个范围中来确指某个或某些个体，相当于普通话的“哪”；“边”必须与后面的量词或数量词组合在一起使用。例如：

52你哋边位/边两位要先走？（你们哪位/哪两位要先走？）

53近牌边出电影好睇啊？（最近哪部电影好看？）

54边啲书係佢借畀你睇㗎？（哪些书是他借给你看的？）

55咁多样嘢由你拣，你想要边样？（这么多东西任你挑，你想要哪样？）

“边$_1$”要求确指的某个或某些个体所处的集合体大多是属于同一类的。

（二）特指问的简略格式

广州话特指问的特殊格式有“NP＋呢？”、“VP＋呢？”和“VP＋嘅↗？”三种。“呢”引导的特指问简略格式一般要结合具体语境来理解，语境不同，疑问点也不同。而“VP＋嘅↗？”其实是由问原因的特指问句简略而来的，因此对语境的依赖不是很强。这是广州话特有的疑问句式，普通话里没有对应的简略格式。

1. NP＋呢？

这种简略式的疑问点所指往往取决于它在话语中所处的位置。

第一，“NP + 呢?”位于始发句。

这种情况下，询问的是处所，即“NP 在哪儿”或“NP 到哪儿去了”。始发句既包括前面没有话语的始发句，如例56；也包括前面有话语但该处转换了话题的始发句，如例57：

56[情景：老师走进教室，小红不在。]

阿红呢？（小红呢?）

57……今日就讲到呢度。咦，强仔呢？（今天就谈到这里。咦，小强到哪儿去了?）

第二，“NP + 呢?”位于后续句。

这种类型比较常见，询问的是状况，即“NP 怎么样”。这里所说“状况”的具体所指（即疑问焦点）要视前句的内容而定。

（1）问时间。例如：

58我一般七点起身，你呢？（我一般七点起床，你一般什么时候起床?）

59我哋听日打比赛，你哋呢？（我们明天打比赛，你们什么时候打?）

（2）问属性或身份。例如：

60呢啲係金嘅，嗰啲呢？（这些是金的，那些呢?）

61佢係研究生，你呢？（他是研究生，你呢?）

（3）问打算。例如：

62我国庆可能返屋企，你呢？（我国庆可能回家，你国庆打算做什么?）

63你老窦想食四川菜，你呢？（你爸爸想吃川菜，你想吃什么?）

（4）问看法。例如：

64一班嘅男仔唔错，女仔呢？（一班的男生不错，女生怎么样?）

65我认为噉做几好，你嘅看法呢？（我认为这样做挺好，你的意见怎样?）

此外，当前句说的是处所时，后续句的疑问点也可体现为问处所。例如：

66本书喺度，支笔呢？（书在这儿，笔在哪儿?）

67旧书放入纸箱入便，新书呢？（旧书放进纸箱里，新书放到哪儿?）

2. VP + 呢?

与“NP + 呢?”相比，“VP + 呢?”所表示的疑问点比较单一，都是一种假设条件疑问句，意思是“如果 VP，那么怎么办呢?”例如：

68明仔唔来呢？（要是小明不来怎么办?）

69我食晒呢两斤面呢？（如果我把这两斤面都吃光了，会怎么样?）

例68、69中“VP + 呢?”所询问的都是假设条件下的结果。因此，表现在语言的外在形式上，该格式一般都可用“如果”、“假如”、“万一”等表“假设”义的词语来引导。

3. VP + 嘅↗?

"VP + 嘅↗?"是广州话特有的询问原因的特指问句的简略形式。由于省略了问原因的疑问代词"点解（怎么）"，整个疑问句的形式表现为在一般陈述句形式的短语的末尾加上语气词"嘅"和高升语调，高升语调叠加在"嘅"上。例如：

⑦⓪你唔去嘅↗?（你怎么不去?）

⑦①冇声嘅↗?（怎么没有声音呢?）

⑦②得三个人嘅↗?（怎么才三个人?）

⑦③你而家先至话我知嘅↗?（你怎么现在才告诉我?）

"VP + 嘅↗?"形式上像是非问句，但具有的是特指问句的功能，都在询问原因。从上述例句可看出，"嘅↗"不但在"VP + 嘅↗?"中针对隐含的焦点提问，而且还针对焦点表达了因对眼前的情况感到困惑而要求对方解释原因的情态。

用"VP + 嘅↗?"总是表达了说话人感到奇怪的一种语气，通常是说话人对自认为不正常的事发出疑问。如果所问的仅是一些正常情况的原因，就不能采用这种形式。试比较：

⑦④个天咁红嘅↗?（天空怎么这么红?）

⑦⑤* 个天係蓝色嘅↗?（* 天空怎么是蓝色的?）

例⑦④中，"天空很红"属于不正常，所以可以用"VP + 嘅↗?"表达说话人感到奇怪的语气，而例⑦⑤中"天空是蓝色的"本来就是正常的现象，所以不能用"VP + 嘅↗?"发问。

三、选择问

选择问区别于其他疑问句的最显著的特征是提出并列的两项或多项，在形式上，广州话的选择问句在并列项之间一般都要使用连词"定（係）"或"抑或"。

（一）（係）……定（係）……?

"定（係）"相当于普通话的"还是"。在广州话中，由"定（係）"连接的选择问句口语色彩很浓。例如：

①真定假啊?（真的还是假的?）

②今晚你睇电影定（係）唱K?（今晚你去看电影还是唱卡拉OK?）

③你係礼拜五去，定係礼拜六去?（你是星期五去，还是星期六去?）

④听日加班呢，定係瞓翻个懒觉呢?（明天是去加班呢，还是睡个懒觉呢?）

一般来说，使用"定"还是"定係"，往往与韵律有关，即受到所连接的两个选择项的音节数的制约。如果前后项为单音节词，要用"定"，如例①；如果前后项音节数多，尤其是短语时，则必须用"定係"，如例④。

如果选择项之间是用"定"来连接，则选项之间一般不能停顿，如例①；如果选择项之间使用的是"定係"，中间可以不停顿，如例②，也可以停顿，如例③；如果选择项之间插入了语气词，则一般需要停顿，如例④。

广州话选择问句常搭配的语气词是“呢”、“啊”。两者语气略有不同。例如：

⑤你去呢，定係佢去呢？

⑥你去啊，定係佢去啊？

相对比而言，“呢”带有“探究”义，舒缓语气的作用更强；如果在言者有些不耐烦的情况下，只宜用“啊”，不宜用“呢”。

（二）……抑或……？

在疑问句中，“抑或”的用法跟“定（係）”基本相同，使用频率也比较高，上面的例子都可以用“抑或”来代替。不同的是“抑或”的书面色彩稍浓些。例如：

⑦你要边件？长嘅抑或短嘅？（你要哪一件？长的还是短的？）

⑧你去抑或佢去啊？（你去还是他去呢？）

⑨今晚一齐去唱歌跳舞，抑或睇电影？（今晚一起去唱歌跳舞，还是去看电影？）

⑩我哋要用普通嘅礼仪嚟接待，抑或係用贵宾嘅礼仪嚟接待呢？（我们要用普通的礼仪来接待，还是用贵宾的礼仪来接待呢？）

此外，“抑或”的使用范围比“定（係）”广，它还可对应于普通话的“或者”，用于陈述句。例如：

⑪礼拜五抑或礼拜六都得。（星期五或者星期六都行。）

四、粤方言正反问

广州话的正反疑问句既有跟普通话对应的地方，也有跟普通话不对应之处。广州话的正反问句主要有“VP 唔 VP”、“有冇 VP”、“VP 未”、“係唔係 VP”四大类，其中“VP 唔 VP”情况最复杂，具有不同的表现形式。

（一）VP 唔 VP？

“VP 唔 VP”正反问句主要是询问是否会发生，是否愿意，或者是否具有某种情况、某种性质状态。随着动词单双音节的不同以及带不带宾语的不同，表现为如下几种格式：

1. V 唔 V？

如果是单音节动词或形容词，一般采用“V 唔 V”、“A 唔 A”形式。这与普通话是一致的。例如：

①佢哋嚟唔嚟？（他们来不来？）

②深圳离呢度远唔远？（深圳离这儿远不远？）

2. V 唔 VO？

如果谓语中心是单音节动词，且后面带有宾语，普通话通常采用“VO 不 V”形式，而广州话则常采取“V 唔 VO”发问。例如：

③你返唔返屋企？(你回家不回？)

④佢考唔考公务员？(他考公务员不考？)

3. VO 唔 V？

不过，单音节动词带有宾语，广州话也可采用跟普通话相类似的“VO 唔 V”形式。例③、④都可以用“VO 唔 V”来替换。例如：

③' 你返屋企唔返？(你回家不回？)

④' 佢考公务员唔考？(他考公务员不考？)

广州话中，“V 唔 VO ”与“VO 唔 V”的语义基本上是相同的，使用上的差别主要体现在：

(1) 通用度不同，“V 唔 VO ”通用度更广。“VO 唔 V ”这种说法在老一辈的广州人中是存在的，而年青一代则不怎么说。这正好跟杨敬宇的研究成果相吻合。杨敬宇（2006）研究了清末的广州方言文献，指出清末文献中的正反疑问句的格式主要有5种：① V 唔 V 呢？② VP 唔 V 呢？③ VP 唔呢？④ VP 唔曾呢？⑤ 有 X 冇呢？她还指出，资料显示，广州话正反疑问句由“VP－Neg－V”到“V－Neg－VP”的变化，“从三四十年代就已经陆续出现，并且十年间已经完成转化”。

我们认为，如果说20世纪40～50年代已经转化为以“V－Neg－VP”为主，那么，当代广州话中年青一代基本不使用“VO 唔 V”，正显示出这种转化已彻底完成。

(2) 适用面不同，“V 唔 VO”适用面更宽。这体现在某些场合下使用“V 唔 VO”能更好地表达言者的主观情感。试比较：

[情景：孩子不愿上学，父亲责问他。]

⑤你返唔返学？(你上不上学？)

⑥？你返学唔返？(你上学不上？)

显然，例⑤的“V 唔 VO ”式更适合表达父亲那种严厉责问的口吻，这是因为“‘V 不 VO’中疑问结构结合紧密，从而更能显示疑问焦点”(邵敬敏等，2002)。

4. A 唔 AB？

假设双音节动词或形容词为 AB，由 AB 构成的正反问，普通话通常为“AB 不 AB”，广州话则一般采用“A 唔 AB”形式。例如：

⑦呢单嘢佢支唔支持啊？(这件事他支持不支持？)

⑧有人服侍你舒唔舒服？(有人服侍你舒服不舒服？)

由于“A 不 AB”格式的类化作用，某些内部结构结合紧密的短语，也可采用这种方式来提问。例如：

⑨你食唔食得惯辣嘢？(辣的东西你吃得惯吃不惯？)

⑩个电话打唔打通？(电话打通没有？)

5. A 唔 AB－O？

如果谓语中心是双音节动词，且后面带有宾语，普通话同样多重复出现双音节动词，即“AB－O 不 AB”或“AB 不 AB－O”，广州话则采取“A 唔 AB－O”形式。例如：

⑪你中唔中意佢？（你喜欢她不喜欢？/你喜欢不喜欢她？）

⑫老细应唔应承呢单生意？（老板答应这桩买卖不答应？/老板答应不答应这桩买卖？）

这种类型的广州话绝对不使用“VO 唔 V”格式。例如：

⑪’＊ 你中意佢唔中？/？你中意佢唔中意？

⑫’＊ 老细应承呢单生意唔应？/？老细应承呢单生意唔应承？

这说明广州话正反疑问句由“VO 唔 V”演变为“V 唔 VO”后，新格式的覆盖力比较强。

（二）有冇 VP？

询问确认某动作、行为、情状有否发生，或过去是否曾经发生过，广州话通常优先选用“有冇 VP”这种格式，相当于普通话的“V 没 VP”。近年来，受到南方方言，尤其是粤方言的影响，普通话中使用“有没有 VP”的现象也日渐增多了。（邢福义. 有没有 VP 疑问句式. 华中师范大学学报. 1990（1））

如果询问某动作、行为、情状有否发生，用“有冇 VP”格式，对它的回答，肯定式是“有”或“有 V”，否定式是“冇”或“冇 V”。例如：

⑬——你有冇学揸车啊？（你学没学开车？）

——有。/ 冇。

⑭——你今年有冇返屋企过年啊？（你今年回没回家过年？）

——有返。/ 冇返。

如果询问某动作、行为、情状过去是否曾经发生过，则用“有冇 V 过（O）”，对它的回答，肯定式是“有 V 过”，否定式是“冇 V 过”，其省略格式为“有”或“冇”。例如：

⑮——小青有冇去过北京？（小青去没去过北京？）

——有去过。/ 冇去过。

⑯——呢几年你有冇见过佢？（这几年你见没见过他？）

——有。/冇。

“有 V”与“有 V 过”意思不同：前者确认某动作、行为、情状发生了，如例⑭的回答是“有返”；后者确认某动作、行为、情状过去曾经发生过，如例⑮的回答是“有去过”。“冇 V”或“冇 V 过”同理。

（三）VP 未？

该格式主要用于询问动作、状态、变化已经实现了没有。因此还可与表完成的“咗”（了）共现，即“VP 咗未”。例如：

⑰——阿江落班未？（阿江下班没有？）

——未。/未落。

⑱——你食咗饭未？（你吃过饭没有？）

——食咗。（吃了。）/食紧。（正在吃。）

⑲——你嘅仔结咗婚未？（你的儿子结婚了没有？）

——结咗。（结了。）

“VP咗未”的回答，其否定形式是“未”或“未V”，如例⑰。肯定形式则有两种可能：一是已经完成，为“V咗”；二是动作、状态仍在继续，为“V紧”（“紧”是广州话中进行体的标记）。对于具体的句子来说，是否含有这两种可能，与动词的语义特征有关。如果动词是［+持续］的，回答就具有两种可能，如例⑱；动词是［-持续］的，则只能是第一种含义，即“V咗”，如例⑲。

该格式还可询问动作、状态、变化快要实现了没有或可以实现了没有，相当于普通话的“VP没有”。例如：

⑳去未啊？（能去没有？）

㉑食得未？（能吃没有？）

值得注意的是，“有冇VP”与“VP未”的着眼点不同。“有冇VP”着眼于询问某动作、行为、情状有否发生，或是否曾经发生过；“VP未”则往往是有预设的，多着眼于询问要实现或应实现的动作、状态、变化已经实现了没有。试比较：

㉒［情景：父亲了解到孩子不明白老师课上所讲的某些内容。］

你唔识，有冇问老师？（你不懂，问没问老师？）

㉓［预设：父亲事前已交代孩子要就不明白的问题问老师。］

你问咗老师未？（你问老师了没有？）

㉔佢有冇话过畀你知？（他告没告诉过你？）

㉕＊佢话过畀你知未？

例㉒中父亲是要了解孩子有否“问老师”；而例㉓是有预设的，父亲此时关心的是“问老师”这一行为已经发生了没有。例㉔言者要确认的是事情是否曾经发生过；而例㉕中“告诉过你”与询问动作已经实现了没有相矛盾，也没有什么预设，所以句子不成立。可见，这两种句式是不相同的。

（四）係唔係VP？（係咪VP？）

如果说话人对某一事实或情况已有比较肯定的估计，为了进一步得到证实，就用“係唔係VP？”格式提问，这跟普通话的“是不是VP？”相对应，具有肯定性倾向（见邵敬敏，朱彦．“是不是VP”问句的肯定性倾向及其类型学意义．世界汉语教学，2002（3））。可以用在谓语前，也可以用在句首或句尾。例如：

㉖你係唔係要买呢部车？（你是不是要买这辆车？）

㉗係唔係你要买呢部车？（是不是你要买这辆车？）

㉘你要买呢部车，係唔係？（你要买这辆车，是不是？）

有时候，“係唔係 VP?”格式也可用来征求对方的意见，它带有一种商量的语气，有“……好吗”的意味。表示这种语气时，“係唔係”一般用在谓语前，有时也可以用在主语前，但不能用在句子后面。例如：

㉙我同佢係唔係讲声先？（我是不是先跟他说一声？）

㉚係唔係我同佢讲声先？（是不是我先跟他说一声？）

㉛＊我同佢讲声先，係唔係？（＊我先跟他说一声，是不是？）

（五）带可能补语的正反问格式

（1）当补语由单音节动词、形容词充当时，普通话一般使用“V 得 C V 不 C”，而粤方言则采用“V 唔 V 得 C”。即普通话多就整个述补结构作肯定、否定式提问，粤方言则多就动词进行肯定、否定式提问。例如：

㉜你食唔食得饱？（你吃得饱吃不饱？）

㉝篇文佢译唔译得掂嚟？（这篇文章他译得好译不好？）

（2）当补语由双音节动词、形容词充当，或者补语后又带了宾语时，普通话一般用“能不能＋V＋C ＋（O）”，而粤方言则多用“V 唔 V 得 C ＋（O）”。例如：

㉞坐得咁远听唔听得清楚？（坐得那么远能不能听清楚？）

㉟你话刘易斯打唔打得赢泰森？（你说刘易斯能不能打赢泰森？）

（3）当补语由“得”或“不得”充当时，普通话用“V 得 V 不得”，粤方言则用“V 唔 V 得”。例如：

㊱呢种果食唔食得？（这种果吃得吃不得？）

㊲部片有啲恐怖，细蚊仔睇唔睇得？（这部片子有点儿恐怖，小孩儿看得看不得？）

中编

汉语方言特色疑问句研究

第八章　“是不是VP”问句的肯定性倾向及其类型学意义

一、“是不是VP”问句的肯定性倾向

正反问句的语义倾向，赵元任（1968）认为“是不倾向于哪一边的”，疑惑程度居中。邵敬敏（1996）也同意这一看法，认为肯定与否定应该各占50%。如果说这一看法是指以下这些情况，那么，应该承认基本上是正确的。例如：

①我说你结婚没结婚哪？（《侯宝林相声选》）

②“想不想跳槽儿到我这儿来干？”老陈笑眯眯的。（王朔《编辑部的故事》）

③咱们总算有缘，你能不能帮帮忙，给我找点事做？（老舍《茶馆》）

④火车上尽是土，看我的头发乱不乱？（《曹禺选集》）

例①是不及物动词，例②是心理及物动词，例③是助动词，例④是形容词。这些例句显然基本上都符合以上说法。

但是，我们在分析正反问句子的过程中，发现由“是不是”构成的正反问，似乎并不都是这样。“是不是”构成的正反问，根据它后面所带词语的属性，有两种情况：

第一，是不是 + NP。例如：

⑤直到列车在长长的站台全部停稳，我仍不能确定这个城市是不是我要去的那个城市，尽管它们很相似。（王朔《玩的就是心跳》）

⑥“我呢？”我说，“我是不是你心目中的那个人？”（王朔《过把瘾就死》）

⑦我问你，妈是不是天底下最可怜，没有人疼的一个苦老婆子？（曹禺《雷雨》）

⑧你也不是东西，我这么喊，你都不进来，你还是不是男人？（王朔《玩的就是心跳》）

例⑤、⑥看不出倾向，例⑦有肯定性倾向，而例⑧则有否定性倾向。这说明，“是不是NP?”跟其他正反问句的语义倾向是一致的，即无明显倾向。

第二，是不是 + VP。例如：

⑨是不是你亲自出马好一点？（王朔《人莫予毒》）

⑩你们是不是也常受他的欺负？（王朔《编辑部的故事》）

这种情况显然跟第一种情况有比较明显的区别，即语义比较倾向于肯定。这种肯

定性倾向，在一定的上下文中显示得比较清楚。这大体上有以下几种类型：

1. 上文提示

⑪“篇幅我觉得过长，是不是请作者压缩一下？”陈主编说。“另外有些小地方再作些修改。”（王朔《编辑部的故事》）

⑫“你丫够肥的。”我打量着身穿泳衣的米兰说。“是不是腰特显粗？”（王朔《动物凶猛》）

“是不是”正反问的前句已经明确提示了后句肯定性倾向的必要信息。例⑪上文“篇幅我觉得过长”就明确提示了对“请作者压缩一下”的肯定；例⑫上文“你丫够肥的”提示了对“腰特粗”的肯定。

2. 下文提示

⑬你是不是觉得我有点低级趣味？我们劳动人民，不能比你们搞艺术的。（王朔《浮出海面》）

⑭“你在谈恋爱是不是？”他借着幽暗的光线审视我，“一副魂不附体的样子。”（王朔《浮出海面》）

表面上“是不是”正反问似乎没有什么倾向，但是下文却提示了这种肯定性倾向。例⑬下文“我们劳动人民，不能比你们搞艺术的”，就证明了上文的发问实际上是对“我有点低级趣味”的肯定；例⑭下文“一副魂不附体的样子”是对上文“你在谈恋爱”的肯定。

3. 语境提示

⑮“好吧，我看着你。”姐姐说，“看你打一辈子光棍儿。”姐姐看我沉着的样子可疑，不禁问：“你是不是有了，瞒着不告诉我？”（王朔《浮出海面》）

⑯石静瞅了我一眼，把茶杯放在地上，走回去继续刷墙：“你是不是累了？”“困了。”我说。（王朔《永失我爱》）

有时候上下文都没有什么提示，而是语境提供了一定的信息，显示了“是不是”正反问的肯定性倾向。例⑮“姐姐看我沉着的样子可疑”就怀疑“我”已经有女朋友了；例⑯“石静瞅了我一眼”就发现“我”真的累了。

4. 句中提示

⑰“你说，陷进你死我活的感情中去是不是特傻？”

这种情况比较少，这是指句子本身已经提供了肯定性回答的必要信息。例⑰“陷进你死我活的感情中去”实际上就意味着“特傻”。

“是不是VP”问句既然有明显的肯定性倾向，就不是强疑问句，因此句中不能用强疑问语气词“到底”、“究竟”、“倒是”（陶炼 1998），“是不是VP”句子在书面上常用表陈述语气的“，”、“。”来表示。为了证明这一点，我们调查了曹禺、老舍、方方、高行健、王安忆和王朔等的戏剧、小说共计92万字的语料，并且进行了统计，搜索出“是不是VP”问句202个，其中具有肯定倾向的有186个，占总数的92%。

"是不是NP"和"是不是VP"在现当代作品中的语气倾向比较表

作者	篇目	是不是NP				是不是VP				字数
		+	-	合计	百分比	+	-	合计	百分比	
王朔	《修改后发表》					1		1		6 354
王朔	《谁比谁傻多少》					10	4	14		24 951
王朔	《懵然无知》					5	1	6		26 197
王朔	《痴人》					9		9		31 068
王朔	《动物凶猛》					11		11		50 928
王朔	《浮出海面》					21	1	22		54 543
王朔	《给我顶住》					5		5		29 431
王朔	《过把瘾就死》		2	2		26	1	27		59 209
王朔	《空中小姐》					5	2	7		29 193
王朔	《你不是一个俗人》					15	3	18		36 892
王朔	《千万别把我当人》					6	2	8		106 002
王朔	《人莫予毒》					14		14		57 323
王朔	《顽主》					9		9		34 227
王朔	《我是狼》	1		1		3		3		25 810
王朔	《无人喝彩》		1	1		15		15		51 134
王朔	《一半是海水……》	1	1	2		7		7		47 577
王朔	《永失我爱》					7	1	8		25 873
曹禺	《雷雨》	1		1		5		5		74 353
方方	《白雾》					2	1	3		27 591
高行健	《绝对信号》					4		4		35 662
老舍	《茶馆》					3		3		33 686
王安忆	《小城之恋》					3		3		51 257
总计		3	4	7	40%	186	16	202	92%	919 261

注：+表示用例有肯定性倾向；-表示用例没有肯定性或否定性倾向，是信疑参半的中性问；"百分比"是有肯定性倾向的问句占总数的百分比。

"是不是VP"的用例中有肯定性倾向的达到92%，比例非常高。这个数据足可以证明，"是不是VP"问句与一般正反问句不同，它不是信疑参半的问句，而是建立在某种已知事实或已有观点基础上的表示肯定性倾向的“咨询型疑问句”。

二、“是不是 VP”问句与相关句式的信疑度比较

如果正反问句要想表示的是“无倾向”，或者说肯定与否定的倾向各占一半，那么，这样的问句就会选择“V 不 V”的形式。也就是说，说话人如果对事情的存在与否不能肯定，一般不会采用“是不是”句式来提问。请比较下列疑问句：

①A 你去不去北京？　　B 你是不是去北京？

②A 她漂亮不漂亮？　　B 她是不是很漂亮？

③A 你会不会弹琴？　　B 你是不是会弹琴？

比较上面三个例子的 A 句和 B 句，马上就会发现，凡是 A 格式，肯定和否定的可能性都是对等的，即没有显示出什么倾向。而 B 格式则不然，都表示出明显的肯定性倾向。

当句子中出现“拿不准”、“不知道”这类词语时，就会采用“V 不 V”格式，而很少采用“是不是 VP”格式。例如：

④“我……”马林生犹豫了。他拿不准这是不是个圈套，如果脱口承认，会不会立刻产生后果。（王朔《我是你爸爸》）

⑤不管人家正在说什么，他懂不懂都胡插嘴，有的话简直没边没沿儿，连我也拿不准该不该认真对待。（王朔《痴人》）

句子中出现“拿不准”字眼，说明说话人没有明显的倾向，这时就采用“会不会”和“该不该”来表示有两种可能性。

这样，我们可以认定：一般的正反问的信疑度是［信 50%，疑 50%］，“是不是 VP”正反问的信疑度则应该是［信 ＞ 50%，疑 ＜ 50%］。但是“吧”字是非问（设为“W 吧？”问句）的信疑度，根据邵敬敏（1996）的研究，也应该是［信 ＞ 50%，疑 ＜ 50%］。比如下面的例句中，这两种格式同时出现，就说明在语用上这两种句式是相通的。

⑥我是能干，但你们是不是看见有钱人就夸呢？八成是吧？（《北京人：一百个普通人的自述》）

那么，这两种疑问句是否可以互相替代呢？两者之间到底有什么区别呢？

我们发现它们起码有三点区别：

第一，“W 吧”格式可以用来提问，也可以用来回答。例如：

⑦到中山公园有五里地吧？

⑧到中山公园有五里地吧。

例⑦是问句，自己虽然知道到中山公园大概有五里地，但不能确定，所以要提问，要咨询。也就是说［信 75%，疑 25%］[①]，例⑧跟例⑦的句法结构形式一样，只是前者语调略微提升，是问句；后者语调略微下降，是陈述句，由于也用了语气词

“吧”，信疑度并没有改变，只是不再提问，而是一种不太确定的回答。“是不是VP”正反问可以提问，但是不能用这一格式来进行回答。

第二，“W吧”是非问可以有一些词语对信疑度进行“微调”，以增强“信度”。

（1）加上“大概”、“也许”、“可能”、“恐怕”、“好像”等，表示比较强势的估测。

⑨你大概是没有关好窗户吧？（曹禺《雷雨》）

⑩撕了好像不太好吧？（张辛欣、桑桦《北京人：一百个普通人的自述》）

（2）加上“肯定”、“总是”、“八成”、“应该”等，表示更为强势的估测。

⑪家庭历史有问题，搞文学总是可以吧？（张辛欣、桑桦《北京人：一百个普通人的自述》）

⑫老师，文化大革命您肯定吃了不少苦吧？（张辛欣、桑桦《北京人：一百个普通人的自述》）

显然，第一类的信度要比第二类差一些，而第二类的信度最高，也就是说，它的信度有可能在75%以上，但绝对不会超过100%。我们可以把它描写为［75%＜信＜100%］。而“是不是VP”问句，虽然有明显的肯定性倾向，但在“是不是VP”之前绝对不能添加这些帮助确定信度的词语，因而它的信度应该在“吧”字是非问句之下。我们可以把它描写为［50%＜信＜75%］。换言之，“吧”字是非问有“强烈”的肯定性语义倾向，而“是不是VP”正反问则有“明显”的肯定性语义倾向。

第三，在间接问句中，“是不是VP”正反问有三种情况：

（1）出现在“不管”、“无论”、“记不清”、“不知道”等词语的后面，表示中性趋势。

⑬不管你是不是真拿我当意中人，反正我是看上你了。（王朔《给我顶住》）

⑭我记不清她是不是从里屋出来的。（王朔《玩的就是心跳》）

（2）出现在“怀疑”、“考虑”等词语的后面，表示否定倾向。

⑮我怀疑他是不是书读得太多了。

⑯“我还有脸叫家里来接？”白度说，“我正考虑咱们是不是还有必要再见赵航宇。”（王朔《千万别把我当人》）

（3）出现在“问”的后面，表示肯定倾向。

⑰谈毕公事，她问我，是不是晶晶到那个团后不太顺心？（王朔《浮出海面》）

⑱这情形科长也看出来了，有一天他问我是不是司徒和小阮在“谈恋爱”。（王朔《痴人》）

而“吧”字是非问只有一种肯定性倾向，即使在间接问句中也是如此，没有其他的语义倾向。

第四，“吧”字是非问的语义倾向不依赖于语境，也就是说，凭借这种疑问句本身的标志“吧”就可以确定它的信疑度；“是不是VP”正反问少数可以只依靠句子本身来判定语义倾向，大多数则常常要依赖于上下文和语境的制约。换言之，离开了上下文和语境，我们常常难以准确地判断该句的语义倾向。

从以上四点，我们可以得出一个结论：

75% < “吧”字是非问的信度 < 100%

50% < “是不是VP”正反问的信度 < 75%

三、“是不是VP”问句的语用类型及其信疑度比较

当代功能语法很关心语言是如何被使用的，也即人们是如何选择一定形式来表达一定意义的（Halliday 2000）。从使用目的看，“是不是VP”问句主要有以下几种类型：

（1）已知事实，要求认定。

说话人已经完全知道或认为自己知道某个事实，但仍用“是不是”明知故问，要求听话人予以认定。例如：

①“你问问他《东方红》是什么？还导演呢！姓江的，你自个说，你刚才上厕所是不是蹲马桶上？”江导被说得面红耳赤，结结巴巴：“我是蹲马桶上，怎么啦？我那是怕传染艾滋病。”（王朔《编辑部的故事》）

②我问她平时是不是老不在家住？“你怎么知道的？”我在那个年龄是很乐意扮演无所不知、无所不能的角色。（王朔《动物凶猛》）

③我以为他是开玩笑，先还不信。他说真是离了。还扭头叫他老婆证实“是不是离了”。（王朔《过把瘾就死》）

以上几例中说话人都已经知道事实的真相，用“是不是”明知故问，在例①中造成了更强烈的讽刺效果，在例②中是为了避免说话太直接，在例③中则是用“是不是”来寻找旁证，同时给话语造成调侃效果。

（2）合理推论，企求证明。

说话人从周围语境所提供的信息中已经得出了某种推论，并且也相信这一推论，还希望听话人能对推论的真实性给予进一步证实，于是就用“是不是VP”发问。例如：

④我去外屋找了一圈，找着了空杯子，忍着气问他：“是不是你喝了？”（王朔《浮出海面》）

⑤谈毕公事，她问我，是不是晶晶到那个团后不太顺心？我说没有呀，她挺乐。她说她听回云南绕道上海玩的小杨说，晶晶给她打过一个电话，电话里都快哭了，说她一个人在团里很孤单，叫小杨去看看她。（王朔《浮出海面》）

⑥“我对你一向这样！”我冲着她气冲冲地说，“以前也一样！”“不对，以前你不是这样。”她摇头，一双眼睛死死盯着我，“你是不是有点讨厌我？”（王

朔《动物凶猛》)

例④的说话人从“空杯子”推论出水已经被喝了，所以用“是不是”追问。例⑤的说话人听说了晶晶在电话里哭的事，认为晶晶或许是在团里不顺心，于是向听话人询问以证实。例⑥的说话人从听话人那段时间内的表现推断出听话人讨厌她自己，故向听话人询问以证实。所以，B 类“是不是 VP”问句实际上是测度句，根据吕叔湘（1944）的看法，它介乎直陈和询问之间，不是纯然的不知而问，而是已有一种估计、一种测度，只要对方加以证实，所预期的答案是“是”。

（3）既定主张，追求认同。

说话人用“是不是”对自己所主张的观点进行提问，希望听话人认同自己的观点。既然是自己的观点，从说话人角度看，当然肯定性要强一些了。例如：

⑦牛大姐痛斥南希，“你想错了！什么都不遵守你也就无权拥有！咦，我这词儿是不是可以当流行歌曲的歌词?”（王朔《编辑部的故事》）

⑧黄胖子　官厅儿管不了的事，我管！官厅儿能管的事呀，我不便多嘴！（问大家）是不是?（老舍《茶馆》）

⑨“而且我觉得面容姣好倒在次要，身段好才更有女人味。你身段就很不错，很成熟，很丰满，是不是司马灵?”

“是。”我乜了眼走得越发娉婷的阮琳，“该有的她全有了。”（王朔《痴人》）

这种“是不是 VP”问句的用意不在求证而在求同，它的典型标志是“是不是”常放在句末（如例⑧），有时后面还跟上说话人指定的下一个发话人的名字（如例⑨），这时的“是不是”也是话轮转换的标志。

（4）提出建议，征求同意。

有所建议而不敢自作决定，或有所确定但出于礼貌，要征求对方的同意，便用“是不是 VP”提问。这是商量或建议的语气。例如：

⑩秦仲义　小王，这儿的房租是不是得往上提那么一提呢？当年你爸爸给我的那点租钱，还不够我喝茶用的呢！（老舍《茶馆》）

⑪牛大姐迫不及待地起身：“不早了，我看咱们是不是该回去了，江导很忙，让他们忙吧。”（王朔《编辑部的故事》）

⑫江导，是不是应该把裙子再撕几个口子，越破越好，这样才能把非洲人民的痛苦和不幸更强烈地表现出来。（王朔《编辑部的故事》）

例⑩作为房东的“秦仲义”当然希望把房租提高一点，但又不愿意说得太露骨了，所以选用“是不是”问句。同样的道理，例⑪既然“不早了”，自然就应该“回去了”；例⑫要把“不幸和痛苦”表现出来，自然“应该把裙子再撕几个口子”。

Halliday（2000）指出，对话角色最基本的类型是给予（giving）和索求（demanding）。而说话人和听话人所交换的东西，或者是货物和劳务（goods - & - services），或者是信息（information）。“是不是 VP”问句属于索求信息型的，A、B 两类偏重于求证，即求取对方对某种事实或对自己的推论予以证实；C、D偏重于求同，即求取对方对自己的观点或对自己的建议给予赞同。但同样是索求式，相互之间却有传信语气轻重的区别。近十几年来，语言学界比较重视传信范畴（evidentiality）的研究，语言中的各种传信表达手段，如时（tense）、体（aspect）、语气（mood）、情态（modality）等，其实质都与人们对事件现实性的认识有关。如以介乎事实和非事实之间的"事实"为认识基础，从语气角度出发就导致了希求式（张伯江1997；李讷、安珊笛、张伯江1998）。这四类实际上都是咨询式，都建立在对介乎事实与非事实的认识的基础上，均信疑皆有。A类肯定某种已知事实；B类肯定说话人的某种推论，但都尚需对方的证明；C类肯定说话人的某种主张，但对听话人是否同意尚有疑惑；D类肯定说话人对某件事情的意见或建议，但建议最终可行度怎么样，说话人还有疑惑，还要咨询对方的意见。

这四种类型总的语用特征是：都有明显的肯定性语义倾向，采用正反问的形式来征求听话人的意见，并且减弱肯定的色彩，使语句显得委婉礼貌。当然，这四种类型在肯定性的强弱方面还是有区别的。从A到D，大致呈现一个从强渐弱的趋势。换言之，"已知事实"最强，"合理推论"其次，"既定主张"第三，"提出建议"最弱。所以，A~D之间，"信度"呈现一个由强至弱的连续系统：A>B>C>D。

四、"是不是VP"问句的历史发展轨迹及其类型学意义

"是不是VP"问句具有明显的肯定性倾向，而"VP不VP"和"是不是NP"问句却没有同样的语义倾向。这是为什么？这就有必要考察一下"是不是VP"的历史来源。我们主要考察以下几部白话文著作：以山东方言写成的《金瓶梅》，主要以北京一带方言写成的《红楼梦》《儿女英雄传》《骆驼祥子》和王朔的小说，并且跟用吴方言写成的海派小说《海上花列传》进行了一些比较。

第一，17世纪前期的《金瓶梅》中，根据张敏的统计（朱德熙1991），"VP不VP"型的正反问句已大量出现：

VO不V	VO不VO	VO不曾	V不VO
67	15	29	0

根据我们对《金瓶梅》前68回的考察，"是NP/VP不是"没有发现，而"是不是"正反问也只发现了4例：做动词的补语2例，作宾语的1例（例③），作谓语的1例（即例④"是也不是"）。摘录如下：

① 我对你说罢，他想必和他鸨子计较了，见你大爹做了官，又掌着刑名，一者惧怕他势要，二者恐进去稀了，假着认干女儿往来，断绝不了这门儿亲。我猜的是不是？（32回）

②我教与你个法儿，他认大娘做干女，你到明日也买些礼来，却认与六娘做干女儿就是了。你和他都还是过世你花爹一条路上的人，各进其道就是了。我说的是不是？你也不消恼他。(32 回)

③应伯爵忽听大卷棚内弹筝歌唱之声，便问道："哥，今日李桂姐在这里？不然，如何这等音乐之声？"西门庆道："你再听，看是不是？"(61 回)

④这位娘子，乃是精冲了血管起，然后着了气恼。气与血相搏，则血如崩。不知当初起病之由是也不是？(61 回)

例①、②、③"是不是"中的"是"不是动词，而是与动词同形的形容词"是"，相当于现代汉语的"正确"或"对"（郭锡良 1990）。因此这三例"是不是"实际上相当于"对不对"，不在本文讨论范围之内。例④"是不是"是判断动词"是"的正反重叠，但后面可以补上逻辑宾语"她"。这种"是不是 NP"格式在前 68 回中仅有不带宾语的一例，说明它还没有真正成形。而"是不是 VP"格式则一个也没有发现。可以推知，"VP 不 VP"问句与"是不是"问句并不是同时产生、平行发展的。在《金瓶梅》中，两种句式的出现比例是 111 : 0。

第二，18 世纪中后期的《红楼梦》（120 回），其中"是不是"问句一共有 13 例。大多数都是"VP，是不是?"，"是不是"用作附加问。例如：

⑤大奶奶从前的行经的日子问一问，断不是常缩，必是常长的。是不是？(10 回)

⑥凤姐道："快出去告诉你二爷去，是不是啊！"兴儿回道："奴才不敢。"(67 回)

⑦想是哥儿如今有了房中的事情，要滋助的药，可是不是？(80 回)

⑧兰小子呢，做上来了没有？这该环儿替他了，他又比他小了。是不是？(91 回)

还有两例是各作谓语和宾语。例如：

⑨那人初倒不肯，后来听人说得有理，便掏出那玉，托在掌中一扬说："这是不是？"(95 回)

⑩你快拿三百五百钱去取了来，我们挑着看是不是。(95 回)

这么多的语料里，我们只发现有 1 例"是不是"出现在句前：

⑪黛玉便道："是不是，我来了他就该去了。"宝玉笑道："我多早晚儿说要去了？不过拿来预备着。"(8 回)

由于它比较独立，也可以看作是移位到前面的附加问，是一种语用上的临时移位，与现代汉语中的"是不是 VP"问句有着本质区别。鉴别办法就是看"是不是"是否可以移位到主语之后、谓语之前，如果不可以，则是附加问。《红楼梦》中的这一例句显然不符合移位条件，所以是附加问。这说明，《红楼梦》里的"是不是"主要作用是出现在句子后面，充当附加问。

此外，值得注意的是，出现了与其他动词“VO 不 V”格式相平行的“是……不是”问句形式。《红楼梦》里一共有 12 例。在“是”与“不是”之间出现的成分，有两类，一类是名词性的，有 10 例。例如：

⑫你道是新奇异事不是？（2 回）

⑬这是你薛姑娘的屋子不是？（40 回）

⑭雨村老爷是贵本家不是？（92 回）

⑮打这金刚，瞧他是金刚不是！（104 回）

另一类是动词性的，只有 2 例。例如：

⑯我知道你的心病，恐怕你的林妹妹听见，又怪嗔我赞了宝姐姐。可是为这个不是？（32 回）

⑰瞧瞧，是应了我的话了不是？（36 回）

可以推论，“是 NP 不是”的出现和发展要早于“是 VP 不是”。

第三，19 世纪后期的《儿女英雄传》，“是不是”问句已经大量出现，但是没有发现一例“是不是”出现在句前的情况，只有“VP，是不是?”，“是不是”充当附加问，这一点跟《红楼梦》非常相似。例如：

⑱十三妹嘻嘻地笑道：“哦！单把个‘不’字儿抹去了，这剩的是‘愿意’、‘愿意’，是不是？”（9 回）

⑲我可不懂得这些甚么古啊今啊、书哇文的，还是我方才说的那句话，人家是个老家儿，老家儿说话再没错的，怎么说咱们怎么依就完了。你说是不是？（20 回）

⑳舅太太道：“‘不打’甚么？我替你说罢：‘老了么？不打卖馄饨的！’是不是呀？当着外姐姐，这句得让姑太太呀！”（22 回）

㉑老爷，还有一说。今日这何姑娘占了个上首，一则是他第一天进门，二则也是张姑娘的意思。我想此后叫他们不分彼此，都是一样。老爷想是不是？（28 回）

“是……不是?”格式，《儿女英雄传》里也有，“是 VP 不是?”有 6 例，“是 NP 不是?”有 7 例，出现的概率几乎是一样的。这跟《红楼梦》里只有 2 例“是 VP 不是”形成鲜明对比，说明“是 VP 不是”格式有了发展。例如：

㉒这姓褚的可是人称他褚一官的不是？（14 回）

㉓到门口下了马，便问奴才说：“这里是安宅不是？”（36 回）

㉔原来大凡大江以南的朋友见了人，是个见过的，必先叫一声；没见过的，必先问问：“这个可是某人不是？”（37 回）

㉕大姐姐，你说这是他娘的苗子不是！（40 回）

㉖褚大娘子笑说：“二叔，听我们是没心眼儿不是？有甚么说甚么。”（15 回）

㉗说着，又回头问着何姑娘道：“姑娘，你想这话是这么说不是？”（24 回）

㉘姐姐，是这么说的不是？（26 回）

㉙瞧瞧，是应了我的话了不是？（36 回）

“是……不是”中，例㉒到㉕是名词性的，例㉖到㉙是动词性的。

第四，20 世纪初的《骆驼祥子》，主要格式还是“VP，是不是？”。例如：

㉚“受苦的命！”她笑了一声。“一天不拉车，身上就痒痒，是不是？……”

㉛咱们要是老在这儿忍着，就老是一对黑人儿，你说是不是？

㉜这玩意一成家，连大带小，好几口儿，死了也不能闭眼！你说是不是？

㉝“既是还得去拉车，”曹先生慢慢地说，“那就出不去两条路。一条呢是凑钱买上车，一条呢是暂且赁车拉着，是不是？……”

但也开始出现了少量“是不是”在“VP”前面的句子，但是仍然保持相对独立性，不能认定为“是不是 VP”句式。例如：

㉞“我说是不是？”虎姑娘拿着时候进来了，“还是祥子，别人都差点劲儿。”

㉟“是不是？我就知道你要问这个嘛！你不是娶媳妇呢，是娶那点钱，对不对？”

至于“是……不是？”格式一共只有 3 例，其中名词性的有 2 例，动词性的只有 1 例。例如：

㊱谁知道她肚子里的小孩是他的不是呢？

㊲随便地把车放下，他懒得再动，不管那是该放车的地方不是。

㊳见了先生，我就说祥子说啦，教先生快跑。今个晚上祥子锁上大门，跳到王家去睡；明天他去找事。是这么着不是？

根据张敏统计，《老舍文集》第 11 卷上收 6 部话剧，采用“V 不 VO”词序的句子大多是带谓词性宾语的。19 例中有 12 例是动词“是”（7 例是助动词）。例如：“是不是欠了谁的债？”（朱德熙 1991）这起码说明，“是不是 VP”格式已经开始在北京话里流行，并且正在逐步发展。

第五，20 世纪末的王朔小说，除去间接问句里的“是不是”，“是不是”构成的问句主要有以下几种情况：

（1）“是不是 VP？”有 193 例。例如：

㊴是不是咱们工艺水平上不去，设计了造出来却走样儿？（王朔《编辑部的故事》）

㊵你们这儿的风俗是不是自己必须糟蹋自己？（王朔《编辑部的故事》）

㊶是不是腰特显粗？（王朔《动物凶猛》）

㊷你小时候尿炕是不是也因为你妈的鼾声带着哨音？（王朔《痴人》）

（2）“VP 是不是？”有 34 例。例如：

㊸这个人挺有意思是不是？（王朔《痴人》）

㊹一个女孩，走州穿县，跋山涉水，了不起是不是？（王朔《浮出海面》）

㊺像杀猪的是不是？（王朔《千万别把我当人》）

㊻换我也得恼你是不是赫本？（王朔《玩的就是心跳》）

（3）“是不是 NP？”有 12 例。例如：

㊼我是不是你心目中的那个人？（王朔《过把瘾就死》）

㊽是不是中等个儿，鹰钩鼻子薄嘴唇？（王朔《人莫予毒》）

至于“是……不是”，则一例也没有发现。这充分说明：“是 VP 不是？”基本上退出交际舞台，而“是不是 VP？”已经成为现代汉语的一种主流句式。

从《金瓶梅》到王朔的小说，可以清晰地看出这一格式发展的轨迹：一条线索是“是 VP 不是”（实际上也包括“是 NP 不是”）从多到少；一条线索是“VP 是不是”从无到有，又从多到少；再一条线索是“是不是 VP”从无到有，再从少到多。

	《金瓶梅》	《红楼梦》	《儿女英雄传》	《骆驼祥子》	老舍话剧	王朔小说
是 NP 不是？	0	10	7	2	0	0
是 VP 不是？	0	2	6	1	0	0
VP 是不是？	0	12	大量	大量	0	34
是不是 VP？	0	0	0	0	12	193

“VO－Neg－V”主要是北方方言句子类型，而“V－Neg－VO”主要是南方方言句子类型（朱德熙 1991）。“是……不是？”格式从《红楼梦》至今逐步退出了历史舞台，取而代之的是“是不 NP/VP”格式。我们在《现代汉语正反问研究》（邵敬敏 1996）一文中早就指出：“V 不 VO”格式取代“VO 不 V”格式，一是方言的原因。南方方言地区，如吴方言、粤方言地区由于经济活力强，从而为南方方言向北方方言的渗透推波助澜。但“最根本的原因还在于句法结构本身的特点”。比之北方方言句子类型“VO 不 V”，南方方言句子类型“V 不 VO”更有优势。“V 不 VO”中疑问结构结合紧密，从而更能显示疑问焦点，在语义理解上，V 与不 V 语义同时顺向联系 O，这符合人们的思维走势。同样道理，“是不是 NP/VP”句式也比“是 NP/VP 不是”句式在焦点理解上具有明显的认知优势。

另外，从语言系统内部本身的需要来看，我们发现，一般动词的“VP 不 VP”正反问格式在使用上要受到很多制约，最根本的一条就是，复杂谓语里的主要动词一般不能作“VP 不 VP”正反重叠，但“是不是 VP”中的 VP 却既可以是一个简单结构，也可以是一个复杂结构。从我们所收集到的语料看，VP 的复杂结构形式主要有以下两个方面：

A. 谓语中含关系小句。例如：

㊾你小时候尿炕是不是也因为你妈的鼾声带着哨音？（王朔《痴人》）

* 你小时候尿炕也因为你妈的鼾声带没带着哨音？

* 你小时候尿炕因为没因为你妈的鼾声带着哨音？

㊿你是不是因为革命友谊蜕化成儿女私情，有点转不过弯来？（王朔《空中小姐》）

*你因为革命友谊蜕化成儿女私情，有没有点转不过弯来？

*你因为没因为革命友谊蜕化成儿女私情，有点转不过弯来？

B. 谓语动词、形容词有状语修饰。例如：

51不信问他们，是不是都这么叫？（王朔《一点正经没有》）

*都这么叫不这么叫？

*都这么叫不叫？

52他是不是和你很熟，……（王朔《我是狼》）

*他和你很熟不熟？

*他和你很熟不很熟？

在这种情况下，要保留状语，只能变成“是不是VP”格式；要直接重叠动词，则必须删掉状语。

此外，感觉类动词一般不能正反重叠，带感觉动词的句子要变成正反问得加“是不是”。例如：

53没人管了是不是觉得不舒服？（王朔《过把瘾就死》）

*没人管了觉得不觉得不舒服？

54你是不是觉得我过去特恶劣？（王朔《我是你爸爸》）

*你觉得没觉得我过去特恶劣？

55你是不是感到正经历那种真正的、无法溢于言表的深沉痛苦？（王朔《我是你爸爸》）

*你感到没感到正经历那种真正的、无法溢于言表的深沉痛苦？

56你是不是成心诓我饭吃？（王朔《痴人》）

*你成心没成心诓我饭吃？

“是不是”既能在简单结构前出现，也能在复杂结构前出现，而一般动词的“VP不VP”形式只能出现在简单结构中。现代汉语在对句子进行疑问范畴的语法处理时，如果没有发现疑问标记（如疑问代词），它允许（但并不强迫）从加疑问语气词“吗”和“正反叠用”两种方法中选择一种（徐杰、李英哲1993）。上面提到的复杂谓语要在疑问句中出现，如果不用加“吗”的方式进行语法处理，就要寻求正反重叠的方式。但正反重叠不能依靠重叠本身原有的词实现，就借助于语用手段把附加问的形式标志“是不是”前移成为“是不是VP”格式。所以，复杂形式正反重叠构成疑问句的客观需要是“VP，是不是”中的“是不是”前移的契机。“是不是”附加问的语用意义总是就始发句的内容征求对方的同意或希望对方予以证实的（邵敬敏1996）。那么，既然“是不是VP”中的“是不是”有相当一部分是从附加问“是不是”前移而来，“是不是VP”带有明显的肯定语义倾向也是顺理成章的了。

以上说的是发展的内因，从外因来说，可能是受到其他方言的影响。因为西南官话、粤语、吴语、闽语、客家话以及部分北方官话（山东话和东北话）都使用“V不VO”句式（朱德熙1991），也就是说，除了以北京话为代表的大部分北方官话使用的是“V不OV”句式之外，汉语其他地区基本上以“V不VO”句式为主。“是不是VP”这一句式随同一般的“V不VO”句式，逐渐渗透到北方官话里。

我们以吴语作为比较与考察的对象。吴语的“阿是VP”相当于北方方言“是不是VP”的正反问句（朱德熙1985；袁毓林1993），我们考察了与《儿女英雄传》（成书于道光年间，1821—1851）几乎同时期的海派小说代表《海上花列传》（写于光绪十八年，即1892年）前10回中的“阿是VP”问句，发现吴语“阿是VP”问句跟“是不是VP”问句有着一种比较整齐的对应关系。

首先，从结构上看，“阿是”问句也主要有以下几种格式：

（1）“阿是VP?”例如：

㊼清倌人末，阿是无拨客人来吃酒个哉？（2回）

㊽善卿低头一想，道：“阿是要买个讨人？”双珠点头道：“说好哉呀，五百块洋钱哚。”（2回）

（2）“VP（，）阿是?”例如：

㊾耐好啊，骗我阿是？（2回）

㊿耐倒乖杀哚！耐想拿件湿布衫拨来别人着仔，耐末脱体哉，阿是？（2回）

（3）“阿是NP?”例如：

(61)老伯阿是善卿先生？（1回）

(62)阿是第位赵大少爷？我去喊秀宝来。（1回）

其次，从语义上看，“阿是VP”问句也表现出明显的肯定性倾向。在前10回的51例“阿是VP”问句中，具有肯定性倾向的便有45例，占总数的88%。例如：

(63)子富听了，冷笑两声。黄二姐也笑道：“阿是耐有点勿相信我闲话？……”（7回）

(64)善卿道：“啥人要吃耐台把啥酒嗄！阿是我勿曾吃歇，稀奇煞仔?”（4回）

最后，从语用上看，“阿是VP”问句也具有与“是不是VP”问句一样的四种类型。例如：

(65)来安去后，葛仲英因问道：“我今朝看见耐条子，我想，东合兴无拨啥张蕙贞（啘）。后来相帮哚说，明朝有个张蕙贞调到对过来，阿是嗄？”（5回，A型）

(66)莲生起身招呼，觉善卿脸上有酒意，问：“阿是来哚吃酒？”（4回，B型）

(67)我说末，耐先教月琴先生打发个娘姨转去，摆起台面来。善卿坎坎来，也让俚摆个庄，等蔼人转来仔一淘过去，俚哚也舒齐哉，阿是嗄？（4回，C型）

⑱罗子富向汤啸庵道："耐看如何，阿是（要勿）去叫俚好？"蒋月琴接口道："原是耐勿好（啘），俚倷吃勿落哉末，耐去教俚保吃。"（6 回，D 型）

至此，我们可以大致描绘出"是不是 VP"格式的两条发展线索：

第一，"是 VP 不是"在 19 世纪以来大量发展，但是该句式在思维走势上存在着明显的不足，而且在实际使用中，一般动词的"VP 不 VP"格式在形成正反疑问格式时会受到某些制约；再加上受到南方方言句子类型，包括吴语"阿是 VP"句式的影响和渗透。"是 VP 不是"逐渐紧缩为"是不是 VP"句式，并且成为北方官话的主流格式。

第二，附加问"VP 是不是"自《红楼梦》以后经常出现，这一句式中，由于"是不是"相对比较灵活，可以在后面出现，也可以前移，成为提问的焦点标志，这就为"是不是 VP"格式的大量使用提供了极大的方便，并且逐步凝固和定型。

这两条轨迹的发展，最终都形成"是不是 VP？"句式。在这里，我们看到了历时的演变同时伴随着语言类型的地域性推移。

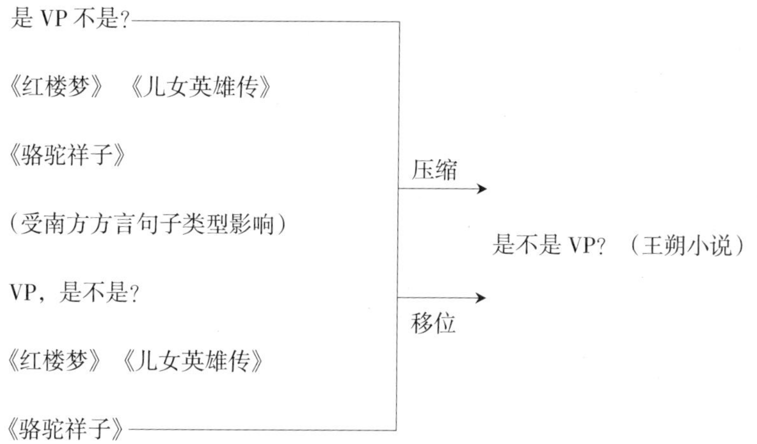

桥本万太郎认为，亚洲大陆语言的发展有一个特点，就是它们处于缓慢的不断同化之中，语言由北至南形成一个完整的结构连续体（continuum），而且语言现象"横"的推移和"纵"的演变基本上是一致的（桥本万太郎 1985）。我们以上分析也说明，北方方言在同化周边地区的同时，也不断地受到各地方言的渗透和融合，"V 不 VO"正在取代"VO 不 V"是一个明证，南方方言句子类型同化北方方言句子类型也许还可以再增加一个佐证。这一发现显然具有语言类型学的意义。

附注

①［信 75%，疑 25%］只是表示一个信疑度的参照点，实际情况是摇摆的，可以用副词等进行微调。例如：你一定是去北京大学吧？［信 >75%，疑 <25%］他说不定也去北京大学了吧？［信 <75%，疑 <25%］因此，也许我们应该把该句式描写为［信 50% <W 吧？ >疑 0］。

第九章　近百年来北京话正反问动态研究

一、正反问句的句法分类

（一）句法分类

近百年来北京文艺体文本（以下简称北京话）中正反问句这类句式一直在发展演变（邵敬敏等 2002），正反问句按照不同的标准可分出不同的类别。

（1）正反问句式的功能分为两大类。例如：

①来不来？/研究不研究问题？（AP 类）

②好不好？/漂亮不漂亮？（VP 类）

（2）AP 类正反问句式的结构分为三类。例如：

③好不好？/漂亮不漂亮？（完整类）

④——/漂不漂亮？（前省略类）

⑤好不？/漂亮不？（后省略类）

（3）VP 类正反问句式的结构分为三类。例如：

⑥研究问题不研究问题？（完整类）

⑦研究不研究问题？（前省 NP 类）

⑧研究问题不？（后省 VP 类）

（二）语义分类

按语义分类大致可分为性状句和行为句。

1. 性状类

征询（好不好）；印证（对不对）。

2. 行为类

动作（走不走）；能愿（能不能）；判断［物质判断（是不是书）、行为判断（是不是去）、属性判断（是不是好）］；存在［物质存在（有没有书）、行为发生（有没有给他）］。这是北京话受到南方话影响的结果（邢福义 1990）。

（三）语用分类

按正反问焦点的位置可分为焦点前移、焦点分散、焦点后移和焦点省略句。例如：

⑨送不送书？/喜不喜欢书？（行为焦点前移）

⑩能不能去？/会不会写字？（能愿焦点前移）

⑪是不是送书？（判断焦点前移）

⑫有没有穿大衣？（存在焦点前移）

⑬穿大衣不穿？（焦点分散）

⑭穿大衣不？（焦点省略）

此外，为了进一步凸显焦点，还可将焦点移出小句之外形成焦点外显句。例如：

⑮咱们一气吃完，再谈会务，好不好？

⑯你不是娶媳妇呢，是娶那点钱，对不对？

例⑮“好不好”是建议，是未然状态。例⑯“对不对”是向对方印证自己的判断，是已然状态。

⑰我们的大衣，穿不穿？（行为焦点后移）

⑱我们穿大衣，能不能？（能愿焦点后移）

⑲我穿大衣，是不是？（判断焦点后移）

⑳他们穿大衣没有？（存在焦点后移）

这几种情况可归结为下表：

<table>
<tr><th rowspan="2">句法</th><th colspan="5">语义</th><th rowspan="2">语用</th></tr>
<tr><th>性状</th><th>动作</th><th>能愿</th><th>判断</th><th>存在</th></tr>
<tr><td rowspan="2">1 完型</td><td rowspan="2">AP 不 AP</td><td rowspan="2">VP 不 VP</td><td rowspan="2">auVP 不 auVP</td><td>1 是 NP 不是 NP</td><td>1 有 NP 没有 NP</td><td rowspan="2">焦点分散</td></tr>
<tr><td>2 是 VP 不是 VP</td><td>2 有 VP 没有 VP</td></tr>
<tr><td rowspan="2">2 前省 NP</td><td rowspan="2">A 不 AP</td><td rowspan="2">V 不 VP</td><td rowspan="2">au 不 auVP</td><td>1 是不是 NP</td><td>1 有没有 NP</td><td rowspan="2">焦点前移</td></tr>
<tr><td>2 是不是 VP</td><td>2 有没有 VP</td></tr>
<tr><td rowspan="2">3 后省 NP</td><td rowspan="2">–</td><td rowspan="2">VP 不 V</td><td rowspan="2">auVP 不 au</td><td>1 是 NP 不是</td><td>1 有 NP 没有</td><td rowspan="2">焦点分散</td></tr>
<tr><td>2 是 VP 不是</td><td>2 有 VP 没有</td></tr>
<tr><td rowspan="2">4 后省 VN</td><td rowspan="2">–</td><td rowspan="2">VP 不</td><td rowspan="2">auVP 不</td><td>1 是 VP 不</td><td>1 有 VP 没</td><td rowspan="2">焦点省略</td></tr>
<tr><td>2 是 NP 不</td><td>2 有 VP 没</td></tr>
<tr><td rowspan="2">5 两小句或两套主谓结构</td><td>1 S1（，）AP 不 AP？</td><td rowspan="2">S1（，）VP 不 VP？</td><td rowspan="2">S1（，）au 不 au？</td><td>1 NP（，）是不是？</td><td>1 NP（，有）没有？</td><td rowspan="2">焦点后移</td></tr>
<tr><td>2 S1（，）AP 不 AP？</td><td>2 VP（，）是不是？</td><td>2 VP（，有）没有？</td></tr>
</table>

注：au 为能愿动词；“好”3 个：1 性状，如“今天的菜好不好”；2 能愿，如“你去买点菜，好不好 = 愿意不愿意”；3 存在，如“好了没有 = 完了没有”。

二、正反问句内部小类的信疑度

（一）正反问的信疑度

强发问到弱发问的趋势很明显：肯定是非问 > 否定是非问；特指问 > 选择问；是非问 > 正反问 > 叠加问；吗 > 吧（徐盛桓 1999）。

以下例句，自左至右存疑程度递减：

①他错了吗？/他错没错？ > 他没错吗？ > 他错了吧？ > 他错了，是不是？/他没错，是不是？

邵敬敏等（2002）指出语用因素也使“信度”呈现一个由强至弱的连续统：

如果一般的正反问的信疑度是［信 50%，疑 50%］，那么“是不是 VP”正反问的信疑度则应该是［信 > 50%，疑 < 50%］。其疑问句的信疑度大致可用数学等差公式来表述：

75% < “吧”字是非问的信度 < 100%

50% < “是不是 VP”正反问的信度 < 75%

这个观察非常正确。可进一步细化为：

（无疑/否定）不同意 > 不同意是不是（弱疑） > 同意吗（全疑）/是不是同意 > 同意是不是（弱疑） > 同意（无疑/肯定）

如果肯定是一端而否定是另一端，那么其语义与疑问序列是：

VP 没有 / 是不是 NP　　是不是 VP　　VP 是不是 / 吧　　难道…吗

|50　　　　　　75　　　　　　100|

半信半疑　　　　强信 / 弱疑　　　　无疑 / 全信

即存在类正反问、NP 判断类正反问是信疑各半的疑问句，而 VP 判断类正反问其信度大于 50% 而小于 75%，外显类正反问可信度大于 75%，反问句不仅无疑而且可信度比陈述句更高。

（二）动作类正反问的信疑度

行为类正反问句指的是用行为动词（来、购买）构成的“V 不 V”形式提问的正反问句（来不来、购买不购买）。这类动词构成的正反问的信疑度为 50%。这种说法有大量的语料支持，是可信的。

（三）能愿类正反问的信疑度

能愿类正反问指的是用“au 不 auVP”形式来提问的正反问。能愿类正反问的信疑度都是 50%。从形式判断的角度讲，能在前面加上“不知道”与“拿不准”。例如：

②小王能不能来？

③小王能不能十点钟来这里?

④小王十点钟能不能来这里?

⑤不知道小王能不能来?

⑥不知道小王能不能十点钟来这里?

⑦不知道小王十点钟能不能来这里?

例②~⑦问行为发生的可能性，随信息的增加及焦点的转移而从例②问“施事（事件发生）”转移为例③问有精确时间的事件再转移为例④问事件发生的时间。例⑤~例⑦是加标记“不知道”而明细化的信疑居中问句。

（四）判断类正反问的信疑度

即用“是不是 VP”形式来提问的正反问。其中分为两类：信疑度各半（邵敬敏 2002）。例如：

⑧他们是不是不来?

例⑧信大于疑，即信度大于 50% 小于 75%。分别表不同的语义。例如：

⑨是不是一起去一趟?（建议）

⑩是不是中国作家都与江青合作去了?（责问）

⑪是不是一举两得?（估计）

⑫英国人民是不是要拼命?（引述）

这些语义都能通过语法形式来鉴定，如能在前面添加“建议”、“我问你……不是吗”、“知道”和“大家都这么说……你知道吗”等来验证。

（五）存在类正反问的信疑度

这类正反问指的是用“有没有 VP”形式来提问的正反问。存在类正反问的信疑度都是 50%。从形式判断的角度讲，能在前面加上“不知道”与“拿不准”。例如：

⑬你当时有没有看清那辆肇事车辆的车牌号?（丁天《命犯桃花》）

⑭您有没有可能当选下一届的省政协副主席?（王蒙《棋乡轶闻》）

例⑬问行为“看清”与“没看清”存在与否，例⑭问“当选下一届的省政协副主席的可能性”存在与否。这两例的可信与可疑存在的几率都是 50%。

三、判断类正反问的信疑度

（一）信疑各半的判断类正反问

这主要是为了核实某种情况或是对判断没有把握而进行核实等。可用添加“不知道”或“拿不准”来进行验证。例如：

①我刚才是不是睡着了?（石康）

②这个猫是不是生理上有缺陷? 怎么它不上房，不叫春?（王蒙《阿咪的故事》）

例①“刚才是不是睡着了”是对刚才的情况有所判断但又拿不准才进行询问。因为“我刚才是不是睡着了”既可添加“不知道”表全疑语义，也可添加“很清楚”表示无疑。例②亦如此，“猫是不是生理上有缺陷”既可以是“有缺陷”也可以是“因为生病”造成的，也是期待核实的正反问，尽管有语境的作用，但可在前面添加“不知道”来明确这类疑问的初衷。

（二）信大于疑判断类正反问

这类正反问是有所偏向的，信大于疑。从语义上大致可分为四类：

1. 建议

向对象提出建议、意向、看法等。可添加“X 建议”来进行验证。例如：

③……是不是可以一边访工作，一边去进行食住问题，假若必定留在阴城的话？（老舍《蜕》）

④咱们是不是出去转转？（石康）

例③、例④都是说话人在提出某种建议而不是真的在询问以求得解答。这类正反问都是未然的，可在句前添加“X 建议”来明确信大于疑的语义。添加“X 建议”后，整个句子的信疑度就非常明确了，这是为了礼貌而用正反问句式提出已有的建议。

2. 引述

通过转述别人的观点来间接表明自己的态度。可添加“大家都这么说……你知道吗?”来进行验证。例如：

⑤人们说，让这样的人当院长，是不是说今后我们院的干部骑自行车都可以带人或回家都可以打小舅子呢？（王蒙《名医梁有志传奇》）

⑥不信问他们，是不是都这么叫？（王朔《一点正经没有》）

例⑤引述别人说过的话来间接表明自己的态度，是一种比较人们说过的话，相当于“大家都这么说……，你知道吗?”例⑥相当于“大家都这么叫，你知道吗?”。这些都是信大于疑的，可通过添加“他们/大家都说/认为”来明确这类疑问的倾向。

3. 责问

责问对方或是自己。可添加“我问你……不是吗”、“我也问自己”等来进行验证，也可根据需要添加“究竟”等来加强语气。例如：

⑦“你问问他《东方红》是什么？还导演呢！姓江的，你自个说，你刚才上厕所是不是蹲马桶上?”江导被说得面红耳赤，结结巴巴：“我是蹲马桶上，怎么啦？我那是怕传染艾滋病。”（王朔）

⑧于是我检讨自己，是不是那一天马尔克向爱吃辣椒的政工组长汇报自己的活学活用心得的时候，我的翻译有什么问题？（王蒙）

例⑦是他责，“是不是蹲在马桶上”是说“是蹲在马桶上”，倾向于肯定弱疑句。例⑧是自责，“是不是……我的翻译有问题”是说“我的翻译是有什么问题”，可通过添加“我认为”来明确这类疑问的判断。

4. 估计

对可能性与意愿的判断与猜测。可添加“知道”来进行验证。例如：

⑨机枪稍停，他听到庙后面开了枪，他心中说：“坏了！他们进不来！”他是不是应当跑到后边看看呢？不，他得引逗那架机关枪！拍！他向松树开了枪，机枪又发了狂。(老舍《火葬》)

例⑨“是不是应当跑到后边看看”的主观估计是“应当跑到后边看看”，其后续句明确用“不”来否定就证明了这一点。这不是“完全不知道”的全疑问句，而是“知道”结果的信度高的正反问，可添加“知道”来加以判断。

四、从语用角度看焦点外显类正反问

焦点外显类正反问又称附加问（邵敬敏 1996），大都是提问者有一个看法然后向对方求证或是印证。从语用角度看，不同语义类型的正反问又有不同的特点。

（一）行为类

句法形式为“VP，V 不 V”；语义上问行为发生与否，信疑各半；语用上是将疑问焦点由句内移到句外，进一步凸显语用义。例如：

①“嗯……，月光浴。去不去？”她毫无热情地邀请我，“要去一起去。”(王朔)

②她斜了一眼我们，用手里的包拍打着双人床，说：“要走就快点！走不走？”(石康)

例①问“你去不去月光浴”，为了凸显疑问焦点便将其后移到句末，从而构成“S。V 不 V”外显类正反问。例②问“你走不走”是催促，为了凸显疑问焦点便将其后移到句末，从而构成“S！V 不 V”外显类正反问。

（二）能愿类

句法形式为“VP，au 不 au”；语义上问可能与意愿信度较高；语用上是将疑问焦点由句内移到句外，对所要强调语用义进一步凸显。例如：

③说：大英博物馆，三张，会不会？(老舍)

④赶紧派人来作个防空壕，会不会？(老舍)

⑤侃呗，诌呗，胡说八道会不会？(王朔)

例③“说：大英博物馆，三张”是示范兼询问，提问者已经对听话者可能的反馈有所预测，这类疑问是一种期待肯定回答的正反问，属于偏半疑的弱疑问，“会不会”只相当于“知道吗”。例④“赶紧派人来作个防空壕”是明确的建议但又附加上不确定的推测，也有其倾向，属弱疑。例⑤“胡说八道”既是归纳也是提示，其倾向性一般，属于偏无疑的弱疑。这些疑问虽然有一定程度上的差异，但在形式上可通过添加“就是”来明确这类疑问语气。

（三）判断类

句法形式为“VP（,）是不是”；语义上是对行为、事件或性状的判断；语用上大多是印证已形成的主观判断，信度很高。例如：

⑥瞧，您想的只有自己！官儿大的人总觉得自己比别人重要，是不是？（王蒙《蝴蝶》）

⑦……“连我们小威威都知道。是不是，威威？”（史铁生《巷口老树下》）

例⑥印证“官儿大的人总觉得自己比别人重要”。例⑦印证“威威知道”。又如：

⑧……老头镇静了，说：“是不是，所有的人你都恨？”（史铁生《山顶上的传说》）

例⑧是印证“所有的人你都恨”这一判断。这类焦点外显正反问在形式上可通过添加“不是吗”之类的反问语气来明确这类疑问语气。

（四）存在类

句法形式为“VP（,）没有”；语义上是对行为、事件或性状存在与否的询问，是信疑各半的询问；语用上通过疑问焦点外显来凸显存在与否的针对性。例如：

⑨……总是问：十成来信没有？（老舍）

⑩姑母在家没有？（老舍《老张的哲学》）

⑪你……！调好了没有？（王蒙《调试》）

例⑨是询问“十成来信”这一事件存在与否。例⑩是问“姑母在家”这一事件存在与否。例⑪是问“调好［电视天线］”这一事件存在与否。这类问句事先大都无预设，回答只能是“有”或“没有”两种对信疑的确认。在形式上能添加“了吗”或“没……吗”构成是非问。四类正反问的可信序列为：判断 > 能愿 > 行为 > 存在。

五、北京话反问句的发展演变

（一）近百年来正反问的演变

考察北京籍的老舍（1899—1966）、王蒙（1934— ）、史铁生（1951— ）、王朔（1958— ）、石康（1968— ）、丁天（1971— ）等人的文本，可以看出近百年来北京话反问句发展演变的大致脉络。其具体情况如下：

		VP					AP		VP						AP	
年代	例句	完型	前省	后省	后全省	外显	完型	外显	行为	能愿	判断		存在		征询	印证
											V	N	V	N		
老舍									老舍							
1924	84	9.5	4.8	25	1.2	31.3	9.5	21.4	16.7	8.3	1.2	1.2	0	10.8	19.3	0
1935	41	9.8	2.4	24.4	0	47.6	9.8	31.7	9.8	7.3	2.4	0	0	16.7	28.6	9.5
1962	16	5.6	33.3	38.9	5.6	22.2	0	5.6	0	22.2	22.2	0	0	22.2	5.6	0
王蒙									王蒙							
1980	98	0	66.3	1	0	17.3	3.1	11.2	11.2	23.5	24.5	5.1	1	5.1	9.2	4.1
2004	21	4.8	71.4	0	0	0	0	23.8	19	14.3	28.6	9.5	0	4.8	14.3	9.5
史铁生									史铁生							
1985	116	3.8	61.5	0	3.8	11.2	4.8	9.6	7.7	19.2	41.4	13.8	0	3.4	6.9	3.4
王朔									王朔							
1994	531	7.3	65.9	0.94	0.75	14.1	5.3	7.5	13.2	13	36	6.6	2.8	1.9	7.5	6.4
石康									石康							
2004	196	5.1	71.9	0.5	0	16.8	4.6	1	15.8	9.7	57.7	4.6	3.1	3.6	3.1	2
丁天									丁天							
2005	46	0	76	0	0	15.2	0	8.9	0	37	6.5	8.7	17.4	6.5	6.5	1.6

可见，正反问的发展演变趋势为：在建构疑问范畴中用两种最基本的形式——“正反叠用”和“加用疑问语气词”体现更多的主观化与客观性倾向，从而使选择多样化。主要体现为以下几个特点：

（1）句法上由后省 NP 演变为前省 NP；

（2）语义上行为类基本稳定，能愿类明显增多，VP 类判断大幅增加而 NP 类判断基本稳定，而性状类则大为减少；

（3）语用上疑问焦点前移是大势所趋，焦点分散类完全消失，焦点外显类增多，焦点省略类偶尔出现。

总之，正反问的发展演变朝着结构更为简单、语义多向能愿与判断集中、信疑度更为可控、语用适应更为广泛的方向发展。即正反问句的可信性、主观性、可控性、预期性增高，而随机性降低。另一个值得注意的倾向是近期 VP 类存在正反问增多，这是一种客观性强的正反问，与语用因素有关。因为一些涉及个人能力的动作行为用正反问形式提问可能会形成直接对听话一方的评价。例如：

①你当时有没有看清车牌号?(丁天)

②你当时看没看清车牌号?

③你当时能不能看清车牌号?

显然，例①的客观性最高，而例③最低，例②重在问结果，间接涉及对方的视觉能力；例③有直接评论对方视力的嫌疑，因此，显得不够礼貌。因此例②是信疑各半，也最为客观，体现一种不评论他人能力的态度。

(二) 从三个层面看正反问

正反问的三个层面分布：

(1) 结构上有完形、前省、后省3类。

(2) 语义上存在动作、能愿、判断、存在与性状的征询与印证两方面6类。

(3) 语用上存在行为前移、分散、后移；性状的询问与印证两方面5类。

如果提取更为抽象的特征，形式指标是“完型与省略”；语义指标是“行为与性状”；语用指标是“焦点位置”。

那么，北京话的正反问发展演变集中在句法形式由后省发展为前省，语义由动作发展为判断，语用由焦点分散发展为焦点外显。整个正反问的可信度由信疑各半发展为以信为主的不同可信度序列：

外显判断 > 外显印证/外显征询 > 前/后移判断 > 行为/能愿/存在/外显存在

(三) 北京话正反问百年变迁动因

句法上。语言的经济原则导致句法结构的趋简，这是北京话正反问句法结构演变的重要动因。现在很少见到完型正反问，像“你认识他不认识他”已经完全见不到了，而“你认识不认识他”偶尔还有见到，但最常见的是“你认不认识他”。

语义上。信疑各半的能愿类与信大于疑的VP判断类正反问增加明显，而NP存在类与性状类外显句不大能见到，但VP存在类目前有上升趋势。这有透过客观性来实现主观动机的动因在起作用。

语用上。从语用角度看，正反问主要是用来表达问话人的一种客观态度，如“你能不能去一下?”，而在主观倾向上是一种表示说话人的建议(史金生2005)。其实，这类建议带有一种礼貌与征求意见的色彩。比较：

④你去吗/你去不去/你能不能去/你去不去一下/你能不能去一下/你是不是去一下?

例④带上补语“一下”后，正反问都能说并且肯定倾向大大增加，由信疑各半客观询问变成了信大于疑的主观印证，而且有“一下”显得更加委婉。

(四) 社会文化方面

人际交往说话人用明确的语言形式表达对听话人“自我”的关注，这种关注可以体现在认识意义上，即关注听话人对命题内容的态度，但更多的是体现在社会意义上，即关注听话人的“面子”或“形象需要”(Traugott1999)。请求对方做一件事，为了避免遭到拒绝这一不如意的结果，最好先问一问对方有没有时间或是方不方便做这件事，因为对方如果要拒绝的话，最好的理由是他没有时间或不方便做这件事。在这一语用常规的支配下，说话人经常用询问对方有没有时间或是方不方便做一件事的方式来请求对方做这件事（沈家煊 2003）。而建议别人做一件事，为了避免给人强加于人的印象，通常给对方提供几种选择让对方自己作出决定。如“是不是”、“要不要”这样的正反问形式就常用来表示说话人的建议。

因此，正反问的百年变化反映了句法经济原则、语义清晰原则与语义语用礼貌原则，特别是人际交往中的对听话人的关注等综合作用的结果，使得汉语在建构疑问范畴的过程中在现有的两种基本方式（即“正反叠用”和“加用疑问语气词”）中体现更多的主观化与客观性倾向，从而实现选择的多样化。

附注

文本用例统计数据

		VP																				AP		
类 型		完型				前省 NP				后省 NP				后省 VPNP				外显焦点				完	后移	
例句数		a	b	c	d	a	b	c	d	a	b	c	d	a	b	c	d	a	b	c	d	a	a	d
老舍	老	6	–	2	–	3	1	–	–	6	4	2	9	–	1	–	–	1	1	9	15	8	16	–
	骆	3	1			1	–	–	–	–	2	1	7	–	–	–	–	–	–	7	2	4	12	1
	正	–	–	–	–	–	1	4	1	–	3	1	3	–	–	1	–	–	–	1	2	–	1	–
王蒙	小	–	–	–	–	8	23	29	5	–	–	–	1	–	–	–	–	3	–	7	7	3	11	–
	青	1	–	–	–	3	3	8	1	–	–	–	–	–	–	–	–	–	–	–	–	–	5	–
王 朔		35	–	–	5	31	68	266	25	2	–	–	3	2	–	–	2	–	1	50	24	28	40	–
史铁生		4	–	–	–	–	18	40	6	–	–	–	–	4	–	–	–	–	2	6	10	4	8	2
石 康		10	–	–	–	21	19	94	7	–	–	–	1	–	–	–	–	–	–	28	5	9	1	1
丁 天		–	–	–	–	–	17	7	11	–	–	–	–	–	–	–	–	–	–	4	3	–	3	1

注：a 行为；b 能愿；c 判断；d 存在。

第十章　陕北方言的正反是非问句

陕北方言[①]属于北方方言区，它的疑问句系统跟普通话基本一样，也可以分为是非问句、特指问句和选择问句三种结构类型（正反问句是选择问句的一种特殊形式），但我们通过比较，发现普通话的是非问句通常有两种格式：①句子结构跟陈述句相同，单纯依赖上扬语调来表达疑问；②句末用疑问语气词“吗”或“吧”来表示疑问。而陕北方言好像只有跟普通话第一种格式相当的是非问句，如“今天是二月二?”，却没有第二种利用疑问语气词的是非问句。然而有趣的是，口语中大量出现另外一种疑问句格式，它既像正反问，又像是非问，或者说，形式上类似于正反问句，只是正反问句的否定部分省去否定词后面的成分，只剩下一个“不［pəʔ³］”或“没［məʔ³］”，如“今天是二月二不?”，而且这一种格式比只靠语调来承担疑问信息的是非问使用频率更高。其基本格式为“VP－Neg?”（当然也可能加上不同形式的体标记），如“他吃饭也不?”“车开走嘅没?”“给花浇水来来没?”等。

关于现代汉语疑问句的分类，根据不同的标准可能有不同分法。范继淹（1982）的“疑问句功能系统”，认为除了特指问句之外，其他的问句都是一种选择问句，这就把是非问跟选择问（包括正反问）沟通起来了。后来，邵敬敏（1996）进一步提出了“疑问句的选择系统”，主张把所有的疑问句都看成是一种“选择”，因此疑问句可以分为是非选择和特指选择两种，而是非选择包括“单项是非选择”与“双项是非选择”，这就把通常分属两大类的“是非问”与“正反问”在语义表达层面上打通了。因为实质上，无论是非问还是正反问，它们都要求在回答时作出肯定或否定（即正面或反面）的明确选择，所以，是非问和正反问在意义上是相等的。

但是，我们也必须承认，这两种疑问句在句法结构形式上仍存在着明显的区别：正反问是用肯定和否定相叠的形式来表疑问；而是非问则有两种形式，一是采用表疑问的上扬语调，二是句尾带上疑问语气词“吗”或“吧”。陕北方言典型的是非问句只有第一种，而没有第二种，但多出来一种类似于正反问的形式表达是非选择的格式“VP－Neg?”。

我们感兴趣的就是这种新的疑问句类型。这种类型的特点是表层结构形式是肯定项 VP 与否定项 Neg－VP 的并列，而且否定项中的 VP 已被省略，其实际的表达形式就表现为整个肯定项与否定词的并列。由于句尾没有疑问语气词，其煞尾的否定词似乎已经语法化，变化为一种疑问标志，开始接近于疑问语气词。从语言类型学的角度看，这种问句比较特殊，所以我们有必要对其进行全面的描写和分析。

一、共时的比较分析

从结构形式考察，陕北方言的这类“VP－Neg?”问句应该属于正反问句的省略格式，它要求听话人在正与反、是与否两个对立项之间确定一项作为回答，其中句末的否定词“不”或“没”后一般能够补出VP或VP的一部分。例如：

（1）单纯动词谓语句。

他来不？——→他来不来？

（2）动宾谓语句。

你吃饭不？——→你吃饭不吃饭？

（3）动补谓语句，可分为七种：

A. 带可能补语的。

她洗净不？——→她洗净不洗净？ *

B. 带结果补语的。

娃娃吃饱嘮没？——→娃娃吃饱嘮没吃饱？

C. 带程度补语的。

疼得厉害不？——→疼得厉害不厉害？

D. 带状态补语的。

雨下得大不？——→雨下得大不大？

E. 带趋向补语的。

你躺下不？——→你躺下不躺下？

F. 带数量补语的。

进一回城不？——→进一回城不进？（部分补出）

（4）双宾句。

给他钱不？——→给他钱不给他钱？

（5）兼语句。

叫他去不？——→叫他去不叫他去？

（6）连谓句。

出去吃不？——→出去吃不出去吃？

（7）主谓谓语句。

他身体结实不？——→他身体结实不结实？

（8）“把”字句。

把猪杀嘮没？——→把猪杀嘮没杀？

（9）被动句（陕北方言常用“让”字）。

让人笑话不？——→让人笑话不笑话？

（10）形容词性谓语句。

她勤快不？——→她勤快不勤快？

从语义功能考察，我们发现“VP－Neg?”式问句的问话和答语跟普通话的是非问句基本对应，其句尾的“不”、“没”语义已经虚化，跟普通话的“吗”字作用相当。试比较：

陕北方言	普通话
问：今天是二月二不？	今天是二月二吗？
答：是嘞。/不是。	是的。/不是。
问：你吃饭也不？	你吃饭吗？
答：吃也。/不吃。	吃（呢）。/不吃。
问：车开走嚫没？	车开走了吗？
答：开走嚫。/没（开走）。	开走了。/没有（开走）。
问：给花浇水来来没？	给花浇水了吗？
答：浇来来。/没浇。	浇了。/没浇。

这可以从两个方面证明：

第一，以上各句在陕北方言的口语里可以把“不”、“没”省略掉，从而将原问句变换成我们前面提到的单纯用语调来表达的是非问句，其意义完全相同。例如：

今天是二月二不？ = 今天是二月二↗？

你吃饭也不？ = 你吃饭也↗？

车开走嚫没？ = 车开走了吗↗？

给花浇水来来没？ =给花浇水来来↗？

我们认为，句子的否定词作为语义的焦点，在句中往往起着举足轻重的作用，一般是不能省略的。它在上述句子中可以省略，说明它已开始虚化、弱化了，已经不是典型的否定词了。

第二，黄国营（1986）认为“‘吗’字是从正反问句末表示‘反’（否定）的那一部分虚化而来的”，即是非问句是由正反问句发展而来的，语气词“吗”是由否定词虚化而来的。从历史发展来看，“不”、“没”与“吗”都是双唇音，语音形式相当接近，亦可说明“VP吗”正是从“VP不”发展而来。可以这样认为，“不”、“没”虚化的轨迹是这样的：

他去不去？→他去不？→他去吗？

事实上，陕北方言的“不”、“没”正处于这样一个语法化的进程当中。也就是说，历史的发展轨迹在方言中留下了线索。因此，我们有理由认定，陕北方言的这种问句恰恰反映了汉语正反问句发展为是非问句的轨迹应该是“VP－Neg－VP？→VP Neg？→VP吗?”。需要强调的是，陕北方言中处于疑问句句尾的否定词“不”、“没”正在虚化进程中，但虚化得还不彻底，因为：首先，“不”和“没”还可以分清楚；

其次，否定词后面可以补出 VP 来；再次，否定的语义还残留着；最后，普通话可以问“你北京人吗?”或“今天星期三吗?”，陕北方言却不能问“你北京人不?”或“今天星期三不?”，而只能说“你是北京人不?”或“今天是星期三不?”。因此，我们姑且把这类处于疑问句句末的否定词称之为准语气词。与此类似，太田辰夫（1987）也将现代汉语中放在句末表疑问的“没有”、“不是”、“不”等词当作准句末助词，认为“它们全都包含否定概念，放在句末构成是非疑问句”。

以上讨论结果显示，陕北方言的“VP－Neg?”问句形式上是正反问的简略格式，而意义上却属于是非问，即用正反问的简略形式表达了是非问的语义内容，基于此，我们不妨把这一疑问句格式命名为“正反是非问”。从陕北方言的疑问句系统考察，我们发现了一个用语气词煞尾的是非疑问句空位，而这类特殊的正反是非问恰恰填补了这个位置。

二、历时的比较分析

从历时角度看，这种“正反是非问”在古代汉语和近代汉语资料中都有丰富的例证。吕叔湘先生（1982）指出：“文言里的反复问句在形式上也和单纯是非问句更加接近了，因为文言里不重复句子的一部分词语，只在句末加一‘否’字（古多作‘不’）或‘未’字，或‘无’字。”他举的例是：

①即有水旱，其忧不细，公卿有可以防其未然救其已然者不?（《汉书·于定国传》）

②君除吏已尽未？吾亦欲除吏。（《史记·魏其武安侯列传》）

③晚来天欲雪，能饮一杯无？（白居易《问刘十九》）

④而太史氏又能张大其事为传，继二疏踪否？不落莫否？（韩愈《送杨少尹》序）

朱德熙先生（1991）曾以五代时期编集的禅宗语录《祖堂集》为例，统计出全书中“VP－Neg”句式出现了500余次，而“VP－Neg－VP”句式总共才出现了11次，说明当时最占优势的正反问句式恰恰正是“VP－Neg”。

邵敬敏（1996）查阅近代汉语语法资料，认为“V（O）不?”句式是当时的正反问句的主要形式。例如：

⑤禅师见佛性不？（《神会语录》）

⑥心即无住，知心无住不？（《神会语录》）

⑦未委娘子赐许以不？（《秋胡变文》）

⑧不知公等求得仙否？（《入唐求法巡礼行记》）

而现代文学作品中，“VP不”、“VP没有”用得也很不少。例如：

⑨你记得他不？（袁静等《新儿女英雄传》）

⑩快过年了，刷刷墙不？（张辛欣、桑晔《北京人：一百个普通人的自述》）

⑪你到底疼我不？（曹禺《原野》）

⑫她喝了没有？（《曹禺选集》）

⑬屋子塌了没有？（《老舍剧作选》）

综上所述，陕北方言的正反是非问句“VP－Neg?”是古代汉语经过近代汉语的一种遗留格式，如果把“VP－Neg?”放到一个动态的过程中看，它又是古汉语正反问和现代汉语“吗”字是非问之间的一种过渡格式。只不过这种格式在陕北方言中还处于变化的进程之中，而在普通话中则已经基本演变为“吗”字是非问了。

三、关于“VP不?”和“VP没?”

陕北方言的正反是非问句“VP－Neg?”在运用中可分为“VP不?”和“VP没?”两种情形，由于其中的“不”、“没”并未完全虚化且二者在使用时必须严格区分，它们仍然保持着否定词的特点。

邵敬敏的《现代汉语疑问句研究》（1996）曾论及“V不?”和“V没有?”的区别，认为“‘V没有?’问的是客观情况，是一种已然体，表示过去或现在已经发生了的动作行为。而‘VP不?’问的是主观态度，是一种未然体，时间可指现在或将来”。这一规律同样也适合于陕北方言，具体地说，在陕北方言的正反是非问句中，“VP不?”和“VP没?”可以从四个方面（或角度）进行比较：

（1）“VP没?”一般是对于“实现”的询问，“VP不?”是对未实现的询问。例如：

A. 你们这次参观杨家岭也不？

B. 你们这次参观杨家岭来来没？

“参观……不?”是对未实现活动的询问，“参观……没?”是对活动实现的询问。

A. 明天聚会他去也不？

B. 上次的聚会他去来来没？

A句询问的是未然的情况，B问询问的是已然的情况。

（2）“VP不?”询问的是主观的愿望或能力，“VP没?”则询问一种客观的效果或结果（先决条件是：句子的主语必须是具有主观愿望或能力的生命体）。例如：

A. 他来也不？

B. 他来嘅没？

A句着眼于“他”的主观态度来询问，B句则着眼于客观结果来询问，并不涉及“他”的主观态度。

A. 你会说普通话不？

B. 你会说普通话没？

A句询问是否本来就具备“说普通话”的能力，B句询问是否已由不会到会。

（3）我们发现，“VP不?”可询问是否具有某种性状，是静态的；而“VP没?”

则询问某种性状是否出现，是动态的。例如：

A. 灯亮嘞不？

B. 灯亮嚜没？

A 句是对灯“亮”这一性质的询问，问的是性状，是静态的；而 B 句是对灯“亮”这一变化的询问，问的是变化，是动态的。

A. 他们那儿富嘞不？

B. 他们那儿富嚜没？

A 句是对经济基本状况的询问，B 句是对经济状况是否发生好转的询问，一静一动，意义不同。

A. 延安下雪嘞不？

B. 延安下雪嚜没？

A 句询问延安有没有“下雪”这样一种自然现象，属静态范畴；B 句则询问延安最近或现在（到目前为止）是不是开始下雪了，属动态范畴。

（4）我们还发现，“VP 不？”询问的可以是惯常性的、相对永久的恒态活动，“VP 没？”则多用来询问偶然的或一次性的暂态动活。前者判断性较强，带有探求结论、断言的意味；后者陈述性较强，倾向于纯事实或事件的描述。例如：

A. 南方人喝酒嘞不？

B. 那几个南方人喝酒来来没？

A 句询问一种习惯或爱好，B 句则询问偶然的一次活动。

A. 枣树开花嘞不？

B. 枣树开花没？

A 句主要着眼于枣树的一贯性特征即性状来询问，B 句侧重于对事物暂态特征是否出现的询问。

尤其让人发生兴趣的是由动词“是”、“有”、“在”所构成的正反是非问，它们分别构成“是……不”、“有……没”和“在……不”这三种固定格式，其中，前一种格式跟普通话基本一致，没有“是……没？”格式，而后两种格式则有所不同。例如：

* A. 你有钱不？

B. 你有钱没？

* A. 你来的时候妈妈在家没？

B. 你来的时候妈妈在家不？

陕北方言中，作为动词“有”和“在”，其否定式为“没有”和“不在”，没有“不有”和“没在”格式，所以“你有钱没？”“妈妈在家不？”的问句形式成立，其中的“没”和“不”不可互换。这跟普通话有所不同，普通话“有”字句的正反问句，除了句尾有“没”之外，也可以用“不”来询问。例如：

⑭这个有名字不?(《曹禺选集》)

⑮你有事不?(《新儿女英雄传》)

普通话里，动词“在”的否定可以是“不在”，也可以是“没在”，所以“张三在家不?”以及“张三在家没有?”两种问句并存。至于陕北方言的介词“在”，那是另外一回事了，因为它在句中常组成介宾词组作谓词的附加成分，而构拟是非问句时往往是以谓词而不是以附加成分为着眼点的，所以用“不”、“没”煞尾的问句都会出现，如“火车在南京站停也不?”“火车在南京站停来来没?”。

综上所述，除了比较特殊的“有”、“在”以外，一般情况下，用“VP不”所询问的，是做某事的必要性、可能性或人的意愿、能力以及事物的静态属性；用“VP没”所询问的，是动作行为的实现或完成，是对动态的一种客观描述。尤其主语是人时，“VP不”多从心理活动着眼，“VP没”多从动作变化考虑。以上就是二者最主要的区别。

四、“VP－Neg?”常见类型

日常生活中，陕北方言的正反是非问句“VP－Neg?”往往含有丰富的体貌意义。陕北方言的体貌范畴尚待全面考察，但其体标记在话语中随处可见，主要由动态助词和语气词来承担。[②]这里根据六种体的句法表现对“VP－Neg?”分类如下：

（1）惯常体的“嘞［·lə］＋不”式，询问是否存在某种事实。例如：

①你会游泳嘞不?

②这个人你认得嘞不?

③他是党员嘞不?

④新媳妇漂亮嘞不?

⑤少收一点儿行嘞不?

这里的“嘞”为语气词[③]，相当于普通话的“呢”，含有对某一事实探究核实的口气，口语中快速说出时可以省去，但语气有所减弱。

另外，前面讨论的特殊动词“有”作谓语（或谓语中心）时的正反是非问句，其格式为“嘞＋没”式，也宜归于惯常体，多询问是否领有或存在。例如：

⑥这后生有工作嘞没?

⑦你有身份证嘞没?

⑧到西安有地方住嘞没?

⑨这事儿到底有人管嘞没?

（2）未然体的“也［·iɛ］＋不”式，询问是否将要发生。例如：

⑩他来也不?

⑪你喝水也不?

⑫我走嘞小孩哭也不?

⑬明天颜色变黄也不？

⑭你找见（找得着）他也不？

陕北方言的语气词“也”比较有特色，它本身蕴涵着“将要干什么”的意思，故未然体正反是非问多指将来，句中可有表将来的时间词伴随。

但是用于虚拟语气时，也可以指过去。例如：

⑮要是当时我不在，你来也不？

⑯要不是有人说闲话，你走也不？

“也＋不”式和“嘞＋不”式对译成普通话后，在话语形式上看不出有什么区别，如“你抽烟也不？”与“你抽烟嘞不？”用普通话讲是同一个形式“你抽不抽烟？”或者“你抽烟吗？”。事实上，这两种问句在陕北方言中是有区别的，前者“你抽烟也不？”问的是一种意愿或打算，是询问“你现在想不想抽烟？”；而后者“你抽烟嘞不？”问的是一种固有的习惯或爱好，如同问“你平时会不会抽烟？”。

此外，惯常体的“嘞＋不”式是一种总结性、评价性的问句，故句子的谓语中心可以是动词，也可以是形容词；而“也＋不”式是一种预测性的问句，因此句子的谓语中心只能是动词。如陕北方言可以问“新媳妇漂亮嘞不？”，而不可以问“新媳妇漂亮也不？”。

（3）已然体的“咴［·læ］＋没”式，询问是否已经发生。例如：

⑰他胖咴没？

⑱客人走咴没？

⑲电影你看咴没？

⑳小李把钱领咴没？

㉑你吃嘞药咴没？

㉒主任回嘞家咴没？

“咴＋没”式又可分为两种情形：一种是不带宾语的“动（形）＋咴＋没”式（其中的“咴”相当于普通话的了$_{1+2}$），表示动作已经完成或状态已有改变，如例⑰、⑱、⑲、⑳；另一种是带宾语的“动＋嘞＋宾＋咴＋没”式（其中的“嘞”和“咴”分别等于普通话的了$_1$和了$_2$），既表示动作已经完成，又表示事态有了变化，如例㉑、㉒。

“咴＋没”式和“嘞＋没”在用于“有”字谓语句构成的正反是非问句时，意义的差别是很大的。如“有工作咴没？”和“有工作嘞没？”两个问句，前者问的是一种变化了的事实：已知被问者过去没有工作，询问其现在是不是有了，强调了一个从无到有的变化过程；而后者仅着眼于一般现在情况的询问，只问现在有没有工作，所问的是既成的事实。

“咴＋没”式在时间上也可以指现在、过去和将来。例如：

㉓（现在）你妈妈到家咴没？

㉔你打电话的时候你妈妈到家嘅没？

㉕明天这个时候你妈妈到家嘅没？

（4）继续体的"不＋嘅［·læ］"式，询问是否继续进行。例如：

㉖你上课不嘅？

㉗这件棉袄你穿不嘅？

㉘明天他来不嘅？

㉙妹妹胖不嘅？

有时，还可在"不"字前再加"嘞"字，构成"嘞＋不＋嘅"式，这个"嘞"同样有一种深究的语气。例如：

㉚你听老师的话嘞不嘅？

㉛小李这几天想家嘞不嘅？

这里出现了一个问题：继续体的"不＋嘅"与前面三种体格式顺序正好相反——将"嘅"放到了否定词之后。这又该作何解释呢？

我们认为，正反是非问句的这种体貌类型格式决定于其完整的正反问原型格式，即正反问原型格式省去否定词后面的部分并保留体标记（动态助词或语气词）时，就得到了我们现在口语中常说的正反是非问体貌形式。前面三种体的格式是这样变化来的：

VP 嘞＋不 VP $\xrightarrow{\text{省 VP}}$ VP 嘞不：吃嘞不吃——→吃嘞不

VP 也＋不 VP $\xrightarrow{\text{省 VP}}$ VP 也不：吃也不吃——→吃也不

VP 嘅＋没 VP $\xrightarrow{\text{省 VP}}$ VP 嘅没：吃嘅没吃——→吃嘅没

而继续体则因其原型格式不同而显其特殊，它的变化过程应该是：

VP＋不 VP 嘅 $\xrightarrow{\text{省 VP}}$ VP 不嘅：吃不吃——→吃不嘅

原型格式中的否定部分"不 VP 嘅"含有改变常规原态或原定计划之意（先有"不 VP"，后加"嘅"，其实也意味着新情况的出现，其中的"嘅"相当于普通话的了$_2$），所以其完整格式"VP 不 VP 嘅"乃至于省略格式"VP 不嘅"蕴涵的疑问意向就应该为"是否遵循常规原态或原定计划……"，这正是继续体的语法意义所在，如例③，可以设想的问话背景为：a. 按常规他每天都来；b. 他原计划明天来。然后要问"他明天是不是继续来（或按计划来）？"，整个疑问构拟形式用陕北方言的正反是非问表达出来，就是继续体的"明天他来不嘅？"，相对应的普通话应该是"明天他还来吗？"，必须要加上一个副词"还"。

"不＋嘅"式与前面谈到的"嘞＋不"式和"嘅＋没"式都可用于形容词性谓语句，"他胖不嘅？"、"他胖嘞不？"、"他胖嘅没？"，三者的区别在于："他胖不嘅？"是以知道被问者原来胖为信息前提，问现在是不是还像以前一样胖甚或继续胖下去；

“他胖咙没?”是知道被问者原来不胖（很可能是瘦），问现在变胖了没有；“他胖嘞不?”则是对被问者的状况一无所知，仅从一般现在的意义上询问。三者用普通话表达分别为“他还胖吗?”、“他胖了吗?”、“他胖吗?”。

（5）持续体的“着［$tʂə^3$］+不”式，询问是否正在持续进行。例如：

㉜门开着不?

㉝墙上挂地图着不?

㉞小英哭着不?

㉟妈妈洗衣服着不?

㊱你这几天复习着不?

例㉜、㉝询问状态是否持续，例㉞、㉟、㊱询问动作是否持续，这些问句内部的“动+宾+着”是陕北方言中占绝对优势的一种句法结构形式，它与普通话“动+着+宾”结构语序不同，但语法意义一样，“着”都是动态助词，如陕北话说“洗衣服着嘞”，普通话则为“洗着衣服呢”。关于这个问题，乔全生（1998）作过详细研究，他认为唐宋至明清“VP着”结构非常普遍，后来，“‘着’的前移导致了‘VX着’结构的转化，这种转化是建立在两种结构同义、‘着’字同质的基础上的”。所以，“动+宾+着”应该也是古汉语句法结构在陕北方言中的一种遗留。

此外，在询问动作是否持续时，普通话必须在动词前加上副词“正”、“在”或“正在”，而陕北方言则只需要用“着”来表示，不必加进行态的副词。如例㉞用普通话来问就是“小英正哭着吗?”、“小英在哭吗?”、“小英正在哭吗?”，陕北方言直接问为“小英哭着不?”。

我们还要指出，持续体跟继续体有相近之处，即都有“延续不间断”的意思，但实际上其语法意义有所不同，持续体是立足于状态或动作之外，总观其状态的整体效果或动作的持续进行态势；继续体则立足于动作行为进行历程中的某一个点，留意这一个点之后的轨迹是否继续延伸。试比较：

A. 墙上挂地图着不?

B. 墙上挂图不咙?

A句是站在局外的角度询问状态的整体效应是否持续存在；B句则参与到事情当中，询问是否继续按计划或惯例“在墙上挂上地图”。

A. 小英哭着不?

B. 小英哭不咙?

A句询问“哭”的行为是否正在持续进行；B句则已知被问者正在哭（或哭过），而询问现在（暗含的一个点）是不是继续还在哭。

同时，陕北方言“着+不”式也可以指现在、过去和将来。例如：

㊲你们（现在）吃饭着不?

㊳我叫你那阵儿（那时候）你们吃饭着不?

㊴我七点以后过来，你们吃饭着不？

（6）曾然体的“来来［·$l^{a}i$·$l^{a}i$］+没”式，询问是否曾经发生。例如：

㊵你们到西安去来来没？

㊶这道题老师讲来来没？

㊷你问老杨来来没？

㊸他们跌倒来来没？

其中的“来来”相当于普通话的语气词“来着”。“来来”的作用是指明一个事件或一种状态是曾经发生过的或是过去完成了的，所以“来来+没”式问句常常可有表示过去的时间词伴随。例如：

㊹你以前考虑这些事情来来没？

㊺走的时候家里给你钱来来没？

㊻他10岁以前挨打来来没？

㊼爷爷年轻时抽大烟来来没？

㊽小李夜儿（昨天）晚上来来来没？

例㊽中第一个“来”为动词，后两字“来来”是语气词。

结　语

本文主要从两个方面分析陕北方言的正反是非问句。首先，我们从类型学的角度，特别是在与现代汉语是非问句发展轨迹的比较中，认识到陕北方言的正反是非问句实际上反映了汉语早期的正反是非问句发展的轨迹。在正反问句中，由于语言交际的经济原则，否定词“不”与“没”后面的VP常常省略，导致否定词单独出现在句尾，语音形式轻化，这就为副词向疑问语气词发展这一语法化的进程提供了必要的条件。陕北方言的正反是非问，从普通话历史发展角度来看，就是这一语法化历程中的遗留格式，这种格式在目前来看还是一种相对稳定、能产的句法结构，且使用的范围还相当广。

其次，我们从句法、语义和语用角度分析了陕北方言的正反是非问句的句法特征，对问句里煞尾的“不”、“没”的共同的虚化趋势和不同的分工情况进行了探讨，陕北方言实际的话语交际当中，灵活多样的体貌标志在正反是非问句里得到淋漓尽致的体现，我们根据体貌的不同对其内部小类作了全面细致的描写；同时，通过跟普通话的对比，找出每一小类与普通话是非问的对应关系。这样在一定程度上揭示了陕北方言正反是非问句的总体特征。

总之，我们认为，正反是非问句在陕北方言乃至整个现代汉语的疑问句中都占有比较重要的地位，对它进行深入细致的研究，有助于我们更深刻地理解现代汉语是非问句的句法结构特征以及疑问语气词语法化的历史发展进程。

附注

①陕北即陕西省北部地区，在行政区划上由延安、榆林两市所辖的25个县区组成，包括宝塔、黄陵、洛川、黄龙、富县、宜川、甘泉、延长、延川、子长、安塞、志丹、吴旗、榆阳、府谷、神木、佳县、吴堡、清涧、绥德、子洲、米脂、横山、靖边、定边等。本文所说的“陕北方言”是指“晋语陕北片”，即上述宝塔、榆阳等19个县（黄陵、洛川、黄龙、富县、宜川、定边六县除外）的当地人所说的地方话。

②关于语气词当体标记的问题，龚千炎《谈现代汉语的时制表示和时态表达系统》（中国语文，1991（4））曾经有过论述，他把时态副词、时态助词和时态语气词都看作时态范畴的语法标记。我们这里的语气词就是指时态语气词。

③语气词出现在句中，并不奇怪。太田辰夫《中国语历史文法》（1987，331页）认为现代汉语的句末助词（语气词）可分为两类：一类表叙实语气，它们位于句子的最后，表示整个句子的疑问、推测等语气，如呢、吗、吧、啊等；另一类表叙实语气，它们不限于处于句子的最后面（即它的后面常常有其他的非叙实的句末助词），不是给全句，而是给述语添加存在、已然、曾经等叙实的语气。可见，当两个语气词连用时，前一个表叙实语气，后一个表非叙实语气，陕北方言的语气词正好证明了这一判断：语气词“嘞”、“也”等是表叙述意义的体标记，准语气词“不”、“没”表非叙实意义的疑问、推测。

第十一章　上海方言“阿 V”及其相关疑问句式比较研究

一、上海方言的疑问形式

上海方言里，除了特指问句之外，用得最普遍的问句形式主要有三种：①前加式：阿 VP?；②后加式：VP 哦?；③正反式：V 勿 V?。

“前加式”和“后加式”是上海方言固有的，“前加式”在上海方言的老派中还很有市场，这主要是受到苏州方言的影响。有人指出：“阿”的用法多见于老派，青少年很少用，中年用得较多的是“阿有”、“阿是”、“阿会得”、“阿好”（许宝华、汤珍珠 1986）。这一观察基本上是正确的。“后加式”新派上海人用得比较普遍，现在“后加式”则有取代“前加式”的趋势，“正反式”则明显是近若干年受普通话的影响引入的。“阿”相当于一个疑问副词，该问句在形式上接近于是非问句，而在功能上则接近于正反问句；“哦”相当于一个疑问语气词，该问句在形式上和功能上都显示是一个是非问句。

本文主要讨论“前加式”，同时也联系“后加式”以及“正反式”作一些比较。“阿”的作用就是显示询问人的疑问焦点所在，所以“阿”总是重读。主要出现在动词、助动词或形容词的前面。例如：

①侬明早阿到香港去?

②伊阿是个上海人?

③侬阿会拍照片?

④伊阿聪明?

二、“阿”的疑问功能

“阿”的主要作用是显示疑问焦点，但是如果句子里已经有了明确的疑问焦点，应该说“阿”就失去了存在的价值。因此，一般的特指疑问句（包括简略的特指疑问句）、正反问和选择问是不能再用“阿”的。例如：

①＊阿啥人去?

②＊阿我格书呢?

③＊侬阿去勿去?

④＊侬阿去北京还是去上海?

但是，我们发现有前加式和正反式的混合式，即如果是在一个间接问句中，正反问形式充当句中的宾语或主语，可以在它的前面再用“阿”，显然，这里的疑问形式并不承担疑问信息。例如：

⑤我勿晓得伊阿去勿去。

⑥伊阿去勿去我勿晓得。

根据朱德熙（1985）的研究，这是一种不同历史层面的“沉积”，是吴方言受北方方言影响的结果，是一种“混合句式”。刘丹青（1991）认为，在共时平面来看，它们的分布是有区别的。在苏州方言里，这一格式有两个特点：一是形式上多采用“V 勒勿 V”，这实际上是“正反选择问”，其中的“勒”相当于上海话里的“老”，是个连词；二是“阿 V 勒勿 V”除了可以直接询问之外，还可以用在间接问句中。例如：

⑦奈到底阿去勒勿去？

⑧山东地方阿冷勒勿冷？

⑨阿去勒勿去我作勿落主。

⑩我勿管俚阿去勒勿去。

不过，上海方言跟苏州方言不同，一是没有“阿 V 勒勿 V”的格式，二是“阿 V 勿 V”不能直接询问。因此我们倾向于把这一种情况看作是一种旧的疑问表达形式（阿 V）衰退，以及另外一种新的疑问形式（V 勿 V）引进过程中，不同方言疑问表达形式交融的结果，这种交融首先不是在疑问句中表现出来，而是在传达疑问信息的间接问句中表现出来。

此外，我们还发现有前加式和后加式的混合式，即后加式“V 哦”在前面再添加一个“阿”，从而形成“双重询问”，当然，其中一个疑问信息是“羡余”的。例如：

⑪侬阿去哦？

⑫伊阿会得走错脱路哦？

在后加式逐步取代前加式这个变化过程中，两种说法出现交叉的情况也是可以理解的。

如果宾语部分有疑问代词，谓语动词前面用了“阿”，这时的疑问代词实际上并不承担疑问信息，而是疑问代词的一种“虚指”用法。换言之，不必对疑问代词进行回答，而只要就“阿”所管辖的谓语动词作出简单的肯定或者否定的回答，如果是肯定，还可以进一步作出具体的回答。例如：

⑬侬阿吃啥点心？　　回答：吃格，吃饺子。

⑭侬阿做啥生意？　　回答：做格，做木头生意。

⑮侬阿晓得伊姓啥？　回答：晓得格，伊姓李。

⑯侬阿看见伊辣做啥？回答：看见格，伊辣揩地板。

表面上看起来，好像问句不但针对谓语动词，而且也针对宾语里的疑问代词，其实“阿”询问的只是谓语动词，跟宾语里的疑问代词无关。这有两个方面的证明：

第一，可以只针对谓语动词作出回答，而不对疑问代词作出回答。例如：

⑰侬阿吃啥点心？　　回答：吃格，随便吃啥。

⑱侬阿做啥生意？　　回答：做格，目前还保密。

⑲侬阿晓得伊姓啥？　回答：晓得格，侬问伊做啥？

⑳侬阿看见伊辣做啥？回答：看见格，不过我勿讲拨侬听。

第二，如果是否定性回答，也不可能继续就疑问代词作出回答。例如：

㉑侬阿吃啥点心？　　回答：勿吃啥点心。

㉒侬阿做啥生意？　　回答：唔没做啥生意。

㉓侬阿晓得伊姓啥？　回答：勿晓得伊姓啥。

㉔侬阿看见伊辣做啥？回答：唔没看见伊辣做啥。

如果是肯定回答，还可以继续对疑问代词作出针对性回答，这是语用的问题，跟句法结构无关。

由于“阿”能够显示疑问焦点，所以能够区别某些歧义结构。例如“V得C”这个动补结构可能是歧义的，如“写得好”“跑得快”，如果是问句，既可以指一种可能性，意思是“写得好写勿好？”“跑得快跑勿快？”（上海方言里一般的问法是“写勿写得好？”“跑勿跑得快？”）；也可以指一种结果情态，意思是“写得好勿好？”“跑得快勿快？”。“阿”出现在这样的“动补结构”中不同的位置，就能有效地消除歧义，这主要就是由于“阿”限制了疑问焦点的辖域。

如果“阿”出现在动词前面，这等于问“写勿写得好？”。例如：

㉕伊阿写得好？

㉖侬阿跑得快？

如果“阿”出现在补语前面，这等于问“写得好勿好？”。例如：

㉗伊写得阿好？

㉘侬跑得阿快？

当子句是疑问形式时，母句也是疑问句，在句法结构形式上也有可能发生混淆，即可能会有两种理解。例如：

㉙伊/侬晓得啥人来勒？

㉚伊/侬记得迭条路走勿走得通？

㉛伊/侬讲今早为啥介冷？

㉜伊/侬猜李先生今早去勿去？

第一种是把母句理解为是非问句，第二种是把母句理解为特指问句或者正反问句，在口头上，不同类型疑问句的重音是不同的，区别还是明显的：

（1）如果句子重音在母句的谓语动词上，则为是非问句。

（2）如果句子重音在疑问代词或疑问结构上，则为特指问句或正反问句。另外一个分化的办法就是在句尾添加疑问语气词。

（3）如果加上“啊”或者加“哦”，这显示母句应该为是非问句。

（4）如果加上“呢”，这实际上是子句在询问，属于特指问句或正反问句。

如果当子句虽然是疑问形式，但是只是个是非问形式，即带疑问语调或疑问语气词，却没有疑问代词或疑问结构，这时到底是母句在询问还是子句在询问，就可能产生歧解了。例如：

㉝伊/侬晓得李先生已经来勒哦？

㉞伊/侬记得今早是星期三哦？

㉟伊/侬讲今早老冷格哦？

㊱伊/侬猜李先生今早要走哦？

句尾的语气词“哦”可能属于母句，这是在问“伊/侬晓得勿晓得”。即：

㊲ 伊/侬晓得（李先生已经来勒）哦？

句尾的语气词“哦”也可能属于子句，这是在问“李先生来没来”。即：

㊳ 伊/侬晓得（李先生已经来勒哦）？

但是，我们无法利用语气词来进行分化，因为无论在子句还是在母句里出现的都是语气词“哦”。在上海方言中可供分化的办法之一就是添加疑问副词“阿”或“阿是”，如果加在母句的谓语动词前面，那么疑问焦点就在母句上。例如：

㊴伊/侬阿晓得李先生来勒？　　回答：晓得格/勿晓得。

㊵伊/侬阿记得今早去开会？　　回答：记得格/勿记得。

㊶伊/侬阿是讲今早老冷格？　　回答：是格/勿是格。

㊷伊/侬阿是猜李先生今早要走？回答：是格/勿是格。

如果加在子句的谓语动词前面，那么疑问焦点就在子句上。例如：

㊸伊/侬晓得李先生阿来勒？　　回答：来勒/唔没来勒。

㊹伊/侬记得今早阿去开会？　　回答：去开会/勿去开会。

㊺伊/侬讲今早阿是老冷格？　　回答：是老冷格/勿是老冷格。

㊻伊/侬猜李先生阿是今早要走？回答：是今早走/勿是今早走。

三、“阿”与助动词、否定词的相对位置

（一）“阿”与助动词组合

“阿”可以出现在助动词前面来询问，上海话的助动词主要有要、肯、敢、好、会、会得、可以、能、能够、好意思……原则上，这些助动词都可以利用“阿”来询问，但是，“阿”不能出现在助动词的后面，只能出现在助动词的前面，因为助动词跟主要谓语动词结合紧密，而“阿”的疑问主要是针对助动词的，助动词不能脱离“阿”的语义辖域。例如：

①勿许耐去，阿要气煞人？（30）[①]

②阿肯搭倪要好嘎？（52）

③耐阿敢勿拨我吃？（64）

④迭本字典侬阿好借拨勒我？

⑤侬阿会划船？

⑥侬阿会得游泳啊？

⑦阿好意思说倪教耐勿要去嘎？（59）

“阿”不能直接出现在否定词语的后面，即“阿”不能被直接否定。例如：

⑧ * 侬勿阿晓得迭桩事体？

⑨ * 伊勿阿猜迭桩事体？

但是，如果“阿”出现在低一个层次，即在宾语位置上，当然可以出现在否定词语的后面。例如：

⑩伊勿晓得侬阿会得来？

⑪侬唔没问伊阿讲过迭句闲话？

“阿”也不能直接出现在否定词语的前面，换言之，不能就一个否定的命题来用“阿”提问，而只能对一个肯定命题用“阿”来提问。例如：

⑫ * 伊阿勿晓得迭桩事体？

⑬ * 伊阿勿猜迭桩事体？

⑭ * 今早阿勿算过节？

但是，如果否定词语出现在低一个层次，即在宾语或补语中，则没有问题。例如：

⑮阿怕倪先生勿许耐嘎？（18）

⑯阿有啥勿晓得？

⑰侬阿猜勿着伊条谜语？

“否定”的标志“勿”、“唔没”和“疑惑”的标志“阿”，在句法位置上似乎是相互排斥的，即有了“勿”，就不再允许“阿”在同一个位置出现；反过来，有了“阿”，也不再允许“勿”在同一个位置出现。

（二）“阿”与“勿”相互排斥

如果从句法角度来考虑，按当前生成语法对短语结构的分析，大概较多的人会主张把否定词引导的成分看成专门的一类短语，叫做 Neg P。至于“阿”字句引导的成分是否也可以看成专门的一类，譬如叫做 Q P，并没有人提起过。假设 Neg P 和 Q P 占据同一个结构位置，Neg P 的中心语“勿”和 Q P 的中心语“阿”也占据同一个位置，似乎可以说因此不能相容，但是诸如此类解释的说服力其实并不大。

还可以从语义角度考虑。我们先考察一下几种疑问句在语义方面的某些区别。赵元任（1968）早就指出过“是非问”与“正反问”的一大区别是用“是非问”表示发问者对某个命题持疑问，而用“正反问”则表示态度中立。后来，李纳和汤普逊

(1979) 对此作了一些修正，他们认为问题不在于发问者对答语内容的期望属于肯定还是否定，而在于对问话内容的假设，即命题属真或假。他们继而提出："正反问句"只能用于中立情况，而"是非问句"还可以用于非中立情况。汤廷池（1988）认为这一提法基本正确，他也作了一些补充，邵敬敏（1996）也有类似的说法，也从这一分界出发来解释，我们认为"阿"字句、选择问跟正反问一样，只能用于中立情况。试比较下列例句：

⑱侬到勿到上海去？

⑲侬到上海去还是勿到上海去？

⑳侬阿到上海去？

这三个疑问句从语义倾向来讲，是完全一样的，即肯定和否定各占50%。然而是非问句就不是中立的了，北京话带疑问语气词"吗"以及上海话带疑问语气词"哦"这类是非问句就属于这一种情况。在非中立的情况下，两者所占的百分比不同，譬如三七开，在这个基础上加否定词，就会改变原来的比例，比如三七开变为倒三七。例如：

㉑侬到上海去哦？

㉒侬勿到上海去哦？

我们还认为：只能在非中立的情况下疑问句才可能出现否定式，因为在询问语义中立的情况下，肯定形式中两种可能各占50%，如果加上否定词，两者仍然各占50%，这个否定词显然是多余的，否定形式等于无效。因此在中立性疑问句中没有必要也不能使用否定形式。例如：

㉓侬到勿到上海去？

㉔ * 侬勿（到勿到上海去）？

正因为如此，中立性的"阿"字句也没有必要使用否定形式。

要注意，这里说的是"阿"为什么不能跟"勿"同现。"阿是"和"阿"不同，"阿是"可以跟"勿"同现，下文讨论。

四、状语在"阿"字句中的分布

"阿"是个疑问副词，所以在句法结构中必定出现在谓语动词的前面充当它的修饰语，如果该谓语动词的前面已经有了别的一些状语，这就会产生一个"阿"和其他状语能否同现，以及如果同现位置谁先谁后的问题。

现在我们来考察一下，当句子的谓语动词前面带有一些其他状语时，"阿"所出现的位置情况。

1. 时间名词

①阿今早去？

②今早阿去？

③阿三点钟走？

④三点钟阿走？

2. 介宾短语

⑤阿辣屋里做功课？

⑥辣屋里阿做功课？

⑦阿搭伊讲过闲话？

⑧搭伊阿讲过闲话？

3. 程度副词

⑨阿交关聪明？

⑩＊交关阿聪明？

⑪阿来得格结棍？

⑫＊来得格阿结棍？

4. 频率、时间副词

⑬阿时常来此地？

⑭＊时常阿来此地？

⑮阿一直写下去？

⑯＊一直阿写下去？

5. 情态副词

⑰阿一道来？

⑱＊一道阿来？

⑲阿呆板勒海？

⑳＊呆板阿勒海？

6. 单音节副词②

㉑阿再写一本书？

㉒＊再阿写一本书？

㉓阿齐辣此地？

㉔＊齐阿辣此地？

7. 形容词作状语

㉕伊阿老仔细格问过侬？

㉖＊伊老仔细格阿问过侬？

㉗侬阿清清爽爽格晓得伊是侬亲戚？

㉘＊侬清清爽爽格阿晓得伊是侬亲戚？

8. 情绪语气副词

㉙＊阿到底去？

㉚到底阿去？

㉛＊阿大约模会去？

㉜大约模阿会去？

9. 感叹语气副词

㉝＊阿居然来勒？

㉞＊居然阿来勒？

㉟＊阿简直像只狗？

㊱＊简直阿像只狗？

10. 否定副词

㊲＊阿勿开心？

㊳＊勿阿开心？

㊴＊阿唔没回来？

㊵＊唔没阿回来？

我们认为，以上分布各有其语义上的原因。第十类否定副词为什么不能跟“阿”同现，上文已经说明。第九类语义副词通常用于感叹句。例如：

㊶侬居然敢打人！

㊷伊简直勿是人！

感叹语气副词与疑问语气很不一样，感叹的前提是承认事实，而不是怀疑事实。所以这些语气词在任何一种疑问句里都不能出现。例如：

㊸＊伊居然来哦？

㊹＊伊居然来勿来？

㊺＊伊居然到北京还是到上海？

㊻＊啥人居然来勒？

应该注意的是，这种限制纯属语义限制，与疑问句的结构和语调无关，所以这些副词有可能在反诘问句中出现。例如：

㊼伊居然来勒？

说这句话时，发问者心中实际上不存在疑问，虽然借用了疑问句的语调，书写时也可以加上问号，其实是问句形式的感叹句。

第8类语气副词在疑问句中的位置早就有人研究过了。殷天兴（1984，1994）提到“到底”这类副词主要表达说话者强烈不耐烦的情绪。Jackendoff（1972）也早就指出以说话者为中心的副词（speaker-oriented adverbs）不同于以主语为中心的副词（subject-oriented adverbs）。最近 Cinque（1997）更进一步研究了前者在句中的位置，他还列举了一些汉语现象。以说话者为中心的副词一般只能位于句首或者主语后助动词之前。如有否定词，这些助动词应该位于否定词之前。例如：

㊽幸亏他没有看见。

㊾他幸亏没有看见。

㊿ * 他没有幸亏看见。

"幸亏"跟疑问语气不相容，我们可以换一个副词"大约模"来测试一下：

(51)大约模伊阿来?

(52)伊大约模阿来?

(53) * 伊阿大约模来?

"阿"不能放在"大约模"这类副词之前。

我们把谓语动词标为V，把"阿"之外的其他状语标为A，无非有四种可能：

	阿AV?	A阿V?
(1)	+	+
(2)	+	-
(3)	-	+
(4)	-	-

显然，上文"阿"出现的十类状语中，第1类到第2类状语属于(1)，第3类到第7类属于(2)，第8类属于(3)，第9类和第10类属于(4)。其中(2)最多，(3)最少。

状语实际上应该有两种，一种是修饰、限制动词中心语(包括形容词)的，另一种是修饰、说明整个句子的。前者跟中心语的结合比较紧密，很难由别的词语把他们隔开，可以出现"A阿V"形式；而后者则位置比较自由，换言之，跟中心语的结合程度不那么紧密，不可以出现"A阿V"形式。

一般来说，在一个句法结构中，左边的词语总是先出现的，它的语义辖域往往是右指的，即可以涵盖在它右面的词语；而右边的词语则往往是晚出现的，它的语义辖域一般不可以反方向逆指，涵盖在它左面的词语。在"状语—中心语"结构中，语义重心往往在修饰语上，"阿"要显示这个疑问焦点，然而如果这个疑问焦点跑到"阿"的辖域之外(左边)去了，句子当然不能成立。③

至于第8类和第9类都是语气副词，应该是属于全句的，有的可以在"阿"的前面使用，有的却不能，这和状语的类型没有关系，主要是因为这些语气副词所表示的语气是否符合疑问句的需要。

"阿"虽然可以出现在第1类状语中，即时间名词前或后两个位置，但是语义有所不同。"阿AV?"询问的是整个VP，所以语义的重点显然是在状语的时间上。比如"阿今早去?"问的不是"去不去"，而是问"是不是今早"去；而"A阿V?"询问的只是V动作本身，时间则在询问的内容之外，比如"今早阿去?"，问的是"去不去"，而"今早"则是确定无疑的了。第8类介宾短语也可以出现在"阿"的前面或后面，语义也有所不同，在“阿”之后，询问的重点是“介宾短语”，比如“阿辣屋里做功课?”问的重点是“做功课辣勿辣屋里”；在“阿”之前，询问的重点是动词短语，比如“辣屋里阿做功课?”问的重点是“做勿做功课”，至于“辣屋里”并非询问的内容。

五、“阿V”句与“V勿V”句比较

现在，我们再来比较一下这些状语在“V勿V”正反问格式中出现的情况。

1. 时间名词

①今早去勿去?

②三点钟走勿走?

2. 介宾短语

③辣屋里做勿做功课?

④搭伊讲唔没讲过闲话?

3. 程度副词

⑤*交关聪勿聪明?

⑥*来得格结勿结棍?

4. 频率、时间副词

⑦*时常来勿来此地?

⑧*一直写勿写下去?

5. 情态副词

⑨*一道来勿来?

⑩*呆板勒勿勒海?

6. 单音节副词

⑪*再写勿写一本书?

⑫*齐辣勿辣此地?

7. 形容词作状语

⑬*伊老仔细格问唔没问过侬?

⑭*侬清清爽爽格晓勿晓得伊是侬亲戚?

8. 情绪语气副词

⑮到底去勿去?

⑯大约模会勿会去?

9. 感叹语气副词

⑰*居然来勿来?

⑱*简直像勿像只狗?

10. 否定副词

⑲ * 唔没开勿开心？

⑳ * 唔没回唔没回来？

用"V 勿（唔没）V"正反问，情况跟用"阿"来询问不太一样。第3、4、5和7这四类是肯定不能说的；第6类比较特殊，基本上不能说，个别可以说，可能是副词的语义不同所引起的[③]；第8类倒是能说，第1、2类也可以说，只是它在语义上只等于"A阿V?"，不等于"阿AV?"；第9、10类也都不能说，理由跟"阿"字句相同。

下面我们把这十类状语在"阿"字疑问句和"V 勿 V"正反问句中的情况作一个比较：

	阿AV?	A阿V?	AV勿V?
1. 时间名词	+	+	+
2. 介宾短语	+	+	+
3. 程度副词	+	−	−
4. 频率、时间副词	+	−	−
5. 情态副词	+	−	−
6. 单音节副词	+	−	−/+
7. 形容词作状语	+	−	−
8. 情绪语气副词	−	+	+
9. 感叹语气副词	−	−	−
10. 否定副词	−	−	−

通过比较，我们可以发现，由"阿"构成的问句和正反问既有相同的一面，也有不同的一面。但是，显然在上海方言中"阿"字问句不等于正反问，但是也不宜把"阿V"问句看成跟"V 哦"问句一样属于是非问句，上文已经讨论过这两种问句的区别，所以上海话"阿"字句有其特性。

关于副词和其他状语在"V 不 V"正反疑问句式中的分布限制，殷天兴（1994）有详尽的研究。他的做法是：第一，把状语分成两大类；第二，提出一条"同构原则"（isomorphic principle）来排除某些副词在"V 不 V"句式中出现的可能性。他所区分的两类状语中，一类比较接近于论元（argument），包括表示时间、地点、受益、目标、工具等意义的状语，这类状语可以出现在"V 不 V"句式中；另一类是更加纯粹的状语，它称为"核心状语"（core adverbial），包括表示方式、程度、认知、情状、原因等意义的状语，这类状语不可以出现在“V不V”句式中。后一类状语要受同构原则的限制，而前一类状语不需要受此限制。所谓“同构原则”，大体上是说：如果成分甲在句法结构中的位置高于成分乙，那么在作语义解释时，甲的域大于乙。所谓结构位置高低用统制（c-commard）来定义，在这里我们不可能作详细解释。所谓域的大小可以通过以下的例子说明：

㉑小兰不可以睡楼上。

㉒小兰可以不睡楼上。

这两句话的意思不同，第一句中否定成分的域大于情态成分，第二句中情态成分的域大于否定成分。[4]

殷天兴的分析基本上适用于上海话的“阿”字句。为什么以上一至五类副词不可用于“V勿V”句，而可以用于“阿”字句？因为两者句法结构不同。以下是两种句法结构简化的树形图：

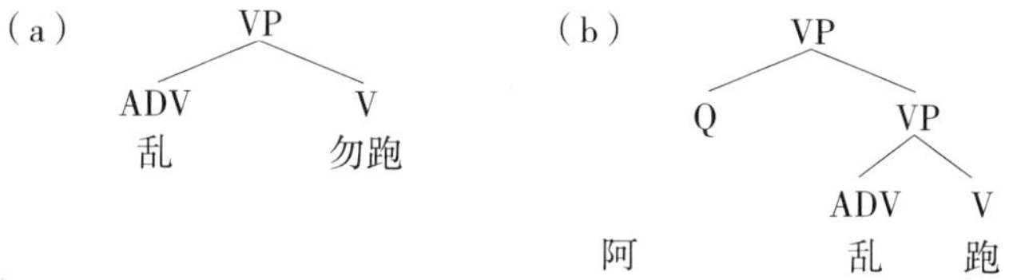

（a）中副词“乱”句法结构位置高于动词“跑”，也高于疑问成分“V勿V”，为了简便起见，图中没有给“V勿V”独立的位置。根据殷天兴的同构原则，这句话的意思应该是“乱跑还是乱勿跑?”。由于“乱勿跑”不成话，所以“乱跑勿跑”也不能成立。而（b）的情况则不同，这句话的意思应该大致相当于“是否乱跑?”，这样疑问成分就可以管到副词。用语义学的话说，疑问成分的域大于副词的域；用功能主义的话说，副词在疑问焦点之内。不论用什么术语，其实说的是一回事。

殷天兴并没有提到“居然”等第9类语气副词，我们上文已经说过这些副词在意义上与任何形式的疑问语气不相容，可见，副词在疑问句中的分布不能都看作句法上的限制。

“V勿V”在疑问句里是疑问焦点，不允许其他成分插入，上述任何一种状语都不可能插入其间。例如：

㉓＊今早去勿今早去?

㉔＊辣屋里做勿辣屋里做功课?

㉕＊时常勿时常来此地?

㉖＊一道勿一道来?

㉗＊先吃勿先吃点心?

㉘＊到底去勿到底去?

六、“V□伐”句式和“阿V”、“V勿V”句式的比较

以上十类状语，如果用来构成“V哦?”句式，则除了第9类，其他都可以成立。例如：（为节省篇幅，每一类仅举一例）

①昨日去过哦？（第1类）

②搭伊讲过闲话哦？（第2类）

③交关聪明哦？（第3类）

④时常来哦？（第4类）

⑤一道来哦？（第5类）

⑥先吃点心哦？（第6类）

⑦伊老仔细格问过侬哦？（第7类）

⑧到底去哦？（第8类）

⑨＊简直像只狗哦？（第9类）

⑩勿开心哦？（第10类）

比较“阿V”、“V勿V”和“V哦”三种疑问句式跟其他状语的配合问题，就会促使我们思考，这三种疑问句式的作用和差异究竟有什么不同。

我们发现，它们的主要不同在于疑问辖域的区别：

“哦”是处于句尾的疑问语气词，它可以对整个句子以及句子的某个部分表示疑惑，因此语义的辖域最大。状语不论出现在动词之前还是出现在动词之后，都在疑问辖域之内。

“阿”不可能对位于它前面的主语询问，它的疑问辖域只限于谓语部分，如果谓语动词的修饰语在“阿”的后面，则疑问焦点可以在这个修饰语上；如果修饰语出现在“阿”的前面，则已经脱离了“阿”的疑问辖域范围，疑问焦点在谓语动词上。例如：

⑪侬阿今早去？

⑫侬今早阿去？

“V勿V”的疑问辖域只限于谓语动词本身，因此，从语义辖域这一角度来说，“V哦”是最宽的，“阿V”其次，“V勿V”最小。

七、“阿是”、“阿有”和“阿曾”

（一）关于“阿是”

汉语中“是”有两个，一个是动词，一个是副词。区别就在于“是”后面的词语是名词，还是动词或形容词。因此，“阿是”也有两个：一个是疑问副词“阿”在修饰判断动词“是”。例如：

①伊阿是侬格小囡？

②老伯阿是善卿先生？(5)

另一个“阿是”本身即为疑问副词，是疑问副词“阿”和语气副词“是”的结合体，已经融合成一个词了。[⑤]例如：

③伊阿是走勿动勒？

④耐阿是做仔包打听哉？(25)

⑤伊阿是老聪明咯？

⑥阿是热闹点？(8)

当“阿”修饰动词或形容词时，有时可以跟“阿是”替换。例如：

⑦侬阿想去北京？

⑧侬阿是想去北京？

⑨侬阿相信伊考勒个第一？

⑩侬阿是相信伊考勒个第一？

但是，用“阿”跟用“阿是”所表示的疑惑程度有所区别，用“阿”的疑惑程度要大一点，而用“阿是”的疑惑程度要小一点，言下之意问话人并不是一点也不知道，而是多少已经知道一些，说出来希望对方予以证实。

“阿是”跟其他副词在句法结构中的同现问题，也和“阿”基本一样，凡是“阿”不能出现的位置，“阿是”也不行；凡是“阿”可以出现的位置，“阿是”也可以，而且在口语里更加自然和顺口。两者的区别主要有两点：

第一，单个动词一般用“阿”比较好，用“阿是”反而不大说，如果一定要说，必须在句尾添加语气词“咯”或“勒”。例如：

⑪侬阿来？

⑫？侬阿是来？

⑬侬阿是来咯/勒？

⑭侬阿了解？

⑮？侬阿是了解？

⑯侬阿是了解咯/勒？

第二，“阿”不能跟否定副词同现，而“阿是”可以出现在否定副词的前面。我们可以从两个方面来解释两者分布的不同：

（1）上文已经说过什么样的疑问句中可以出现否定成分。“阿”是中立情况下的提问，而“阿是”却不表示中立提问。在这一点上，“阿是”与带“哦”的是非问句相似。既然非中立，就可以允许从反面提问，就不排斥否定成分。

（2）用了“阿是”，主要不是要求对方作正反选择，而是说话者对某个判断表示疑惑，要求对方证实，接近于英语中的“Is it the case that...”。例如：

⑰伊阿是勿晓得迭桩事体？

⑱伊阿是猜勿着迭桩事体？

⑲今早阿是勿算过节?

⑳侬阿是勿大开心?

中国方言学界对上海方言里的“阿”字疑问句到底应该归属于哪一类疑问句，历来颇有争议。一种意见认为应该属于正反问，一种意见则认为应该属于是非问。一个主要依据的是语义功能，另一个主要依据的是结构形式。其实，在我们看来，“阿”字句既不是是非问，在某些方面也不同于“V不V”形式的正反问。它是吴方言里的一种特殊的疑问句，在结构形式上并不具备正反问的特点，同时在语义功能方面又跟是非问明显有区别。语法研究中分类固然很重要，但是并不是最重要的，最重要的是对种种语法现象作出精细而准确的描写和中肯而深入的解释。我们更不必用固有的分类模式束缚住自己的手脚。

（二）关于“阿有”

“阿”还经常用在动词“有”的前面来询问。例如：

㉑侬阿有迭本书啊?

㉒侬香港阿有去过啊?

“阿有”用得相当普遍，但是跟普通话的“有没有”有所不同，它的后面不但可以跟名词短语，而且还可以跟动词短语，只是很少做附加问，却常常用在反问句里。例如：

㉓伊阿有三十岁勒?

㉔伊阿有去过新疆?

但是，在回答动词性宾语时，如果是肯定的，不能用“有”，或者“有V”，而只能直接用该个动词；如果是否定的，则可以用“唔没”，如例㉔的肯定性回答是“去过新疆咯”，不能回答“有”或者“有去过新疆”；否定性回答是“唔没去过”。然而，广州话则可以用“有”或者“有”加上动词来回答。从而在这一疑问句式上，北京方言、上海方言和广州方言形成非常有趣的渐变对应规律：

	提问方式：有没有V?	肯定性回答：有/有V
北京方言	－	－
上海方言	＋	－
广州方言	＋	＋

（三）关于“阿曾”

“阿曾”只用于动作的过去时，相当于“阿V过”，也可以再在动词后面带上时态助词“过”或者其他表示动作完成的“好”、“脱”等。例如：

㉕侬阿曾去过新疆?

㉖伊阿曾吃过苦头?

㉗阿曾写好?

㉘阿曾吃脱?

现在的上海人中间，老年人还常常使用“阿”来帮助提问，而中年人则已经大体上放弃了这一种用法，但是，第一，还保留了部分的用法，这主要是使用熟语性的“阿是”、“阿有”、“阿肯”、“阿要”、“阿会得”；第二，能判断这个“阿”用得对不对。至于年轻人，原则上已经不用“阿”来询问，即使熟语性的“阿X”也很少使用了。但是，要注意的是，语言的使用有一个层层叠加、互为消长的过程，某一种用法可能用的频率大大降低，但也不会立刻绝迹，这必定有一个漫长的过程，在同一个方言中，几种用法同时并存，甚至于混用，都是可能的。

附注

①文中例句，大部分是上海方言的口语材料，少部分转引于用苏州方言写成的《海上花列传》，例句后面数字即该书的页数。

②把单音节副词归成一类也许不太恰当，但是在语义方面找不出共同性的特点，只好暂且如此。

③用先后左右来说明不太精确，后加式问句中疑问词“哦”的辖域就在它的前面。形式语言学中有更加好的办法来表达辖域大小。

④只会说汉语的人往往不会觉得这是个问题，但是有些语言中句法位置与语义域不一定都一致。例如：“All that glistens is not gold.”这句话既可以按字面意思解释为“发光的都不是金子”，也可以解释为“发光的不都是金子”。

⑤如果理解为“是”是一个语气副词，“阿”是一个疑问副词，即由“伊是走勿动勒”变为“伊阿是走勿动勒”。这也不失为一个思路。

第十二章　上海方言话题疑问句与命题疑问句比较

一、上海方言正反问的三种类型

通常认为，上海方言的正反问有三种形式并存：Ⅰ. VP 勿 VP？ Ⅱ. 阿 VP？ Ⅲ. VP 哦？

Ⅰ式在普通话里是典型的正反问，可以称为正反问的“原型”格式，如果 VP 比较复杂，尤其是 VP 为双音节或多音节动词，或者宾语比较长，正反问的完整式就显得特别累赘拗口，所以省略式比较盛行。从理论上讲，这又可以分为前省式“V 勿 VO？”与后省式“VO 勿 V？”，但是上海方言里没有后省式，只有前省式。在我们看来，这类问句跟一般是非问的形式虽然不同，但是话语功能实际上是一致的，或者说是相近的。因为这两类问句的回答都只能是肯定或者否定。所以我们把是非问叫做“单项是非选择问”，把正反问叫做“双项是非选择问”，合称为“是非选择问”（邵敬敏 1999）。

Ⅱ式到底是不是正反问，历来有争议。我们认为，它在形式上接近于是非问，但在功能上接近于正反问，换言之，可以看作一种过渡型的问句，所以叫做“正反是非问”（徐烈炯、邵敬敏 1998）。本文为了比较方便，把它看作汉语方言正反问的一种变式。

Ⅲ式情况比较复杂一些。因为在实际口语中，它又有三种形式：

（1）VP 勿？这可以看作是“VP 勿 VP”的后省略式，也可以看作是近代汉语“VP 不”句式的一种遗留。“勿”还保留着否定词的意义和词汇形式，语义相当于正反问“VP 勿 VP？”。

（2）VP 勿啦？这显然是“勿”加上语气词“啊”构成，应该分析为“VP 勿/啦”，语气加重，并且语义上有追问、逼问的意思。

（3）VP 哦？这实际上是“勿”和语气词“啦”长期同现以后的合音，也是目前使用频率最高的格式。

前两式看作是正反问的简式，应该没有问题，第 3 式有点麻烦。因为“勿”与“啊”已经完成合音的过程，融合为一个音节，形式上属于是非问，类似于北方方言里的疑问语气词“吗”，如果把“哦”看作疑问语气词，那就应该属于是非问句，但是由于跟前两类格式并存，可以看出合音的历史还不那么长久，而且（2）式和（3）

式几乎可以自由替换（许宝华、汤珍珠 1988），所以，不妨看作是“VP 勿”的变式。

二、上海方言三种正反问格式的使用情况

我们感兴趣的是这三种正反问格式在上海方言里的使用情况及其消长趋势。

“VP 勿 VP?”实际上不是上海方言的疑问句式，我们调查了《滑稽戏选》（一）（上海文艺出版社 1982）的“三毛学生意”，该剧中的三毛等多数人是从苏北来的，说的是江淮官话，一共也才 5 例，其中 4 个都是“是不是”，真正由动词构成的只有 1 例。例如：

①今天你是不是去出诊呀？（《滑稽戏选》54）

②你管不管？（《滑稽戏选》40）

这类句式尽管不太多，但是，1949 年以来，随着普通话的普及，在新派上海话里明显增多。特别是动宾格式的正反问句，往往采用前省式“V 勿 VO”，有些口语形容词根据类推原则，也说成“A 勿 AB”。可见，这是上海方言里新兴的疑问句式。例如：

③今朝侬课上勿上？

④迭件衣裳漂勿漂亮？

“阿 VP?”也不是上海方言本身的“土产”，明显受到苏州话的影响。上海话有老派、中派和新派的区别。使用“阿 VP”发问的人，老派最多，说明在 19 世纪到 20 世纪 40 年代上海方言的面貌跟苏州话比较接近；中派大多是 20 世纪 30～60 年代出生的上海人，这类问句即使还在用，也限于某些特定格式，比如“阿是”、“阿有”、“阿好”、“阿会得”等（许宝华、汤珍珠 1988）。至于新派，主要指 20 世纪 70 年代以后出生的上海人，这类句式几乎不说，汤志祥编写的《基础上海话》（香港中华书局 2001）里只举到“阿是”一种用例。这说明，由“阿 VP”来提问的形式在这 100 年来，随着苏州话在上海方言里的影响的减弱，变得越来越罕见了。现在只剩下“阿是”、“阿有”等少数几个词语，而且明显已经词汇化了。我们查阅《三毛学生意》（大约 53 300 字节，创作于 20 世纪 50 年代，相当于中派上海话），发现“阿 VP?”一共 31 例，其中，“阿是”最多，18 例，“阿有”5 例，后面询问的对象可以是单个名词，也可以是动宾短语或者句子。例如：

⑤阿是这个吴先生？（《滑稽戏选》56）

⑥阿是侬还要击鼓叫怨呀？（《滑稽戏选》15）

⑦阿有啥个办法想？（《滑稽戏选》17）

⑧迭个小贼阿有神经病哦？（《滑稽戏选》8）

“阿要”4 例，“阿会（得）”1 例，后面跟的都是动词性短语或者句子。例如：

⑨阿要尝尝我格豆腐花？（《滑稽戏选》36）

⑩瞎子阿会追得来哦？（《滑稽戏选》72）

“阿”直接修饰一般动词的例句非常少，仅有4例。例如：

⑪侬阿算勒浪敲？（《滑稽戏选》66）

⑫你阿闻着布毛焦气味？（《滑稽戏选》62）

⑬侬阿想再讨女人啦？（《滑稽戏选》69）

⑭阿寻着哦？（《滑稽戏选》28）

最后一例还是混合句式，后面有“哦”，前面有“阿”，构成双重提问形式。

“V哦？”这类问句大量使用，一共41例，显然，属于主流疑问句式，应该是上海方言本地土产。它实际上可以分为两大类：A式话题疑问句、B式命题疑问句。

三、话题疑问句与命题疑问句

话题疑问句与命题疑问句，是上海方言的两大特色疑问句。

A式：S（NP+VP）？

即在句尾直接加上“哦”来发问。要特别指出的是，这类疑问句的特点就是话题鲜明，主要采用非施事名词移到句首充当话题，并且对之提问。上海方言疑问句的话题常常把受事移位到句首来充当，由于问句的主语通常是第二人称，所以一般可以省略不说。谓语VP跟语气词“哦”形成一个节拍，话题跟“V哦”之间往往节奏紧凑，有时也可以有停顿，书面上表现为逗号。例如：

①大饼吃哦？

②米轧来哦？

③迭个，会哦？

④枣子，懂哦？

此外，在判断句或者描写句里，主事也常常充当话题。例如：

⑤老伯伯，侬想，迭个小囡作孽哦？

⑥迭位是吴先生哦？

⑦伊有钞票哦？

⑧吴先生勒浪哦？

在句首充当话题的，也可能是工具词、处所词、时间词等其他语义角色，当受事不出现的情况下，甚至施事也可以做话题。例如：

⑨格句闲话，侬勒浪钝我哦？

⑩英国去过哦？

⑪后日，有空哦？

⑫侬想去哦？

如果受事和施事都出现在动词之前，无论哪个在前，哪个在后，上海方言里都可以成立，但是受事在前施事在后的句子占绝对优势。例如：

⑬黄包车侬看见过哦？

⑭侬黄包车看见过哦？

⑮饭伊吃过哦？

⑯伊饭吃过哦？

B 式：S，VP 哦？

即前面先出现一个句子 S，可以是陈述句，也可以是祈使句，甚至是感叹句。这个句子不一定出现主语，换言之，动宾短语也属于这一类，接着用“VP 哦？”来追问。这实际上是先提出一个命题（S），然后要求对方表态，所以可以叫做“命题疑问句”。询问的 VP 最常用的词语是“是哦”、“对哦”、“好哦”、“晓得哦”。例如：

⑰吴先生，剃头是哦？（陈述句）

⑱明朝就调来做，好哦？（陈述句）

⑲侬今年十八岁，对哦？（陈述句）

⑳帽子叫“顶宫”，晓得哦？（陈述句）

㉑叫侬跑开，晓得哦？（祈使句）

㉒帮帮我，好哦？（祈使句）

㉓天气老老好个，是哦？（感叹句）

㉔迭个物事忒贵勒，晓得哦？（感叹句）

这一形式在普通话里也是有的，我们以前称之为“附加问”（邵敬敏 1996），它有四个特点：第一，不独立使用，必须附加在某个非疑问句的后面。第二，由疑问格式或者疑问词单独构成疑问句。第三，回答必定是简单的肯定或者否定。第四，这类问句比较特别，从形式上看，最常见的是正反问、是非问，但也可以是个别特指问（怎么样？），乃至叹词独用问句；从语义上看，却属于单纯的是非问；从功能上看，则表示就始发句 S 的内容征求对方的意见，或者希望对方予以证实。例如：

㉕你要发誓，过完年就回来，好不好？（北大语料库）

㉖张姐，我真的不知该怎么办，你帮帮我，好吗？（北大语料库）

㉗你早点脱军装，我们兄弟俩联手办厂，怎么样？（北大语料库）

㉘如果老板满意再正式来，啊？（北大语料库）

在普通话里，附加问只是疑问句的一种特殊的语用功能类型，不是优势句式；但在上海方言里，这类疑问句大量存在，占有绝对优势，而且很有特色，所以，我们单独把这类句式命名为“命题疑问句”。

四、两类特色疑问句比较

“话题疑问句”与“命题疑问句”，这两类疑问句在上海方言里都很普遍，它们有不同的特点，也有适当的分工。试比较：

①A. 香港侬去哦？

B. 香港侬去，是哦？

②A. 迭双鞋子老贵格哦？

B. 迭双鞋子老贵格，对哦？

③A. 三千块钞票侬领勒哦？

B. 三千块钞票侬领勒，是哦？

两类疑问句式的区别主要在于：

（1）A式结构形式是“S（NP+VP）哦”，“哦”附着在整个句子后；B式结构形式是“S，VP哦”，“哦”仅仅附着在判断词语VP之后。

（2）A式的疑问焦点是整个句子S，所以，没有特别强调的重音；而B式的疑问焦点是句子S之后单独出现的VP，这正是重音的所在。

（3）A式询问的是某个行为（NP+VP）发生与否；B式询问的是对前面的命题（S）是否确认。

（4）A式的询问者基本不知道什么情况，疑惑度比较大，疑大于信，问题简明，只要求对方简单回答；B式则先提出一个完整的非疑问的命题，询问者实际上已经得知某一信息，只要求对方证实，信大于疑，问题更加简明，只要求对方用是与非简单确认。

（5）A式的回答，针对句子中的VP，所以答语通常承上而来；而B式的回答，针对句后的VP，不是承前句中VP回答。例如：

④A式回答：去咯/勿去。　　　　B式回答：是咯/勿是。

⑤A式回答：老贵咯/勿是老贵。　B式回答：对咯/勿对。

⑥A式回答：领勒/没领。　　　　B式回答：是咯/勿是。

可见，A式的回答相对复杂，随着句式的谓语不同而变化；而B式由于VP是有限的几个词语，回答相对简单。

（6）凡是祈使句，或者诉求句，都只能用B式，不能用A式。感叹句，也是使用B式比较自然而且更常见；而用A式，显得比较局促，很少使用。例如：

⑦*A. 侬快点走哦？

B. 侬快点走，好哦？

⑧*A. 我想买双40码的鞋子？

B. 我想买双40码的鞋子，有哦？

⑨*A. 迭个小囡老老聪明咯哦？

B. 迭个小囡老老聪明咯，对哦？

我们认为，命题疑问句是在话题疑问句的基础上发展起来的。汉语语法，尤其是上海方言在话题语法化方面要超过普通话（徐烈炯、刘丹青1998），受事最容易提到句首充当话题，当然，施事或者一般无所谓施受的主事、当事，包括其他的语义论元，都可以充当话题。而命题则更没有任何限制，尤其是祈使句、感叹句，更加适合运用作为命题提出来，再进行询问，从而形成颇有特色的“命题疑问句”。

五、百年前上海土话正反问的历史面貌

为了了解上海方言的原始面貌，我们选取了上海土山湾慈母堂出版的《土话指南》(1908)（以下简称《指南》）作为语言材料考察的蓝本。《指南》附有法语注释，并且附有罗马字母注音，是19世纪末20世纪初对外国传教士进行上海话教学的课本（相当于现在的对外汉语方言教材），"土话"就指松江一带的上海本地方言。《指南》一书的"序"明确指出："官话指南，本为东洋吴君所撰……然于松属传教士不克其用，未免有恨，概欲译以松属土音为快，余姑就众情，勉按原本译以方言。"换言之，这是"官话"（现代汉语）的方言对译本，比较客观地记录了当时的上海方言，是难得的原始资料。该资料显示，当时上海方言正反问的三种类型已基本齐全，但是使用的概率跟现在有所不同。

1. 话题疑问句最多

一共101个，其中"S否?"87个，"S没?"14个。例如：

①中国说话，阁下懂否？(《指南》5)

②第个几日里，老弟常庄拉屋里否？(《指南》17)

③生意学歇否？(《指南》44)

④侬先垫得起否耶？(《指南》28)

⑤饭用没？(《指南》51)

⑥箇十块银子换来拉没？(《指南》120)

"否"的记音为[va]，跟"哦"同音；"没"相当于"勿"，两者都是入声，韵母相同。用"否"的问句大大多于用"没"的问句，而且"否"、"没"同现，更加说明"哦"、"勿"确实有渊源关系。

2. 命题疑问句其次

一共29个，其中"S，是否?"13个，"S，有否?"6个，"S，好否?"4个，"S，对否?"1个。例如：

⑦老弟今朝是头一日出来，是否？(《指南》17)

⑧比伊小点，还有否？(《指南》21)

⑨格味伲两家头一淘去，好否？(《指南》4)

还有"S，AP否?"1个，"S，VP否?"4个。例如：

⑩箇块地皮大来野，无啥人担伊来种种园地，可惜否？(《指南》9)

⑪老弟封印之后，来总理衙门里，去歇否？(《指南》18)

⑫托办拉箇只醒钟，买着否？(《指南》38)

3. "阿VP?"

一共25个，其中"阿是VP"19个，"阿要VP"4个，"阿有VP"1个，"阿曾VP"1个。没有发现"阿"直接带一般动词来发问的句子，有一些句子句尾还带有

“否”来进行双重询问。这说明，这一句式在上海方言里没有占到优势，影响相当有限。例如：

⑬米价阿是主人家定个？（《指南》32）

⑭阿要写啥纸张个？（《指南》37）

⑮阿有啥本事？（《指南》44）

⑯阿曾补过歇实缺个？（《指南》17）

4. “VP 勿 VP?”

一共13个，其中“好勿好”9个，一般动词4个。这说明，北方方言的典型正反问在上海方言里还比较少见，处于一种发展阶段。例如：

⑰侬想，什介办法好勿好？（《指南》75）

⑱骡子好勿好？（《指南》109）

⑲自家点点看，到底对勿对？（《指南》87）

⑳到底盘盘货色看，究竟缺勿缺？（《指南》85）

六、有关正反问句演变的几点启示

考察了上海方言的疑问句类型，我们可以从中发现一些有趣的语言现象以及演变特点，同时，这也给了我们不少启示。

1. 多个方言来源，导致多元化

上海方言在历史上受到各个方言的影响，19世纪末20世纪初主要是苏州地区和宁波地区向上海输入大量的移民，而且由于他们的经济状况比较好，因此成为强势方言，他们对上海土话的影响力，不能小看。到了1949年以后，主要是受到普通话的影响，并且随着苏州地位在吴语区的下降，最近几十年来上海方言疑问句的发展趋势是向普通话靠拢，“阿 VP?”句式逐渐衰亡。而以往极少使用的“V 勿 V”、“V 勿 VO”等正反问也开始出现。

2. 两类问句互补，形成主流化

虽然上海方言里正反问的三种句式都存在，话题疑问句“S 否?”和命题疑问句“S，VP 否?”一直是上海方言疑问句的主流句式，其他只占据辅助地位。这不仅在数量上可以得到证明，而且两者在功能上也形成对立互补的格局，A 式偏重于询问话题实现的情况，B 式偏重于询问命题认可的情况。

3. 多类交融消长，导致杂糅化

上海土话除了直接借用苏州方言的疑问方式之外，还出现借用格式跟本地格式混用的句式。例如“阿 V……?”是苏州方言的典型疑问句式。上海土话虽然也借用了这类句式，但是主要限于“阿是/阿要/阿曾/阿有 V?”，其中动词跟“阿”直接构成“阿 V”疑问句式极少，几乎没有，相比较《海上花列传》（这是用苏州话写成的小说），就出现大量用“阿”直接引入动词的句子。例如：

①庄大少爷阿来里？(《海上花列传》)

②耐阿吃嗄？(《海上花列传》)

③昨日夜头保合楼厅浪阿看见个胖子？(《海上花列传》)

④秀宝是清倌人，耐阿晓得？(《海上花列传》)

⑤人阿缥致嗄？(《海上花列传》)

⑥阿二末比仔么二阿省点？(《海上花列传》)

有趣的是，上海土话里出现了“阿是/阿要/阿曾/阿有 V……否?”混合格式。例如：

⑦阿要偷果子出去卖个否？(《指南》34)

⑧阿要教人来看拉个否？(《指南》34)

⑨阿是受累勿轻否？(《指南》38)

⑩阿是怕者否？(《指南》83)

⑪我阿要紧跟老爷去否？(《指南》110)

甚至于出现“阿是/阿要/阿曾/阿有 V……，V 否?”的混合格式。例如：

⑫自家阿是有个果子树园，是否？(《指南》33)

⑬阿是厨司贴正放之云耳拉去，是否？(《指南》106)

⑭阿是侬有两只官帽，是否？(《指南》110)

4. 普通话影响扩大，形成新的优势句式

上海方言发展的主流导向是向普通话靠拢，也就是说，在保留话题疑问句与命题疑问句的同时，“V 勿 V”以及“V 勿 VO”或者“OV 勿 V”句式迅速崛起，尤其是话题化的“OV 勿 V”句式更有特色，成为跟“话题疑问句”并驾齐驱的优势句式 C。例如：

⑮A 式：饭吃哦？　　　　C 式：饭吃勿吃？

⑯A 式：迭件衣裳漂亮哦？　C 式：迭件衣裳漂勿漂亮？

第十三章　湘语新化话的测度问探析

一、关于测度问

测度问同反问、设问、附加问、回声问等一样，属疑问句的功能类型。关于普通话的测度问，吕叔湘（1942：297～300）和邵敬敏（1996：69～73）都有过研究。综合两位学者的观点以及我们对测度问的考察，现将该类问句的语义和语用特征概述如下：

（1）测度问既然属疑问句范畴，则必有询问的语义功能，因此，像普通话“也许会下雨吧”一类句子，只属测度句，不属测度问句。

（2）说话人在使用测度问时，并非对问题的答案一无所知，而是有信有疑，信大于疑。因此，如果把整个问句系统的信度和疑度的最大值设为1，最小值设为0，那么，测度问信度、疑度的取值范围应当是：[1/2 < 信 < 1]，[1/2 > 疑 > 0]。

（3）说话人对这个信、疑兼具的答案，是通过自身的估计、揣测获知的，而不是通过其他途径（如“道听途说”等）获知的，也就是说，答案的获取具有测度性。

（4）因为测度问的发话人对问题的答案已有一定的倾向，因此，该问句的语用意图已不是纯然要求对方提供答案，而是希望对方对自己的答案予以证实。

这样，对于测度问的语义和语用特征，我们就可以概括为：[+ 询问； + 信大于疑； + 测度； + 求证]。本文所讨论的湘语新化话的测度问，也是建立在这一概念内涵的基础之上的。

二、新化话测度问系统

在新化话的疑问句系统中，测度问是一种极具特色的功能类型。跟普通话相比，新化话测度问格式多样、表意丰富。除了跟普通话共有的“S + 吧 [· p‘a]?”问句外，新化话测度问还包括“S + 怕 [p‘a^{35}]?”、“是有是 + S?”、“S + 咹是 [· ã · ʂʅ] / 咹 [· ã]?”、“S + 咪 [· læ]?”、“S + 偌哩 [· yõ · li]?”和“S + 吗 [mA]?”等多种格式。这些测度问格式，有的不带任何的情感色彩，有的情感色彩特别鲜明。在有情感色彩的测度问形式中，有的表顿悟，有的表不满，有的表惊讶；至于不带情感色彩的测度问，则主要在语义重心或句法形式上存在差异。这样，这些各具个性的测度问形式，就构成了新化话复杂而严密的测度问系统。下面分类说明。

（一）不带情感色彩的测度问

所谓不带情感色彩的测度问，是指有些测度问除具备［＋询问；＋信大于疑；＋测度；＋求证］这几个基本的语义和语用特征之外，不带有任何其他的情感色彩。在上面提到的7种测度问格式中，“S＋吧？”、“S＋怕？”、“是冇是＋S？”、“S＋咹是/咹？”都属此类。

1. S＋吧？

“S＋吧？”是由命题S与疑问语气词“吧”所构成的测度问，这是新化话和普通话所共有的测度问格式，也是一种测度义较强的问句形式。除“吧”的读音与普通话稍有差异外，句调（一般用降调）、功能都与普通话毫无差别。例如：

①个落到尔落有五里路吧？（这里到那里有五里路吧？）

②你是地方人吧？（你是本地人吧？）

③其俚呷哩饭吧？（他们吃了饭吧？）

④你还在想尔件事吧？（你还在想那件事吧？）

2. S＋怕？

“S＋怕？”是由命题S与语气副词“怕”所构成的测度问，这也是一种测度义较强的问句形式。该格式句调升降自由，疑问信息由语气副词“怕”承担。在句法位置上，副词“怕”既可居于句子的主、谓之间，也可位居句尾（在句尾时，“怕”与S间可有短暂停顿，但一般情况下是不停顿的）。例如：

⑤你是地方人（，）怕？（你恐怕是本地人吧？）

⑥你怕是地方人？（你恐怕是本地人？）

⑦其俚冇呷饭（，）怕？（他们恐怕没吃饭？）

⑧其俚怕呷哩饭？（他们恐怕吃了饭？）

有时候，副词“怕”还可同时出现于句中和句尾，这样就构成了“主＋怕＋VP＋怕？”格式。例如：

⑨你怕是地方人怕？（你恐怕是地方人吧？）

⑩其俚怕冇呷饭怕？（他们恐怕没吃饭吧？）

在成因上，“主＋怕＋VP＋怕？”与粤语的“主＋先＋VP＋先”（你先走先）一样，应是由原式与倒装式套合而成的，只是粤语的“先……先”为陈述式，而新化话的“怕……怕”为疑问式罢了。句中这两个“怕”无论在意义、读音还是字调上，都是完全一致的。

至于“S＋怕？”和“S＋吧？”，则在疑惑度的范围大小上存在差异。因为“S＋吧？”既可用于高疑惑度的询问，也可用于低疑惑度的询问；而“S＋怕？”则只能用于高疑惑度的询问。这种范围大小的差异，表现在句法上，就是“S＋吧？”既可插入“可能”、“怕”（恐怕）等高疑性副词作状语，也可插入“应该”、“一定”等低疑性副词作状语；而“S＋怕？”则只能插入“可能”、“怕”等高疑性副词作状语。例如：

⑪你有呷饭吧？→你可能/怕有呷饭吧？

⑫你有呷饭吧？→你一定/应该有呷饭吧？

⑬你有呷饭怕？→你可能/怕有呷饭怕？

⑭你有呷饭怕？→＊你一定/应该有呷饭怕？

3. 是有是+S？

“是有是+S?”是由正反问结构“是有是”与命题S组合所构成的测度问。这是与普通话“S，是不是?”相对应的问句形式，该格式的疑问信息由“是有是”这一正反问结构承担。在句法上，新化话“是有是”同普通话“是不是”一样，既可位于句首，也可位于句子的主、谓之间或句尾。但是，当“是有是”位于句尾时，除S后附疑问语气词“咹”（啊）时“S咹”与“是有是”间有短暂停歇外，“是有是”与S间一般是没有语音停顿的；而普通话句尾的“是不是”与S间一般都有语音停顿。例如：

⑮你数学有及格是有是？（你数学没及格，是不是？）

⑯其是有是考倒大学哩？（他是不是考上大学了？）

⑰鹅梨熟哩咹，是有是？（梨子熟了啊，是不是？）

⑱是有是明日天晴哩？（是不是明天天晴了？）

当然，无论普通话还是新化话，当“是不是/是有是”位于句中时，命题S的谓语部分都只能为谓词性词语（VP），而不能为体词性词语（NP），否则，这问句就不是测度问而只是一般问。例如：

⑲今日是有是星期三？（今天是不是星期三？）

⑳其是有是尔俚要找嘅尔个人？（他是不是你们要找的那个人？）

上述两例，因为“是不是/是有是”之后的成分由NP充当，因此问句的测度义并不明显，我们只能把它们归入一般问而不能归入测度问（邵敬敏、朱彦2002）。

至于“是有是+S?”与前边“S+吧?”和“S+怕?”的差异，则主要在语义重心上，因为“S+吧?”和“S+怕?”重测度，而“是有是+S?”重求证。这种语义重心的差异，可通过以下方法来加以验证：

第一，看它们能否与测度义副词相组合。从前面的研究可以看出，尽管“S+吧?”和“S+怕?”与测度副词“可能”、“怕”、“一定”、“应该”等的组合并不完全一致，但总体来看，二者还是可与测度义副词相组合的。至于“是有是+S?”，则不能与测度义副词相组合。例如：

⑮’你数学有及格是有是？——＊你数学可能/怕/一定/应该有及格是有是？

⑯’其是有是考倒大学哩？——＊其是有是可能/怕/一定/应该考倒大学哩？

⑰’鹅梨熟哩是有是？——＊鹅梨可能/怕/一定/应该熟哩是有是？

⑱’是有是明日天晴？——＊是有是可能/怕/一定/应该明日天晴？

第二，看它们能否置于求证义鲜明的具体语境。例如，下边的例㉑、㉒，问句的求证义都非常鲜明。可以看出，“是冇是 + S?”是可置于这种求证义鲜明的具体语境的，而“S + 怕?”和“S + 吧?”则不能置于这种特定语境。

㉑你讲咹！妈妈其俚出去哩是冇是？（你说呀！妈妈她们出去了是不是?）

＊你讲咹！妈妈其俚出去哩怕？

＊你讲咹！妈妈其俚出去哩吧？

㉒你讲咹！尔粒菜是冇是咸呷完哩？（你说呀！那些菜是不是都吃完了?）

＊你讲咹！尔粒菜咸呷完哩怕？

＊你讲咹！尔粒菜咸呷完哩吧？

4. S + 咹是/咹?

“S + 咹是/咹?”是由语气词“咹是”或“咹”后附于命题S所构成的测度问。[①]这也是一种以求证为语义重心的测度问。在该格式中，疑问信息由语气词“咹是”或“咹”承担，句调可升可降。“咹是”与“咹”通常可互换，且换后句子语意不变。例如：

㉓今日是21号咹是？——今日是21号咹？（今天是21号，是不是?）

㉔其万千嘅钱咹是？—— 其万千嘅钱咹？（他有大把钱，是不是?）

㉕你唔想去咹是？——你唔想去咹？（你不想去，是不是?）

㉖冇得车哩咹是？——冇得车哩咹？（没有车了，是不是?）

对于“S + 咹是?”这一格式，我们所关注的是其中“咹是”的性质和来源。在汉语方言中，与“咹是”功能相当、形貌相近的是上海话用于测度问的“阿是”。邵敬敏（1999）认为，上海话“阿是”是疑问副词“阿”和语气副词“是”的结合体，已经融合成一个疑问副词。在使用中，该词有以下特点：①“阿是”总位于句中，不位居句尾，[②]②“阿”的作用是显示询问人的疑问焦点所在，所以“阿”总是重读，③“阿是”在语音上不读轻声；④与“阿是”功能相当的还有“阿有”、“阿好”、“阿会得”等词语。而新化话“S + 咹是?”虽然与上海话“阿是VP?”在功能上大体相当，但就“咹是”与“阿是”的特性而言，则差异较大。因为在新化话中，“咹是”只能居于句尾；不能重读且只念轻声；也没有与“咹是”功能相当且以“咹”为构词语素的其他词语。正因为这样，我们把“咹是”归入疑问语气词而非疑问副词。至于“S + 咹是?”的来源，我们认为，它是由“S + 咹，是冇是?”这一结构的紧缩以及“冇是”的脱落而形成的。在前面有关“是冇是 + S?”一式的论述中，我们提到，当“是冇是”位居句尾时，S可先与疑问语气词“咹”组合，然后再与“是冇是”组合构成“S咹，是冇是?”格式。因为“S咹?”本身即可构成以求证为语义重心的测度问，加之“S咹，是冇是?”中“咹”和“是冇是”间的停顿短暂而不明显，所以，我们不难推断，通过“S咹，是冇是? →S咹是冇是? →S咹是?”这样的结构紧缩以至相关词语脱落的过程，是完全可以形成“S咹是?”这一格式的。

至于“S + 咹是/咹?”与“是冇是 + S?”，则功能相当且一般可以互换。例如：

㉗其俚行咖哩咹是（咹）？↔其俚行咖哩咹，是冇是？（他们走了，是不是？）

㉘床铺里湿哩咹是（咹）？↔床铺里湿哩，是冇是？（床上湿了，是不是？）

㉙你昨夜里冇做作业，是冇是？↔你昨夜里冇做作业咹是（咹）？（你昨晚没做作业，是不是？）

㉚其俚爷唔去，是冇是？↔其俚爷唔去咹是（咹）？（他爸爸不去，是不是？）

但是，正如我们前面所提到的，测度问"是冇是 + S?"一般是不能以"主 + 是冇是 + NP?"形式出现的，但"S + 咹是/咹?"中的主体结构 S 则可以采用任何形式。例如：

㉛今日星期三咹是（咹）？（S 为名词性谓语句）

㉜21 日清明节咹是（咹）？（S 为名词性谓语句）

㉝天气蛮冷咹是（咹）？（S 为形容词性谓语句）

㉞其是回去哩咹是（咹）？（S 为动词性谓语句）

（二）有情感色彩的测度问

所谓有情感色彩的测度问，是指有些测度问除具备［ + 询问； + 信大于疑； + 测度； + 求证］这几个基本的语义和语用特征外，还带有鲜明的情感色彩。在上面提到的 7 种测度问格式中，"S + 唻?"、"S + 偌哩?"、"S + 吗?"都属此类。

1. S + 唻？

"S + 唻?"是由疑问语气词"唻"与命题 S 组合所构成的测度问。[3]这是一种顿悟性色彩非常鲜明的测度问格式，即说话人在使用此格式时，常常是就自己顿悟到的答案向对方求证，因而说话时总带有恍然大悟的情感色彩。在这种问句形式中，疑问信息总是由疑问语气词"唻"承担，句子语调一般只用降调。在语法形式上，该式常可在句子前添加表示顿悟的叹词句"哦［o^{21}］！"，之后，句子顿悟的色彩表现得更为明显。例如：

㉟（哦！）你对门杨家嘅唻？（哦！你对面杨家的，是不是？）

㊱（哦！）你冇呷早饭唻？（哦！你没吃早饭，是不是？）

㊲（哦！）昨日蛮热唻？（哦！昨天很热，是不是？）

㊳（哦！）考得唔好唻？（哦！考得不好，是不是？）

因为普通话中根本没有与"唻"对应的疑问语气词，因此，在上面的普通话译文中，我们只能采用"哦 + ， + S + ， + 是不是?"这样的形式进行曲折性对译。

2. S + 偌哩？

"S + 偌哩?"是由疑问语气词"偌哩"[4]与命题 S 组合所构成的测度问。这是一种不满非常明显的测度问格式。说话人在使用此格式时，认为估测信息 S 违背了某一应该遵循的常理、常态或常识，因而问话时往往有不满、恼怒或责备的情感色彩。例如：

㊴个时节哩，你还冇起床偌哩？（这个时候了，你还没起床吗？）

㊵你早饭也冇呷偌哩？（你早饭也没吃吗？）

㊶妈妈其俚真嘅到广州去哩偌哩？（妈妈她们真的到广州去了吗？）

㊷和你讲咖好几遍，你又忘咖哩偌哩？（跟你说了好几遍，你又忘记了吗？）

以上面㊴、㊵为例，在说话人的预设中，总存在着这样的常识或常理："这个时候是应该早就起床了的"、"早饭是一定要吃的"，但现在发话人估测到的信息却是"这个时候了你还没起床"、"你早饭也没吃"。这样，发话人在用"S＋偌哩？"这一格式向对方表求证性询问时，显然带有不高兴、似乎要埋怨对方的情感色彩。在这种格式中，疑问信息总是由疑问语气词"偌哩"承担，句子一般不用升调，只用降调和平调。

需要指出的是，上面的普通话译句，与相应的新化话例句也不是完全对应的。因为没有语境的衬托，普通话"吗"字句是很难显示出"不满"义来的。但是，如果S不是偏离某一常理、常态或常识，而是与说、听双方都熟知的某一事实构成对立，那么，"S＋偌哩？"与"S＋吗？"在意义上就完全对应了。但这时句子所显现的都是责备义而不是测度义和求证义，这两种格式在类型上也只能归为反诘问了。例如：

㊸我喊你个多遍哒唔应，你一只耳朵聋咖哩偌哩？（我喊你这么多遍都不答应，你难道耳朵聋了？）

㊹一点个哩嘅事唧也怕，你是从你俚妈妈肚子里底吓出来嘅偌哩？（这么一点小事也怕，你难道是在你妈肚子里因受惊而出生的吗？）

3. S＋吗？

"S＋吗？"是由疑问语气词"吗"与命题S组合所构成的测度问。这是一种惊讶义测度问。因为说话人在使用此格式时，总是就自己意料之外的答案求证对方，因而问话时总带有惊奇、意外的情感色彩。在这种格式中，疑问信息总是由疑问语气词"吗"承担，句子语调可用平调或升调，但一般不用降调。例如：

㊺饭熟哩吗？（饭熟了吗？）

㊻你按着个肚子做么个？疼吗？（你按着肚子干什么？疼吗？）

㊼其俚来哩吗？（他们来了吗？）

㊽有米哩吗？（有米了吗？）

当然，上述几例，虽然新化话语例测度义和惊讶义都比较明显，但普通话在没有语境衬托的情况下似乎很难体味到这两种意义。这主要是因为，虽然新化话"吗"与普通话"吗"表面上似乎完全一致，但两者在功能上是不对应的。新化话"吗"字句只用为测度问和反诘问，而普通话"吗"字句的常规用法为中性问，只有在S为否定式或句子语调带有明显上扬调时才可用为测度问和反诘问。至于新化话中不带任何语义倾向的中性问，则往往使用另一疑问式"S＋喃？"。例如：

㊾你去喃？（你去吗？）

㊿其俚行咖哩喃？（他们走了吗？）

(51)黑咖哩喃？（黑了吗？）

52个个药苦喃？（这个药苦吗？）

三、新化话测度问比较

最后，借助语义特征分析法，我们把新化话两大类七小类测度问的联系与区别表述如下：

	[±询问]	[±信大于疑]	[±测度]	[±求证]	[±情感色彩]
1. S+吧？	+	+	+（强）	+	-
2. S+怕？	+	+	+（强）	+	-
3. 是有是+S？	+	+	+	+（强）	-
4. S+咹是/咹？	+	+	+	+（强）	-
5. S+咪？	+	+	+	+	+（顿悟）
6. S+偌哩？	+	+	+	+	+（不满）
7. S+吗？	+	+	+	+	+（惊讶）

说明：在上述矩阵中，“+”表示具有某一特征；“-”表示不具有某一特征；“+（强）”表示跟其他格式相比，该特征在此格式表现得更为明显。

至于“S+吧？”与“S+怕？”以及“是有是+S？”与“S+咹是/咹？”的差异，则主要在疑度的取值范围以及句法结构上。因上文已有分析，恕不赘述。

附注

①值得注意的是，这两个语气词还可用于不以测度为前提的一般求证问。如“听倒讲你考倒大学哩，你真慨考倒哩咹是（咹）？”（听说你考上大学了，你真的考上了啊？），因为这种情况与本文的中心议题关系不大，这里不予讨论。另外，在湘方言中，益阳话和邵阳话也可用“S+咹是？”表示测度问。

②当然，中间有停顿的“S，+阿是？”格式在上海话中也是可以成立的。

③在新化话中，疑问语气词“咪”除了用于测度问外，还可用于非测度的特指问、选择问和正反问。但我们认为，这两个“咪”不能算同一个词，因为前者在普通话中没有与之对应的词语，而后者与普通话“呢”是对应的。

④在新化话中，“偌哩”还可作疑问代词使用。如“你偌哩唔去？”（你为什么不去？）我们认为，这两个“偌哩”只能算同音同形词，它们在意义上是没什么联系的。

第十四章　广州话的是非问句研究

广州话是非问句较有特色，它在广州话疑问句的四种类型中情况最为复杂，然而，此前受到的关注却甚少，尚有不少问题亟待解决，其中比较突出的如：广州话是非问句具体有哪几种表达手段？各家所归纳的表是非问的疑问语气助词数量相差很大，原因何在？疑问语气助词界定的标准应该是什么？如何根据疑问程度的高低与表达功能的差异给广州话是非问句作出其内部的分类，并且做到形式与意义的相互验证？……有鉴于此，本章拟对广州话的是非问句作一个较为全面深入的研究。

本章所说的是非问句，内涵与传统的提法相一致，即指结构跟一般陈述句相同，以整个句子为疑问点，要求对整个命题的是与非作出回答的疑问句。

一、广州话疑问语调与语气助词的关系

我们认为，解决上述问题的关键是首先要弄清楚广州话疑问语调①与语气助词的关系。

关于语调和字调，赵元任先生（1933，见 2002）曾指出两者是“叠加”的关系，并分析了“合并叠加”和“后续叠加”。在广州话中，“后续叠加”好理解，“就是在句末的字调后面接上语调”（麦耘 1998），对此一般不会有什么异议。如例①b，就是在原句末字调“21”调后续叠加上了表示疑问的高升语调，成了“215”调。

①a. 佢后日嚟［$lɐi^{21}$］。（他后天来。）

b. 佢后日嚟［$lɐi^{215}$］？（他后天来？）

而“合并叠加”则相对要复杂些，这是因为这种情况下句末都出现了语气助词。那么，疑问语调与语气助词的关系是怎样的呢，学界存在不同的观点：

一种观点认为粤方言疑问语调影响语气助词调值的改变。张洪年（1972）指出：粤语中……有一种疑问语气是 35 的语调，表示有所怀疑而提问真相，这个语调一加在前面的音节上，前面音节的调值也就往往变了，例如……真嘅 jànge：真嘅↗jàngé……“嘅”本身是一个助词，因为受到语调的影响，而使到调值改变，所以我们把两个“嘅”只当成一个助词而已。麦耘（1998）也指出，在广州话中，“覆盖叠加”（即赵元任先生所提的“合并叠加”）就是语调把原字调覆盖了，或者说取代了。

另一种观点则认为，是粤方言疑问语调“趋同”于语气助词的字调。如方小燕（2003）：在广州方言里……如果没有句末语气助词“啊 a^{21}”、“咧 $lɛ^{21}$”、“佢去？”这句疑问句是不能说的，当然就不存在“佢去？↘”用低平调表示疑问语气的情形了。

当出现了声调是低平调值的句末语气助词“啊 a^{21}”“咧 $l\varepsilon^{21}$”时，表示疑问语气的句子就可以说了。……这表明：在广州方言里，有时语调所表示的语气不是由语调决定的，而是由句末语气助词决定的。为什么句末语气助词有这么大的本领？——是因为句末语气助词“啊 a^{21}”、“咧 $l\varepsilon^{21}$”等具有低平的调值，致使句子的疑问语调具有低平的音高特征。

这两种观点的不同，直接影响了对上述问题所得结论的不同。

我们认为，前一种看法是正确的，在广州话中，的确是疑问语调影响了语气助词调值的改变，而不是相反。除了张洪年（1972）所举的大家都认可的表示疑问的高升语调外，广州话还存在着一个表示疑问的低平语调②，正是它改变了一些句末语气助词的调值。具体来说，以往有的文献所列举的一些标调为 21 的疑问语气助词（如“啊 a^{21}”、“啦 la^{21}”、“㗎 ka^{21}”、“咋 tsa^{21}”等），并非是疑问语气助词，只不过是原有的语气助词（如“啊 a^{33}”、“啦 la^{33}”、“㗎 ka^{33}”、“咋 tsa^{33}”等）受到表示疑问的低平语调的影响，调值发生了改变而已。理由如下：

其一，读低平调的语气助词语义跟读原调（33）的相同，并非是不同的语气助词。

我们先来看看下面几组例句，其中低平语调实际读来跟阳平 21 调基本一样，这里暂且先按传统的做法标音。

②a. 3 个人咋［tsa^{33}］。（才 3 个人。）

　b. 3 个人咋［tsa^{21}］？（才 3 个人哪？）

③a. 佢冇读书啦［la^{33}］。（他没上学啦。/ 他没上学了呀。）

　b. 佢冇读书啦［la^{21}］？（他没上学啦？/他没上学了呀？）

④a. 本书係明仔㗎［ka^{33}］。（这本书是小明的呀。）

　b. 本书係明仔㗎［ka^{21}］？（这本书是小明的呀？）

⑤a. 我重想去啊［a^{33}］。（我还想去呀。）

　b. 你重想去啊［a^{21}］？（你还想去呀？）

例②a 的句末语气助词“咋”表示“仅此而已”，相当于普通话的“才”、“只（有/是）”，含认为数量小或等级、范围低等义。再如：佢係科长咋。（他只是个科长。）不难看出，例②b 与例②a 相比，“仅此而已”义是相同的；不同的只是随着语气由陈述转为疑问，“咋”也由 33 调变为念低平调而已。这就是说，“咋”仍表“才”，它的 21 变调才是表疑问。如果硬要把 a、b 两种情况下同表“仅此而已”的“咋”区分为两个，一个是语气助词，另一个是疑问语气词，那似乎不太说得过去。

更能说明问题的是例③至例⑤。3 个 a 句中的语气助词看似不同，实际上都含有“啊”：

例③a. 啦［la^{33}］ =喇（了）［lak^{33}］ +啊［a^{33}］

例④a. 㗎［ka^{33}］ =嘅（的）［$k\varepsilon^{33}$］ +啊［a^{33}］

再看这几组例子的 b 句，显然，例③b、例④b 的疑问语气表面上都体现在整个合音词字调的改变上，然而实质上均与例⑤b 一样，都是由“啊”的变调承载着疑问语气。那么，“啊”是不是疑问语气词呢?

关于共同语的句末语气助词“啊”，语法学界已取得共识，认为它不负载任何的疑问信息，不是疑问语气词。至于广州话的“啊”，可以说与普通话没有什么差别。例如：

⑥你重想唔想去啊［a^{33}］?（你还想不想去呀?）

上面例⑤a 的“啊”本来就不是出现在疑问句中。例⑥“你重想唔想去啊［a^{33}］?”也可用“你重想唔想去?”发问，该句的疑问信息的体现者是正反结构。这说明，例⑥中的“啊”也不是疑问语气助词。再看例⑤b，这里的“啊”与例②的“咋”是同样的道理，“啊”也不宜区分为两个。

综观以上这几组例子的 b 句，可以清楚地看到，它们都有共同点，的确都是低平的疑问语调改变了语气助词的调值，即通过“覆盖叠加”把原字调覆盖了。因此，以往有的文献把“啊 a^{21}”、“啦 la^{21}”、“㗎 ka^{21}”、“咋 tsa^{21}”和“啊 la^{33}”、“㗎 ka^{33}”等都列为疑问语气助词是欠妥当的。这样，我们可以把上面 4 组例句的 b 句改写为：

②b’. 3 个人咋［tsa］→?（才 3 个人哪?）

③b’. 佢冇读书啦［la］→?（他没上学啦?）

④b’. 本书係明仔㗎［ka］→?（这本书是小明的呀?）

⑤b’. 你重想去啊［a］→?（你还想去呀?）

其二，广州话中表示疑问的高升语调跟低平语调在表达功能上有差异，有区分的必要。试比较：

⑦甲：今匀我哋派王凡去。（这回我们派王凡去。）

乙：a. 佢↗?（他?）

b. 佢啊→?（他呀?）

⑧甲：呢度点解咁热嘅?（这儿怎么这么热?）

乙：a. 热↗? 你正话喺出边入嚟啫。（热? 你刚从外头进来罢了。）

b. 热啊→? 热就开空调啦！（热呀? 那就开空调吧！）

⑨（看见对方头上冒汗。）

a. * 热↗?

b. 热啊→? 热就开空调啦！（热呀? 那就开空调吧！）

⑩（看见对方在收拾东西。）

a. 你要走↗?

b. 你要走啊→?

显然，上述句子除例⑨外，a 句的高升语调都用在出乎意料的场合，表达出诧异的疑问语气，如例⑧a 中，乙在屋里并不觉得热，用高升语调表达出他对甲的抱怨感到惊讶；而 b 句的低平语调都用在言者对现场所闻、所见或感受到的某种情况进行再确认或求证的场合，表达出一种求证的疑问语气，如例⑧b 中，乙只是接过甲关于屋里热的话题用低平语调再确认一下，接着提出建议。可见，两种疑问语调的疑问功能确有不同之处。至于例⑨，对方头上冒汗可有多种原因，可能是热，也可能是哪儿不舒服，疼得冒汗，处在这种语境下 a 句使用的是惊讶的语气，显然不合适；而 b 句中言者是就自己的估计提出求证，这才恰当。

值得注意的是，表示求证的疑问语气并非只出现于回声问，例⑨、⑩就是一般的是非问。以往总是说在是非问句中，如果没有疑问语气词，语调就是升调。现在看来，这种提法忽略了用低平语调的情况，是有欠全面的。高升语调跟低平语调形式不同，功能也有区别，应该承认广州话中有表示疑问的低平语调，并把它与高升语调加以区分。

其三，广州话中，表示疑问语气的低平语调必须依附在句末语气助词上是有其道理的。

上文已述，方小燕（2003）曾指出，在广州话里，如果没有句末语气助词“啊 a^{21}”、“咧 $lɛ^{21}$”等，就不存在用低平调表示疑问语气的情形，这的确看到了问题的特殊性。但我们认为这很好解释。首先，“啊 a^{21}”、“咧 $lɛ^{21}$”并不属于同一类情况。“咧”是疑问语气词，21 调就是它的本调，表示相应的疑问语气时缺它当然不可。至于“啊”系列的语气助词，正如我们所分析的，并非因它们念 21 调，导致疑问语调不得不趋同于它们改变音高特征，而是诧异语气与求证语气的不同决定了语调的不同，在表求证语气的低平调的影响下，它们变读 21 调。那么，为什么句子不能直接读低平语调，而需要加上“啊”等语气助词才能成立呢？我们认为，这应与一般陈述语调本身呈微降状态有关。陈述语调本身音高已不是太高，又是微降的，低平语调受前字调的影响，也有微降，两者区别特征不分明，不利于表意，所以，后者需要加进语气助词，更好地帮助表达求证的语气。

至于选择“啊”系列的语气助词，也有其根据。因为“啊”在疑问句中起的正是舒缓语气的作用（朱德熙 1982；陆俭明 1984；《现代汉语词典》2005）（试比较：“你去不去?”与“你去不去啊?”）。相比之下，是非问句中的求证语气恰恰要比诧异语气来得缓和，选用可以缓和语气的“啊”正好符合它的需求，也就是说，两者正好相吻合。

其四，如果把“啊”系列的语气助词处理为疑问语气助词，将不利于与广州话以及普通话系统的处理原则保持一致。

麦耘发现，在汉语中，赵元任先生（1933，见 2002）提出的语调和字调之间所存在的“合并叠加”（麦耘称为“覆盖叠加”）和“后续叠加”这两种关系呈现出这样的规律：句末单字为非语气助词的，疑问语调“后续叠加”在句末的字调上；句末单字为语气助词的，疑问语调则“覆盖叠加”在句末的语气助词上。这是因为疑问语调若“覆盖叠加”在句末的非语气助词上，会因改变了字音而改变句意，不利于交际，故句末单字为非语气助词的只能取“后续叠加”的办法；而疑问语调“覆盖叠加”在句末的语气助词上则影响不大。我们认为此说有理。来看具体的例子：

⑪甲：真冷！

乙：a. 你冷^{215}↗?（“冷”不是语气助词，高升语调必须“后续叠加”。）

b. * 你冷^{35}↗?（高升语调若“覆盖叠加”，会误听为“你能?”）

⑫甲：这样做肯定行。

乙：［怀疑］a. 行^{356}↗?（“行”不是语气助词，高升语调必须“后续叠加”，原字调已是35调，后续叠加高升语调后声调升得更高。）

b. * 行^{35}↗?（若仍念35调，即“覆盖叠加”，只能理解为表赞同的“行”，不可能准确地表达怀疑的语气。）

⑬甲：他出国了。

乙：他出国了^{35}↗?（表惊讶的高升语调“覆盖叠加”在语气助词“了”上。）

⑭甲：你考了第一。

乙：真的^{35}↗?（表惊讶的高升语调“覆盖叠加”在语气助词“的”上。）

再看广州话，完全是同样的情况。上文提到过，“佢后日嚟［lɐi^{215}］↗?（他后天来?）”是“后续叠加”；“真嘅［kɛ^{33}］（真的）”处于是非问句句末时，表示疑问的高升语调“覆盖叠加”在语气助词“嘅［kɛ^{33}］的”上，“嘅”变读为“嘅［kɛ^{35}］”。

这说明，当句末是语气助词时，表疑问的高升语调的确是“覆盖叠加”在该语气助词上。

值得注意的是，例⑬中的语气助词“了”也是不可缺少的（“他出国↗?”并不能准确表达句子的原意），可学界从没有把位于句末受疑问语调影响变读35调的“了”视为疑问语气词，从不认为疑问信息是由上述普通话的“了”、“的”和广州话的“嘅”之类语气助词承担的，而是一致肯定负载疑问语气的是高升语调，给其独立的地位。那么，广州话中，“啊”系列的语气助词同样是类似的情况，受表求证的疑问语调影响变读低平调，就更没有理由将它们做不同的处理，没有理由硬要把它们跟非是非问句中的“啊”区分开来了。应该把它们调值改变的情况与上述“了”、“的”和“嘅”的情况做同等的看待，应该承认广州话低平语调也负载疑问功能这一事实。只有这样，才符合同一系统中同类情况做同样处理的原则。

理清了上述关系，我们认为，至少有如下好处：

（1）明确了同是询问的语气，可以是表示诧异的，也可以是表示求证的，它们所采用的语调的类型不相同。这就有利于我们在疑问范畴研究的过程中找到规律性的东西，较好地贯彻语法意义与语法形式相结合的原则。

（2）明确了疑问语调影响语气助词调值的改变，而不是相反，有利于我们认识疑问语调在表达疑问语气中的作用；有利于我们正确地区分语气助词和疑问语气助词。同时，就广州话而言，能够较好地避免语气助词和疑问语气助词交叉，后者“队伍”庞杂等情况的出现。

（3）有利于我们进行类型学上的比较与研究。我们可以进一步观察、研究共同语以及各地方言表示惊讶和求证两种语气是否都具有相同的特征，而不至于眼前看到的仅仅是一个一个孤立的语气助词。

二、广州话是非问句表达疑问的手段

广州话是非问句表达疑问的手段有两大类：在陈述句后加上疑问语气助词或疑问语调。陈述句本文用“S”表示。

（一）S＋疑问语气助词？

上文我们已论证了广州话疑问语调影响语气助词调值改变，用此观点去审视位于广州话是非问句句末的语气助词，我们发现，真正负载疑问功能，能称得上疑问语气助词的只有以下 6 个：

1. “嘛”［ma^{33}］

“嘛”用于一般询问。“一般询问”指的是为打听不了解的事实而提问，属于中性问。这种用法在广州话是非问句中只有“嘛”一个。例如：

①王老师喺屋企嘛？（王老师在家吗？）

②你去过泰国嘛？（你去过泰国吗？）

③佢嘅意见你同意嘛？（他的意见你同意吗？）

④你爸爸身体好啲喇嘛？（你爸爸身体好点儿了吗？）

“嘛”可译作普通话的“吗”，因此也有写为“吗”的。但与普通话的“吗”相比，广州话的“嘛”功能专一很多，因而使用范围也窄很多。

其一，普通话的“吗”还可用于表示诧异或带有怀疑倾向的句子；广州话的“嘛”不行。

⑤a. 你没跟他们一起去吗？（普）

b. ＊你冇同佢哋一齐去嘛？（广）

⑥a. 就这么两本吗？（普）

b. ＊就噉两本嘛？（广）

其二，普通话的“吗”还可用于无疑而问的句子，即反问句；广州话的“嘛”不行。

⑦a. 哼，这些你懂吗？（普）

b. ＊哼，呢啲你识嘛？（广）

⑧a. 我不是告诉过你吗？（普）

b. ＊我唔係话过畀你知嘛？（广）

其三，普通话的“吗”问句可以有否定形式；广州话的“嘛”问句不行。

⑨a. 啊？你不知道吗？（普）

b. ＊啊？你唔知嘛？（广）

⑩a. 这样做不好吗？（普）

b. ＊噉做唔好嘛？（广）

可见，“嘛”是专职的表示因不了解而询问的疑问语气词。只要句子的命题中有“就”、“只”、“连”等明确表示肯定的词语，或者出现了否定词“不”、“没”或有表示否定态度的词语，那就表明问者已经知道答案了，再要表示疑问的话，就只能是对这个否定的命题表示惊讶或疑惑，而不是中性的问，就不能用“嘛”。因此，准确地说，“嘛”只用于肯定形式的是非问句，而不能用在否定形式的是非问句。

关于这个“嘛”，赵元任先生认为是“唔”［$\acute{m}^{21}$］和“啊”［a^{33}］结合在一起的结果（转引自张洪年 1972）。此说有道理。

2. 咩［$m\varepsilon^{55}$］

“咩”在表示有疑而问的功能上正好与“嘛”相反，即上文例⑤～⑩中不能用“嘛”的 b 句都能用“咩”。用法主要有以下两点：

（1）用于表示诧异或疑惑。例如：

⑤b'. 你冇同佢哋一齐去咩？（你没跟他们一起去吗？）

⑥b'. 就噉两本咩？（就这么两本吗？）

⑨b'. 啊？你唔知咩？（啊？你不知道吗？）

⑪ 咦？噉都得嘅咩？（咦？这样也行的吗？）

（2）用于反诘。例如：

⑦b'. 哼，呢啲你识咩？（哼，这些你懂吗？）

⑧b'. 我唔係话过畀你知咩？（我不是告诉过你吗？）

⑩b'. 噉做唔好咩？

需要说明的是，用于表示诧异或疑惑时，“咩”只能读零语调，即其高平的本调，不能读降语调；而用于反诘时，则不然，有高平调的读法，也有降语调的读法。不过，两者的语气轻重有不同，后者反诘语气更重。例如：

⑫我唔係同你讲过咩↘？（我不是给你讲过吗？）

例⑫如果用在老师辅导学生的场合，显然不妥；而用在诸如生气或指责的情景下则很自然。

3. 咧［$l\varepsilon^{13}$］

“咧［$l\varepsilon^{13}$］”表示不出所料的求证，相当于普通话疑问语气词“吧”的部分用法。具体如下：

（1）用在先前已有所料、情况证实了果真如此的场合下。例如：

⑬我话过佢实会嚟咧？（我说过他肯定会来的吧？）

⑭嗱，畀佢闹咗一餐咧？（瞧，果真被他骂了一顿吧？）

⑮嗰度好值得去咧？（对吧？那儿的确很值得去吧？）

该用法含有“我说过的，瞧，情况真的是这样吧”之意。这里的“不出所料”之“料”，对于言者来说，有的是事前的揣测，如例⑬、⑭；有的则根据自己的了解或亲身经历，在事前已主观上有所认可，如例⑮。

这类句子为了强调，除了用“咧”外，还常直接出现“我话过（我说过）”、“嗱（瞧）”这样的字眼，如例⑬、⑭；有的单纯用“咧”已足以表达出这层意思，如例⑮。

（2）用在已料定如此，需进一步证实的场合。例如：

⑯你唔係几同意噉做咧？（你不大同意这样做吧？）

⑰好瘡咧？（很累吧？）

这种用法跟第（1）种一样，也是已有所料，且信大于疑，只不过这儿所判断、料定的是对方的情况，尚需先证实。不含“我说过的，瞧，情况真的是这样吧”之意。

4. 啩［kwa^{33}］

“S＋啩?”侧重于表示对已存在的或将发生的未知情况的揣测，而不是求证，相当于普通话的“S＋吧?”的部分用法。例如：

⑱佢哋唔会係荡失路啩？（他们不会是迷路了吧？）

⑲咁夜喇，冇车啦啩？（这么晚了，没车了吧？）

⑳佢会帮我哋啩？（他会帮我们吧？）

“啩”表示对已存在的未知情况的揣测，如例⑱；或对将发生的情况的揣测，如例⑲、⑳。

5. 嗬［$hɔ^{35}$］

“嗬”相当于普通话的“对吧”，希望对方认同自己的观点、看法。例如：

㉑几好食嗬？（挺好吃的，对吧？）

㉒呢场波我哋实会赢嘅嗬？（这场球我们队肯定会赢的，对吧？）

㉓噉嘅人实冇好下场嘅，嗬？（这样的人肯定没有好下场的，是吧？）

“嗬”与前面的观点、看法之间可以没有停顿，如例㉑、㉒；也可以有停顿，如例㉓。

6. 咧［$lɛ^{21}$］

“咧［$lɛ^{21}$］”表示征询、商量，带有希望对方同意自己的做法、建议的意思。有时有恳求的口气。例如：

㉔我哋去问下佢咧？（我们去问问他吧？）

㉕大家齐心夹力做完佢咧？（大家齐心合力把它干完吧？好不好？）

“咧［lɛ21］”与“嗬”都着眼于希望对方同意。不过，“咧［lɛ21］”是希望对方同意自己的做法或建议；“嗬”用于希望对方同意自己的看法。

（二）S＋疑问语调？

广州话在陈述句（S）后所加的疑问语调有高升语调和低平语调两小类：

1. S＋↗？

“S＋↗？”往往表达诧异、疑惑的语气，语调高扬。问话人往往并不是想询问什么，也不着重在求证什么，而是表达自己对刚得悉的情况的惊讶，如例㉖；或怀疑，如例㉗。

㉖佢输咗畀个新仔↗？（他输给了个新手↗？）

㉗呢种人会发善心↗？（这种人会发善心↗？）

有时，问话人也有求证的意味，但更多的是诧异、疑惑。试比较：

㉘他今次考试唔合格啊→？（他这回考试不及格啊→？）

㉙他今次考试唔合格↗？（他这回考试不及格↗？）

例㉘可有不同情况，可能是正常的求证，也可能是多少有些出乎意料之求证。例㉙不排除有求证的意味，但惊讶的语气非常重。这说明高升语调侧重表达诧异、疑惑的语气，与低平语调的最基本的功能是不尽相同的。

2. S＋啊（或：咋、啦、㗎）→？

如前所述，广州话是非问句中的低平语调负载着表示求证的疑问信息，它“覆盖叠加”在“啊”（或：咋、啦、㗎）等语气助词的字调上。除了前面举过的例子外，再如．

㉚甲：天气预报话听日有暴雨。（天气预报说明天有暴雨。）

乙：听日有暴雨啊→？（明天有暴雨呀→？）

㉛甲：佢唔嚟喇。（他不来了。）

乙：佢唔嚟啦→？（他不来啦→？）

㉜甲：做完功课啦→？（做完作业啦→？）

乙：早就做完啦。（早就做完了。）

㉝甲：你唔等佢啦→？（你不等他啦→？）

乙：唔等啦！（不等了！）

这种格式的求证可以是回声问，如例㉚、㉛，但也常用于非回声问场合，如例㉜、㉝。前者说话人已得知答案，发问时有时会带有一定程度的疑；后者说话人根据眼前的情况已有初步的估测。这两种情况下说话人发问都是着眼于进一步求证。

三、广州话是非问句的功能类别

从疑问功能看，广州话是非问句大致可分为以下五类：

功能		形式	疑问手段
一般询问	中性问	S＋嘛［ma^{33}］？	疑问语气词
	回应性求证	S＋啊（或：咋、啦、㗎）→？	低平语调
求证	不出所料式的求证	S＋咧［$l\varepsilon^{13}$］？	疑问语气词
	寻求认同式的求证	S＋嗬［$h\text{ɔ}^{35}$］？	疑问语气词
揣测		S＋啩［kwa^{33}］？	疑问语气词
征询		S＋咧［$l\varepsilon^{21}$］？	疑问语气词
诧异、疑惑		S＋↗？	高升语调
		S＋咩［$m\varepsilon^{55}$］？	疑问语气词

需要说明的是：

（1）广州话是非问句“S＋嘛［ma^{33}］？”询问的语气比较轻。

广州话的正反疑问句“V 唔 V？”等也可表示事先没有确定答案的一般询问（即中性问），与“S＋嘛？”常可互换。例如：

①你中意佢嘛？（你喜欢他吗？）⟶你中唔中意佢？（你喜不喜欢他？）

②你去嘛？（你去吗？）⟶你去唔去？（你去不去？）

例②的“你去嘛？”一般都是语气比较平和的询问；而“你去唔去？”既可用于语气平和的询问，也可用于带威胁性或别的含义的场合。再看下面的例子：

③（请不认识的人帮忙）

a. 唔该，可以帮下手嘛？（劳驾，能帮帮忙吗？）

b. ？唔该，可唔可以帮下手啊？

④（妻子在忙，看见丈夫只顾自己消遣，不满地说）

a. 你可唔可以帮下手啊？

b. ？你可以帮下手嘛？

（2）表示求证的三个格式内部还有差异。

⑤佢讲㗎→？（他说的呀？）

⑥佢讲嘅咧？（是他说的吧？）

⑦佢讲过嗬？（他说过，对吧？）

这三个格式都在不同程度上表求证，它们之间的区别在于：

“S+啊（或：咋、啦、㗎）→?”侧重于对自己刚得知的情况求证，或对眼前事态的估计的求证。发问时有时会带有一定程度的疑问。

“S+咧［lɛ^{13}］?”侧重于表明自己事前的揣测或看法、建议没有错，希望对方再认可。

“S+嗬［hɔ^{35}］?”侧重于表达自己对当前事物或情况的看法，迫切希望对方认同自己的意见。

四、广州话、普通话是非问句之比较

广州话、普通话是非疑问句表达疑问的手段同样都有疑问语气词和疑问语调两类。疑问语调方面调型和功能都基本一致；疑问语气词则有较大的不同。请看下表：

		广州话	普通话
一般询问	中性问	S+嘛［ma^{33}］?	S + 吗?
	回应性求证	S+啊（咋、啦、㗎）→?	S + 啊（或：啦）→?
求证	不出所料式的求证	S+咧［lɛ^{13}］?	S + 吧?
	寻求认同式的求证	S+嗬［hɔ^{35}］?	S，对吧?
揣测		S+啩［kwa^{33}］?	S+吧?
征询		S+咧［lɛ^{21}］?	S+吧?
诧异、疑惑		S+↗?	S+↗?
		S+咩［mɛ^{55}］?	S+吗?

从上表可以看出，广州话疑问语气词的功能比较单一；而普通话的“吗”和“吧”承担的功能比较多，形式与意义之间并非一一对应。

具体如广州话“S+咧［lɛ^{13}］?”、“S+嗬?”、“S+咧［lɛ^{21}］?”、“S+啩?”四者都可与普通话“S+吧?”的某种用法相对应。它们的区别是什么？试比较：

①做唔完咧［lɛ^{13}］?（（瞧，）干不完吧?）

②做唔完嗬?（做不完，对吧?）

③做唔完啩?（可能做不完吧?）

④做完佢咧［lɛ^{21}］?（把它干完吧?）

“咧［lɛ^{13}］”侧重于表明自己事前的揣测或看法、建议没有错，希望对方再认可。

“嗬”侧重于表达自己对当前事物或情况的看法，迫切希望对方认同自己的意见。

“啩”侧重于对已存在的或将发生的未知情况的揣测，言者没有要求对方接受自己的揣测之意。

“咧［lε²¹］”则用于征询、商量，希望对方同意自己的做法或建议。

可见，普通话疑问句中的“吧”所表达的具体的功能并非是单一的。

附注

①“广州话的语调有两大类，一是句段语调，二是句末语调，即落在句子最末一个音节上的语调。跟疑问语气有关的主要是句末语调”（麦耘 1998）。本节所说的语调指的就是句末语调，不再特别注明。

②麦耘（1998）已指出这一点。该文列出广州话五种涉及音高的句末语调的区别特征矩阵，并分别用符号加以表示，还作了说明。其中与本文有关的是“低平语调”和“升语调”（本文称“高升语调”），如下：低平语调→是个很低的平调，不过为了发音上的方便，前面总有个略高的弯头，所以实际读来跟阳平 21（211）调基本一样。它跟原字调的关系也是“覆盖叠加”。升语调↗常升得超过一般的 5 度，与字调的关系是“后续叠加”。

③表示诧异、疑惑的这两种形式也可表反诘。

第十五章 粤语阳江话是非问句末的“麽”、“呢”连用

阳江市位于广东省西南沿海，紧邻珠三角，扼粤西要冲。阳江话是粤语的一个分支，属于粤方言中的高阳片。阳江话疑问句中语气助词“麽”［mo^{21}］、“呢”［ne^{21}］能够共现，以“麽呢”连用的形式共同处于句末（下文简称为“麽呢句”），如：“你去麽呢?”这是独具特色的。

一、阳江话疑问句中的“麽”与“呢”

在探讨阳江话疑问句中“麽”、“呢”共现的问题之前，有必要先对阳江话句末语气助词“麽”、“呢”的功能进行分析描写。

1. 麽

彭小川（2006）曾指出，普通话是非问句中应该有两个“吗”：“$吗_1$”是中性问，问话人事先没有确定的答案，纯粹是对所不了解的事实的提问；“$吗_2$”则表示对一个命题的诧异、怀疑或完全不信的语气，用于诧异问或反诘问。

阳江话的“麽”也用于是非问句句末，但它只对应于普通话的疑问语气助词“$吗_1$”，与“$吗_2$”相对应的则是另一个疑问语气助词“咩”［me^{55}］。请比较下面两组例句：

①件事你知得麽?（这件事你知道吗?）
②你无知得个件事咩？我朝早喊阿明话你知个。（你不知道这件事吗？我早上叫阿明告诉你的呀。）

③晚黑你得闲麽？我想去你处。（晚上你有空吗？我想去你那儿。）
④晚黑你得闲咩？你无记得爱开会啊？（晚上你有空吗？你不记得要开会吗?）

例①、③是为了打听不了解的事实而提问的，阳江话中只能用“麽”，不能用“咩”；而例②是诧异地问，例④是反问，均只能用“咩”（或用高升语调），不能使用“麽”。这说明，阳江话的“麽”是用于是非问句的疑问语气助词，表示事先没有确定答案的中性问，它仅对应于普通话的“$吗_1$”。与“$吗_1$”一样，“麽”只能用于肯定式，不能用于否定式，这是因为，如果“麽”前的命题是个否定形式（如“你不知道这件事”），“那就表明问话人已经知道答案了，根本不可能再来一个中性问”（彭小川 2006）。

阳江话的“麽”一般不能用在非是非问句中。例如：

⑤后日俉［ŋɔk⁴²］去爬山，你去麽？（后天我们去爬山，你去吗？）

⑥后日俉去爬山，你去无去？（后天我们去爬山，你去不去？）

—\→＊后日俉去爬山，你去无去麽？

⑦后日偌［niak²¹］去爬白云山乜［mɐi⁵⁵］帽峰山？（后天你们去爬白云山还是帽峰山？）

—\→＊后日偌去爬白云山乜帽峰山麽？

⑧后日偌边个去爬白云山？（后天你们哪个去爬白云山？）

—\→＊后日偌边个去爬白云山麽？

2. 呢

普通话的语气助词“呢”只能出现在非是非问句的末尾，而不能用于是非问，与“吗”成互补性分布。它有非是非问句的一般式与简略式两种用法（本书分别称为“$呢_1$”与“$呢_2$”。）

关于普通话的“$呢_1$”，邵敬敏（1996）指出：非是非问句中，正反问、选择问、特指问都具有特殊的疑问形式，已负载了疑问信息，“呢”不一定非出现不可，它不是疑问语气助词。这一看法已为学界所接受。至于简略式“NP 呢”、“VP 呢”中的“$呢_2$”，学界意见尚不一致，由于这并不妨碍本书的分析，这里不加以评述。

阳江话的“呢”也有两个，读音有异，功能亦有所区别。

“$呢_1$”念［ne²¹］，用于正反问、选择问和特指问中，对应于普通话的“$呢_1$”。例如：

⑨你去无去$呢_1$［ne²¹］？（你去不去呢？）——→你去无去？

⑩吃粥乜係吃饭$呢_1$［ne²¹］？（喝粥还是吃饭呢？）——→吃粥乜係吃饭？

⑪你几时来$呢_1$［ne²¹］？（你什么时候来呢？）——→你几时来？

显然，与普通话一样，阳江话的正反问、选择问和特指问本身已具有表达疑问的形式：正反并列结构、析取连词、疑问代词，“$呢_1$”的有无并不影响句子的成立与否，它也不是疑问语气助词。其语法意义是表示“探究”。

“$呢_2$”念［ne⁵⁵］，用于非是非问句的简略式中，对应于普通话的“$呢_2$”。普通话的“呢”放在名词或名词性短语之后，询问“东西在哪里或人物怎么样”；放在动词或动词性短语后，表示“假设这个动作发生，那么怎么办”（邵敬敏 1996）。阳江话的“$呢_2$”也是如此。例如：

⑫ 你把遮$呢_2$［ne⁵⁵］？（你的雨伞在哪里？）

⑬我个做好都啦，你$呢_2$［ne⁵⁵］？（我的做好了，你的怎么样？）

⑭来日落水$呢_2$［ne⁵⁵］？还去无去？（如果明天下雨怎么办？还去不去？）

应该说，在非是非问句的简略式中，没有出现别的疑问信息，“$呢_2$”实际上负载了该类疑问句的疑问信息。

阳江话“麽”、“呢”连用时，“麽”变读42调；“呢”读［ne^{21}］，是“$呢_1$”。准确地说，是“麽”与“$呢_1$”共现。下文的“呢”均为“$呢_1$”。

二、“麽”、“呢”连用的条件

经考察，我们发现“麽呢”句的基础是“麽”问句，它存在的前提条件是：

（一）以“麽”结尾的一般是非问句

通常情况下，以“麽”结尾的是非问中的“麽”都可以替换成“麽呢”。例如：

①件事你知得麽？——→件事你知得麽呢？

②晚黑你得闲麽？我想去你处。——→晚黑你得闲麽呢？我想去你处。

③后日偔去爬山，你去麽？——→后日偔去爬山，你去麽呢？

④你有小弟麽？（你有弟弟吗？）——→你有小弟麽呢？

非“麽”结尾的是非问句，句末均不能用“麽呢”。例如：

⑤甲：我还采学校读紧书。（我还在学校读书。）

乙：你还采学校读紧书啊→？几时毕业哇？（你还在学校读书呀？啥时毕业？）

—\→乙：＊你还采学校读紧书麽呢？几时毕业啊？

⑥拱久还未来，无委塞车乜喳？（这么久还没来，不会是堵车吧？）

—\→＊拱久还未来，无委塞车麽呢？

⑦其系喏［$niak^{42}$］妈↗？傩［$naŋ^{21}$］后生！（她是你妈↗？那么年轻！）

—\→＊其系喏妈麽呢？傩后生！（前句可单说，但在该类语境下不成立。）

可见，非中性问的是非问句，均不能用“麽呢”提问。

（二）以“麽”结尾的特指性是非问句

邢福义（1987）指出，特指性是非问句末用“吗”，句中又含有疑问代词，它是既问是非又有特指的一种二重性特殊疑问句。如“这几天有什么新情况吗？”“当时有谁摸过什么东西吗？”。答话人的回答，既可以针对是非问，也可以针对特指问。

阳江话中也有这样的特指性是非问句。例如：

⑧除都我，还有乜谁麽？（除了我，还有谁吗？）

⑨屋里来过□［mi^{55}］人麽？（家里来过什么人吗？）

⑩老师讲都□［mi^{55}］嘢麽？（老师讲了什么吗？）

⑪ 我可以为你做□［mi^{55}］事麽？（我能为你做什么事吗？）

这些特指性是非问句的句末也都可以加上“呢”。例如：

⑧’除都我，还有乜谁麽呢？（除了我，还有谁吗？）

⑨’屋里来过□［mi^{55}］人麽呢？（家里来过什么人吗？）

⑩’老师讲都□［mi^{55}］嘢麽呢？（老师讲了什么吗？）

⑪’我可以为你做□［mi^{55}］事麽呢？（我能为你做什么事吗？）

这类特指性是非问，也是对所不了解的或未知的情形进行提问，为中性问。如果是否定的回答，总是针对是非问的；如果是肯定的回答，则可先说“是的”或“有”，接着回答特指问的内容，也可直接针对特指问作答。总的来说，不管是肯定的回答，还是否定的回答，都完全可以用点头、摇头来表示。这说明“麼呢”句的基本性质还是属于是非问。

能够说明“麼呢”句的基本性质属于是非问的，还在于“麼呢”不能用于正反问句、选择问句和特指问句中。例如：

⑫a. 我个信你收到冇？（我的信你收到了没有？）/我个信你收到冇呢？

b. ＊ 我个信你收到冇麼呢？

⑬a. 你中意吃云吞乜系中意吃饺子？（你喜欢吃云吞还是喜欢吃饺子？）/你中意吃云吞乜系中意吃饺子呢？

b. ＊ 你中意吃云吞乜系中意吃饺子麼呢？

⑭a. 乜谁话你知个？（谁告诉你的？）/ 乜谁话你知个呢？

b. ＊ 乜谁话你知个麼呢？

例⑫～⑭的 b 句都不成立，说明“麼呢”不能用于非是非问句，这是正反问句、选择问句和特指问句本身已固有的疑问形式，与“麼”的疑问语气助词的身份相冲突所致。

综上所述，“麼呢”句还是是非问句，只有在表示中性问的是非问句中，“麼”、“呢”才能连用。

三、“麼呢”句的表达功能

前文已述，“麼”问句与“麼呢”句都表中性问，前者的“麼”都可以替换成“麼呢”，那么，两者在表达功能上有何不同之处呢？我们认为，主要的区别在于包含问者语气的多少。“麼”问句更多的是一种单纯的询问；而“麼呢”句则因多了一个“呢”而增添了由它带来的“探究”或“深究”义，并因语境的不同而附加上不同的语气，具有不同的交际功能。

具体来说，“呢”在特指性是非问的“麼呢”句中带有“探究”义，轻读，如例⑮至⑰。在一般性是非问的“麼呢”句中有轻读与重读两种情况：轻读时，带有“探究”义，起舒缓语气的作用；重读时（重读的“呢”下面用着重号表示），语气加重，则含有“到底”、“究竟”等“深究”义，表达出言者不耐烦的语气。例如：

①a. 件裳你中意麼呢？几好看哇。（这件衣服你喜欢吗？挺好看的。）

b. 件裳你中意麼呢？看都半日都。（这件衣服你到底喜不喜欢嘛？看了半天了。）

②a. 你还吃麼呢？还有好多哇。（你还吃吗？还有很多啊。）

b. 你还吃麼呢？餸都冻都。（你究竟还吃不吃嘛？菜都凉了。）

③a. 我开下窗，好麽呢？（我开一下窗户，好吗？）

b. 我开下窗，好麽呢？（我开一下窗户，好不好嘛？）

例①a ~③a 或询问情况，或征询意见求得同意，“呢”轻读，语气缓和。例①b ~③b 则都有预设，如例①b，对方迟迟没有表态；例②b，对方也没用言语或行动回答言者的疑问；例③a，对方对言者的请求不置可否，或坚持不开窗户。凡此种种都会引起言者不同程度的不耐烦，询问时自然会用较重的语气进行深究，“呢”重读。

下编

汉语方言疑问范畴比较研究

第十六章　是非问句的比较与思考

自吕叔湘先生的《中国文法要略》（1942）对疑问句进行比较全面深入的研究以来，汉语疑问句研究取得了丰硕的成果。然而，我们认为，对于汉语疑问句4种句式的研究存在不够均衡的现象，其中正反问句受到的关注比较多，而是非问句的研究尽管前人也曾做过一些有益的探讨，但相对而言要显得薄弱一些。

关于普通话的是非问句，刘月华先后发表过《用“吗”的是非问句和正反问句用法比较》（1987）、《语调是非问句》（1988）等。另外，邵敬敏的《现代汉语疑问句研究》（1996）、张伯江的《疑问句功能琐议》（1997）、郭锐的《“吗”问句的确信度和回答方式》（2000）等也不乏精辟的见解。这些论著对我们的研究都具有启发性。

然而，普通话是非疑问句研究至今仍存在薄弱环节，主要表现在：

第一，对语调在是非问句中的作用和功能认识不全面。

一般语法著作都认为，是非问句的构成有两种方式，即在一般陈述句的基础上加上疑问语调——上升调，或者加上疑问语气词“吗”、“吧”。有的学者还指出，是非问句也可以不使用疑问语气词，若不用疑问语气词，则语调一定要上升（陈昌来，2000），房玉清（1992）也曾指出“‘吗’字不出现时，疑问信息全靠语调（升调）负载”。这无法解释以下这类读低平语调的是非疑问句：

①你要走哇$_{\rightarrow}$？[1]

②他不来啦$_{\rightarrow}$？

若认为“啊（呀、哇、哪）”与“啦”是疑问语气词，那么光提“吗”、“吧”肯定是不够全面的；若依照现在比较一致的看法，不认为它们负载疑问语气，那么，这一种类型的是非问句显然就被遗漏了。是非疑问句是否只有一种上升语调，这是必须面对并解决的问题。

第二，由于上述第一种原因，加上普通话的“吗”、“吧”承担的功能又比较多，我们对是非问句内部形式和功能的分类认识仍比较模糊。其中表现之一就是把带“吗”的是非问句都视为是同一类的。

我们认为，要解决汉语是非问句研究中的上述问题，把目光仅仅盯在普通话本身是远远不够的，因而，本章借助与某些方言的比较来对是非问句进行一些探索，并提出一些值得思考的问题。

一、中性问与诧异问之别

1. 中性问与诧异问

所谓中性问，指的是“你有女朋友吗?”这类句子，即问话人事先没有确定的答案，纯粹是对所不了解的事实的提问，想从对方那里得到答案。诧异问则如“啊?这件事你没听说吗?”，表示诧异、怀疑或完全不信。两者功能明显不同。

由于在普通话中两者都用疑问语气词“吗”表示，因此长期以来学界对是非问句中这两种功能之别认识不足，对“吗”的角色之复杂性也缺少认识。上文提到过，从不少文献的表述看，带“吗”的是非问句似乎都被视为是同一类的。具体表现在：

（1）把带“吗”的是非问句的疑问程度都看成是差不多的。

如《高等学校外国留学生汉语言专业教学大纲》（2002）指出：“陈述句 + 吗?对肯定的答案疑问程度高一些。”

（2）把带“吗”的是非问句说成都可以有否定形式。

如刘月华（2002）指出：“把‘吗’用在一个陈述句的末尾，就可以构成这种疑问句。这种句子的谓语可以是肯定形式，也可以是否定形式。”房玉清（1992）也有类似的表述。

中性问与诧异问果真无别吗?让我们先看看汉语方言中这两小类是非问句的情况。

2. 中性问与诧异问在汉语方言中的情况

我们发现，在不少汉语方言中，中性问与诧异问不仅功能不同，而且形式上也有明显的区别。主要有三种类型：②

（1）中性问与诧异问用完全不同的疑问语气词表示。如：

	中性问	诧异问
粤方言广州话	嘛［ma^{33}］	咩［$m\varepsilon^{55}$］
粤方言阳江话	麽［mo^{21}］	咩［me^{55}］
客方言梅县话	麽［mo^{22}］	咩［me^{22}］
赣方言南昌话	□［$po ʔ^{55}$］	啊［a^{55}］
湘方言长沙话	呗［pai^{33}］	唉［ai^{11}］
湘方言新化话	喃［nan^{33}］	吗［ma^{55}］

（2）表示中性问与诧异问的疑问语气词用不同声调来区分。

如湖南临湘方言，中性问的疑问语气词念［ma^{33}］，诧异问的念［ma^{55}］。

（3）中性问与诧异问用不同的句式表示。

如赣方言吉安话：

①a. 你□［i^{55}］晓得？（你知道吗？）（中性问，意为："你知道不知道？"）

b. 你晓得啊［A^{55}］？（你知道吗？）（诧异问，言者表示惊讶或不信。）

吉安话表示中性问，用的句式是"□［i^{55}］＋谓词性词语"；表示诧异问，用的则是"谓词性词语＋啊［A^{55}］"。两者明显不同。

再如闽方言厦门话：

②a. 汝有听见无［mo］？（你听见了吗？）（中性问，言者不知道对方听没听见。）

b. 汝若［$nã^{53}$］无［mo^{35-11}］听见？（你没听见吗？）（诧异问，言者表示惊讶或不信。）

厦门话表示中性问时，"无［mo］"读轻声，后置于谓词性词语；表示诧异问时，"无［mo^{35-11}］"变读11调，前置于谓词性词语。

3. 普通话的中性问与诧异问

众多方言以不同的形式来区分是非问中的中性问与诧异问，这提示我们，普通话的"吗"问句并非这么简单。反观普通话，我们发现，无论从意义看还是从形式看，带"吗"的是非问句都必须分为两类，换言之，汉语普通话中应该有两个"吗"（其中表中性问的记作"$吗_1$"，表诧异或不信的记作"$吗_2$"）。理由如下：

（1）两者的表达功能有异。试比较：

A组：S＋$吗_1$？

③孙少平……趁没人的时候，走进灶房。面黄肌瘦的小翠正在无精打采地切菜。他问这孩子："你是从哪里来的？""原北县来的。""家里有些什么人？""我妈前年死。我们家五个娃娃，我是最大的。""你爸在吗？""在哩。""你为什么一个人跑出来揽工？""我爸拉扯不了我们，就硬打发我出来了……"（路遥《平凡的岁月》）

④"爸，您这会儿出去吗？""干吗？"正在桌前点一沓钞票的马林生站起来，把钞票掖裤兜里，"我还有两小时才走。你能借我点钱么凑个整？"（王朔《我是你爸爸》）

⑤"我们接受这个厂的同时，根本不可能保留百分之百的工人，这您同意吗？""同意！"（梁晓声《钳工》）

⑥祁老人转回身来跟她说："小顺儿他妈，听见了吗？日本投降了。小顺儿他妈，别再哭了，好日子就要来了。"（老舍《四世同堂》）

B组：S＋$吗_2$？

⑦"今天我给大家表演一段'大梦拳'。""这大梦拳我听说过呀，说的是义和团好汉烧洋楼。"孙国仁冲观众眨巴着眼睛打量着刘顺明，"你？你会吗？"

"会呀，实话告诉你，那大梦拳就是我做梦梦出来的，我不会谁会?""就你还玩拳?"孙国仁拧着刘顺明下巴转给观众看，"这小窄脸还没脚丫子宽呢，拳玩你吧。"（王朔《千万别把我当人》）

⑧这个省委领导的家庭，能接受这样一个农民的女儿吗？正因为有这种疑虑，尽管吴仲平一再热心地要带她去他们家，她一直犹豫着没有答应。（路遥《平凡的岁月》）

⑨似在清点人数的警察看到我怔了一下，叫住我问道："你没人接吗?"我说有，"在站外"。他又问我："从哪儿来?"我随便诌了个沿途的地名便走开了。我感到这个警察在背后一直用怀疑的目光盯着我。（王朔《玩的就是心跳》）

⑩这样的食品结构，不变行吗？（王蒙《坚硬的稀粥》）

A组"S+吗$_1$?"是一般询问句。问话人事先没有确定的答案，因此纯粹是对所不了解的事实的提问，想从对方得到答案。如③，孙少平可说对小翠来自何处以及她家的情况一无所知，故而一一询问；④中马林生也因不知父亲是否会出去而发问。显然，这组句子的是非问都是一种中性问，谈不上有什么倾向性的怀疑。张伯江（1997）就曾指出过这一点："'吗'问句并非不能用在中性的语境中"，"'倾向于疑'并不是是非问句的必然属性"。可以说，张伯江先生已敏锐地观察到带"吗"的是非问句内部是有差异的。

B组"S+吗$_2$?"则用于表示对一个命题的诧异、怀疑或完全不信的语气，这个命题可以是肯定的，如⑦、⑧；也可以是否定的，如⑨、⑩。例⑦中，孙国仁乍一听说刘顺明要表演"大梦拳"，便用"你？你会吗?"表示诧异、怀疑；⑧中"她"对省委领导的家庭能否接受自己这么一位农民的女儿心存疑虑；⑨中的警察也对"我"没人接表示怀疑。B组中的"S+吗$_2$?"表达的正是这类诧异、怀疑或完全不信的语气。也就是说，表示诧异或用于反问的"吗"问句均属此类。

可见，"S+吗$_1$?"与"S+吗$_2$?"在疑问的功能上是很不相同的。

（2）显形语法形式有不同之处，表现在否定形式的有无上。

上文的例句，A组的"S+吗$_1$?"句的"S"均为肯定式；而B组"S+吗$_2$?"句的"S"既有肯定式，也有否定式。我们认为，这是带有普遍性的规律，可以认定，"S+吗$_1$?"的"S"是绝对不会有否定形式的。这是因为如果"S"本身是个否定形式（如"你爸不在"、"您这会儿不出去"），那就表明问话人已经知道答案了，根本不可能再来一个中性问。若再要表示疑问的话，就只能是对这个否定的命题表示惊讶或疑惑了。例如：

⑪ * 小华，多年没见，你爸不在了吗？

⑫——小华，多年没见，你爸妈都好吧？

——我爸不在了。

——你爸不在了吗？他年纪还不算太大呀！

在不了解对方的父亲是否健在的情况下，是绝对不可能以例⑪这样的否定形式来发问的。可见，"S + 吗$_1$?"所具有的只能是就事先没有确定答案的命题提问的功能，决定了它不可能有否定形式。关于这一点，郭锐（2000）已有所谈及："否定式'吗'问句……没有中确信度的。"

（3）隐性语法形式也有不同之处，表现在"吗"能否变换为上升语调上。例如：

A组：S + 吗$_1$?

③'＊ 你爸在↗?

④'＊ 爸，您这会儿出去↗?（与原意不符）

⑤'＊ 这您同意↗?（与原意不符）

⑥'＊ 小顺儿他妈，听见了↗?（与原意不符）

B组：S + 吗$_2$?

⑦' 你？你会↗?

⑧' 这个省委领导的家庭，能接受这样一个农民的女儿↗?

⑨' 你没人接↗?

⑩' 这样的食品结构，能够不变↗?③

上升语调"↗"可以表达诧异、不理解或怀疑语气，恰恰是B组的"吗$_2$"可以用"↗"变换，而A组的"吗$_1$"则不行，这进一步说明两个"吗"不一样。

（4）普通话这两个"吗"之别，正好可用本章第二部分所举的方言来印证。

具体以广州话为例。上文A组的句末疑问语气词，广州话用的正是表中性问的"嘛［ma^{33}］"，而B组的句末疑问语气词用的则正是表诧异问的咩［mɛ^{55}］，正好对应。如：

上文A组：

③" 你爸在吗$_1$? ⟶你阿爸喺处嘛?

⑥" 听见了吗$_1$? 日本投降了。⟶听见嘛? 日本投降喇。

上文B组：

⑦" 孙国仁……打量着刘顺明，"你？你会吗$_2$?" ⟶……"你？你识咩?"

⑨"……警察……叫住我问道："你没人接吗$_2$?" ⟶……"你没人接咩?"

综上，普通话是非问句中的中性问与诧异问功能不同，形式实质上也不同，以往把带"吗"的是非问句只作一类看待，这是不恰当的。

二、是非问句表示疑问的语调问题

1. 普通话是非问句除了有上升语调外，还有一种低平语调

在是非问句中，语调也是表达疑问语气的手段之一。对此，学界应该没有太大的争议。朱德熙先生（1982）指出"只要把相应的陈述句的语调换成疑问语调，就变成了是非问句"。那么，应该如何看待是非问句中的疑问语调呢？长期以来似乎存在着

这么一种看法：这个疑问语调就是一个上升语调。如房玉清（1992）就曾指出，“‘吗’字不出现时，疑问信息全靠语调（升调）负载”。刘月华（2002）也谈到，“一个陈述句只要带上疑问语调，即句尾语调上升，就可以构成疑问句”。

本课题的研究发现，广州方言是非问句中除了表达诧异、疑惑语气的上升语调外，还有一种表达回应性求证语气的低平语调。[4]将普通话与广州话进行比较，不难发现普通话也具有相同的情况，即是非问句表示疑问的语调不仅仅是学界所公认的上升语调的一种，还有一种低平语调。

我们先来看广州话与普通话相对应的情况：

广州话	普通话
①a. 我重想去啊［a^{33}］。	我还想去呀。
b. 你重想去啊［a］→?	你还想去呀→?
②a. 本书係唔係明仔㗎［ka^{33}］?	这本书是不是小明的呀?
b. 本书係明仔㗎［ka］→?	这本书是小明的呀→?
③a. 佢几时冇读书啦［la^{33}］?	他啥时没上学啦?
b. 佢冇读书啦［la］→?	他没上学啦→?
④a. 3个人咋［tsa^{33}］。	才3个人。
b. 3个人咋［tsa］→?	才3个人哪→?

从例①～④中的a句可以看出，在陈述句、正反问句与特指问句中，广州话的“啊”类语气词[5]与普通话的读音不同，前者均念33调[6]，后者均念轻声。可是在表求证的b句中，两者均无例外地念低平调。

接着再来看普通话本身，让我们观察句末含“啊[7]/啦”的是非问句：

⑤常五：（四周望望，低声）大星的媳妇，我问你，你婆婆待你怎么样?

花金子：哦，（翻翻眼，心里打算）你问，我婆婆待我呀?（曹禺《原野》）

⑥玉梅……“谁家？有翼哥他们家！你去过了吗?”满喜说：“他们家呀？我不怕有翼见怪！他家的房子什么时候借给干部住过？……”（赵树理《三里湾》）

⑦出殡的那天是全胡同最悲惨的一天。……在起杠的时节……一班儿清音，开始奏起简单的音乐。……瑞宣太太的心眼最软。把小妞子扯到院中，听见婆婆在南屋里问她：“钱家今天出殡啊?”她只答应了一声“是!”（老舍《四世同堂》）

⑧一直睡着的小马终于醒来，他问老马，“到板墟啦?”老马说，“快到了，小心点，你拿绿包，我来拿红包。”（苏童《一个叫板墟的地方》）

⑨刘长德从大屋子里出来，看看大家，又看看玉宝说：“你怎的了？鬼子又

打你啦?”（高玉宝《高玉宝》）

分析这些例句可发现：

（1）这些是非问句都表示“求证”的语气，与一般的询问不同。这类求证式的问句可以是回声问，如例⑤、⑥；也可是对眼前事态的某种估计的求证，如例⑦~⑨。

（2）这种求证语气的表达均有其形式标记，即句末的语气词“啊/啦”的音高都比用于非是非问句时要低，呈一种低平的语调。试比较：

⑩他们家呀→?

⑩’是不是他们家呀？/就是他们家呀。

⑪钱家今天出殡啊→?

⑪’钱家什么时候出殡啊?

⑫到板墟啦→?

⑫’到哪儿啦？/到板墟啦!

那么，负载这类求证语气的，究竟是“啊”类语气词还是低平语调呢？答案显然是后者。

朱德熙（1982）、陆俭明（1984）等先生早已指出并论证了语气词“啊”可以出现在各种类型的句子末尾，用在疑问句末并不表示疑问。上述例句也充分地证明了这一点。应该说，“啊”不是疑问语气词，这在语法学界已基本形成了共识。这说明此类句子中负载表示求证的疑问语气的只可能是句末的低平语调“→”。“啦”等于“了+啊”（朱德熙，1982），情况与“啊”同。

赵元任先生（1933）曾指出字调和语调是“叠加”的关系，并分析了“合并叠加”和“后续叠加”两类。麦耘（1998）也指出，“后续叠加”表现在句末语调上，就是在句末的字调后面接上语调；另外还有一种“覆盖叠加”⑧，就是语调把原字调覆盖了，或者说取代了。显然，在普通话是非问句中，是表示“求证”的低平语调覆盖“啊”原来的轻声，影响其变读低平调。

至此还有一个问题需要解决，那就是普通话是非问句中的上升语调不需依附于句末语气词，而表这类求证语气的低平语调却必须依附在句末语气助词上。我们认为，这类是非问句之所以不能由一个陈述句直接带上低平语调来构成，而需要加上“啊”类语气助词才能成立，是与一般陈述语调本身呈微降状态有关。陈述语调本身音高已不是太高，又是微降的，低平语调受前字调的影响，也有微降，两者区别特征不分明，不利于表意。所以，后者需要加进语气助词，以更好地帮助表达求证的语气。

至于选择“啊”类语气助词来帮助表达求证语气，也有其根据。因为“啊”在疑问句中起的正是舒缓语气的作用（朱德熙，1982；陆俭明，1984；《现代汉语词典》，2005）（试比较：“你去不去?”与“你去不去啊?”）。相比之下，是非问句中的求证语气恰恰要比诧异语气来得缓和，选用可以缓和语气的“啊”正好符合它的需求，也就是说两者正好相吻合。

综上所述，汉语是非问句表示疑问的语调除了上升调外，还有一种低平语调，这应是不争的事实。

2. 是非问句低平语调与上升语调有区分的必要

承认汉语是非问句表示疑问的有上升、低平两种语调，接下来需要回答的就是，这两者究竟有无区分的必要。我们的看法是有其必要性。因为，两者不但形式不同，更重要的是在表达功能上也有一定的差异。试比较：

⑬—— 这儿怎么这么热？

——a. 热↗？你刚从外头进来罢了。

b. 热呀→？那就开空调吧！

⑭（看见对方头上冒汗）

a. ＊热↗？

b. 热呀→？热就开空调吧！

⑮——这回我们派王凡去。

——a. ＊他↗？还行。

b. 他呀→？还行。

⑯（看见对方在收拾东西）

a. 你要走↗？

b. 你要走哇→？

从上面几组例子可看出，a类句子与b类句子的表达功能有不同之处：

a类句子用上升语调，疑的程度都比较高，所表达的诧异、不理解或怀疑的语气比较强。如例⑬a，答话者并不觉得热，因此对对方嫌“这儿”热感到诧异，“热↗？”表达的便是这种语气。而例⑭a不同，对方头上冒汗的原因可有不同，可能是天气热，也可能是因身体哪儿疼导致冒汗，言者并不知道原因，根本不需也不可能表达诧异、不理解的语气，因此，与上升语调不相容。同理，例⑮a中的后续句“还行”也与“他↗？”所表达的较高程度的诧异语气不协调，句子也不成立。

b类句子用低平语调，尽管我们并不排除有时也会含有出乎意料之意，但主要的还是表达一种求证的语气。如例⑬b，言者估计对方是因为热而冒汗，用低平语调发问，正恰到好处地表达了对自己的猜测进行求证的语气。

是非问句中的上升语调和低平语调两者形式不同，功能也不同，形式和意义可相互验证，说明两者确有区分之必要。

三、是非问句的功能应作进一步的分类

张伯江的《疑问句功能琐议》（1997）从不同的层次对疑问句作了分类和功能上

的解释。其中在是非问句的层面上，用共时语法化的观点，依据语法化的程度，将是非问句分为附加问句、反复问句、“吗”问句三小类。该文给人颇多启迪。

考虑到汉语是非问句不仅仅是这几类，同时如上所说，“吗”问句的功能也并非完全一致，因此，我们认为，在是非问句“具有相同的功能，都是判断命题的是非”（张伯江，1997）的前提下，有必要也有可能作下位层次的功能分类。请见下表：

<table>
<tr><th colspan="2">功能</th><th>形式</th></tr>
<tr><td colspan="2">表一般询问（中性问）</td><td>S + 吗 1?</td></tr>
<tr><td rowspan="2">表求证</td><td>回应性求证</td><td>S + 啊/啦$_{\rightarrow}$?</td></tr>
<tr><td>揣测性求证</td><td>S + 吧 ?</td></tr>
<tr><td colspan="2">表征询</td><td>S + 吧 ?</td></tr>
<tr><td colspan="2" rowspan="2">表诧异
表怀疑
表反诘</td><td>S + ↗ ?</td></tr>
<tr><td>S + 吗 2?</td></tr>
</table>

这里有两点需要略加说明：

1. 关于“求证”

我们把“求证”再分为“回应性求证”与“揣测性求证”两小类，前者句末语气词是“啊”或“啦”，后者句末语气词是“吧”。所谓“回应性求证”，指的是言者对现场所闻、所见或感受到的某种情况的再确认或求证，宽泛地说带有一种回应性。如前所述，可以是回声问，也可以是非回声问。如本章第二部分例⑤～⑨，以及⑬b～⑯b 均涵盖了这两种情况。而“揣测性求证”，顾名思义，这种“求证”则更倾向于是言者带有某种程度的主动性的一种推测问，偏重于言者的推理，只因其没有百分之百的把握，故而需要进一步求证。试比较：

①a. 他会来呀$_{\rightarrow}$?

b. 他会来吧?

②a. 你不是本地人哪$_{\rightarrow}$?

b. 你不是本地人吧?

例①、②中的 a 句都是回应性求证，b 句都是揣测性求证，两两比较，可清楚地看出，两者功能并不一样。当然，从典型理论（邹智勇，2000）看，这种对立是就双方的典型成员而言的，并不排除存在中间过渡状态。

2. 关于“S + ↗ ?”和“S + 吗$_2$?”表诧异、怀疑或反诘等功能的问题

我们认为，这两种形式都能表诧异、怀疑或反诘，具体表哪一种，取决于具体语

境，这往往从上下文可看出。如：

③a. 他喜欢我↗？真的↗？（诧异）

b. 他喜欢我↗？哼！（反诘）

④a. 啊？你不知道吗？（诧异）

b. 你不知道吗？谁信啊！（反诘）

鉴于这一点不是本章所要具体区分和讨论的，因而在上面的表格中，我们把它们放在同一栏中列出。

附注

①“→”表示低平语调。详见麦耘（1998）。

②以下方言材料除广州话（本人母语）外，均经向操当地方言的专业人士调查。各方言的提供者分别为（按方言材料出现的顺序排列）：硕士生张秀琴（粤方言阳江话）、林立芳教授（客方言梅县话）、刘纶鑫教授（赣方言南昌话）、周芍博士（湘方言长沙话）、周娟博士（湘方言新化话）、李军教授（湖南临湘方言）、甘于恩教授（闽方言厦门话）、博士生昌梅香（赣方言吉安话）。一并致以诚挚的谢意！若有不当之处，概由本人负责。

③此句若按原句改应为“这样的食品结构，不变行↗?”，受到韵律的制约，改后的句子说起来有点别扭，因此这儿改为用同样意思的句子表达。

④详见本书稿中编第七章。

⑤其中“啦”[la^{33}] =喇（了）2 [lak^{33}] +啊 [a^{33}]，“㗎”[ka^{33}] =嘅（的）[kɛ^{33}] +啊 [a^{33}]。

⑥广州话的虚词无轻声，句末语气词也同样有声调。

⑦“啊”包括其变音“呀”、“哇”、“哪”。

⑧即赵元任先生所说的“合并叠加”。

第十七章　汉语方言正反问的类型学比较

一、汉语方言类型的纵横观

关于汉语方言的划分，我们首先应该树立一个应用观念，即根据不同的目的，可能采用不同的角度或标准，并将得出完全不同的结论。其次还应该树立一个层次观念，即汉语的各个方言实际上不是处于同一历史层面上的，划类应该体现出这样的历史发展理念。

从类型学角度，汉语方言可以采用横向分类和纵向分型的办法。横向分类，主要考虑地域的毗邻与隔离；纵向分型，主要考虑历史的传承与分合。我们主张将这两个方面结合起来考察，因为这样也许更能显示汉语方言类型学研究的意义。

（一）关于汉语方言的大区

汉语方言学界历来有南北两分说以及南北中三分说之别。我们不主张把汉语方言简单地分为南北两大区，因为这样的分法无法合理解释许多方言现象，特别是南方方言内部的一些重大差异现象；但是也不同意分为南、北、中三个方言区，因为这样的分法常常会掩盖住中部和南部的不少共同之处。

在我们看来，现代汉语的方言，首先可以区别为两个大区：北方方言和南方方言。基本上以长江为线，长江以北为北方方言，或者叫做北部方言，以黄河为核心地带；长江以南为南方方言。南方方言可以再细分为南部方言和中部方言。长江流域的吴方言、湘方言以及后来南下插入的赣方言，基本上属于中部方言；而珠江流域以及东南沿海的粤方言、闽方言和客家方言就属于南部方言。这样就把汉语方言先按照南北一分为二，再把更加复杂的南方方言按照长江流域和珠江流域一分为二，从而形成北方方言、南方方言（中部方言和南部方言）两个层次的三个方言大区。这样的区分主要出于以下几个方面的考虑：

第一，方言可懂度。一般地说，北方方言区的人，第一次听中部方言，虽然有困难，但是多多少少可以听懂一部分，大约20% ~40%，而如果听南部方言，则基本上听不懂，即使有少数几个词语好像明白了，其可懂度也只有10% ~20%。[①]

第二，中部方言表现出一种过渡性方言的特征，以最具代表性的北京话、上海话和广州话为例（邵敬敏、鲍茂振，1997）。具体表现在以下三个方面：

1. 语音方面

北京话：“j－q－x”和“g－k－h”两套声母形成对立互补。

广州话：完全没有声母“j－q－x”，分别读为“z－c－s”或者“g－k－h”（如“九”，广州话读为“gou”）。

上海话：大部分读为“j－q－x”，而部分则还保留古音，读为“g－k－h”（如“街”，上海话读为“ga”）。

2. 词汇方面

北京话：用熨斗来熨衣服。（名词“熨斗”以及动词都用“熨”）

广州话：用烫斗来烫衫。（名词“烫斗”以及动词都用“烫”）

上海话：用电熨斗来烫衣裳。（名词“电熨斗”用“熨”，动词却改用“烫”）

3. 语法方面：

北京话：＊有没有 VP？（只能问：VP 了没有？）

广州话：有没有 VP？（回答：有，有 VP）

上海话：有没有 VP？（回答：＊有，＊有 VP；VP 勒）

（二）方言的历史发展线索

从历史发展来看，北方几次人口大迁移，正反映了南方方言内部的几大方言实际上是在不同时代形成的，早期是吴语、湘语分派，中期是闽语、粤语形成，后期是赣语、客家语突起。吴方言实际上是古汉语南下时，与古越语融合而成的。湘方言则是由古汉语和古楚语融合而成，所以，吴方言跟湘方言几乎同时代形成，两者有不少相通之处。吴方言再南下，就形成闽方言，所以也可以说闽方言是在古汉语和古越语的基础上产生的，虽然吴方言形成早于闽方言，但是由于地域接近北方话，受其影响深而广，闽方言保留的古代成分反而多于吴方言。粤语则早在秦代就形成，古汉语是主流，也受到古越语的影响，由于偏于岭南，跟北方话等更缺少交流，因此保留古代成分最多。中唐以后，赣方言在吴方言和湘方言之间插入，同时北方话两次大规模南下，形成散点状的客家话，也带有赣语、粤语的影响（周振鹤、游汝杰，1986）。

可见，一是移民历史，二是地理位置，三是方言的互相影响，这三点对方言的形成及其异同产生主要作用。处于长江流域的方言（吴方言、湘方言以及赣方言）呈现出过渡型方言的特点，处于珠江流域和东南沿海的闽语、粤语和客家语则由于地域和历史的原因，跟北方话相去甚远。当然，北方方言也是可以再区分的，比如江淮官话、西南官话等接近长江的地区也具有某些过渡型方言的特点。江淮官话的正反问，“VO－Neg－V”和“V－Neg－VO”同时存在，但是它们有雅俗之分：雅语说“VO－Neg－V”，俗语说“V－Neg－VO”，也就是说，后省式接近于书面语，比较雅，前省式接近于口语，比较俗。

汉语方言正反问的基本类型有三个：

Ⅰ. VP－Neg－VP？

Ⅱ. VP－Neg？

Ⅲ. K－VP？

通常认为，Ⅰ式是原型，Ⅱ式和Ⅲ式就有争议，但在类型学上有比较的价值，所以本文一律看作正反问的变式。Ⅰ式内部还有变式，也是我们研究的对象。

二、“VP－Neg－VP”型问句及其省略式

现代汉语正反问的基本格式是：VP－Neg－VP，如果VP是个单音节动词或形容词，那么各方言表现出很大的一致性，都说成“V－Neg－V”，例如：去不去？好不好？但是如果是V后面带有宾语的格式（VO－Neg－VO）或者是双音节的动词、形容词（AB－Neg－AB），就会出现不同的变式，而且呈现出不同的类型倾向，这也正是我们特别关注的。

甲式“VO－Neg－VO”：这可以称为“完整式”，传达的信息是齐全的，但是太啰嗦了一点，所以，在实际使用中并不占优势，其实很少用到，尤其是动词为双音节或者宾语较长的时候。

乙式“VO－Neg－V”：这可以称为“后省式”，后面的动词宾语承前省略，显得比较简洁。

丙式“V－Neg－VO”：这可以称为“前省式”，前面的动词宾语蒙后省略，显得比较简洁。

根据目前公开发表的材料[②]，我们对38个方言点进行了统计，发现它们对这两种变式的具体使用情况如下（如果材料提到新、老派的区别，我们只取老派材料）：

类型＼地点	呼和浩特	宁夏固原	甘肃兰州	北京	天津	河北魏县	河北邢台	河南开封	河南获嘉	河南洛阳	湖北武汉	湖北鄂城	湖北黄石	湖北随州	四川绵阳	重庆	贵州贵阳	浙江杭州	浙江湖州
V－Neg－VO							+常用				+	+	+	+	+	+	+	+	+
VO－Neg－V	+	+	+	+	+	+	+	+	+	+									

类型＼地点	浙江绍兴	浙江金华	浙江温州	上海	江苏苏州	广东广州	广东中山	广东增城	广东茂名	广西柳州	福建福州	湖南岳阳	湖南长沙	湖南新化	湖南益阳	江西宜丰	江西客家	广东客家	广西客家
V－Neg－VO	+	+	+	+	+	+	+	+	+	+	+	+	+	+常用	+常用	+常用	+	+	+
VO－Neg－V														+	+	+	+	+	

事实说明，北方方言主要使用后省式“VO－Neg－V”，中部方言以及南部方言主要使用前省式“V－Neg－VO”。但是实际情况比较复杂，即某些方言两种格式并存使用，比如湘方言、赣方言、客家方言的部分地区以及北部方言的少数地区（如河北邢台），但即使这样，这些地方的总趋势也还是前省式占优势，而吴方言以及闽方言、粤方言则基本上只使用前省式。

按照一般常理，承前省要比蒙后省更符合人们的心理习惯，因为前面出现的词语，如果在后面还需要再次出现，为了避免重复，可以不必出现，这在信息链里不会引起断裂。而蒙后省，则需要等到后面的词语出现时才完成信息链的连接。但是事情的发展却让我们感到惊奇。客观现实是：“VO－Neg－V”逐渐被“V－Neg－VO”所替代。如果我们进一步探索使用前省简便格式的原因，也许可以有以下几点理由：

第一，焦点集中原则。在一个疑问句里，最重要的是疑问信息的传递，疑问信息也就是疑问焦点，在正反问中，正反两项就是疑问焦点，“VO－Neg－V”和“V－Neg－VO”相比较，前者的焦点被O隔开，比较分散，后者V和Neg－V毗邻，焦点集中。

第二，语义顺指原则。在“VO－Neg－V”中，前者V的语义后指O，而后者Neg－V的语义却需要前指O。一个句式中，语义一会儿后指，一会儿前指，显然不利于对语义的理解；“V－Neg－VO”中，V以及Neg－V的语义同时指向后面的O，指向明确而单一。

第三，格式类推原则。省略式最早应该只出现在“VO－Neg－VO”格式中，后来类推到“AB－Neg－AB”而仿造出“A－Neg－AB”，“A－Neg－AB”这类格式的普及，又反过来促进了前省式的发展和普及。

三、“VV（O）”变式

在“V－Neg－VO”型方言中，有些方言还经常把“V－Neg－VO”继续紧缩成“VVO”。要注意的是，不同的方言紧缩为VV（O）的方式也会有所不同，因此，跟“V－Neg－VO”与“VO－Neg－V”的对立一样，有没有“VV（O）”以及“VV（O）”紧缩方式的对立也可以看作是语法上区分方言类型的一个参项。从目前发表的正反问材料可以看出，作为一类特殊的正反问格式，“VV（O）”主要分布于随州、浠水、重庆、泗阳、舟曲、诸暨、嵊县、绍兴、金华、武义、于都、会昌、连城、长汀、福州、横县等方言点。这些地点方言，虽然有的归属官话，有的归属吴语、闽语或客家话，个别归属平话，但在地域分布上，除甘肃白龙江流域的舟曲外，其余大都属中部方言，个别属南部方言。即使是官话方言点，也基本都处于长江流域。

至于“VV（O）”的紧缩方式，则有省略否定词的Ⅰ式、否定词跟前边动词融合成一个音节的Ⅱ式、否定词跟后边动词融合成一个音节的Ⅲ式三种类别[③]。而且在类型倾向上，官话和吴语都采用省略式，即Ⅰ式；客家话、闽语都采用融合式Ⅱ式；平话则采用融合式Ⅲ式。显然，这种分布倾向跟这些方言之间的亲疏关系与源流关系基本是对应的。

下面我们把汉语方言中的“VV（O）”式正反问及其紧缩类型的分布情况总括为下表④：

地点	所属方言	“VVO”的紧缩类型	语例
湖北随州	江淮官话	Ⅰ式⑤	吃吃饭哪？（吃不吃饭哪？） 有有我的？（有没有我的？）
湖北浠水	江淮官话	Ⅰ式	买这个牛你出出不起钱？ 三大缸子水，你喝喝不了？
重庆	西南官话	Ⅰ式⑥	你认认得他？（你认不认得他？） 她漂漂亮？（她漂不漂亮？）
江苏泗阳	江淮官话	Ⅰ式	红红？（红不红？） 洗洗衣服？（洗不洗衣服？）
白龙江流域的舟曲	中原官话	Ⅰ式⑦	致朵花香子很，是是？（这朵花香得很，是不是？） 致事他知道知道？（这件事他知道不知道？）
浙江绍兴	吴语	Ⅰ式⑧	饭吃吃？（吃不吃饭？） 小王来来？（小王来不来？）
浙江诸暨、嵊县	吴语	Ⅰ式	晚稻种（勿）种来？（晚稻种不种？）（嵊县） 呷（勿）呷老酒来？（喝不喝黄酒？）（嵊县）
江西于都	客家话	Ⅱ式	明朝你去^{5}去赣州？（明天你去不去赣州？） 那股赖子灵^{5}灵气？（那个男孩儿机灵不机灵？）
江西会昌	客家话	Ⅱ式	底些果子食食得？（这些果子能吃不能吃？） 你曾曾食饭？（你吃了饭没有吃饭？）
福建连城（新泉）	客家话	Ⅱ式	喜^{35}喜欢这件？（喜不喜欢这件？） 飞得高^{35}高？（飞得高不高？） 曾^{35}曾洗脚？（洗脚了没有？）
福建长汀	客家话	Ⅱ式	做^{24}做工？（干活不干活？） 削^{24}削皮？（削皮不削皮？） 曾^{24}曾洗衫？（洗没洗衣服？）

（续上表）

地点	所属方言	“VVO”的紧缩类型	语例
福建福州	闽语	Ⅱ式	ny ˧ sɛn ˥ nɛ ˩?（你洗不洗?） i ˧ mɛm ˥ mɛ ˩?（你买不买?）
广西横县	桂南平话	Ⅲ式	nei^{122} xɔi^{53} mo xɔi^{53} xɔt^{33} ŋao^{21}? →nei^{122} xɔi^{53} mɔi^{53} xɔt^{33} ŋao^{21}?（你去不去学校?） mei^{122} ʔiu^{53} moʔ iu^{53} tsin^{12}? → mei^{122} ʔiu^{53} miu^{21} tsin^{12}?（你要不要钱?）

四、“VP－Neg”型问句

“VP－Neg”型问句是由VP与否定副词组合所构成的正反问句。对于这类正反问格式的来源，历来有两种观点：一种认为是“VP－Neg－VP”的省略，另一种认为本来就是一种独立格式。对于其在类型比较中的作用，也有两种观点：一种是认为不能看作具有区别方言类型特征的重要参项（朱德熙，1985、1991）；另一种认为在类型比较中可与“VP－Neg－VP”及“K－VP”鼎足而立（余蔼芹，1992）。我们认为，完全否认汉语方言中的“VP－Neg”与“VP－Neg－VP”有内在联系的说法固然是不正确的，但是把“VP－Neg”全部看成是“VP－Neg－VP”的省略，也是走向了另一个极端。因为从历史上看，“VP－Neg”曾是作为独立的、主导型的正反问格式来使用的。根据裘锡圭（1988）和冯春田（2000）的研究，这类格式早在西周铭文中就已出现。在古汉语文献中，从先秦到南北朝，“VP－Neg”都是唯一的正反问形式（张敏，1990）。以后也一直是汉语中的常用格式。另外，我们曾经讨论过现代汉语里有一类疑问句格式，是无法用省略进行解释的，因为无法补出所谓省略的部分（邵敬敏，1996）。例如：

①你自己有个决定不？（《曹禺选集》）

②你有事不？（《新儿女英雄传》）

这更证明，“VP－Neg”格式起码有一部分不是通过省略获得的。因此我们倾向于认为：凡是可以补出省略的成分而且句子成立语义基本不变的，看作省略式；如果补不出省略成分或者虽然补出来但是语义不符的则看作近代汉语遗留下来的独立格式。两种来源不同、形式相同的格式并存，我们应该是可以理解的，也是可以接受的，这恰恰说明，语言演变的复杂性和交叉性，是不同历史层次造成的结果。所以把该格式看成是汉语方言中具有区别方言类型的重要参项，也不失为一种恰当的举措。

事实上，即使是现在，很多方言的正反问都是倾向于选用“VP－Neg”型的。例如，在整个东北地区（限老派）以及山东胶莱河以西的内陆地区，人们大都使用

"VP－Neg"式（黄伯荣，1993；罗福腾，1996）；此外，山西、青海、陕西北部、甘肃临夏以及河北有些地方，也是"VP－Neg"占绝对优势（朱德熙，1991；邵敬敏、王鹏翔，2003；郭校珍，2005）。例如：

③他知道不？（东北话）

④说清楚没？（东北话）

⑤你愿意去不？（山东聊城话）

⑥想起来了没？（山东枣庄话）

⑦你去呃啵？（山东寿光话）

⑧他吃饭勒不？（山西娄烦话）

⑨吃烟呀不？（山西偏关话）

⑩第明你进城勒不？（山西平遥话）

⑪这瓶子酒香咧不咧？（山西汾阳话）

⑫你会游泳勒不？（陕北话）

⑬他胖嘅没？（陕北话）

⑭你上课不嘅？（陕北话）

⑮你吃饭了没？（青海西宁话）

⑯你去哎咩？（河北获鹿话）

跟"VP－Neg"在北部方言大面积的片状分布相比，在中部方言和南部方言中，"VP－Neg"虽没有如此的广泛分布，但在吴方言、湘方言和闽方言中也并不少见。例如，在吴方言的代表点上海话中，就有相近的三种疑问形式并存（徐烈炯、邵敬敏，1998）：

A. 侬去勿？

B. 侬去勿啦？

C. 侬去哦？

A式和B式，显然都属"VP－Neg"。C式末尾的"哦"，实际上是"勿啦"的合音，我们把这一类看作是正反问向由真正的疑问语气词构成的是非问发展过程中的过渡形式[⑨]。此外，据余蔼芹（1992）的调查，在吴语区，除上海外，崇明、宁波、天台等，也都是"VP－Neg"占优势。

在湘语区中，像湘乡、衡阳、益阳、长沙、湘潭、娄底、隆回等地也都存在"VP－Neg"。例如：

你买书不？（湘乡话）

你喜欢其不？（衡阳话）

你屋里禾扮咖冇啰？（益阳话）

你还想吃土豆炖牛肉不啦？（长沙话）

你崽伢子过年回来不？（湘潭话）

你去唱歌不啰？（娄底话）

摆起花哩有？（隆回话）

而对于闽方言来说，在以厦门话为代表的闽南方言中存在着“VP + 伓/无/未?”这样的“VP – Neg”格式。如：

⑰伊要来伓？（他要来吗?）

⑱王先有来恁兜无？（王先生来你家了吗?）

⑲小陈睏醒未？（小陈睡醒了吗?）

据甘于恩、邵慧君（1996）的研究，这些格式实际上是正反疑问句省略了后一分句的谓语动词后弱化而来的（伊要来伓来？→伊要来伓？[重读式]→伊要来伓？[轻读式]），到了轻读式的阶段，否定词“伓”、“无”、“未”等跟纯粹语气词的作用差别就很小了。但是，从是否黏附（独立回答问题）这点来看，“伓”、“无”、“未”都可以单独回答问题，表示否定，这点又与普通话“吗”这类语气词有明显的不同。

在以福州话为代表的闽东方言中，存在着下面两种正反问格式（陈泽平，2004）：

A（肯定结构 + 否定结构）	B（VP + 句末否定词）
⑳面有无红？	面有红无？
㉑面会鱠红？	面会红鱠？
㉒——	伊去上班未？

其中B式跟闽南话的“V – Neg”没有什么不同。不过，福州话的B式没有轻读式，说明B式的否定语义还比较显豁，还没有完全虚化为句末语气词，而且句末的“无”、“鱠”、“未”跟闽南话的句末否定词完全一样，都可以单独回答问题。此外，在闽语区，台中、宜兰、揭阳等地也都是“VP – Neg”占优势（余蔼芹，1992）。

前面已经提到，从历史发展线索来看，古越语实际上是闽方言的源头之一，因此吴方言和闽方言之间存在某些相似之处也是完全可以理解的。至于中部、南部的其他方言，则“VP – Neg”使用较少，只是在那些交通相对闭塞的地方有零星的使用。另外，值得一提的一点是，在粤语和湘语中，虽然整体上都采用“VP – Neg – VP”格式，但如果询问完成态，也用“VP – Neg”。例如：

㉓你食咗饭未？（你吃过饭没有?）（粤语广州话）

㉔阿江落班未？（阿江下班没有?）（粤语广州话）

㉕你尔本学生证盖哩章冇有？（你那本学生证盖了章没有?）（湘语新化话）

㉖四爷呷哩冇？（四叔吃了没有）（湘语新化话）

五、“K – VP”型问句

“K – VP”型问句是在VP前添加疑问副词所构成的问句。关于“K – VP”是不是正反问句，学界大致有三种看法：第一，倾向于属于是非问，例如赵元任（1928）、刘丹青（1991）、李小凡（1991）都持这种观点。第二，明确归属于正反问，例如朱德熙（1985）依据答话方式、语气词分布以及在系统中的地位，把它归入正反问。他的观点得到比较多的学者（如王世华，1985；施其生，1990；贺巍，1991）的认可。第三，另列一类“正反是非问”，例如徐烈炯和邵敬敏（1998）认为它在形式上接近于是非问，功能上接近于正反问，换言之看作一种过渡型的问句，邵敬敏的疑问句系统更是把它跟是非问并列为“单项是非选择”和“双项是非选择”（邵敬敏，1999）。本文为了讨论方便，把它同“VP－Neg”都看作汉语方言正反问的一种变式。

通常认为这个在V之前表示疑问的“K－”是个疑问副词，在不同的方言里读音并不相同，写法也各有差异，主要有“可”、“克”、“果”、“格”、“给”、“咸”、“阿”等。大多数疑问副词的声母都属于舌根音 g－k－h，比较特殊的是苏州话的“阿”，其实“阿”是入声字，前面带有一个喉音，接近于［hɐʔ］。举例如下：

①你可睡觉？（你睡觉不睡觉？）（河南信阳话）
②饭可熟吧？（饭熟没熟？）（江西玉山话）
③这样做可可以？（这样做可以不可以？）（安徽霍丘话）
④耐阿晓得？（你知道不知道？）（江苏苏州话）
⑤他果喜欢你？（他喜欢不喜欢你？）（江苏如东话）
⑥你格上街？（你上不上街？）（云南昆明话）
⑦你克吃炆蛋？（你吃不吃茶叶蛋？）（安徽合肥话）
⑧你给吃凉茶？（你吃不吃凉茶？）（云南鹤庆话）
⑨你咸买得到？（你买得到买不到？）（广东新丰话）
⑩花儿⊆ʃɿ香？（花儿香不香？）（山东长岛话）
⑪那个芒果嘚香？（那个芒果香不香？）（四川攀枝花话）
⑫他是不来？（他来不来？）（山东威海话）
⑬你是没吃饭？（你吃没吃饭？）（山东牟平话）

该格式的分布区域不是很广，主要通行于以下地域：

吴语区	江苏省的苏州、无锡、常熟、昆山、南通、靖江、江阴、金坛、丹阳、张家港、武进、吴江；安徽省的铜陵、泾县；江西省的玉山
客话区	江西的万安、南康、兴国、大余、上犹、安远、崇义；广东的新丰
江淮方言区	安徽省的合肥、蚌埠、灵壁、泗县、五河、嘉山、凤阳、全椒、芜湖、贵池、安庆、东流、六安、霍丘、临泉、涡阳、颍上、阜阳、无为、巢县；江苏省的淮安、盐城、南京、东台、海安、如东、如皋、溧水、邗江、高邮、江都（西部）、仪征、睢宁、扬州、四甲；河南省的信阳

（续上表）

西南方言区	云南省的昆明、通海、个旧、蒙自、会泽、曲靖、大理、思茅、梁河、鹤庆；四川的攀枝花
北方方言区	河南信阳、山东胶东半岛的荣成、文登、威海、乳山、牟平、海阳、烟台（芝罘老派）、福山、平度、潍坊、蓬莱、龙口、长岛

上表所列地区，可以分为两种情况：第一，吴方言和客家方言，分别属于中部和南部方言。第二，江淮方言区，虽然属于北方方言，但是跟吴方言毗邻，方言之间的渗透和影响是比较明显的；北方方言以及西南方言则有少数地方保留了这类问句的特点。可见，“K－VP”不能简单地判断是主要见于南方方言的一种正反问格式，这样，把“阿V?”作为南北方言的类型学标记就显得有点勉强。

为什么山东方言、西南方言也会有这类疑问句式？我们认为，这需要从历史上去寻找源头。我们查阅了近代和现代部分文学作品，发现近代汉语的“可”字疑问句，在北方方言里沿用至今。按照年代先后，先看《金瓶梅》，一般动词都可以加上“可”来发问。例如：

⑭那日可要叫唱的？

⑮那戴方巾的，你可认的他？

⑯你这狗才，可成个人？

⑰翟爹见小的去，好不欢喜，问爹明日可与老爷去上寿？

⑱小弟有一事相求，不知哥可照顾么？

⑲我自兑银与你成交，可好么？

有趣的是，我们还发现了“可有”跟“有O没有”混合的句式，这是两种类型的疑问句式并存的格局。例如：

⑳一个人到果子铺问：“可有榧子么？”

㉑孟玉楼问道：“可有大姐姐没有？”

再看《今古奇观》，其中“可是”、“可有”、“可晓得”构成的疑问句最为常见。例如：

㉒你的妻子可是昨日登时打死了？

㉓郎君可是鲁公子么？

㉔可有个白布裹肚么？

㉕夫人悲伤不已，问田氏可有爹娘。

㉖你到鲁家时，可曾见鲁学曾么？

㉗你妻子是何等人家？可曾过门么？

一般动词也可以前加“可”来提问。例如：

㉘大尹道："可俱是实？"

㉙看官，你可晓得，古老有句言语么？

㉚你可认得真么？

㉛有几件首饰，可用得着么？

㉜有个两全之策在此，不知母亲可听？

㉝若耳上没有环儿，可成模样么？

《红楼梦》所用的语言，尤其是对话的口语，一般认为属于早期现代汉语，我们也发现有这类句式，而且类型更为丰富，除了"可是"、"可曾"，还有许多动词和形容词都可以这样提问。例如：

㉞舅母说的，可是衔玉所生的这位哥哥？

㉟妹妹可曾读书？

㊱林姑娘的行李东西可搬进来了？

㊲敢烦仙姑引我到那各司中游玩游玩，不知可使得？

㊳我问哥儿一声，有个周大娘可在家么？

㊴我们的车可齐备了？

㊵姐姐可大安了？

㊶叫人送过来的，你可吃了？

比较有意思的是，不仅存在"可有O没有"的混合句式，而且还进一步出现了"可VO没有"的混合句式。例如：

㊷雨村因问："近日都中可有新闻没有？"

㊸这药可有名子没有呢？

㊹这姥姥不知可用了早饭没有？

㊺五的月例香供银子可曾得了没有？

最后，我们观察更加口语化的《儿女英雄传》。例如：

㊻尊客方才说到淮安，请问有位安太老爷，讳叫作学海的，同尊客可是一家？

㊼十三妹姑娘可有甚么交代？

㊽你这令爱姑娘可曾受他的作践？

㊾况且"探花"两个字，你可知道他怎么讲？

㊿白脸儿狼说："你老可要我作甚么呀？"

51母亲且莫着忙，儿子先请示，我父亲这一向身子可安？

混合句式则出现了"可+A不A"的格式。例如：

52老人家，你问他一声，我们且离了这个地方，外面见见天光，可好不好？

可见，"可"字疑问句在部分北方方言（例如山东方言、西南方言）、部分中部方言（例如吴方言）以及部分南部方言（例如客家方言）中有遗留。但在其他一些方言中却已经被别的类型所替代，例如北京方言，查阅《骆驼祥子》，全书没有1例“可”是用于这一疑问句式的。

六、其余格式的比较

1. 双音节谓词的正反问

双音节谓词（AB）所构成的正反问，比如“了解不了解?”“漂亮不漂亮?”完整式当然能说，但一般很少说，大量使用的是它的简便式“A－Neg－AB”，这是根据“VO－Neg－VO”省略为“V－Neg－VO”仿造而来的，现在不仅在南方方言里大量出现，而且在北方方言里也普遍使用。这类格式有几个特点：

第一，具有明显的类推性。“VP－Neg－VP”中，VP如果是双音节的动宾式动词（可以写作AB）如“革命”、“理发”等，甚至于虽然不是动宾式但却常常被看作是动宾式的词语如“睡觉”、“洗澡”、“小便”等，都可采用这种格式。比如：“革不革命?”“理不理发?”“睡不睡觉?”“洗不洗澡?”“小不小便?”

第二，前省式“V－Neg－VO?”使用的普遍性南方大于北方，但是，“A－Neg－AB?”则无论南方还是北方，几乎都使用，几乎从来不用“AB－Neg－A?”（“革命不革?”“理发不理?”“睡觉不睡?”“洗澡不洗?”“小便不小?”），我们只发现客家方言和湘方言里有个别地方也使用后省式。这更加说明，人们在思维联想方面，更为倾向于前面可以暂存某些信息，而往后面寻找支撑点，而不大希望在最后出现一个非词作为句子的结束。

第三，即使是双音节形容词和多音节动词，也按照相同的方式简化。例如：“时不时髦?”“小不小气?”甚至于出现“大不大扫除?”“政不政治学习?”

第四，更为有趣的是，在否定词之前还可以添加副词“也”、“都”、“倒”，例如：“晓也不晓得”、“厉倒不厉害”、“漂都不漂亮”。

2. “有－Neg－VP”格式

用“有－Neg”（有无、有冇、有没有、有勿有）来提问，如果后面带的是动词性的VP，则主要在吴方言、湘方言、闽方言和粤方言中使用。但是尽管这四个方言都可以如此提问，肯定性回答时，闽方言和粤方言可以用“有”，吴方言和湘方言却不能，只能够用时态助词“勒”、“哩（了）”来帮助。吴方言跟湘方言在历史上具有同源性，所以，当年说楚语（后来发展为湘方言）的伍子胥到了吴国，对话大体上没有问题。例如：

①有冇去过?（有，有去过。）（粤方言）

②有冇有去过?（去过哩。）（湘方言）

③有勿有去过?（去过勒。）（吴方言）

3. “V－Neg－V得C”格式

动补结构构成的正反问，通常都是完整式，正反形式前后出现，一般都是肯定式在前，否定式在后。例如：

④你坐得下坐不下？（北方方言）

但是吴方言、湘方言、粤方言和客家方言中，这类提问格式都采用一种比较特别的形式，例如：

⑤侬坐勿坐得落？（吴方言）

⑥你坐唔坐得落？（粤方言、湘方言）

这类格式估计是仿照“V－Neg－VO”而成，即用“V－Neg－V”作为疑问焦点，随后原先的宾语O用补语“得C”来替换，这样就构成了“V－Neg－V得C”格式。

七、方言类型比较的意义

为显示汉语方言正反问的基本层次，我们根据已经公开发表的方言语法材料，结合我们课题组调查的语料（邵宜的江西宜丰话、周娟的湖南新化话、邵敬敏的上海市区话、彭小川的广州话、曾毅平的江西石城（龙岗）客家话、甘于恩的福建福州话），可把其类型和地域分布图示如下：

序号	正反问类型	北方方言	吴方言	赣方言	湘方言	闽方言	客家方言	粤方言
1	Vp－Neg－Vp	+	+	+	+	+	+	+
2	Vp－Neg	+	+	少	少	+	少	少
3	K－VP	少	少	－	－	－	少	－
4	VO－Neg－VO	少	少	少	少	少	少	少
5	VO－Neg－V	+	－	少	少	－	－	少
6	V－Neg－VO	－	+	+	+	+	+	+
7	VV（O）	少	少	－	－	少	少	－
8	AB－Neg－AB	+	少	少	少	少	少	少
9	A－Neg－AB	+	+	+	+	少	+	+
10	AB－Neg－A	－	－	－	少	－	少	－
11	有－Neg－VP	－	+	－	+	－	－	+
12	有－Neg－VP？有	－	－	－	－	－	－	+
13	V－Neg－V得C	－	+	－	+	－	+	+

事实上，上表所列还只是一个大致的框架。汉语方言的情况远比我们想象的复

杂，往往形成犬牙交错的格局，类型学上很难截然分开，其最主要的特点是“并存消长”。这大体上有以下几种情况：

（1）Ⅰ乙式“VO－Neg－V”与Ⅱ式“VP－Neg”并用。例如北京、天津、山西、陕北、青海等方言。

（2）Ⅰ丙式“V－Neg－VO”与Ⅱ式“VP－Neg”并用。例如东北、山东、福建、浙江、广东等方言。

（3）Ⅰ甲式“VP－Neg－VP”与Ⅲ式“K－VP”并用。例如江苏、安徽、云南方言。

（4）Ⅱ式“VP－Neg”与Ⅲ式“K－VP”并用。例如汕头方言。

（5）Ⅰ乙式“VO－Neg－V”与Ⅰ丙式“V－Neg－VO”并用。例如湖南、江西、福建等方言。

（6）Ⅰ丙式“V－Neg－VO”与Ⅱ式“VP－Neg”以及Ⅲ式“K－VP”并用。例如上海方言。

但是，这些并用并存的格式在同一方言中并不总是“并驾齐驱”地起作用的。从共时角度看，可能是一种类型为主，也可能存在两种都比较普遍的情况；从历史发展的角度看，它们经历了一个“此消彼长”的过程。例如，在上海话中，实际上存在着三种正反问类型：“K－VP”在老派上海人口中还经常使用，中年派减少，到了新派的年轻人口中，使用就非常少了；相反，“V－Neg－VO”在老派上海人口中使用还较少，但到了新派的年轻人口中，却使用比较多了。然而不管如何，“V－Neg”始终占据主导地位。

除了“并存消长”的总特点外，汉语方言正反问的分布还有两个特点也是比较重要的：

第一，对立互补。

首先是北方方言跟中部方言以及南部方言形成对立互补局面，尤其在几个大的类型方面：

（1）在正反问的三大类格式中，“VP－Neg”格式主要是北方方言、吴方言以及闽方言大量使用，呈现三大片状连续性分布，而其他方言只是少数点状分布。这种分布状况与北方方言向南边挺进，与当地古越语形成吴方言，并挤压古越语再向南边发展，促使闽方言形成这一发展线索是基本吻合，且是相互印证的。尤其在吴方言和闽方言的交界处浙江温州一带，方言面貌更加接近，以至于关于平阳的蛮语到底是属于吴方言还是闽方言，长期以来争论不休（颜逸明，1994）。

（2）“V－Neg－VO”与“VO－Neg－V”形成对立互补格局。前者主要是中部方言和南部方言使用，后者主要是北方方言使用，赣方言、湘方言和粤方言的部分地区也可以使用。至于VV（O）（包括Ⅰ－Ⅲ式），则是对“V－Neg－VO”型方言进行下位再区分的重要参项。

（3）“K－VP”格式主要是吴方言、客家方言以及北方方言的部分地区使用。事实上，从历史上来看，该格式不如说是近代汉语格式的遗留，在北方方言的江淮方言、西南方言、山东方言和中部吴方言以及南部客家方言中都存在。所以，把“K－VP”句式看作区别南北方言的标志是不妥的。

其次是南方方言也形成了某些对立互补局面。这主要表现在：

（1）用“有－Neg－VP”来提问，主要是吴方言、粤方言、湘方言的特色，而赣方言、闽方言和客家方言很少使用这样的句式。不过，在具体使用上也有差异，关键是粤方言如果作肯定性回答，可以单独用“有”，也可以用“有 VP”，而中部的吴方言和湘方言虽然可以这样提问，却不能用“有”来作肯定性回答。从而我们可以把这三个方言看作某一类型的集合。

（2）用“V－Neg－V 得 C”来提问，主要是吴方言、湘方言、粤方言和客家方言的特色。吴方言和湘方言属中部方言，粤方言和客家方言属南部方言，而同样属中部方言的赣方言和属南部方言的闽方言却很少这样使用。这反映了南方方言在“V－Neg－V 得 C”上所表现出来的一致与差异。

第二，重叠交叉。

从正反问的三大类型来看，横向观察，“V－Neg－V”是基本格式，尤其是单音节动词或者形容词，几乎每个方言都可以这样提问。“VP－Neg”由于可以看作是近代汉语的继承，也可以看作后省式的进一步发展，所以使用的范围比较大，北方方言、吴方言、闽方言属于常用格式，其他方言里也有部分使用。“K－VP”只有北方方言、吴方言和客家方言部分地区使用，其余方言一般不用，这种格式也可能是近代汉语的一种遗留，并已经开始萎缩。至于变式的情况则不仅呈现犬牙交错的格局，而且还往往是你中有我，我中有你。比如“V－Neg－VO”往往出现在南方方言中，但是福建莆田话里，正反问的省略式就不是前省式，而恰恰是后省式，跟北方方言一致。

纵向观察，北方方言和吴方言的种类最为齐全，只是“K－VP”型不是那么普遍，仅仅部分地区使用而已，但是在“VO－Neg－VO”的省略式上则形成对立，北方方言依赖于后省式，吴方言依赖于前省式。有趣的是，湘方言、闽方言和粤方言主要使用前省式，但是也有部分地区使用后省式，而且不用“K－VP”格式，“VP－Neg”格式也很少使用。闽方言和客家方言比较特别，在只用前省式不用后省式这一点上，跟吴方言一致；然而闽方言不用“K－VP”格式，却用“VP－Neg”，客家方言这两类都可以用，但只限于少数地区，并不普遍。

总之，正反问格式在汉语方言的分布，并非井然有序、板块分明的，而是形成了一个类型多样、层次叠加、分布上犬牙交错的格局。因此，对汉语方言正反问进行类型学探讨，我们首先应确立汉语方言类型的纵横观，即横向考虑到地域的毗邻与隔离，纵向考虑到历史的传承与分合。正是在这种纵横结合的基础上，我们确定了一个具有层次性、区域性和灵活性的方言分区系统，然后探讨了汉语方言正反问在这个区划系统中的分布及所表现的类型状况。可以看出，虽然汉语方言的正反问确实表现出了比较强的类型学特点，例如，“VP - Neg”在北方方言、吴方言以及闽方言的连续片状分布和在其他方言的零星点状分布、“V - Neg - VO”和“VO - Neg - V”在南方方言和北方方言的互补分布以及“有 - Neg - VP”在中部方言和南部方言的对立性回答等，其类型特征都很明显，但是，从总体上来看，同一方言点多种正反问类型及变式并存消长以及同一方言区正反问类型重叠交叉的现象也并不鲜见。因此，对于汉语方言正反问的类型分布来说，应该是整齐与交错并存，有序与无序共现。整齐和有序之处，固然应引起我们的重视，交错与无序之处，更需我们去研究和梳理。要使该课题在今后的研究中取得新的突破和进展，除了继续加强材料的调查与挖掘之外，还需运用有效的理论和方法，重点解决好方言内部的“无序”和“交错”现象。

附注

①关于方言之间可懂度的研究，游汝杰、杨蓓在《广州话、上海话、普通话词汇接近率的计量研究》中认为：粤语词汇和普通话的接近率为48.24%，上海话词汇和普通话的接近率为67.21%。但是郑锦全先生的研究表明，普通话跟粤方言的可懂度只有17%。此外，根据新加坡国立大学中文系吴英成博士的研究，南方三大方言群（闽方言、粤方言和客家方言）之间的可懂度很低。（武夷山会议，见网站资料）

②本文使用的正反问材料，主要来自公开发表的50余篇（部）论文（论著），参考文献中已列出一部分，其余并未一一列出。

③朱德熙（1991）只概括出前面两种类型。事实上，第三种类型也是存在的，只是采用这种类型的方言较少罢了。

④表中所列使用“VV（O）”式正反问的方言点，都是紧缩式与原式并用的，因此，我们很容易作出“VV（O）”是由“V - Neg - V（O）”紧缩而来的判断。可是，有些方言的“VV（O）”式正反问，却似乎无法按紧缩式理解。例如，在山东的长岛、招远等地，存在着以下正反问语例：

你会会？（你会不会？）（长岛）

你去去？（你去不去？）（招远）

这些市县本身并不存在跟“VV（O）”并列的另一种说法“V - Neg - V（O）”（历史上某一时期当地是否有过这种形式今无从查考），而且周围临近的方言也不存在“V - Neg - VP”式正反问（罗福腾，1996）。正因如此，有些学者并不把这些正反问看作是“V - Neg - V（O）”的紧缩，而看成是用动词重叠表示正反问的说法。对于这种情况，表中没有列入。

⑤随州话中形容词一定要说“V - Neg - V”。

⑥重庆方言可重叠的V一般限于双音节动词或形容词。

⑦在舟曲话中，“VV”只能出现在句末，大部分的宾语都得提到动词之前，只有个别单音节宾语可以用在动词后，如“你买药买药？”（莫超，2004）。

⑧绍兴方言中，动宾结构的词或短语构成的正反问句，一般要求把宾语放在重叠的动词前作受事主语（寿永明，1999）。

⑨我们认为，作为正反问的“VP－Neg”末尾都必须出现有明确否定义的副词，或者否定副词再加上语气词（两个比较独立的音节）。凡是否定副词跟语气词已经合为一个音节，不能再区分开来的，我们一般都不看作正反问。例如：

佢缘得上吗［ma⁴⁴］？（他爬得上吗？）（开平话）

来盲？（来吗？）（大埔话）

第十八章　汉语方言选择问比较研究

选择标记、基本句型、省略规则、多项选择问的结构、疑问语气词的使用是方言选择问比较研究主要的观察项目。现就本课题所调查的客、赣、湘、吴、闽、粤方言各点的选择问按以上五方面作一比较。

一、选择标记

1. 客、赣、湘三个点，都用选择标记“啊”（湘语点记作“咹”）连接选择项

“啊”是由语气词发展而来的选择标记，当“啊”附着在选择前项，前、后项之间有语音停顿时，主要起语气词的作用，后项通常要有一个呼应的成分，如在后项前加“还”、“还就”、“是”或者后加“叻”、“咧”等语气词，强化其选择关系。“啊”用在选择项之间，而又无语音停顿，则起选择连词的作用，成为一个典型的选择标记。例如：

客：你洗脚啊洗汤？（你洗脚还是洗澡？）

赣：看着是阿有道理啊你哩舅舅有道理？（看看是你有道理还是你舅舅有道理？）

湘：输哩咹赢哩？（输了还是赢了？）

2. 典型选择标记选择连词“还是”，各点使用情况略有差异

赣、湘、吴三个点都用“还是”，客家用“还”或词汇化了的“还就”。例如：

赣：你估红咯还是绿咯叻？（你猜是红的还是绿的？）

湘：你锄草，还是挖土？（你锄草，还是挖土？）

吴：侬去杭州，还是去苏州？（你去杭州，还是去苏州？）

客：买红数斤还/还就五斤猪肉？（买四斤还是五斤猪肉？）

闽语相当于“还是”的选择连词是“固是”、“抑/抑是”，粤语为“定係”，“係”可以省略。例如：

闽：输咯固是赢咯？（输了赢了？）

　　咸菜抑菜脯？（要咸菜还是要萝卜干？）

粤：你洗衫定（係）佢洗衫？（你洗衣服还是她洗衣服？）

粤语的“定（係）”口语色彩较浓，与之对应的书面语色彩较浓的选择标记是“抑或”。例如：

粤：今晚一齐去唱歌跳舞，抑或睇电影？（今晚一起去唱歌跳舞，还是去看电影？）

3. 南方方言各点都可以用扬抑式句调表示选择

扬抑式即是不借助选择连词或语气词，而是通过前后项句调的扬升和降抑组合表示选择关系。例如：

客：三秀嘚华秀嘚过生日哦？（三秀还是华秀过生日？）

湘：马铃薯煮倒呷炒倒呷？（马铃薯煮着吃还是炒着吃？）

4. 选择标记的类型

选择标记的类型有三种：一是选择连词，二是语气词组合，三是扬抑式句调。

二、基本句型

据邵敬敏的《现代汉语疑问句研究》，普通话的选择问有五种基本类型：

（1）X（呢）（，/？）Y（呢）？（例：输了赢了？）

（2）X（呢）（，/？）还是Y（呢）？（例：吃饭好，还是吃面条好？）

（3）是X（呢）（，/？）是Y（呢）？（例：他父母到底是和儿子住呢？是和女儿住呢？）

（4）是X（呢）（，/？）还是Y（呢）？（例：我是听你的还是听他的？）

（5）还是X（呢）（，/？）还是Y（呢）？（例：看看还是我说得有理，还是你舅舅更有理？）

括号（）表示有无皆成立，“，/？”表示两项任选一项。

这五种基本句型与南方方言各点的选择问句型的对应关系如下表所示：

普	客	赣	湘	吴	粤	闽
X（呢）（，/？）Y（呢）？	X（啊）Y？	X啊Y叻？	X咹Y？ XY咹？	X（呢）（，/？）Y？	X定Y？	X固是Y？
X（呢）（，/？）还是Y（呢）？	X（啊）（，/？）还/还就Y？	X啊Y叻？ X还是Y叻？	X（咹）还是Y？X（咪）（，/？）还是Y（咪）？	X（呢）（，/？）还是Y（呢）？	X（呢），定係Y（呢）？	X，固是Y？
是X（呢）（，/？）是Y（呢）？	係X（啊）（，/？）还/还就係Y（咧）？	是X啊Y叻？	是X（咪），还是Y（咪）？	是X（呢）（，/？），还是Y（呢）？	係X呢，定係Y呢？	是X，固是Y？

（续上表）

普	客	赣	湘	吴	粤	闽
是X（呢）（，/?）还是Y（呢）?	係X（啊）（，/?）还/还就係Y（咧）?	是X啊Y叻?	是X（咪）（，/?）还是Y（咪）?	是X（呢）（，/?）（还是）Y（呢）?	係X（呢），定係/抑或Y（呢）?	是X，固是Y?
还是X（呢）（，/?）还是Y（呢）?	X啊，还就Y?还就X啊，还就Y?	是X啊Y叻?	是X（，）还是Y?	（还是）X（呢）（，/?）（还是）Y（呢）?	係X，定係Y?	是X，还是Y?

与普通话基本类型比较，南方方言的选择问的句型有以下几个特点：

（1）普通话“X（呢）（，/?）Y（呢）”选择问，前后项都加“呢”，构成“……呢，……呢?”格式可强化选择关系，而南方方言各点，大都不用这种同一语气词的对称连用格式，用语气词对称强化选择关系的，前后项选用不同的语气词，如赣语的“……啊……叻?”，吴语用“呢”，但一般不出现在最后一个选择项的后面，这跟普通话也不太一样。对应普通话这一基本式，南方方言的常用格式是在前后选择项之间用显性的选择标记，这可分两种情形：一是用选择连词，如粤语的“定（係）”、闽语的“固是”；二是用由语气词发展来的“准连词”，如客家话的“啊”、湘语的“咹”。

（2）普通话“X（呢）（，/?）还是Y（呢）?”基本式，其典型特征是在后选择项前加选择连词“还是”，南方方言各点都用，除吸收普通话的“还是”，也用本方言的典型选择连词，构成这一基本式，如客家话的“还/还就”、粤语的“定（係）”、闽语的“固是”。

（3）普通话“是X（呢）（，/?）是Y（呢）?”格式的基本特点是用“是……，是……?”的“是”字对称结构提问。南方方言各点的对应格式是前项用“是”，后项前加典型的选择连词“还/还就”、“定（係）”、“抑或”、“固是”等，与普通话的“是……，还是……?”基本式的对应格式合流。

（4）“是X（呢）（，/?）还是Y（呢）?”的分析。

（5）普通话“还是X（呢）（，/?）还是Y（呢）?”格式，客家话和吴语偶用，其他各方言点用“是……，还是……?”的对应式。

三、省略规则

1. 主语为疑问点，谓语VP是相同项的省略

主语为疑问点，相同项是谓语VP，如“你洗衣服还是她洗衣服?”这类选择问普

通话只能省略前项 VP，并且在前项主语前加选择关联词“是”更顺口。如：

普通话：你洗衣服还是她洗衣服？——→是你（洗衣服）还是她洗衣服？

南方方言客、赣、湘、粤、闽都有这一省略规则，吴语最常用的是将受事提到句首再加“是”构成的受事主语句。如：

客家：係你（洗衫）还就渠洗衫？　赣语：是你洗（衣裳）还是佢洗吻？

湘语：是你还是其洗衣衫？　粤语：（係）你定（係）佢洗衫？

闽语：（是）汝固是伊去洗衣裳？　吴语：衣裳是侬汰还是伊汰？

除此之外，南方方言各点还有其他一些省略形式，其中客家方言的省略式最为丰富，吴语基本上不用其他省略式。各方言省略式如下：

客家：你洗衫还就渠洗衫？——→①你还就渠洗衫？②你洗衫还就渠？③你洗还就渠洗衫？④你洗衫还就渠洗？

赣语：你洗（衣裳）还是她洗？——→①你洗还是佢洗（吻）？②你洗啊佢洗（吻）？

湘语：你洗衣衫还是其洗衣衫？——→①你洗衣衫还是其洗？②你洗还是其洗衣衫？

粤语：你洗衫定（係）佢洗衫？——→你洗衫定（係）佢洗？

闽语：汝去洗衣裳抑是伊去洗衣裳？——→汝去抑是伊去洗衣裳？

2. 主语为疑问点，相同项谓语是动补短语的省略

主语为疑问点，相同项谓语是动补短语 VC，如“你洗得干净还是她洗得干净？”这类选择问普通话只能省略前项，并在前项主语前添加“是”。如：

普通话：你洗得干净还是她洗得干净？——→是你还是她洗得干净？

南方方言各点只有客家和湘语有这一省略形式。如：

客家：係你还就渠洗得更伶俐？

湘语：是你还是其洗得干净？

这类选择问，粤语的省略式比较特别，它只能省前项的动词中心语 V，也可在前项主语前加“係”。如：

粤语：你洗得干净定（係）佢洗得干净？——→①你定（係）佢洗得干净？②（係）你定（係）佢洗得干净？

客家话的省略式还有：你洗得伶俐还就佢洗得伶俐？——→①你还就佢洗得伶俐？②你洗得伶俐还就佢？③你洗还就佢洗得伶俐？④你洗得伶俐还就佢洗得？

吴语没有相应的省略式，但是可以有变式：

侬和伊，啥人汰得清爽？

赣、闽语都无省略形式。

3. 疑问点是状语，相同项是 VP

疑问点是状语，相同项是 VP，如“当面说他还是背后说他？”普通话只能省前项

VP，不能省后项 VP，并在前项状语前加表选择关联的“是”。如：

普：当面说他还是背后说他？──→是当面还是背后说他？

客家、湘、闽语都有和普通话对应的省略式。如：

客家：係当面还就偏背话渠？

湘语：是当着还是背后讲其？

闽语：（是）当面固是背后讲伊？

除此之外，方言还有以下省略式：

客家：当面话渠还就偏背话渠？──→①当面还就偏背话渠？②当面话渠还就偏背？③当面话还就偏背话渠？④当面话渠还就偏背话？

湘语：当着讲其还是背后讲其？──→①当着还是背后讲其？②当着讲其还是背后讲？③当着讲还是背后讲其？④是当着讲还是背后讲其？

粤语：当面讲佢定係背后讲佢？──→当面讲佢定係背后讲？

4. 疑问点是谓语，相同项为主语

疑问点是谓语，相同项为主语，如“你们吃饭还是你们喝粥？”普通话只能是后项主语省略，不能省前项。如：

普：你们吃饭还是你们喝粥？──→你们吃饭还是喝粥？

南方方言各点的省略规则与普通话一样，都是只能省后项主语，不省前项。如：

客：你郎食饭还就食粥？

赣：你哩吃饭啊吃粥叻？

湘：你俚呷饭还是（呷）粥？

粤：你哋食饭定食粥？

吴：倪啦（搽）吃饭还是吃粥？

闽：汝各人食饭固是食粥？

5. 疑问点是谓语，相同项为状语

这类选择问普通话只能省后项，但也可不省略，相同项重复出现。如：

普：马上打电话还是马上写信？──→马上打电话还是（马上）写信？

客家、赣、湘、粤语的省略与普通话同，只省后项。如：

客：情拈打电话还就情拈写信？──→情拈打电话还就写信？

赣：马上打电话还是马上写信？──→马上打电话啊写信叻？

湘：马上打电话还是马上写信？──→马上打电话还是写信？

粤：即刻打电话抑或即刻写信？──→即刻打电话定係写信？

吴语可以省略说，但是意义不同，“马上打电话还是写信?”，前项状语“马上”管不到后项“写信”。闽语不能省，只说“此刻拍电话固是此刻写批?”

6. 疑问点是谓语动词，宾语为相同项

这类选择问普通话不能省略相同的宾语，否则问句无法成立。如：

普：你洗衣服还是晒衣服？——→＊你洗（衣服）还是晒衣服？——→＊你洗衣服还是晒（衣服）？

赣语、吴语、闽语、粤语与普通话一样，前后项宾语都要出现，不用省略式。如：

吴：侬汰衣裳还是晒衣裳？

赣：你洗衣裳哪晒衣裳叻？

闽：汝是洗衣裳固是曝衣裳？

粤：你洗衫定係晾衫？

客家话和湘语有省略前项宾语的用法。如：

客：你洗衫啊晒衫？——→你洗啊晒衫？

湘：你洗还是晒衣服？——→你洗还是晒衣服？

四、多项选择问

选择项如有三个以上，南方方言各点选择标记通常都用明确体现选择关系的连词“还是”（吴、湘）、“还就”（客）、“定係”（粤）、“抑或”（粤）、“固是”（闽）等。各点最容易接受的选择标记出现的位置是最后一个选择项之前。构成“A，B，C，D，……还是N?”格式。不过，在列举多个选择项的情况之下，粤语和闽语习惯用疑问代词提问选择其一，形式上已经带上了特指问的标记，成为一种选择与特指问混合的“特指选择问”。如：

粤：广昌、石城、宁都、瑞金嘅莲子，边度最好？

闽：广昌、石城、宁都共瑞金（只四只地方），底呢其莲子第一好？

客家方言选择连词也可嵌在开头两个选择项之间，与最后一项前的选择连词呼应，构成多项选择问“A还是B，C，D……还是N?”格式。如：

客：过屋下斫柴卖还就去广东打工，学开车，还就补习考大学？（在家砍柴卖还是去广东打工，学开车，还是补习考大学?）

不过，湘、粤、闽语不这么说。粤语这类多项选择问通常要在句首加“喺”，构成“是A（呀），还是B，C，D，还是N?”格式。如：

粤：喺屋企斩柴卖（呀），定係去广东打工，学开车，定係/抑或补习考大学？

闽语则用“是……固是……”对选择项两两分组，构成“是……还是……；是……还是……?”多项选择问格式。如：

闽：是着厝底破柴卖，固是去广东拍工；是去学开车，固是补习考大学？

客家方言可以在所有选择项前加连词，构成“A还是B，还是C，还是D……还是N?”格式。湘语这类多项选择问，如果选择项为“VP”，则也可在各项前加连词，形成多个连词连用的格式；但如果选择项为名词，则只能在最后一项前用连词。

粤语和吴语也可在各选择项前加连词，但最好在句首加“喺”或“是”，首项后有语气词。如：

粤：喺屋企斩柴卖（呀），定係去广东打工，定係学开车，定係补习考大学？

粤：喺屋企斩柴卖（呀），定係去广东打工，定係（/抑或）学开车，抑或补习考大学？

吴：是勒屋里砍柴卖呢，还是去广东打工（呢），还是学开车（呢），还是补习考大学？

吴：是广昌呢，还是石城（呢），还是宁都（呢），还是瑞金个莲子最好？

五、选择问中的语气词

在所调查的南方方言各点中，客家方言选择问句的语气词最丰富，有“吧”、“哦”、“咧”、“啊”、“滗”五个。湘语有“唠”、“唻”和“咹”三个，赣语只有“叻”，吴语只用“呢”，闽语用“哩”，粤语有“啫”、“呢”、“啊”三个。

有的语气词只能出现在句末，如客家话的“吧”、“哦”，湘语的“唠”，粤语的“啫”，赣语的“叻”；有的只能出现在首项后，如客家话的“滗”，闽语的“哩”；有的既可以出现在前项，也可以出现在末项，如客家话的“咧”，客家、粤语中的“啊”，吴语和粤语中的“呢”，湘语中的“唻”、“咹”等。

选择问中疑问语气词的使用有以下几种情形：①只在句末用语气词；②在首项用语气词以振扬语调，与句尾降抑调配合，表达选择关系；③在多项选择问中的每一项后都添加语气词，末项也可不加；④语气词配对使用，表达选择关系。

第一种：只在句末用语气词。客家方言、湘方言、粤方言有此式。如：

客：补习一年添还就寻个事做吧？

湘：种红薯还是种西瓜唻？

粤：种番薯定种西瓜呢？

第二种：在首项用语气词以振扬语调，与句尾降抑调配合，表达选择关系。客家方言、湘方言、吴方言、闽方言、粤方言都有，吴语主要用此式。如：

客：过几工会天晴咧，还就落雨？（过几天会是晴天呢，还是下雨？）

吴：用猪肝来烧汤呢，还是来炒萝卜？

湘：过几日会是天晴唻，还是下雨？

闽：猪肝掏来煮汤哩，固是掏来炒菜头？

粤：打电话讲更之方便呢，定係写信讲更之方便？

第三种：多项选择问，在每一项后添加语气词，末项也可不加。此式赣语、吴语有，但不常用，吴语末项通常不加语气词。如：

赣：你吃白酒啊，吃黄酒啊，还是吃茶叻？

赣：谁舞得你哭叻，你哩爷啊，你哩娘哪，还是你哩老师叻？

吴：是广昌呢，还是石城（呢），还是宁都（呢），还是瑞金个莲子最好？

吴：是勒屋里砍柴卖呢，还是去广东打工（呢），还是学开车（呢），还是补习考大学？

第四种：语气词配对使用，表达选择关系。配对的可以是相同或不同的语气词。客、赣、湘、吴、粤方言都有。如：

客：係渠先动手打你咧，还係你先惹渠吧？（是他先动手打你呢，还是你先惹他嘛？）

湘：是其先动手打你咪，还是你先打其咹？

粤：係佢先郁手打你呢，抑或你先嫽佢啊？

吴：用猪肝来烧汤呢，还是来炒萝卜呢？

南方方言各点选择问中语气词的组合主要有以下模式：

方言区	选择问语气词组合模式	例句
客家方言	……淮……哦/吧/咧/啊？ ……啊……哦/吧/咧/啊？ ……咧……哦/吧/咧/啊？	你去过上海淮，还就去过杭州咧？ 卖水果嘚啊，还就卖猪肉哦？ 渠先动手打你咧，还就你先惹渠哦？
赣方言	……啊……叻？	你吃白酒啊，还是吃茶叻？
湘方言	……咪……咹？ ……咪……唠？ ……咹……唠？	是其先动手打你咪，还是你先打其咹？ 是其先动手打你咪，还是你先打其唠？ 是其先动手打你咹，还是你先打其唠？
吴方言	……呢……呢？	打谷机坏脱勒呢，还是拨人家偷脱勒呢？
粤方言	……呢……啊？ ……啊……啊？ ……呢……呢？	是佢先郁手打你呢，抑或你先嫽佢啊？ 你去啊，定係佢去啊？ 听日加班呢，定係瞓翻个懒觉呢？
闽方言	无	

第十九章　汉语方言特指问比较研究

疑问既是一种语气，又体现出一定的语法、语用功能。特指问要求针对疑问句的信息焦点作出具体的回答，这是与是非问等的突出区别。在汉语方言中，从大的类型特征看，各地方言并无太大的差异，但具体的表现形式则有所不同。以下对各大方言特指问的特点进行一些比较研究。

一、问人物

（1）从问人的特指疑问词来看，闽语显然保留了古汉语较早期的代词，福州话用“底（蜀）侬”、厦门话用“甚（物）侬”，“底”在南北朝时期多作宾语（哪一个），也可出现在动词前（“底为” = “为何”），唐宋之后也可作名词修饰语，如：

①摘荷空摘叶，是底采莲人？（张祜《读曲歌》，乐府46.5）

闽语问人也有指别和解释之分：指别用“底袺个”，解释用“甚（物）侬”（福州话用“底侬”），如厦门话：

②张先是底袺个？（张先生是哪一位？）

指别多用在他称，对称不这么用。问人的解释则没有这种限制，如：

③张先是甚物侬？【他称】（张先生是什么人？）

④汝是甚物侬？【对称】（你是什么人？）

福建境内（永春）和境外的闽语（潮汕、雷州、海南）也有用“底侬”或其合音 tiaŋ（李如龙，1999；施其生，1999；钱奠香，1999），作用多为指别性，与“底袺个”相当。

（2）吴语虽说与闽语有较密切的关系，但问人的疑问词显然较近北方型，如：

⑤阿三是啥人？（阿三是谁呀？）

问人有指别和解释两种，吴语指人的指别是这样的：

⑥啥人是阿三？（答）迭个人是阿三。

但如果说成：

⑦阿三是啥人？（答）阿三是伊格阿弟。

则属于解释性。

（3）湘、赣、粤诸方言，指别和解释在形式上多不分（可以根据语境区分这两者）。湘语新化话问人统用“哪个”（复数用“哪粒”），显然来自官话指别的“哪（一）个”，如：

⑧以个是哪个嘅书？（这是谁的书？）

（4）赣语宜丰话问人用“谁/谁人”、“什人”，但两者似乎不是指别与解释的区别，如：

⑨什人/谁人话咯今日会出日头叻？（谁说今天会出太阳呀？）

（5）粤语中广州话一般也不分指别和解释，“边个”可以指“哪一个”和“什么人”，如：

⑩张生系边个啊？（张先生是哪一位？）

⑪你系边个？（你是谁？）

但是，如果要追问身份时，应用“乜嘢人”，如：

⑫啯个着红衫嘅系乜嘢人？（那个穿红衣的是什么人？）

也就是说，广州话的“边个”类似于普通话的“谁”，身兼指别和解释双重身份，“乜嘢人”则是种补充形式，当“边个”不能很好地区分指别和解释时，便采用短语形式“乜嘢人”加以辨别。

（6）林立芳（1999）说梅县客话问人有两种形式：瞒人［man^{31} ȵin^{22}］、奈侪［$nai^{52}sa^{22}$］，指出“新派人常用‘瞒人’，老派常用‘奈侪’”。怀疑新派的“瞒人”来自“物个人”，“个”弱化后合音为［man^{31} ȵin^{22}］，原是解释、说明的，老派的“奈侪”来自“哪一侪”（“侪”即“人”之意），原是用于指别的，后来成为新、老派的差异。有待证实。

二、问事物

（1）再看问物的疑问代词。闽南话问物用“甚物”，“甚”的音韵地位在深开三禅母上声，厦门话读［sim^{53}］。它往往跟“物”结合，说成“甚物”，在闽南话中可以问人、事物或地方（只限于“所在”），如问物时“甚物”可以直接作句子成分（主语、宾语），如厦门话：

①甚物较大？（什么东西比较大？）

②汝揮甚物？（你找什么？）

但一般问具体的事物，则“甚物”多作限定语，修饰具体的物品，显示“甚物”的“物”已经虚化为疑问指代词（这点各地方言颇有共性），如厦门话：

③汝揮甚物物件？

④甚物所在汝没去着？（什么样的地方你没去过？）

在闽东的福州话中，相当于“甚物”的是“甚乇”，如：

⑤汝是甚乇人？（你是什么人？）

⑥我掏甚乇乇？（我拿什么东西？）

在粤东的潮汕方言中，也用“甚物”，“甚”音［si^{31}］，多写作“什（乜）”，但施其生说“‘什乜’的读音是由‘［sim^{35-31} miʔ^{2}］’变来的”（施其生，1999），“甚物”既可问物也可问人，如：

⑦者个介甚物物件？（这是什么东西？）

而问人时“甚”多省略说成“物（乜）”，如：

⑧伊介你个物/乜人？

值得一提的是，潮汕话问物多用“甚物个”或“物个（乜个）”，福建闽语似无这种用法，如：

⑨者个介甚物个？（这是什么？）

⑩阿伯个姆汕头人叫做物个？（伯父的妻子汕头人叫什么？）

（2）吴语上海话问物依然是以“啥”作为疑问词，“啥”不能单独成句提问，但可以用“啥格”提问，如：

⑪啥格？侬鞋要去？（什么？你也要去？）

“啥”也可以单独充当句子成分（主、宾、定语），如：

⑫啥叫聪明？（主语，什么叫聪明？）

⑬侬勒讲啥？（宾语，你在说什么？）

⑭今朝啥日脚？（定语，今天是什么日子？）

具体询问事物，常常用“啥事体”（事情）、“啥末事（物事）”（东西）、“啥格事体”（事情）、“啥格末事”（东西）。如：

⑮侬勒吃啥末事？（你在吃什么东西？）

⑯啥物事拿来？（拿什么东西来？）

（3）湘语新化话中问事物的功能由疑问代词“么个”承担。它既能询问单数事物，也能询问复数事物。在句法上，“么个”也常在句中充当主语、宾语和定语。如：

⑰么个冇得哩？（什么没有了？）（主语）

⑱你在尔落寻么个？（你在那找什么？）（宾语）

⑲佢得哩么个病？（她得了什么病？）（定语）

联系古汉语以及其他方言，“么个”的语源应该就是“物个”。

问物的疑问代词赣语宜丰话用“什”，可以与名词中心语构成疑问短语。例如：

⑳你手底拿了什东西叻？（你手里拿了什么东西呀？）

㉑佢寻阿有什事叻？（他找我有什么事吗？）

㉒医师跟你开了什药叻？（医生给你开了什么药哇？）

（4）粤语问事物用疑问代词“乜嘢”或“乜”。“乜嘢”作为问事物的类属的疑问代词，在句中充当主语、宾语和定语。如：

㉓乜嘢唔见咗？（什么不见了？）

㉔琴日出街买咗乜嘢？（昨天逛街买了什么？）

㉕你哋餐厅有乜嘢招牌菜啊？（你们餐厅有什么招牌菜？）

“乜”由“乜嘢”省略而来，但这种省略是有条件的，即“乜嘢”作主语时，一般不可以省略“嘢”。这是因为广州话中还有另一个问原因的“乜”，它常用在句首，作主语的“乜嘢”若省略了“嘢”，可能会理解为问原因。当“乜嘢”作宾语和定语时，通常都可以省略“嘢”。“乜”的语源也是“物”，但“嘢”的语源则不明。

三、问地点

（1）问地点的疑问代词各地差异很大。闽语还是以“底”为疑问语素，构成地点疑问短语，福州话问处所的疑问代词有“底呢”、“底（蜀）角”、“底（蜀）对”、“底（蜀）边”，相当于普通话的“哪里”、“哪个地方”，其中“底”相当于普通话的“哪”，所不同的是，闽方言（福州话）的“底”是个黏着成分，不可以单独充当句子成分。问处所的疑问代词在句子中可以充当主语、宾语和定语。例如：

①底呢有票卖？（哪里有票卖？）

②汝厝里夹［kaʔ⁵］在 底（蜀）对？（你家在哪里？）

③汝厝里夹城里底（蜀）角？（你家在城里哪个地方？）

④汝是底呢侬？（你是哪里人？）

⑤底（蜀）对其犬囝跑［pie²¹³］来食堂？（哪里的狗跑来食堂？）

福州话处所疑问代词作定语时，以用“底呢”为多，在修饰单音名词“人”时可以直接置于“人”之前，无须加“其”，其他处所疑问代词作定语时，一般必须带有“其”字。

问处所时厦门话用“底落”［to⁵⁵ loʔ⁵］，一般写作“倒落”，本字应是“底落”（［to⁵⁵ loʔ⁵］←［te⁵⁵ loʔ⁵］），看来福州话的“底呢”语源亦为“底落”，乃“落”脱落了入声韵尾所致。与“底落”相同的词语是“底（蜀）位”、“底（蜀）迹”（泉州）。例如：

⑥汝卜去底落？（你要去哪里？）

⑦恁厝里伫底稹迹？（泉州：你家在哪里？）

（2）吴语的处所有两套问法：“鞋里搭（鞋衣搭）”和“啥地方”，前者属于早期的说法，老派常用，钱乃荣（1999）说：“‘鞋’似乎是‘啥’（阴去字）浊化演变来的。”后者跟普通话比较接近，新派常用。老派上海人还使用“场花”（或“场化”），《海上花列传》就有不少这样的例句。“场花”相当于“地方”。例如：

⑧张寿问道：“该搭是啥个场花嗄？耐哚倒也会白相哚！”（张寿问道：“这里是个什么地方？你们倒也会玩呀？”）

不过，现在上海方言里已甚少使用，最常用的询问还是“啥地方”，这也是因为受到普通话的影响。例如：

⑨格张纸头上写格是啥地方？（《上海滑稽戏选集》12）

⑩我问侬：侬勒啥地方？（《上海滑稽戏选集》13）

（3）湘语新化话问处所的疑问代词主要是“哪落”与“哪粒地方”。“哪落”用于询问单个处所，“哪粒地方”用于询问多个处所，且两者在句中都可充当主语、宾语、定语。例如：

⑪哪落/哪粒地方有以种草？（哪里/哪些地方有这种草？）（主语）

⑫你去年在哪落/哪粒地方？（你去年在哪/哪些地方？）（宾语）

⑬你是哪落嘅人？（你是哪里人？）（定语）

⑭你俚是哪粒地方嘅人？（你们是哪些地方的人？）（定语）

从有复数的地点疑问代词这点看，湘语比较接近普通话（哪里—哪些地方）。

（4）在赣语宜丰话中，表地点的特指疑问系从表远指的地点指代变调而来：“许块”的“许”在语音上了有两个形式：读为上声和读为高升调。表示远指的“许”读为上声，表示疑问指的读高升调。例如：

⑮阿咯衣裳你放得许块叻？（我的衣服你放在哪儿了？）

⑯佢不晓得老师住得许块啊？（他不知道老师住在哪儿吗？）

⑰你到底许块痛啊？（你究竟哪儿痛啊？）

（5）粤语询问处所用“边度”、“边处”、“边”，相当于普通话的“哪里”、“哪儿”、“哪”。“边度”和“边处”在句子中可以充当主语、宾语和定语，“边”可以单独充当句子成分。如：

⑱边度有水卖啊？（哪儿有水卖？）

⑲边处停车比较方便？（哪里停车比较方便？）

⑳广东边度啲小食最出名？（广东哪里的小吃最出名？）

㉑五一谂住去边啊？（五一打算去哪儿啊？）

但询问地点的时候一般不用“边”作主语，当“边”作主语的时候，句子往往是用来表反问的，如例⑱若改成“边有水卖啊？”句子只能理解为反问句“哪有水卖”，意为没水卖。“边”也不能直接作定语，询问处所的例⑳“边度”不能换成“边”。若改成“广东边啲小食最出名？”就变成是问定选的事物，即“广东哪些小吃最出名”。

四、问时间

（1）汉语询问时间有时点和时段之分，比如普通话“什么时候”问的是时点，“多久”问的是时段。汉语方言也有类似的区别。

福州话问时间的疑问代词有“乜乇辰候”和“乜候”，相当于普通话的“什么时候”，而“乜候”则是“乜乇辰候”的简缩形式，两者完全等义。例如：

①汝乜乇辰候（乜候）来？（你什么时候来？）

②卖票着等遘乜乇辰候（乜候）？（卖票要等到什么时候？）

如果要询问时间的长度（多久），福州话用“偌夥行”。例如：

③华林路遘东街口着行偌夥行？（从华林路到东街口得走多久？）

④汝困偌夥行了？（你睡了多久了？）

如果问一般的时间（非钟点），闽南话用“底时”或者“甚物时阵”，两者亦完全等义，可以互相替换。例如：

⑤底时开车？（什么时候开车？）

⑥甚物时阵汝卜来？（你什么时候来？）

问时段则是“偌（夥）久”，如：

⑦汝卜去偌久？（你要去多久？）

（2）吴语问时点用“啥（格）辰光”，问时段用“多少辰光”，类型上接近普通话，如：

⑧侬啥（格）辰光来格？我中浪头来格。

如果问多少时间（时段），也可以用“几忽辰光？”例如“到学堂要几忽辰光？”但是现在逐渐被“多少辰光”替代，显然是因为受到普通话的影响。也就是说，早期吴语用的是“几”系来问时段，现在则改用“多（多少）”系来询问。

（3）湘语新化话问时点用“么个时节”，问时段则用“好久”（“好久”也用于问时点）。句法上，“么个时节”一般在句中充当定语、状语；“好久”则可充当定语、状语和补语。如：

⑨以个是么个时计（好久）嘅报纸？（这是什么时候的报纸？）（问时点/定语）

⑩你俚么个时计（好久）开学？（你们什么时候开学？）（问时点/状语）

⑪你俚转正学习要学好久？（你们转正学习要学多久？）（问时段/补语）

⑫你一般好久回来一趟？（你一般多长时间回来一趟？）（问时段/状语）

（4）赣语宜丰话用“什辰间”、“几辰间”问时点，用“几久”问时段，例如：

⑬你昨日什辰间到咯叻？（你昨天什么时候到的？）

⑭什辰间出咯日头叻？（什么时候出的太阳啊？）

⑮几辰间正得归叻？（什么时候才能回家？）

⑯晓得几辰间咯事哦？（不知道什么时候的事？）

⑰要等几久正轮到阿哩叻？（要等多久才轮到我们哪？）

推测“几”系是赣语原有的疑问代词，“什”系是后来进入的，问时点时固有的说法与后来的说法（普通话）共处于一个共时平面。

（5）粤语用“几时”、“几耐”来询问时间，前者用来询问时点，后者用来询问时段。“几时”在句中可以充当状语、定语和介词宾语。例如：

⑱你几时返屋企？（你什么时候回家？）（状语）

⑲几时嘅报纸开始有广告㗎？（什么时候的报纸开始有广告的？）（定语）

⑳你由几时开始学游水？（你从什么时候开始学游泳的？）（介词宾语）

“几耐”在句中可充当状语、定语和补语。例如：

㉑老细几耐出一次差？（老板多长时间出一次差？）（状语）

㉒个青铜器有几耐历史啦？（这个青铜器有多长的历史了？）（定语）

㉓你喺马来西亚住咗几耐？（你在马来西亚住了多长时间了？）（补语）

值得注意的是，广州话的“几耐”作疑问代词时读的是本调，但泛用为非疑问用法时则读为高平变调，如“有几耐”（没多久）。

五、问程度与方式

（1）福州话问程度的疑问代词用“偌夥”，可以修饰形容词，作状语，相当于普通话的“多”。这种用法可以省略为“偌”。例如：

①只间有偌（夥）大？（这间有多大？）

②只种车会开偌（夥）快？（这种车能开多快？）

厦门话问程度与福州话有点不同，“偌夥”在作状语时，必须用简式，用“偌”，不用“偌夥”。例如：

③恁厝有偌大？（你家有多大？）

福州话问方式的疑问代词用“怎样”，“怎样”是双音节的黏附形式，只用于动词前作状语，问动作行为的方式，相当于普通话的“怎么”。例如：

④空调怎样装？（空调怎么装？）

⑤去鼓楼怎样行？（去鼓楼怎么走？）

询问方式，厦门话也用“怎样”，与福州话没有什么不同。而泉州话则用“怎款”，例如：

⑥即字怎样写？（厦门话：这个字怎么写？）

⑦即字怎款写？（泉州话：同上）

（2）吴语用“几忽”、“多少”来问程度。程度跟数量是息息相通的，所以用来问数量的“几忽”和“多少”也可以用来问程度，所修饰的对象主要是形容词和心理动词。现在使用“多少”比“几忽”多得多。例如：

⑧迭个河浜有几忽（多少）深？（这条河流有多深？）

⑨伊到底有几忽（多少）漂亮？（她有多漂亮？）

⑩侬到底了解伊几忽（多少）？（你对他/她了解有多少？）

⑪迭座山有几忽（到少）高？（这座山有多高？）

上海话用“哪能”来问方式，如：

⑫我哪能去法？（我怎么去法？）

⑬迭只小菜哪能烧法？（这个菜怎么烧？）

⑭那么哪能办法呢？（《上海滑稽戏选集》17）

⑮侬自己昨日出去的辰光哪能讲的？（《上海滑稽戏选集》12）

其实普通话里的“怎么”本来就有两种用法：问原因和问方式（邵敬敏，1996）。例如：

⑯你怎么去上海？上海我没有去过。（重音在“上海”，问原因）

⑰你怎么去上海？当然坐飞机去了。（重音在“怎么”，问方式）

同样，上海话里“侬哪能到上海来格呢?”（《上海滑稽戏选集》17）就是有歧义的。可以有两种理解：

⑱侬哪能到上海来格呢？我到上海来寻条出路。（重音在“上海”，问原因）

⑲侬哪能到上海来格呢？我是坐小船来格。（重音在“哪能”，问方式）

实际情况是“三阿姐”问“三毛”为什么要到上海来，是问原因，如果改用“为啥”就没有歧义了，只是问原因。

（3）湘语新化话对程度的提问是由疑问副词“好”承担的。“好”相当于普通话的“多”，常用于单音节形容词前。例如：

⑳以个东西有好重啷？（这东西有多重？）

㉑从个落到天安门有好远？（从这里到天安门有多远？）

新化话问方式用的疑问代词是“偖里”，在句中只能充当状语。例如：

㉒尔个字偖里写嘅？（那个字怎么写的？）

㉓你是偖里来嘅？（你是怎么来的？）

（4）赣语宜丰话用“几”、“几多”后接形容词来询问程度。例如：

㉔门口咯塘有几深啊？（门口的池塘有多深哪？）

㉕你咯崽长得几高来了啊？（你儿子长得多高了？）

㉖从你哩屋下到学堂底有几远积叻？（从你家到学校有多远？）

询问程度跟询问数量是息息相关的。比如“几高”、“几深”，可以理解为询问程度，也可理解为询问数量。程度的量比较模糊，而数量的量则比较精确，两者可以转换。不过数量并不全部可以转化为程度。和询问数量的疑问代词“几”、“几多”一样，询问量度的“几”表意的功能也是单一的，并不会随着其在句中位置的改变而有所不同。

宜丰话用“凼（积）”来询问方式。例如：

㉗佢硬不晓得凼办。（他简直不知道怎么办。）

㉘凼拿得到你叻？（怎么拿给你呢？）

㉙阿凼话你正会相信阿叻？（我怎么说你才会相信我呢？）

㉚你准备凼积赔叻？（你准备怎么赔呢？）

宜丰话的“凼”应该来自古汉语的“底（样）”的音变，与粤语的方式疑问代词“点（点样）”也有一定的渊源关系。

（5）粤语广州话用“几”来问程度。广州话的“几”跟普通话的“几”最大的区别是前者可以用来问程度，而后者只能用来问数量。例如：

㉛你有几高？（你有多高？）

㉜件衫有几靓？（这件衣服有多漂亮？）

㉝深圳离广州有几远啊？（深圳离广州有多远？）

㉞你话你中意集邮，究竟有几中意啊？（你说你喜欢集邮，到底有多喜欢？）

特别要指出的是，广州话问程度的疑问代词在陈述句和感叹句中已变成一个程度副词了。如：

㉟佢呢牌身体几好。（他最近身体挺好的。）

㊱你睇佢跑得几快！（你看他跑得多快啊！）

"点"和"点样"都是询问动作方式和事物情状的疑问代词。当用来询问动作方式时，在句中充当状语。例如：

㊲你係点（样）揾到㗎？（你是怎样找到的？）

㊳点（样）解释呢个问题？（怎样解释这个问题？）

询问事物情状时，主要充当谓语、补语和定语。例如：

㊴我冇问题，你老窦点（样）？（我没问题，你老爸怎么样？）（谓语）

㊵你嘅英文学成点（样）？（你的英文学得怎么样？）（补语）

㊶点（样）嘅男人先至系成功嘅男人？（怎样的男人才是成功的男人？）（定语）

"点"和"点样"原则上可以换用，但"点"的使用频率更高一些。

（6）江西石城客话用"叮［tin^{453}］"，单用可用来问方式、状态，相当于普通话问方式、状态的"怎么"或"怎样"。例如：

㊷你要人家叮话吧？（你要人家怎么说嘛？）

㊸渠女生来叮？标致啊柴人？（他女儿长得怎样？漂亮还是难看？）

由"叮"组合的习用短语有"叮样"、"叮样斯"、"叮样斯道哩"，也是问方式、状态的。如：

㊹你要渠叮样做正落意吧？（你要他怎样做才满意嘛？）

㊺水库里个鱼㖞叮样？（水库里的鱼儿怎么样？）

㊻叮样斯嬴渠爹话？（怎么跟他爹说？）

㊼张婆太个病叮样斯呃？（张老太太的病怎么样了？）

㊽电脑叮样斯道哩认字个？（电脑怎么认字的？）

㊾柿㖞沤来叮样斯道哩正食得？（柿子浸泡得怎样了才能吃？）

石城客话的"叮"与广州话的"点"应系同源。

六、问原因

1. 闽语问原因

闽语（福州话）问原因的疑问代词有"做甚乇"、"怎讲"、"溪势"和"敢鲙势"，但用法和意味略有差异。

（1）"做甚乇"问原因，一定程度上带有责问的意味，一般不独立成句。例如：

①汝做甚乇伓去？（你为什么不去？）

②伊做甚乇只猛行固未清醒？（他为什么这么久还没有睡醒？）

如独立成句则非问原因，而是问在做什么事情。例如：

③汝做甚乇？（你在做什么？）

（2）“怎讲”、“溪势”、“敢艙势”这三个形式属于同义形式，可互相替换。它们都可以单独成句或者作状语修饰动词。例如：

④怎讲？怎讲变总款去？（怎么了？怎么变成这样了？）

⑤溪势？溪势无来？（怎么？怎么没来？）

⑥汝溪势会做只猛快？（你怎么做得这么快？）

⑦敢艙势？半冥了固只满吵。（怎么啦？半夜了还这么吵。）

⑧只几日敢艙势只满热？（这几天怎么这么热？）

2. 厦门话问原因

厦门话询问原因用“做甚物”，泉州话一般则用“干哪”。例如：

⑨做甚物无侬来？（厦门：为什么没人来？）

厦门话有时也用“创甚物”，这时便带有责问的意味。如：

⑩创甚物者少人？（厦门：怎么搞的，这么少的人？）

⑪汝干哪拍伊？（泉州：你为什么打他？）

3. 吴语上海话问原因

吴语上海话问原因用“做啥”、“为啥”、“哪能”，“做啥”有几种同义形式：“做啥”、“做啥事体”（简略格式“做啥体”、“啥事体”、“啥体”）。“为啥”也有几种同义形式：“为啥”（“为仔啥”、“为点啥”）、“为啥事体”（“为啥体”）。例如：

⑫侬做啥勿去？（你干什么不去？）

⑬侬为啥勿去？（你为什么不去？）

⑭侬哪能勿去？（你怎么不去？）

此外，还有一种问法：“做啥道理”、“为啥道理”、“哪能道理”，跟不带“道理”的提问相比，似乎比较倾向于追究性发问。“哪能”应该属于吴语的底层，“做啥”、“为啥”，似乎受到普通话的影响，是仿照“干什么”、“为什么”发展来的。例如：

⑮我还没有问侬过，侬到上海来做啥？（我还没有问你呢，你到上海来做什么？）（《上海滑稽戏选集》7）

⑯为啥哭？（为什么哭？）（《上海滑稽戏选集》39）

⑰哪能弄出隔壁头阿姐？（怎么会弄出一个隔壁的姐姐？）（《上海滑稽戏选集》13）

4. 湘语新化话问原因

湘语新化话问原因和问方式的情形完全一样，也是用疑问代词“偖里”，且两者在句中的分布完全一致。这点与吴语的“哪能”类似。例如：

⑱佢偌里个样晏哒回来？（他为什么这么晚才回来？）

⑲偌里你俚太师嘅咸出去哩？（为什么你们大家都出去了？）

5. 赣语宜丰话问原因

赣语宜丰话用“做什”来询问原因，“凼”也可用。例如：

⑳你做什不耳佢叻？（你为什么不理他呀？）

㉑你哩爷做什发个大咯气叻？（你爸爸为什么发这么大的火呀？）

㉒你凼不话讯佢听叻？（你为什么不告诉他呢？）

“凼”在赣语原来是问方式的疑问代词，同时用作原因的疑问词，与吴、湘语不谋而合，说明方式与原因的疑问词有共通之处。

6. 粤语询问原因

粤语询问原因用“点解”、“做乜”和“为乜嘢”，其中“点解”的使用频率最高。例如：

㉓点解唔见王老师嘅？（为什么不见王老师呢？）

㉔你做乜又同洪仔打交啊？（你为什么又跟小洪打架啊？）

㉕老王为乜嘢要搞绝食啊？（老王为什么要闹绝食呢？）

㉖啲后生仔乜咁中意打机呢？（这些年轻人怎么这么喜欢玩游戏机？）

广州话单用“乜”来追问原因，估计是从“做乜（嘢）”省略而来的。

7. 江西石城客话问原因

江西石城客话用“吖解”询问原因。例如：

㉗吖解冇一个人可怜渠哦？（为什么没一个人可怜他呀？）

㉘个个人都话过来年想去打工，小芳唠吖解一点都唔悯出去哦？（个个都说过了年想去打工，小芳子为什么一点儿也不想出去呀？）

很明显，粤语的“点解”和江西客话的“吖解”，不单语音形式相近，而且功能也相同，它们应该都来自一个共同的源头“底么解”（郭必之，2003）。

七、小结

（1）问人的疑问词大而言之，有“底”、“哪”、“边”、“啥”、“什（甚）”等类，从原始的功能来看，“底”、“哪”、“边”应该都是指别，跟问物还没有分开，但后来慢慢模糊，可以用来解释，这是问人固化（自成一类）的关键一步；“啥”、“什（甚）”则是同一类，要求解释性质，但吴语现在也可以用于指别。

（2）问物的疑问词多带有“物”（或“么”），官话是“什么”（甚物），吴语是“啥”（《“什么”的合音》，吕叔湘著、江蓝生补，1985），但也有说成“物个”的，如汕头方言用“物个”，客家话说“脉介”，湖南新化话则是“么个”，这三者当属于同源。在初始时“甚”是疑问词，“物”是中心语，随着词汇的凝固化，“物”出现弱化（轻声、合音等）的情形，又叠置了“物件”、“东西”、“嘢”这类中心语，构成了新的疑问短语。

(3) 问地点（处所）的疑问格式，各地采用疑问词 + 地点名词的方式，闽语的疑问词是“底”，吴语的疑问词是“啥”，湘语新化话是“哪”，粤语是“边”（粤语的四邑话用“哪”），除了吴语的“啥”来自“甚”外，其他都来自与方位相关的名词（或指代词）。只有赣语的宜丰话采用变调的形式（来自近指代词），比较奇特。

(4) 各地方言问时间，多区分时点与时段。时点的表达用“什么”类疑问词[①] + 时候的形式，有官话、闽、吴、湘、赣语；用“几”类疑问词 + 时候的形式，有赣、粤语。时段的表达用“多少”类疑问词 + 时间名词（辰光、久）的，有官话、闽语[②]、吴语，湘语新化话用“好” + 久，可以视为这一类型的变异；赣、粤语用“几” + 时段名词（赣语用“久”、粤语用“耐”）。

(5) 询问程度，各地多用程度疑问词 + 形容词，用状态疑问词 + 动词来询问方式，如“怎么”、“怎样”、“哪能”、“凼”、“点（样）”，后两者有密切的关系。

(6) 询问原因，各地多用实义动词“做”、“干”、“为”等 + 问物疑问词（如“什么”、“啥”、“甚物”）构成，但也有些方言来自方式疑问词，如“怎么”、“哪能”、“凼”、“点（解）”、“叮（解）”。

(7) 在各地方言中，都存在着这样的现象：相同的功能用不同的形式来表现，或者同一个形式体现了不同的功能。前者可能与方言间的接触有关，反映出前后不同的层次，叠置在同一个共时平面上，亦可能是方言内部新生的表达形式；后者则反映了语法功能词不断演变、虚化的轨迹。

(8) 学术界一般多注意吴闽、粤客关系，从以上的论述来看，吴闽的关系并不近，这很可能是因为在官话方言的作用下，吴语现在的面貌已经离古吴语比较远了。而粤客的疑问代词有较大的差别，反而粤赣的某些疑问词体现出很高的相似性，反映了其间发生学的关系。通过较为封闭的疑问代词的比较来了解方言之间的密切程度，不失为方言比较的一条可行途径。

附注

①闽语用“甚物”/“乜乇”；吴语用“啥”；湘语用“么个”；赣语宜丰话用“什”、“几”。

②闽语的“偌夥”功能相当于“多少”。

第二十章　汉语方言附加问比较研究

附加问，是汉语的一种特殊疑问句，属疑问句的功能类型。邵敬敏（1990）曾专门进行过研究，指出其有四大特点：

第一，不独立使用，必须附加在某个非疑问句的后面。

第二，由疑问格式或者疑问词单独构成疑问句。

第三，回答必定是简单的肯定或者否定。

第四，这类问句比较特别，从形式上看，最常见的是正反问、是非问，但也可以是个别特指问（怎么样?），乃至叹词独用问句。从语义上看，却属于单纯的是非问。从功能上看，则表示就始发句S的内容征询对方的意见，或希望对方予以证实。例如：

①你要发誓，过完年就回来，好不好?（征询义附加问）

②你早点脱军装，我们兄弟俩联手办厂，怎么样?（征询义附加问）

③如果老板满意再正式来，啊?（征询义附加问）

④他已经六岁了，是不是?（求证义附加问）

⑤刚才你们出去了，是吗?（求证义附加问）

我们认为，除表“征询”和“求证”外，附加问其实还可表示“提醒”。例如：

⑥（别这么说他，）他待人顶好，你知道么?（提醒义附加问）

⑦没有卦礼就不能随便问卜。懂不懂?（提醒义附加问）

汉语中这些具有特殊语用功能的问句之所以称为“附加问”，是从其本身的“非独立性”出发的。其实，换个角度，从始发句出发，也可以叫做“命题疑问句”。在普通话里，这类句式只是疑问句的一种特殊的语用功能类型，不是优势句式，但在某些方言，如上海方言里，却大量存在，占压倒优势，而且很有特色，属于强势格式。

我们感兴趣的是汉语不同方言里附加问的表现及其特点究竟有哪些。

一、汉语方言附加问的类型

跟普通话一样，汉语方言的附加问也可分征询义附加问、求证义附加问和提醒义附加问三种类型。

（一）征询义附加问

所谓征询义附加问，是指就始发句S的内容征求对方意见的附加问。在汉语各大方言中，每一方言都存在表征询的附加问类型，并且，从功能上看，有以下三种情况：

（1）说话人提出某个期望，希望对方做某事，然后询问对方的意见。如：

①你行路去天河城，得唔得[1]？（你走路去天河城，行不行?）（粤语）

②你同老王学装机，制唔制？（你跟老王学装机，愿意不愿意?）（粤语）

③你俚明日满间节来，好唔好？（你们明天中午来，好不好?）（湘语）

④你莫格里恶，好唔好？（你别这么凶，好不好?）（湘语）

⑤你过殕嘚去下瑞金，样斯？（你过段时间去一下瑞金，怎样?）（客家语）

⑥你先下赣州等，样斯道哩？（你先下赣州等，怎么样?）（客家语）

⑦侬明早也一道去，哪能？（你明天也一起去，怎么样?）（吴语）

⑧明朝就调来做，好哦？（明天早晨就调来做，好吗?）（吴语）

⑨你顺便帮阿话信到佢听，要得墨？（你顺便帮我捎个口信，行不行?）（赣语）

⑩你先去一日，要得墨？（你先去一天，怎么样?）（赣语）

⑪恁明旦早起赶到 tsia[35]，会使得袂？（你们明早 8 点前赶到这儿，好吗?）（闽南话）

⑫汝共我合伊讲一下，会使得袂？（你顺便帮我捎个口信，行不行?）（闽南话）

在这种情况下，征询义附加问主要有以下特点：

第一，始发句 S 一般由祈使句充当，如句中出现主语，其主语一般为第二人称代词“你”、“你俚”、“侬”、“汝”等，S 在内容上代表说话人期望对方所做的事件。

第二，附加问 Q 一般由“行”、“好”、“制”、“样斯（怎样）”、“要得”等表态性词语所构成的是非问、正反问或特指问充当。其中“行”、“好”、“制”等既可以构成正反问，也可以构成是非问，“样斯”（怎么样）只能构成特指问，“要得”只能构成是非问。

（2）说话人提出某个想法，希望对方同意该想法，然后询问对方意见。例如：

⑬派你去做代表，点？（派你去做代表，怎样?）（粤语）

⑭听日如果落雨就唔好去啦，点？（明天如果下雨就不要去了，怎么样?）（粤语）

⑮喊个人当面话渠几句，样斯？（叫个人当面说他几句，怎么样?）（客家话）

⑯喊叔嘚过去当面赢渠话，做得啊做唔得？（叫叔叔过去当面和他讲，行不行?）（客家话）

⑰夜饭吃蛋炒饭，哪能？（晚饭吃蛋炒饭，怎么样?）（吴语）

⑱伊拉鞋交我一道去，来事哦？（他们也跟我一起去，行不行?）（吴语）

⑲阿等下再跟你话叻，做得墨？（我等会儿再和你说，可以吗?）（赣语）

⑳借你的笔阿用一下，要得墨？（我借你的笔用一下，可以吗?）（赣语）

㉑我想把我尔丘田和你尔丘对一下，怎么样？（我想把我那丘田跟你那丘对换一下，怎么样？）（湘语）

㉒下半日我俚一起去看下佢，好喃？（下午我们一起去看看他，好吗？）（湘语）

㉓今旦去西湖，会使繪？（今天去西湖，好不好？）（闽南语）

㉔拜日咱做一下去野炊，好伓？（星期天我们搞一次野炊，怎么样？）（闽南语）

在这种情况下，征询义附加问具有以下特点：

第一，始发句S一般由陈述句或祈使句充当，如句中出现主语，其主语一般为第一人称单数或复数，S在内容上代表说话人的某种想法或建议。

第二，附加问Q一般由“点”、“样斯”、“哪能”“怎么样”等表态性词语构成的特指问充当，有时也可由“行”、“可以”、“好”、“要得”等构成的是非问或正反问充当。

（3）说话人提出某一事实，希望对方依此作出选择或评判，然后询问对方意见。例如：

㉕只赢了一只包子，吃不吃叻？（只剩下一个包子了，吃不吃呀？）（赣语）

㉖一块钱三斤，抵不抵叻？（一块钱三斤，划算不划算？）（赣语）

㉗格种点心老好吃个，侬吃勿吃？（这种点心很好吃的，你吃不吃？）（吴语）

㉘伊种沙发是国际名牌，坐上去适勿适意？（这种沙发是国际名牌，坐上去舒不舒服？）（吴语）

㉙我听着讲尔部电影蛮好看嘅，你去唔去？（我听说那部电影很好看的，你去不去？）（湘语）

㉚伊个是最后一班车哩，你坐不坐？（这是最后一班车了，你坐不坐？）（湘语）

㉛天光有个蛮有名个人来开讲座，你听啊唔？（明晚有个很有名的人来开讲座，你听不听？）（客家石城话）

㉜还有两工就要考呃，你还去灰啊唔去？（还有两天就要考试了，你还去不去玩？）（客家石城话）

㉝呢本书好好睇，你睇唔睇？（这本书很有意思，你看不看？）（粤语）

㉞剩得最后一张票喇，你要不要？（只剩下最后一张票了，你要不要？）（粤语）

㉟这本册真有趣味，汝卜看伓？（这本书很有意思，你看不看？）（闽南语）

㊱固两日就卜考试啰，汝卜去七桃伓？（过两天就要考试了，你还去不去玩？）（闽南语）

在这种情况下，征询义附加问具有以下特点：

第一，始发句 S 一般由陈述句充当，如句中出现主语，该主语一般为第三人称的代词或名词性词语，S 在内容上表示说话人所陈述的事实。

第二，附加问 Q 一般由简单动作动词或评判性形容词所构成的正反问或是非问充当。

（二）求证义附加问

所谓求证义附加问，是指说话人对某一事实已有一个预先的了解、推测或判断，但因为还不太确定，所以提出来让对方加以证实。在汉语各大方言中，每一方言都存在这种附加问形式。例如：

㊲听地话你要调上城里咯，係咪？（听说你要调上城里去，是吗？）（客家话）

㊳你郎十多年冇转石城呃，係蛮係？（你们十多年没回石城了，是不是？）（客家语）

㊴明仔要去英国留学，係咪？（小明要去英国留学，是不是？）（粤语）

㊵你唔係几想去，係咪？（你不是很想去，是不是？）（粤语）

㊶只隻侬野好，是伓是？（这个人很好，是不是？）（闽语）

㊷这个侬真痞，是伓？（这个人很坏，是不是？）（闽语）

㊸佢后日要到佢俚崽尔那去，是冇（唔）是？（他后天要到他儿子那里去，是不是？）（湘语）

㊹你把我尔双鞋子□［ya˥］咖哩，是唧喃？（你把我那双鞋子丢掉了，是不是？）（湘语）

㊺侬今年十八岁，对哦？（你今年十八岁，对吗？）（吴语）

㊻天气老老好个，是哦？（天气很好，是吗？）（吴语）

㊼佢已经走了，是（啊）不是叻？（他已经走了，是不是？）（赣语）

㊽你明天要考试，是（啊）不是叻？（你明天要考试，对吗？）（赣语）

可以看出，求证义附加问具有以下特点：

第一，始发句 S 由陈述句充当，且用于陈述某一不太确定的事实。

第二，附加问 Q 一般由判断动词“是”、“对”所构成的正反问或是非问充当。

（三）提醒义附加问

所谓提醒义附加问，是指说话人在把某一事实、道理、常识或规矩告知对方时，为提醒对方记住该事实或常识、常理，于是在作出有关陈述之后，进一步追问对方是否明确。在汉语各大方言中，每一方言都存在这类表提醒的附加问类型。例如：

㊾迭个物事忒贵勒，晓得哦？（这个东西很贵的，知道吗？）（吴语）

㊿叫侬跑开，晓得哦？（那是让你跑开，知道吗？）（吴语）

51千其咪读死书，知唔知？（千万不要读死书，知道不知道？）（粤语）

52呢啲系秦朝嘅篆书，识唔识？（这些是秦朝的篆书，认识不认识？）（粤语）

53过几工开村民大会选村长，晓得吧？（过几天开村民大会选村长，知道

吧?)(客家语)

㊺有客来时要敬茶，晓得啊唔晓得? (有客来的话要敬茶，知道不知道?)(客家语)

㊻在马路上行要行边粒唧，晓得喃?(在马路上走要往边上走一点儿，知道吗?)(湘语)

㊼我一拳就可以帮尔块砖打作两筒，你信唔信?(我一拳就可以把那块砖打断成两截，你信不信?)(湘语)

㊽看到人要打招呼，晓得(啊不晓得)墨(叻)? (见人要打招呼，知道吗?)(赣语)

㊾许块就会来通地铁者，晓得(啊不晓得)墨(叻)?(那里就要通地铁了，知道吗?)(赣语)

㊿这个是景德镇瓷器，汝知伓知影?(这是景德镇瓷器，知不知道?)(闽南语)

(60)暗时开夜车会拍否身体，汝知伓?(晚上熬夜伤身体，知道吗?)(闽南语)

这类表提醒的附加问格式，在句法、语义上具有以下特点:

第一，始发句S既可由陈述句充当，如㊷㊸㊿；也可由祈使句充当，如㊶㊺㊻，且两种情况下都表示说话人认为不可置疑的事实。

第二，附加问Q一般由“晓得”、“知”、“识”、“信”等表示心理认知的词语所构成的正反问或是非问充当。

第三，在语义上，因S所述是一种确定无疑的事实、规则或道理，因此，在这种情况下，说话人既没有必要再征求对方意见，也没有必要再让对方加以证实。在这里，附加问所实施的是一种间接言语行为，即形式上虽然是表询问，其实是在实施一种指令的言语行为，即提醒对方记住S所述内容。因为这种问句并非真正的询问句，所以，从语气上看常带有教训的口吻，有点像反问句。

二、汉语方言附加问的特点

从上面的阐述可以看出，汉语方言的附加问在形式构成、语义和语用上具有以下特点:

(1) 作为始发句，S主要由陈述句和祈使句充当，并且以陈述句为主。感叹句很少进入该框架，疑问句不能进入该框架。因为感叹句的判断意味比较强，如果在始发句呈现感叹语气的情况下还要去征询对方的意见，那么这个感叹语气就明显下降了，变得类似一般的陈述句。例如:

①天气好极勒，是哦?(天气好极了，是不是?)(吴语)

②迭个小囡老老漂亮个，对哦?(这个小孩非常非常漂亮，对不对?)(吴语)

疑问句如果进入该框架，它的后续句就不是附加问，而是突显发问者迫切获取答案心情的追问句。例如：

③明早礼拜三啊？对哦？（吴语）

④香港侬去勿去？到底去勿去？（吴语）

⑤阿是骨头发痒，是哦？（《上海滑稽戏选集》29）

（2）从语义上看，说话人往往存在一个预期的倾向性，即希望得到一个肯定的、跟自己预想的情况一致的回答。这一点，在“征询义附加问（1）”、“征询义附加问（2）”和“求证义附加问”中已表现得非常明显。其实，即使是“征询义附加问（3）”和“提醒义附加问”，也都是有倾向的。例如：

⑥十一点钟哩，你睏唔睏？（十一点钟了，你睡不睡？）（湘语）（征询义附加问（3））

⑦哥哥要让到老妹者，晓得吧？（哥哥要让着点妹妹，知道吧？）（赣语）（提醒义附加问）

“十一点钟”已经到了该睡的时间，因此，当说话人口头上询问对方“睡不睡”时，其实心里边是希望对方回答“我就去睡”的。同样，因为“哥哥要让着妹妹”是说话人确定无疑且希望对方记住的道理或常识，因此，当说话人询问对方“（你）知道吧？”时，其实是希望对方回答“知道（了）”的。

（3）从语用上看，附加问之所以在汉语方言中广泛使用，其原因就在于附加问把事件的主要内容都在始发句中陈述出来，提问时只要求对方在肯定和否定之间进行选择，这样回答起来简便快捷，不需要作出复杂的答复。即使是特指问形式的附加问，从答语要求来看，其实也并不要求进行具体的回答。当然，除此之外，附加问的大量使用，还有一个礼貌原则在起作用。

三、汉语方言附加问和普通话附加问的比较

汉语方言附加问跟普通话附加问虽然基本类型一致，即都可以分为征询义附加问、求证义附加问和提醒义附加问，而且每一类附加问的语义特点和形式特征都基本相同，但是，由于它们毕竟分属于不同的语言系统，因此，从总体的使用倾向、使用频率以及形式构成上看，汉语方言和普通话的附加问仍存在不少差异。这些差异归纳起来，主要有以下几点：

（1）普通话有由叹词独用所构成的附加问（如“如果老板满意再正式来，啊？”），而汉语方言中这种类型的附加问很少见。

（2）附加问在普通话和方言中使用的频率是不同的。在汉语的几大方言中，吴语（如上海话）附加问的使用频率是很高的，但有些方言（如闽方言）中附加问就用得比较少。在福州话中，人们一般倾向于比较直接的表达，用附加问表示委婉语气的情况并不多，像普通话的这种句子：

①喝杯热茶，好不好？

换成福州话，则使用祈使句更自然一些：

②来，茶啜一嘴。（来，喝点儿茶。）

或者直接用正反问句：

③茶食怀食？

普通话中附加问的使用频率，介于上海话和福州话之间。当然，福州话也有使用附加问的情况出现，但一般只用于表示请求或协商的语气，这跟普通话大量使用附加问来使句子语气和缓有所不同。例如：

④今旦去西湖，会使𣍐？（今天去西湖，好不好？）

（3）在普通话中，附加问也可以使用否定形式，例如“不是吗”问句目前在普通话中就大量使用，这不是一般的附加问，而属于附加反问句，即表示一种确定无疑的看法，显示说话者的反驳语气。但是方言里比较少用，比如吴方言就很少使用“勿是哦?”当然，有的方言也用这样的否定式附加问，例如粤语，但是反驳的语气显然没普通话那么强烈。例如：

⑤一场转来，多住两工添，做唔得咪？（好不容易回来一次，再多住两天，不行吗?）（粤语）

⑥提早多嘀起床就唔会迟到，蛮係准？（提早点儿起床就不会迟到，不是吗?）（粤语）

（4）作为附加问，普通话的主要形式是正反问。在汉语方言中，虽然所有的方言都存在这样的附加问，但需要特别指出的是，在方言里，正反问并非附加问的强势格式，说方言的人如果使用“X不X”作为附加问，这样的表达往往被认为带有明显的普通话味道。比如赣方言附加问尽管也可以这样提问，但实际上还是感到不太自然，起码觉得别的格式更加上口。例如：

⑦阿等下再跟你话叻，好不好啊？（我等会儿再和你说，好不好?）

⑧哥哥要让到老妹者，对不对呀？（哥哥要让着妹妹的，对不对呀?）

⑨你拿油泼得地下底，是不是啊？（你把油洒在地上了，是不是啊?）

⑩你昨日看着佢了，是不是叻？（你昨天看见她了，是不是啊?）

这样的正反问形式的附加问在赣语中虽然也可接受，但地道的赣语（宜丰话）是这样表达的：

⑪阿等下再跟你话叻，做得墨？（我等会儿再和你说，可以吗?）

⑫哥哥要让到老妹者，你话呢？（哥哥要让着点妹妹，你说呢?）

吴方言正反问形式的附加问也比较少，老派经常用“阿好”、“阿是”、“阿对”来发问，新派则大多用“好”、“是”、“对”、“哦”来发问。

其实，附加问在各个方言里，更多的是使用是非问问句，而且其句末的语气词，往往带有否定意思。因为句末语气词虚化程度的不同，有的倾向于看作接近于正反问的省略形式（正反问变式），有的倾向于看作由带否定意义的语气词构成的是非问。

例如，客家话是非问形式的附加问，就可看作省略了否定部分。如："X 么"、"X 咪"、"X 准"、"X 吧"。

⑬天光唔要上班，係么？（明天不要上班，是吗？）

⑭听地话你要调上城里咯，係咪？（听说你要调上城里去，是吗？）

⑮粮管所个茶油卖光来哩咯，真个准？（粮管所的茶油卖光了啦，真的吗？）

⑯过几工开村民大会选村长，晓得吧？（过几天开村民大会选村长，知道吧？）

闽南话是非问形式的附加问，就宜看作由带否定意义的语气词构成。例如：

⑰糖囝食一块，卜伓？（吃颗糖果，要不？）

上面这个例子，前面的句子是祈使句，后面的附加问格式不是正反问的"V 伓 V"，而是"V 伓"，从来源上，虽然我们可以把它视为"V 伓 V"格式省略后一动词而来，但从共时平面看，"V 伓"是种常态，几乎很难补出后面的 V。例如：

⑱这个侬真痞，是伓？（这个人很坏，是不是？）

句末的"伓"已经趋向于变为语气词（读轻声），因此，我们把这里的"伓"视为兼有否定功能的语气词，而不把它当作纯粹的表达反问的副词。

跟闽南话比较起来，吴方言用带否定意义的语气词构成的是非问来表示附加问的情况更为典型，吴语的附加问非常发达，即前面先出现一个句子 S，接着用"VP 哦?"来追问。这实际上是先提出一个命题（S），然后要求对方表态，"VP 哦?"最常用的是"是哦"、"对哦"、"好哦"、"晓得哦"。这类"命题疑问句"，在上海方言的疑问句格式里占据极大的优势。例如：

⑲侬逃，是哦？（《上海滑稽戏选集》39）

⑳告地状，好哦？（《上海滑稽戏选集》23）

㉑一定拿铜钿输脱哉，推脱做好事，对哦？（《上海滑稽戏选集》29）

㉒枣子，懂哦？（《上海滑稽戏选集》21）

㉓叫侬跑开，晓得哦？（《上海滑稽戏选集》27）

此外，粤语（广州话）的附加问形式"係咪"是"係唔係（是不是）"的合音形式，"咪"由"唔係"合音而成。因此，此类附加问也可和闽语、吴语归为一类。

附注

①本章所用语例，如无特别说明，吴语取自上海话，湘语取自新化话，赣语取自宜丰话，客语取自石城话，粤语取自广州话，闽语取自闽南话中的厦门话。

第二十一章　由“是”构成的三种附加问比较研究

附加问是指前面先出现一个非疑问句，紧接着用一个结构简单的问句来对此询问。现代汉语中，用判断动词“是”构成的附加问有三种形式，可以分别写为：

Ⅰ. S，是不是？例如：你上个月去香港了，是不是？

Ⅱ. S，是吗？　例如：你上个月去香港了，是吗？

Ⅲ. S，不是吗？例如：你上个月去香港了，不是吗？

我们检索了北京大学 CCL 语料库，得到的数据是：Ⅰ句式 2 891 个，Ⅱ句式1 991 个，Ⅲ句式 900 个。出现的数量依次递减，差数都为 1 000 个左右。这说明在使用的概率上，Ⅰ句式 > Ⅱ句式 > Ⅲ句式。

S 作为一个命题，先行提出，紧接着用一个问句来提问。从问句的位置出发，可以看作是“附加问”，但是如果从先行句出发，也可以看作是一个“命题疑问句”（邵敬敏，2007）。这三个疑问句的形式虽然近似，但其询问功能以及语义倾向却不太一样。

“是不是？”作为正反问，对前面的命题，从正反两个方面进行询问，从理论上讲，既然肯定和否定都出现，发问人应该没有任何语义倾向，但是事实上并非如此，根据我们的研究（邵敬敏、朱彦，2002），“是不是 VP”问句与一般正反问句不同，它不是信疑参半的问句，而是建立在某种已知事实或已有观点基础上的表示肯定性倾向的“咨询型疑问句”。即使“是不是”移位到句子之后作为附加问出现，这一语义倾向依然没变。“S，是不是？”的问句的语义也还是倾向于肯定的。至于“是吗？”与“不是吗？”，一个肯定，一个否定，形式上形成对立。但是在语义上却并非如字面上所表现出来的肯定与否定的对立。“是吗”肯定附加问，疑大于信，只是提出某个命题，通过询问对方，要求对方对 S 信息给以确认，显然没有明确的语义倾向。而“不是吗”否定附加问，事实上对 S 信息几乎没有任何疑义，而且还带有反驳语气，重要的是这一反驳不是针对对方的，而是针对假设的不同观点，并不需要对方回答，因此应该属于特殊的“假设反问句”。

一、“S，是不是？”的询问功能及其语义倾向

首先要说明的是，“是不是 VP？”跟“S，是不是？”功能有相同的地方，也有不同的地方。先请比较下面几个例句：（以下例句引自“北京大学 CCL 语料库”）

①你上个月是不是去香港了？

②你上个月去香港了，是不是？

③是不是你喝了？

④你喝了，是不是？

四例都表示猜测，功能基本相同。区别在于①、③整句表示猜测的意味比较浓，②、④的S是个判断，然后再用“是不是”来提问，猜测的意思不强，更突出要求对方认同的意思。

换言之，“是不是VP？”倾向于“肯定性的猜测”，“S，是不是？”则倾向于“判断性的认同”。但是不管“是不是”出现在句中，还是在句尾，总的语用特征都表示有明显的肯定性语义倾向，之所以采用正反问的形式来征求听话人的意见，目的是使语句显得委婉礼貌。要注意的是，两种格式并非都可以互换的。例如：

⑤今天的风可不小啊，是不是？

⑥这种事说起来是有点困难的，是不是？

上面两例的肯定语气比较强，显然无法进行变换：

⑤’＊今天的风是不是可不小啊？

⑥’＊这种事说起来是不是有点困难的？

反之，也是如此。例如：

⑦我们是不是该回家了？

⑧？我们该回家了，是不是？

例⑦提出一个建议，希望对方支持。例⑧则通常不是用“是不是”来发问，而应该用“好吗？”

二、“S，是吗？”的询问功能及其语义倾向

Ⅱ式附加问都用“是吗？”询问，它有两种类型：一是名词或名词性短语直接成句，显示一种判断；二是先出现一个句子S，表示一种判断，一种估测，或者一种期待。例如：

①钱掌柜，是吗？

②北京来的朋友，是吗？

③上个月去了香港，是吗？

④个儿不小，是吗？

例①、③都可以进行转换：

⑤钱掌柜，是吗？→是钱掌柜吗？→你是钱掌柜，是吗？

⑥北京来的朋友，是吗？→是北京来的朋友吗？→（他们）是北京来的朋友，是吗？

这属于一般的“吗字是非问句”构成的附加问，表示发问者对某个信息略有所

知，特别提出来，希望对方予以确认。显然疑大于信。如果语气词“吗”换成“吧”，就变成信大于疑了（邵敬敏，1995）。这种问句，形式上比较简单，但是语义表达上却不简单。大体上可以分为几个类型：

（一）猜测证实型

提出对对方情况的某种猜测、估计、判断，或推理，希望对方予以证实、确认。例如：

⑦你是安庆……酱园的小开，是吗？

⑧你不识字，是吗？

⑨飞得不顺利，是吗？

⑩你迷路了，是吗？

这一类的特点是如果使用人称，一定是第二人称。所以无论判断、猜测，还是期待，都是对对话者言行的疑问。S语句充分显示了说话者的这种不能肯定，不能决断的心理和语气。许多情况下，都是引用对方的话语，然后要求加以证实。例如：

⑪大伯，我知道，您是说祖国一定能和平统一，是吗？

⑫你说咱们俩的结合是农村插队的误会，是吗？

或者在句子S里使用“你觉得”、“你以为”来表示猜测。例如：

⑬你觉得很逗，是吗？

⑭我知道你还是觉得不够，是吗？

⑮那宝贝干儿子都躲不开你的一刀，你自己当然也觉得自己满不错了，是吗？

⑯常言道，一日夫妻百日恩，你自然以为我不会杀你的，是吗？

（二）判断认同型

对涉及第三者的某件事情，提出自己的看法或判断，希望对方予以认同。例如：

⑰市民对这次大会的召开非常关心，通过不同形式参与大会的筹备工作，是吗？

⑱他是在找罗斯曼桥……是吗？

⑲妈妈，别人骂我是捡来的，是吗？

⑳我懂了，你和晓霜吵了架，闹了别扭，她就来个不告而别，是吗？

这样的句子总是第三人称，句中常常会出现“据说”、“看来”、“好像”、“也许”、“大概”、“可能”、“似乎”等表示估测的词语，以表示不确定的语气。例如：

㉑看来，这本笔记本就一点用处也没了，是吗？

㉒据说练铁布衫一定要童子功，这牺牲未免太大了些，是吗？

㉓中国的文明史好像有两千年呢，是吗？

㉔他似乎是要自杀，是吗？

（三）自评确认型

即说话者对自己的言行，有一个大体的估价和评判，提出来，希望对方给以确认。因为是列举某个事实，对说话者来说，事实上也许没有什么疑问，只是提出来，希望对方认可、赞同而已。例如：

㉕明说了吧，这些日子，你看我的脾气、举止有些反常，是吗？

㉖阿英想了想，说，我很平庸，是吗？

㉗哈哈，我太天真了，是吗？

㉘我们在讨论的是你的婚事，是吗？

这类问句涉及的必定是第一人称，肯定语气是比较明确的，因为句子所涉及的事实往往是自己亲自经历的或者自己知道的，所以，句子里还可以出现“一定”、“必定”等强调语气副词。例如：

㉙大伯，我知道，您是说祖国一定能和平统一，是吗？

㉚那一定是我在梦中走出去的……你说是吗？

这三类附加问在形式上最显著的区别就是，句子的所陈述对象的人称分别是第二人称、第三人称和第一人称。但是在总体上有不少共同之处：

第一，如果S比较短小精干，“是吗”甚至于可以紧接着出现，即在S之后没有明显的停顿。这在书面上表现为不出现逗号。说明整个前句是疑问焦点。例如：

㉛腿很酸是吗？

㉜你们挺熟是吗？

㉝其实，你不说我也知道，叫罗瑞卿是吗？

㉞我发现，他和清华，他们现在蛮要好是吗？

第二，句子中常常使用“有人说”、“据说”、“听说”、“看来”以及“好像”、“大概”、“也许”这些表示估测的话语，尤其是第二人称的句子最为突出，第三人称比较少，第一人称最少。例如：

㉟听说你是从安徽合肥到北京的，是吗？

㊱有人说你专干冒险的事，是为了出风头，是吗？

㊲把您从瀑布那儿带走时，据说您一直在用一种奇怪的嗓音唠唠叨叨，是吗？

㊳马悦然教授，听说您是今届诺贝尔文学奖的评审委员会执行主席，是吗？

㊴大概不打算回来了，不回来了，是吗？

（以上为第二人称）

㊵对了，听说大姐在主席那里拿了几瓶安眠药是吗？

㊶我听说，朱先生去日本留过学，是吗？

（以上为第三人称）

㊷我……我刚才，好像，好像有点过分，是吗？

（以上为第一人称）

三、“S，不是吗?”的询问功能和语义倾向

Ⅲ式“不是吗?”属于附加问的形式，但是功能却是反问句，所以也可以叫“附加反问句”。它的特点是S先提出一个命题，而且是发问者确认无疑的，或者坚决主张的，所以句中常常出现“确实”、“真的”等词语。这里的肯定性语义倾向的程度比Ⅰ式大。例如：

①这使她很生气，但是，想想，自己确实是来了，不是吗?

②礼貌、和谐，那你就该留在欧洲——到北京，你显然有别的需求，不是吗?

③青春真是样可爱的东西，不是吗?

④她根本就不搭理他们，他们根本就不配被她唾骂，不是吗?

“不是吗?”与其说是一种反驳对方观点的反诘问，不如说它更多的是显示说话者一种无可置疑的口吻，因此比一般的肯定语气更为强烈和坚决。这里特别需要指出的是，所谓的反驳，并非在反驳对方的话语（事实上对方往往还没有开口说话，或者只是出现在陈述句里），而是针对一种假设的对立性的观点（事实上，或者绝大部分的情况下可能不存在），目的就是在对方还没有明确提出不同意见之前就把对方的口堵上。例如：

⑤可惜这些都是事实，不是吗?

⑥在我们最后分手的时候，我也没有骂过你一句，不是吗?

说话人也可能是自己提出某种条件，然后进行推论，最后用反问来结尾，目的是希望对方赞同自己的观点。例如：

⑦他们不恨我，我才能为你说好话，不是吗?

⑧要不是他，咱俩还到不了一块，不是吗?

⑨可是，要是打靶呢，我闭着眼也比你打得准，不是吗?

⑩你就是把我打死，我不服你还是不服你，不是吗?

这类反问句，带有明显的假设反驳口吻，即说话人讲述的不管是某种客观事实，还是只是一种推论，显然都是来进行辩驳的，显示自己不认同对方的看法。因此，它不是一般的反问句，而是一种“假设反问句”，即对某种假设的前提进行反驳。例如：

⑪钱是她用了的，不是吗?

⑫凡事都得忍，忍住了气，老天爷才会保佑咱们，不是吗?

⑬有一颗子弹就更光荣，没有呢就更舒服点，不是吗?

⑭你已经尝到甜头了，不是吗?

四、三种附加问的比较

三种附加问，应该说，Ⅰ式、Ⅱ式跟Ⅲ式的对立式是比较清楚的。

1. Ⅰ式与Ⅲ式的比较

因为Ⅲ式实际上是假设反问句，表达的语义倾向，一是超强肯定，二是假设反驳。由于这类句子的语气相当肯定，句子里还常常出现“得”、“该”、“必须”、“一定”等语气。例如：

①咱们得弄俩钱，不是吗？

②我是想，假若妈妈的娘家姓王，我该管您叫舅舅，不是吗？

所以，“是吗？”和“不是吗？”这两种句式，虽然有时候似乎可以互换，但是语义倾向明显有区别。更重要的是，有的时候两者绝对不可互换。凡是使用“据说”、“听说”、“也许”、“可能”这些不确定词语的句子，只能使用“是吗？”，不能使用“不是吗？”。例如：

③他们也许已经离开了，是吗？

④＊他们也许已经离开了，不是吗？

⑤据说，她很会唱歌，是吗？

⑥＊据说，她很会唱歌，不是吗？

“不是吗？”前面可以出现加强反问语气的“难道”，来进一步显示反驳的语气。例如：

⑦你……你一直爱她的，难道不是吗？

⑧果然不出我的所料，你毕竟是个大笨蛋，会一失足摔到河里去，难道不是吗？

⑨他们都是真正的男子汉，是白人，南方人，难道不是吗？

⑩哟，这就说明她是个蛇蝎心肠的女人，难道不是吗？

⑪我想现在画画和走那几十年文学道路，滋味是不一样的，难道不是吗？

⑫我想这些就是我们投降的条件吧，难道不是吗？

前两例是判断“你如何如何”，中间两例是判断“他如何如何”，最后两例是“我觉得如何如何”。不论哪一类，反驳的语气都是无可置疑的。也可以换用语气副词“可”。例如：

⑬韩森太太根本就不知道那些老鼠，可不是吗？

⑭她挺可爱，可不是吗？

⑮一早赶到枫林桥去，不用再独自个坐在22路公共汽车里喝风，可不是吗？

⑯达西先生的话没有他朋友的话中听，可不是吗？

但是，Ⅱ式的“是吗？”之前不能添加“难道”或者“可”。例如：

⑰＊他们也许已经离开了，难道是吗？

⑱＊ 据说，她很会唱歌，可是吗？

2. Ⅰ式与Ⅱ式的比较

Ⅰ式“是不是?”的语义是倾向肯定，即发问者希望获得比较肯定的回答。但是，Ⅱ式“是吗?”则不然。它对上述的命题，不管句中有没有出现“一定”、“肯定”、“必然”等表示说话者语义倾向的词语，凡是用“是吗”来提问，都是就该命题征询对方的看法，即使自己的口气非常坚决、肯定，也是在征询。比较下列例句：

⑲他昨天来的，是不是?

⑳他昨天来的，是吗?

㉑他昨天来的，是吧?

事实上，我们在分析疑问句的信疑度时，已经指出：“V 不 V?”的疑与信的比例为［疑 50%，信 50%］，只是“是不是?”的前后如果是 VP 的话，语义倾向出现倾斜，即倾向于肯定，但是还是比不上“VP 吧?”［疑 <25%，信 >75%］的肯定程度，它可以描写为［信 >50%，疑 <75%］。至于“VP 吗?”它的疑惑程度则明显大于正反问，应该是［疑 >75%，信 <25%］。所以，我们可以认定：Ⅰ式的疑惑程度为［疑 <50%，信 >75%］，而Ⅲ式是［疑 =0%，信 =100%］。

3. 催问功能比较

Ⅰ、Ⅱ、Ⅲ三种附加问句式的并存说明它们确实各有所长，询问功能和语义倾向是有区别的。“你说（你看）”这是一种语用上用来催问以及提醒的插入语。我们搜寻北京大学语料库，有趣地发现，“是不是?”的前面常常可以添加“你说”。例如：

㉒咱也学着琢磨市场行情，不能老跟着人家屁股后边跑，你说是不是?

㉓咱们不能再念紧箍咒了，你们说是不是?

㉔全班平均分数肯定下来十分，你说是不是?

㉕我早讲过“安完了也是闲着”，你看是不是?

而“是吗?”前面虽然比较少，但也不能说绝对没有。例如：

㉖你会答应的，你说是吗?

㉗打猎比较有意思，你说是吗?

㉘酒喝多了，对身体总不太好的，李大哥，你说是吗?

㉙你知道吗，有了孩子，他也会分走我们之间的一部分爱，你说是吗?

至于“你说不是吗?”几乎不能。我们只找到数量极少的 3 例。例如：

㉚钻石做的鸢尾花式——当然不是真的钻石，不过这个合扣非常别致，你说不是吗?

㉛增长我们两人的感情，同时也可以让反对我们的人了解我们的情况，你说不是吗?

㉜文章落到了不该落的人手里去了，你说不是吗?

统计如下：

	Ⅰ. 是不是?	Ⅱ. 是吗?	Ⅲ. 不是吗?
你说	158	37	3
你看	31	0	0

“是不是”能够跟“你说”常规组合，说明发问者在心理有希望对方予以正面的肯定性回答的迫切愿望期望值比较高。“是吗”也能够跟“你说”组合，说明尽管语义上没明确的倾向，催问也没问题。至于Ⅲ式“不是吗”为反诘问，其实根本不需要对方回答，所以，使用“你说”这类催问词语反而不太符合语用的需要，换言之，这类问句事实上不需要催问。

4. 三种句式的沟通

要特别指出的是，这类猜测的语义有时还是比较肯定的。句中会出现“肯定”、“其实”等表示肯定即语气的词语。即使如此，还需要用“是吗”来要求对方予以证实。这类语气比较肯定的Ⅱ式，大多可以变换为Ⅰ式，换言之，极为肯定的Ⅱ式跟具有肯定语义倾向的Ⅰ式是相通的。例如：

㉝那你肯定把她带来了，是吗?

㉝’那你肯定把她带来了，是不是?

㉞其实，你早就看见他们了，是吗?

㉞’其实，你早就看见他们了，是不是?

㉟我知道你现在一定很想喝酒，是吗?

㉟’我知道你现在一定很想喝酒，是不是?

㊱你以为游龙生、丘独这些人一定进来过，是吗?

㊱’你以为游龙生、丘独这些人一定进来过，是不是?

而具有肯定语义倾向的Ⅰ式则跟毋庸置疑的Ⅲ式也是相通的。这种Ⅰ式问句针对的往往是自己所知道的事实、自己的推论、自己的观点、自己的建议，或者求证，或者求同。几乎都可以无条件地变换为Ⅲ式。例如：

㊲他多凶也不敢打人，他得讲理，是不是?

㊲’他多凶也不敢打人，他得讲理，不是吗?

㊳咱们仿照胡人的穿着，也能学习他们打仗的本领了，是不是?

㊳’咱们仿照胡人的穿着，也能学习他们打仗的本领了，不是吗?

㊴多年的积蓄和我私营的全部积蓄都搭上了，连我们的房子也作了抵押，是不是?

㊴’多年的积蓄和我私营的全部积蓄都搭上了，连我们的房子也作了抵押，不是吗?

㊵她说，现在人家都在穿尼龙袜，尼龙袜穿起来很舒服，是不是？

㊵’她说，现在人家都在穿尼龙袜，尼龙袜穿起来很舒服，不是吗？

5. “是吗”与“不是吗”出现在句首

第一，在对话里，“是吗？”还可以出现在句子S的前面，实际上是针对上文的，表示一种照应之词，它主要是承接对方的话语，并非真的有疑惑，只是表示一种话语的衔接，显示某种谦虚或者不敢完全肯定而已。从下文的内容，我们可以感觉到询问者实际上既可能肯定，也可能否定。例如：

㊶我说，“我都忘了昨晚说了些什么，喝多了酒是让人显得幼稚可笑，其实我现在过得还不错，我在谈恋爱。”

“是吗，那一定是个好姑娘，太让人羡慕了。”（《浮出海面》）

㊷我曾开玩笑地对她说过：“你呀，是人物！早晚我要以你为主角写一篇小说。”

她高兴地叫起来：“是吗？我是一个人物？你写，我支持。”（《人啊，人！》）

㊸父亲说：别提周纯一，他已经死了。

是吗？我没听说。（《流泪的淮河》）

㊹“没有呀，”小杨眉毛一挑，说，“没有，她对你挺感兴趣。”

“是吗？没看出来。”（《浮出海面》）

例㊶、㊷是肯定的，例㊸、㊹是否定的。

第二，“不是吗？”也可以出现在句首，表示一种不容置疑的口气。例如：

㊺不是吗？像这些不辞劳苦的溪流一样，我也正在穿过荒僻空旷的漠野，把过去了的幼稚生活长留身后。（《黑骏马》）

㊻他忙站起身来，点了点头：“咱们见过！”

“可不是吗？”（《那五》）

“不是吧？”跟“不是吗？”虽然只差了一个语气词，功能却大不一样。附加问用了“不是吧？”明显是对前面的命题S持否定态度，信大于疑，只是不那么确定而已，带有猜测的语气。前面的命题可以是肯定的，也可以是否定的；如果换成“不是吗？”那就变成对S极为肯定的语气了。检测办法就是“不是吧？”前面可以添加副词“大概”，而“不是吗？”则不能。例如：

㊼他没去美国，（大概）不是吧？

㊼’*他没去美国，（大概）不是吗？

㊽你从不吃辣椒，（大概）不是吧？

㊽’*你从不吃辣椒，（大概）不是吗？

“不是吗？”还常常成为一种口头禅。比如有人就常常在说话的开头就先来上一句“不是吗？”，或者在结尾处来一句“不是吗？”显得语气比较富有变化，显示说话人的不容置疑的口吻。所以有人会说，他最喜欢说的一句话就是“不是吗？”现在还有一首流行歌曲，题目就叫做“不是吗?”（歌手李小璐主唱）歌词如下：

㊾难道幸福的魔法跟着你消失了吗？噢，你喜欢抱我入怀，不是吗？你喜欢我甜甜的笑，不是吗？爱不是很认真的吗？请不要跟我开玩笑，我们珍惜每分每秒，不是吗？总是说出真心的话，不是吗？怎么一声不响地走掉？你说过爱我，不是吗？不是吗？

可见，“是不是?”“是吗?”和“不是吗?”是日常口语交际中非常有实用价值的句式，很值得研究。

第二十二章　汉语方言反诘问比较研究

反诘问句是从语用角度划分的疑问句类型，属于无疑而问的修辞性假性疑问句，其语义特点是用肯定的形式表否定，用否定的形式表肯定，从而起到强调、诘问、增加语势等方面的表达作用。在结构上，与普通话相似，粤、客、赣、湘等方言无论是非问、特指问、选择问还是正反问，都可以构成反问用法，在形式和语用上各自有一些自己的特色。

一、是非问形式的反诘问句

是非问句转化为反问句有两种方式，一种如粤方言，通过语调变化来实现。如：

①佢係美国人↗？呃你就真。（他是美国人？骗你的。）

②你敢跳落去↗？（你敢跳下去？）

③盲佬都识睇书↗？（盲人也会看书？）

④咁简单嘅事你都做唔到↗？（这么简单的事情你都做不了？）

由表示疑问的高升语调构成的是非反问句一般具有极不相信的口气。这种“S ＋↗？”经常跟系动词的肯定或否定形式、能愿动词和动补短语搭配使用。

这种反问方式在其他的方言中不大常见，例如赣方言是非问反问句必须带有相关语气词才能表达完整的意思。如上述句子宜丰话分别为“佢是美国人哪？卢你咯！”“你敢跳落去啊？”“瞎积也会看书啊？”“个积简单咯事你齐做不整啊？”

方言中更常见的方式是通过疑问语气词、语气副词等搭配来实现反问语气。例如（语气副词、疑问语气词等用下划线标注）：

客家话：

⑤你比渠高来一节咧，渠<u>敢</u>打你<u>啊</u>？（你比他高一大截，他敢打你呀？）

⑥坏事都做绝来哩，瑞华㖠<u>会</u>发菩萨心肠？（坏事都做绝了，瑞华会发菩萨心肠？）

⑦蛮係要出国时，你<u>肯</u>去咁哩个当在工作<u>吧喇</u>？（不是要出国的话，你肯去那样的地方工作呀？）

⑧年年爬起来都着旧衫，天生正偓就<u>该</u>拣人家个烂衫㖠着？（年年起来都穿旧衣服，天生我就该拣别人的破衣服穿？）

⑨你<u>难当</u>唔晓得婆婆唔食荤准？（你难道不知道婆婆不吃荤吗？）

湘方言：

⑩我就放在你眼面前唧，未必你冇看倒咹？（我就放在你眼前，难道你没看到吗？）

⑪已经过去咖几十年哩，何必还要提唻？（已经过去几十年了，何必还要提呢？）

⑫你唔去，怕佢还要请你去偌里？（你不去，你以为他还会请你去吗？）

⑬你不是看过哩吗？偌里又在尔那看？（你不是看过了吗？怎么又在那儿看？）

赣方言：

⑭阿哩屋下咯事，着要你话什叻？（我们家里的事，用得着你说什么吗？）

⑮多话一句事就会死人墨？（多说一句话就会死人吗？）

粤方言：

⑯呢件事你有话过畀我知咩？（这件事你告诉过我吗？）

⑰唔通我哋就噉放过佢？（难道我们就这样放过他？）

⑱佢感冒嘛，使乜讲得咁大阵象啊？（他得了感冒罢了，何必说得那么夸张呢？）

吴方言：

⑲难道侬勿晓得？（　　）

⑳侬勿晓得啊？（　　）

㉑侬会勿晓得？（　　）

吴方言的反诘问比较接近普通话，有三种类型：①用语气副词“难道”等；②用语气词“啊”；③单用急升语调。

二、特指问形式的反诘问句

汉语方言由各种疑问代词构成的特指问几乎都可以表示反问。

1. 由人称疑问代词构成的反问句

各方言疑问代词纷繁多样，但就功能来说，表示“谁”之类语义的人称代词都具有构成反问语义的功能。这一点与普通话的情形基本是一致的。请看例句（相关词语用下划线标注）：

客家话：

①夜係买得到票时，斯哩肯坐去外头过年？（要是买得到票的话，谁愿意在外面过年？）

②你做事公道时，会有斯哩唔听你话啊？（你做事公道的话，会有谁不听你说呀？）

湘方言：

③有得一个亲戚唧，哪个帮佢嘅忙咏？（没有一个亲戚，谁帮他的忙呢？）

④佢俚在哒冇在那？你讲佢打哩哪个咏？（他们在都没在，你说他打了谁呢？）

赣方言：

⑤你把做自家蛮得吧，谁认得你叻？（你以为自己很了不起吧，谁认识你呀？）

⑥佢哩娘偷人咯事谁不晓得叻？（他妈妈偷汉子的事谁不知道啊？）

粤方言：

⑦佢咁好人，会得罪边个啊？（他人那么好，会得罪谁啊？）

⑧你啲牛皮呃得到边个？（你那些谎话能骗得了谁啊？）

吴方言：

⑨啥人认得侬啊？（谁认识你啊？）

⑩侬骗啥人啊？（你骗谁啊？）

2. 由“什么”语义构成的反问句

客家话（相关词语用下划线标注）：

⑪价钱跌到叮低呃，你还等什么？（价钱跌到这么低了，你还等什么？）

⑫大细嘚都叮大呃，还离什么婚？（小孩儿都这么大了，还离什么婚？）

湘方言：

⑬我唔去借粒钱唧来，你俚呷么个？（我不去借点儿钱来，你们吃什么？）

⑭你自己去拿咹！台子高落么个冇得？（你自己去拿呀！桌子上什么没有？）

赣方言：

⑮什吃不得叻？阿吃得你看！（什么不能吃啊？我吃给你看！）

⑯你又冇欠佢咯，怕什叻？（你又没欠他的，怕什么啊？）

粤方言：

⑰我唔搏命赚钱，攞乜养家饳口啊？（我不拼命赚钱，拿什么养家饳口？）

⑱天跌落来我都唔惊，我惊乜嘢？（天掉下来我都不怕，我怕什么？）

吴方言：

⑲有啥格了不起？（有什么了不起啊？）

⑳我活到 70 多岁勒，我还怕啥啊？（我活到 70 多岁，我还怕什么人呀？）

3. 由表处所的疑问代词构成的反问句

客家话：

㉑年下岁下，哪里有人工做叮哩个事吧？（年下岁末，哪里有时间做这样的事嘛？）

㉒渠嘎张翻花嘴，偓哪里话得赢渠哦？（她那张烂嘴巴，我哪儿说得过

她呀?)

湘方言:

㉓一下唧要我到哪落去弄咯多嘅钱?(一下子让我到哪儿去弄这么多钱?)

㉔佢又冇出去做工,哪落来嘅钱?(他又没出去工作,哪里来的钱?)

赣方言:

㉕你许块冇去过叻?着要阿话墨?(你哪儿没去过?还要我说吗?)

㉖阿许块冇话过佢叻?要佢听奔!(我哪儿没说过他呀?要他听才行啊!)

粤方言:

㉗霎时间去边处揾咁多人帮你? (这么短的时间上哪儿找那么多的人来帮你?)

㉘钱都输晒嘞,佢边度有钱还啊?(钱都输光了,他哪里还有钱还哪?)

吴方言:

㉙啥地方勿好睏?(什么地方不好睡啊?)

㉚叫我啥地方去寻钞票?(叫我去什么地方找钱?)

4. 由一些表示强调语气的词语构成的反问句

表示强调语气的词语指类似于普通话的“难道”、“哪”等。如赣方言宜丰话“许”本是代词,通过变调来区分指示和疑问功能,疑问代词“许”可以用于反问句以增加强调语气。

赣方言:

㉛许阿不会呀?(难道我不会呀?)(比较“阿不会呀?”)

㉜许佢就会晓得?(难道他就知道?)(比较“佢就会晓得?”)

㉝许不等佢吃饭呐?(难道不等他吃饭?)(比较“不等佢吃饭呐?”)

㉞许警察就可以打人呐?(难道警察就可以打人?)(比较“警察就可以打人呐?”)

客家话:

㉟难当话你几句都做唔得?(难道说你几句都不行?)

㊱难当大华㖠就蛮係你个仔咪?(难道大华就不是你的儿子吗?)

粤方言:

㊲唔通佢嘅条件仲唔够好?(难道他的条件还不够好?)

㊳珠峰都上过唔通仲惊呢个山头仔咩?(珠穆朗玛峰都爬过难道还怕这座小山包吗?)

吴方言:

㊴伊哪能勿清爽?(她怎么不会清楚呢?)

㊵难道连大学生鞋勿懂?(难道大学生也不懂?)

三、选择问形式的反诘问句

选择问形式的反问句大体分两种类型。一种是用选择问的形式列举出语义倾向比较一致的两个或几个并列项，这些并列项往往是说话人针对某事所分析出的缘由。由于说话人是以反问的语气说出这几个并列项的，因此，对这一连串并列性缘由的否定，也就表明了“对方做某事是没有道理的”这一观点。

客家话：

①你洗过一次碗，还就晒过一次衫？还就拖过一次地板？你话啦！（你洗过一次碗，还是晒过一次衣服，还是拖过一次地板？你说呀！）

②有隔先打招呼啊有发请帖，还就有打电话话醒你？你话偓还要做什么？（没提前打招呼还是没发请帖，还是没打电话告诉你？你说我还要做什么？）

湘方言：

③佢呷哩你嘅肉？咬哩你的骨头？你要狠倒佢！（他吃了你的肉？啃了你的骨头？你要这么恨他！）

④要我拿钱到你？你是我嘅亲戚？是我嘅朋友？还是我欠你嘅？（要我拿钱给你？你是我的亲戚？是我的朋友？还是我欠你的？）

赣方言：

⑤少了你吃啊少了你着叻？你个积话事。（少了你吃还是少了你穿？你这么说话。）

⑥你问了佢啊问了阿叻？自作主张！（你问了他还是问了我？自作主张！）

粤方言：

⑦要院长亲自送过去？呢条友仔係校长亲戚定係市长嘅仔啊？（要院长亲自送过去？这个家伙是校长的亲戚还是市长的儿子？）

⑧佢係你下属？係你朋友？抑或係你亲戚？你咁护住佢。（他是你下属？是你朋友？还是你亲戚？你那么护着他。）

吴方言：

⑨侬是大学生，还是研究生？一点水平也没咯。（你是大学生，还是研究生？一点水平也没有的。）

⑩侬介凶，是勿拨侬吃呢？还是勿拨侬穿？（你这么凶，是不给你吃，还是不给你穿？）

另一种用选择问的形式列举出意义上一正一反相对立的两个并列项，其中一项意义上为肯定项，即说话人认为本来是如此的或应该如此的；另一项意义上为否定项，即说话人认为本来不是如此的或不应该如此的。这种一正一反对立项的并列，突现了说话人对对方的责备和不满。

客家话：

⑪赚嘎几百块哩钱好准，作长远打算好？你自家㤘吧！（赚那几百块钱好呢，还是作长远打算好？你自己想吧！）

⑫有一点头脑，你话肯坐学大学啊，肯坐学泥水吧？（没一点儿头脑，你说更愿读大学呢，还是更愿学泥瓦匠吧？）

湘方言：

⑬佢要你来喊人嘅？还是要你来打牌嘅？（他要你来喊人的？还是要你来打牌的？）

⑭你到课堂里去是打架嘅唠？还是读书嘅唠？（你到学校去是打架的呢？还是读书的呢？）

赣方言：

⑮你是阿咯爷啊阿咯娘哪？话事个冇大冇细。（你是我的爹还是我的妈啊？说话这么没大没小。）

⑯病得盈了个样咯还做事，命要紧哪钱要紧哪？（病成这样了还干活，命要紧还是钱要紧啊？）

粤方言：

⑰我叫你来做嘢，定係叫你过来沟女㗎？（我是叫你过来干活的，还是叫你过来追女朋友的？）

⑱你话抓人要紧，抑或救人要紧？（你说抓人要紧还是救人要紧？）

吴方言：

⑲我是原谅侬呢，勿原谅侬？（我是原谅你呢，还是不原谅你？）

⑳迭种货色，我是要呢，还是勿要？（这种东西我是要呢还是不要？）

四、正反问形式的反诘问句

与一般正反问不同的是，正反问形式的反问句不是要求听话人在正反项中选择其一给予回答。反问不是释疑，发问者心目中已有答案，反问的作用在于强调或增强语势。正反问形式的反问句主要有三种格式：“VP 唔（不）VP?”、“是（係）有（唔、不）是（係）+VP（NP）?”和“有冇有+NP?”。粤方言及闽方言“有冇有?”还可以对“VP”进行反问，构成“有冇+ VP?”的反问句式。这些反问形式都表示肯定，强调事实确实如此。还须强调一点的是，这三种格式在使用时，无论哪一种方言，句子的前头或中间一般都有或可添加“你看（睇）”、“你话（讲）”、“你想（谂）”等插入语。这些词语的运用，都有说服对方或希望对方赞同自己观点的语用功能。请看例句：

客家话：

①坏事都做绝来哩，个个人讨唔讨厌渠吧？（坏事都做绝了，大家讨厌不讨

厌他吧?)

②一夜人工要做几十只题目，你话做得正啊做唔正吧?（一个晚上要做几十道题，你说做得好还是做不好吧?)

湘方言：

③别个咸冇哭，只你个人哭，你讲你敛人唔敛人?（别人都没哭，只有你一个人哭，你说你害羞不害羞?)

④要是让你俚爷晓得哩，你是冇是有一餐骂唠?（要是让你爸爸知道了，你有没有一顿骂啰?)

⑤万多块钱嘅手表拿倒就买起，你想佢有冇有钱唠?（一万多块钱的手表说买就买，你想他有没有钱?)

赣方言：

⑥落个积大咯雨，你话去得去不得咧?（下这么大的雨，你说能去不能去?)

⑦娘齐敢骂，你话是不是要驮打咧?（母亲都敢骂，你说是不是该打?)

⑧个缺德咯人，你哩话有冇有崽生咧?（这么缺德的人，你们说有没有儿子生吧?)

粤方言：

⑨人哋有困难你都唔肯帮，你啱唔啱啊?（人家有困难你都不肯帮忙，你对不对呀?)

⑩连自己亲生仔女都卖，呢两公婆仲係唔係人来嘅?（连自己的亲生儿女都卖，这对夫妇还是不是人?)

⑪讲得咁细声，你有冇食饭㗎?（说话的声音这么小，你吃没吃饭的呀?)

吴方言：

⑫侬讲伊，惹气勿惹气?（你说他，讨厌不讨厌?)

⑬侬迭能格讲，我吃勿吃得消?（你这样说，我吃得消吃不消?)

第二十三章　汉语方言回声问比较研究

回声问也称“复问”（吕叔湘，1942），它是汉语疑问句的又一语用功能类型。据邵敬敏（1992）的研究，这一问句类型主要有以下特点：

第一，在构成上，该问句是以先导句为基础，根据先导句的全部、局部或个别词语来发问，而且能进入“你是说/问……吗?”结构框架，具有特定语用功能的疑问句。

第二，该问句形式的基本语用特征是：①体现理解焦点；②形成新的话题；③表示疑惑发问。

第三，该问句形式的区别性语用特征是：①自问自答，缓冲思考；②他问他答，要求证实。

作为疑问句中一种稳固、成熟的语用功能类型，回声问在汉语普通话和方言中都是大量存在的，我们探讨的是回声问在汉语不同方言中的表现及其特点。当然，回声问有广义和狭义两种不同的理解。狭义的回声问是指先导句为疑问句，回问是针对该疑问句的内容和形式来发问的；广义的回声问则不仅包括上述这类，还包括先导句为非疑问句的回声问。我们的讨论以广义的回声问为准。

、汉语方言回声问的基本类型

在邵敬敏（1992）所归纳的回声问一系列语用特征中，基本语用特征是所有回声问都共有的，区别性语用特征则涉及回声问内部小类的差异和个性特点。根据邵先生的归纳，再结合我们对汉语方言回声问语用特征的考察，下面我们把汉语方言的回声问细分为以下几种：①惊疑性回声问；②质疑性回声问；③求证性回声问；④承接性回声问。

（一）惊疑性回声问

所谓惊疑性回声问，是指说话人在对先导句的某一信息进行回声提问时，侧重于突显对该信息的惊讶和疑惑。惊疑性回声问在形式上往往有以下特点：

第一，句末有明显的上扬语调。

第二，回声问在表达上一般使用有疑问代词或叹词来帮助发问的惊呼式，如例句①、③、④、⑥、⑧，有时也使用不带任何助问词语的基本式，如例②、⑤，或使用带有句末语气词的语气式，如例⑨。

第三，从后续句来看，惊疑性回声问的后续句大多是发话人对惊疑原因的进一步阐述，如例①、③、⑥等；但有时也采用零形式，如例②、④等。

例如：

①甲：碧华婆婆昨日夜辰过来辈。[①]（碧华婆婆昨天晚上过世了。）（客家话）

乙：什么啊？碧华婆婆过来辈？侄昨日晡辰见渠都还好好哩呀！（什么呀？碧华婆婆过世了？我昨天下午见她都还好好的呀！）

②甲：今朝夜晡个个都转来加班！（今天晚上个个都回来加班！）（客家话）

乙：个个都要转来？（个个都要回来？）

③甲：我唔和你去哩，八点钟我就要行。（我不跟你去了，八点钟我就要走。）（湘语）

乙：啊！八点钟？个里早。（啊！八点钟？这么早。）

④甲：小马个次炒股亏咖十万。（小马这次炒股亏了十万。）（湘语）

乙：么个？十万？（什么？十万？）

⑤甲：伊啦对我老好个。姓周个屋里个个老和气个。（他们对我很好。姓周的家里个个很和气的。）（吴语）

乙：姓周个？格家人家鞋姓周？（姓周？这家人家姓周？）

⑥甲：伲娜班里吴老师今早打电话拨阿拉屋里勒。（你们班吴老师今天打电话到我们家里了。）（吴语）

乙：到阿拉屋里去勒？伊哪能晓得阿拉屋里电话个？（啊？到我们家里？她怎么知道我们家电话的？）

⑦甲：佢正一脚走了。（他刚走。）（赣语）

乙：正走哇？阿凼冇看着叻？（刚走的？我怎么没看到？）

⑧甲：佢根本就冇钱。（他根本就没有钱。）（赣语）

乙：冇钱？冇钱凼还借钱到阿叻？（没有钱？没有钱怎么还要借钱给我？）

⑨甲：一阵我哋去北京路行下。（一会儿我们到北京路逛逛。）（粤语）

乙：去北京路咩？又话去上下九？（到北京路吗？不是说去上下九的吗？）

⑩甲：你条金鱼死咗嘞。（你的金鱼死了。）（粤语）

乙：啊？死咗？（啊？死了？）

⑪甲：伓是阮家己卜来兮，是恁叫我来兮。（不是我自己要来的，是你们要我来的。）（闽南语）

乙：阮叫汝来？（我们要你来的？）

⑫甲：恁两个结婚这项代事，准备好未？（你们俩结婚的事准备得怎样了？）（闽南语）

乙：吓？阮两个？（啊？我们俩？）

（二）质疑性回声问

所谓质疑性回声问，是指说话人在对先导句的某一信息进行回声提问时，侧重于突显对该信息的质疑和否定。质疑性回声问在形式上往往具有以下特点：

第一，句末一般采用稍微上扬的语调。

第二，回声问在表达上一般使用不带有任何附加助问词语的基本式，如例句⑬、⑭、⑯等；有时也使用带有句末语气词的语气式，如例⑮、㉑。

第三，从后续句看，质疑性回声问的后续句大都是对回问内容的进一步否定。

例如：

⑬甲：老板係话正月初八转来上班么？（老板是说正月初八回来上班吗？）（客家话）

乙：初八？你唔要惘哦！初六转来。（初八？你别想得美！初六回来。）

⑭甲：渠仔旧年栖东莞打工走掉寻到么？（他儿子去年在东莞打工失踪找到了吗？）（客家话）

乙：寻到？走掉个人哪里寻得到吧。（找到？失踪了的人哪里找得到呢。）

⑮甲：热死哩！（热死了！）（湘语）

乙：热吗？个个天热么个！（热吗？这个天热什么！）

⑯甲：满崽唻？你冇寻倒其回来？（儿子呢？你没找他回来？）（湘语）

乙：寻其回来？以个墨黑巴黑到哪去寻！（找他回来？这么乌黑黑的到哪儿去找！）

⑰甲：你㓾还冇走叻？（你怎么还没走？）（赣语）

乙：走啊？去许块叻？天齐暗了。（走？往哪走？天都黑了。）

⑱甲：不着要你话，阿明日就去。（不要你催，我明天就走。）（赣语）

乙：明日啊？你去得了墨？（明天？你走得了吗？）

⑲甲：只鸡咁大喇，点解仲未卖咗佢啊？（这只鸡这么大了，为什么还不卖了它？）（粤语）

乙：卖咗佢？我留佢做种㗎。（卖了它？我要留它做种鸡。）

⑳甲：你要闹就闹我，咪捞阿妈嚟出气。（你要骂我就骂我，别拿妈妈出气。）（粤语）

乙：我闹你？我仲敢闹你？（我骂你？我还敢骂你？）

㉑甲：有小可寒，是伓？（是不是有点儿冷？）（闽南语）

乙：汝感觉寒？我也固感觉热 nia。（冷吗？我还觉得热呢。）

㉒甲：天时暗啰，卡紧合個揺倒来。（天黑了，快把妈妈她们找回来。）（闽南语）

乙：揺個？卜去底落有地揺？（找回来？我到哪儿去找？）

㉓甲：假使讲伊勿请侬去，侬就勿要去。（要是他不请你去，你就别去。）（吴语）

乙：勿要去？格末我哪能交小东联系呢？（别去？那我怎么和小东联系？）

㉔甲：侬到底够勒哦？（你够了没有？）（吴语）

乙：够？我一肚皮个冤枉，一肚皮个火气，我绝对勿够！（够？哼！我一肚子的冤屈，一肚子的火，我不够！）

（三）求证性回声问

所谓求证性回声问，是指说话人在对先导句的某一信息进行回声提问时，侧重于突显对该信息的求证，以求进一步得到确认。求证性回声问在形式上往往具有以下特点：

第一，句末一般用平调。

第二，回声问在表达上一般使用带有“你是问/说/讲……”等助问词语的提醒式，如例句㉕、㉗、㉙、㉚等；有时也使用带有求证语气词的语气式，如例句㉖、㉘、㉜等。

第三，从后续句来看，求证性回声问的后续句一般是对回问信息的进一步回答和解释，有时也采用零形式。

例如：

㉕甲：请客啊唔请要早多咧定，唔係时来唔赢。（请不请客要早点儿定，要不来不及。）（客家话）

乙：你话正月请客个事咪？蛮係话醒你唔请咪吧？（你说正月请客的事吗？不是告诉了你不请吗？）

㉖甲：石城嘎条细河咧个水还食得么？（石城那条小河的水还能喝吗？）（客家话）

乙：细河咧淮？早都食唔得呃。（小河呀？早就不能喝了。）

㉗甲：尔个人行咖哩？（那个人走了？）（湘语）

乙：哪个？你是讲我俚舅舅？（哪个？你是说我舅舅？）

㉘甲：帮我把杯子拿过来！（替我把杯子拿过来！）（湘语）

乙：个个喃？（这个吗？）

㉙甲：正来咯个只仔哩呢［ni］？（新来的那个小男孩儿呢？）（赣语）

乙：你是话阿咯孙积吧？系间积底喔。（你是说我孙子？在屋里呢。）

㉚甲：阿许件裤积呢［ni］？（我那条裤子呢？）（赣语）

乙：你是话许件蓝色咯啊？（你是讲那条蓝色的吗？）

㉛甲：姆妈，我上半日要出去，拿小囡勒勒侬格里放一歇。（妈，我上午要出去，把小孩在你这儿放一下。）（吴语）

乙：侬是讲要我帮侬带一上半日？（你是讲要我帮你带一个上午？）

㉜甲：就是伊，伊过来勒。（就是他，他过来了。）（吴语）

乙：阿里个呀？（谁呀？）

㉝甲：仲有冇宣纸？（还有没有宣纸？）（粤语）

乙：你係问宣纸啊？（你是问宣纸吗？）

㉞甲：食晒啲餸佢啦！（把这些菜吃光了吧！）（粤语）

乙：食晒啊？（全吃光啊？）

㉟甲：伊叫我合汝讲，伊伓去啰。（他要我告诉你，他不去了。）（闽南语）

乙：讲说伊伓去？（他说他不去啦？）

㊱甲：许本册怎样拍无去？（那本书怎么不见了？）（闽南语）

乙：拍无？（不见了？）

（四）承接性回声问

所谓承接性回声问，是指说话人在对先导句的某一信息进行回声提问时，主要侧重于通过信息的回问来进行话语衔接，同时说话人也取得时间进行思索。承接性回声问在形式上往往具有以下特点：

第一，句末一般用平调或降调。

第二，回声问的表达在语速上往往比较缓慢，显示了说话人若有所思的状态。

第三，回声问在语表形式上既可用带有“你是问/说/讲……”等助问词语的提醒式，也可用带有语气词的语气式和不带任何助问词语的基本式，但一般不用惊呼式。

第四，从后续句来看，承接性回声问的后续句一般是对回问信息的进一步回答或解释，一般不可以采用零形式，而且后续句与前边回声问间一般不会连说，大都有较长的停顿。

例如：

㊲甲：渠大姊嬴老公还好阵么？（他大姐和老公感情还好吗？）（客家话）

乙：你话渠大姊啊？唔要话呃，三工有两工都要讲口。（你说他大姐呀？别提了，三天有两天都要吵架。）

㊳甲：哎，你嬴你家婆个关系样斯？（哎，你和你婆婆的关系怎么样？）（客家话）

乙：哦（翻翻眼，心里打算），你问倨嬴倨家婆个关系咪？（哦，你问我和我婆婆的关系呀？）

㊴甲：尔种衬衣有两件，一件红格，一件黄格，你要哪一件？（那种衬衣有两件，一件红的，一件黄的，你要哪一件？）（湘语）

乙：要哪一件？随便吧！

㊵甲：老三，你晓得大哥到哪落去哩吗？（老三，你知道大哥到哪儿去了吗？）（湘语）

乙：大哥？不晓得咪。（大哥？不知道。）

㊶甲：你寻谁啊？（你找谁？）（赣语）

乙：阿寻谁？阿谁齐不寻。（我找谁？我不找谁。）

㊷甲：你系底寻什叻？（你在找什么？）（赣语）

乙：阿寻什叻？哦荷！阿系底寻什叻？阿自家齐不记得了。（我在找什么？

哦，我在找什么啊？我自己都忘了。）

㊸甲：侬刚刚勒勒讲啥末事？（你刚才在那讲什么？）（吴语）

乙：刚刚？（慢慢地）没讲啥末事。（刚才？没讲什么。）

㊹甲：捺去过湖南格张家界嗷？（你去过湖南的张家界吧？）（吴语）

乙：张家界啊？我啊不晓得去过多少趟勒。（张家界呀？我不知道去过多少次了。）

㊺甲：你上个月係几时去北京㗎？（你上个月是什么时候去的北京？）（粤语）

乙：几时啊？嗯，我谂下，二十号度［tou[35]］啦。（什么时候？嗯，我想想，二十号左右吧。）

㊻甲：下个月嘅省语言学会年会你去不去啊？（下个月的省语言学会年会你去不去？）（粤语）

乙：去唔去啊？都係去啦！（去不去？嗯，还是去吧！）

㊼甲：喂，汝去出差有买甚物礼物互我无？（喂，你出差有没有给我买什么礼物？）（闽南语）

乙：（慢慢地）礼物是伓？伯亲像有尼。（礼物？好像有吧！）

㊽甲：汝这摆出差底时会倒来？（你这次出差什么时候回来？）（闽南语）

乙：底时倒来？差不多30号许阵。（什么时候回来？大概30号左右吧。）

二、汉语方言回声问的规律和特点

从上面的阐述可以看出，汉语方言的回声问在其内部小类的形式构成上具有以下倾向和特点：

（1）句子语调的升、平、降与其疑惑度密切相关，疑惑度越高，语调的上升度也就越高，如果句子信大于疑，或者问话人的旨意并不在传疑，那么句子的语调就倾向于使用平调或降调。例如，惊疑性回声问和质疑性回声问都是疑惑性比较强的高疑回声问，因此两者句末的语调都是上扬的，当然因为这两种回声问的疑度还存在高低之别，因此其句末语调的上扬度还有高低之异；求证性回声问和承接性回声问都是疑惑性比较低的低疑回声问，因此两者都倾向于使用非上扬调。当然，因为承接性回声问的疑度比求证性回声问还要低，因此前者句末语调可使用降调或平调，而后者一般只使用平调。

这样，在疑度高低与句调的升降上，这几类回声问就形成这样一种共变关系：

	惊疑性回声问	求证性回声问	质疑性回声问	承接性回声问
疑度	高	次高	次低	低
句调	上扬度高	上扬度低	平调	平调或降调

有的时候，同样一个句子，如果疑度和句调不同，就可归属不同的回声问。例如：

①甲：係唔係有啲冻？（粤语）

乙1：冻（咩［$m\varepsilon^{55}$］）↗？我仲觉得热呢。（惊疑性回声问）

乙2：冻啊→？我仲觉得热呢。（求证性回声问）

（2）从回声问的表达上看，它们对惊呼式、语气式、基本式、提醒式的选择存在差异。在这四种表达式中，首先是语气式，其使用范围最广，它可适用于回声问的四个子类；其次是基本式，适用于惊疑性回声问、质疑性回声问和承接性回声问；再次是提醒式，它适用于求证性回声问和承接性回声问；使用范围最小的是惊呼式，一般只适用于惊疑性回声问。这样，根据其适用范围的差异，惊呼式、语气式、基本式、提醒式这四种表达形式呈现出这样一个梯度和等级特点：语气式＞基本式＞提醒式＞惊呼式。

（3）从回声问对后续句的选择来看，惊疑性回声问和求证性回声问是可采用零形式的，而质疑性回声问和承接性回声问一般不可以。之所以如此，这跟回声问子类本身的功能特征是密切相关的。因为回声问惊疑和求证的功能，完全可通过回声问本身来显现，后续句的出现，要么是其惊疑性的强化，要么是对求证信息的进一步解答而已；而回声问的质疑和承接功能，却需要通过后续句来加以显现。试想，如果没有后续句对回声内容的进一步否定，我们怎么知道该回声问是侧重于突显质疑和否定的呢？如果没有后续句即另一承接对象的存在，回声问的承接功能又如何得以表现？

三、汉语方言回声问及与普通话回声问的比较

作为疑问句中一种成熟而稳固的功能类型，普通话和汉语方言中的回声问在基本语用特征和功能类型上都是一致的，它们的差异主要体现在一些细微之处。具体说来，主要有以下几点：

（1）在对惊呼式、语气式、基本式、提醒式的选择上，虽然汉语方言及普通话都有共同的总体倾向，但具体落实到某一类回声问，它们对这些表达式的选择和使用频率还是有差异的。例如，在承接性回声问中，相对于别的方言和普通话而言，粤语（广州话）和客家话（石城话）使用语气式的情况明显要多一些。很多在普通话中使用基本式的句子，译成粤语或客家话时，一般都采用语气式。例如：

①甲：你上个月係几时去上海嚟？（你上个月是什么时候去上海的？）（粤语）

乙：几时啊？嗯，我谂下，三十号度［tou^{35}］啦。（什么时候？嗯，我想想，三十号左右吧。）

②甲：你栖寻什么？（你在找什么？）（客家石城话）

乙：偓栖寻什么啊？哦，你话偓栖寻什么咪？偓自家都唔记得呃。（我在找什么？哦，我在找什么哇？我自己都忘了。）

（2）在求证性回声问中，在对回声问信、疑度和情感色彩的区分上，一般说来，汉语方言跟普通话都不再作细致的区分；但有个别方言却在这一方面区分得特别仔细。例如，在客家石城话中，当人们用回声问表求证时，通常会使用“X 咪?”“X 淮?”“X 啊?”这三种格式对回声问的信、疑度和情感色彩进行区别。如：

③甲：小华嘚哟几年舞来样斯道哩？（小华这几年搞得怎么样？）

乙：小华嘚咪？渠至今係倠人同学里头头有钱个。（小华呀？他现在是我们同学中最有钱的。）

④甲：昨日夜晡偷合作社个贼牯提到咯？（听说昨天晚上偷供销社的贼抓到了呀？）

乙：提到淮？提到就好。（抓到了呀？抓到就好。）

⑤甲：横江个圩日係逢几哦？（横江的圩日是逢几呀？）

乙：横江啊？赢嘎係逢一、三样。（横江啊？好像是逢一、三。）

上述语例划线部分都属求证性回声问，其中“X 咪?”和“X 淮?”不带任何情感色彩，“X 啊?”却带有一定的惊讶意味。“X 咪?”和“X 淮?”在信、疑度上则表现出差异，即“X 淮?”的信度略高于“X 咪?”。

附注

①本章所用语例，吴语取自上海话，湘语取自新化话，赣语取自宜丰话，客语取自石城话，粤语取自广州话，闽语取自闽南话中的厦门话。

第二十四章　上海方言疑问句近百年的历史演变及其特点

一、上海土话与上海方言

“上海方言”，通常是指上海地区居民交际时所说的话语，属于吴方言太湖片苏沪嘉小片（颜逸明，1994）。“上海土话”则有特定的含义，专指松江府上海县一带人在19世纪末20世纪初，即清末民初所说的本地话。从20世纪初期到21世纪初期，这一百多年来，上海方言发生了急剧的巨大的演变，我们必须正视这一变化。从整个汉语的演变的历史进程来看，汉语的面貌出现了三次巨变：①1919年新文化运动之后；②1949年中华人民共和国成立之后；③1978年改革开放国策实施之后。从地域上看，对上海方言影响最深远的有三个来源：①邻近上海的苏州方言；②大量移民上海的宁波方言；③以普通话为代表的北方官话。按照许宝华、汤珍珠合编《上海市区方言志》（1988）的研究，他们把当时的上海方言分为三类：老派、中派和新派。当然，这也只是一个权宜的做法，因为老、中、新都只是相对的概念。该书所谓的老派大约相当于20世纪初期出生的，中期大约相当于20世纪40年代前后出生的，新派相当于20世纪60年代前后出生的。至于该书无法涉及的20世纪80～90年代以来出生的，则应该看作“新新派”了。

为了显示上海土话和上海方言的区别，我们选取了两本当年的上海话教材作为研究的语言材料蓝本。一本是上海基督教会编写的《上海土话短语集》（1862，伦敦）（以下简称《土话》），另外一本是上海土山湾慈母堂出版的《土话指南》（1908，上海）（以下简称《指南》）。《土话》附有英语注释，《指南》附有法语注释，两本书都附有罗马字母注音。显然这是19世纪至20世纪初对外国传教士进行上海话教学的课本（相当于现在的对外汉语方言教材），“土话”就指松江一带的上海本地方言。《指南》一书的“序”明确指出：“官话指南，本为东洋吴君所撰……然于松属传教士不克其用，未免有恨，概欲译以松属土音为快，余姑就众情，勉按原本译以方言。”换言之，这是“官话”（现代汉语）的方言对译本，比较客观地记录了当时的上海方言，是难得的原始资料。我们基本以该两本教材的语言材料为蓝本，来观察当时上海土话的疑问句系统。

二、上海土话的选择问、正反问和特指问

1. 上海土话的选择问

上海土话的选择问数量要比普通话少得多，而且形式也比较单调，缺乏变化。大体上可以分为两套：

（1）A 和 B 两个并列项由形容词构成，格式是“A 伊（呢）B?”在 A 项之后的“伊”（呢），我们认为应该属于疑问语气词，而不是连词。例如：

①第个生意内行伊外行？（《土话》31）

②今年皮货强伊贵？（《土话》105）

③第位学生子读书聪明伊呆笨？（《土话》122）

④第个月大伊月小？（《土话》161）

⑤第个物事，阁下看起来是真呢是假个？（《指南》3）

⑥我亦勿晓得银子是假个呢真个？（《指南》92）

需要特别指出的是，这个“呢”不同于普通话里的“呢”，前者只能够出现在选择问句的中间，不能出现在句尾，后者既可以出现在句中，也可以出现在句尾。现在上海话里也有出现在选择问句尾的“呢”，这可能是近几十年来受到普通话影响的结果，因为在《土话》和《指南》里都还没有发现出现在句尾的“呢”。

（2）A 和 B 两个并列项由动词或动词性短语构成，格式是“A 伊（呢）还是 B?”除了“伊”（呢），还有连词“还是”，例如：

⑦一起买伊还是买一半呢？（《土话》33）

⑧就上任呢，还是先要到省里去？（《指南》19）

⑨现在是自家种里呢，还是佃户种拉？（《指南》23）

⑩卖拉米行里个呢，还是卖拉客人个？（《指南》32）

⑪行医味，还是人家上门个呢？（《指南》16）

《土话》的语气词写作“伊”（音标为 e），《指南》则写作“呢”（音标为 ni），两个语气词出现的语法位置相同，作用也一样，音标的读音相近，只是汉字写法不同。我们怀疑它们实际上是一个词，只是不同地区发音人的口音不同而造成了差异。还有一个“味”（例⑪）（音标为 meh），可能是语气词“么”。

2. 上海土话的正反问

上海土话的正反问格式比较单一，只有“A 勿 A”形式，还没有发现“VO 勿 VO”、“VO 勿 V”、“V 勿 VO”的句例。

（1）A 主要由形容词构成，最常见的是“好勿好”、“多勿多”、“大勿大”、“够勿够”。例如：

⑫箇对瓶好勿好？（《指南》21）

⑬第个裁缝手脚好勿好？（《土话》78）

⑭第块沟里鱼捉起来多勿多？（《土话》91）

⑮市面上茶叶多勿多？（《土话》25）

⑯线粉干中国人用场大勿大？（《土话》96）

⑰廿担够勿够？（《土话》26）

⑱自家点点看，对勿对？（《指南》87）

（2）动词构成的正反问比较少，常见的主要是“有勿有”，一般动词或者助动词结构则相当少，而且往往出现在句尾。例如：

⑲第种能个货色那荡有勿有？（《土话》31）

⑳第块沟里鳖有勿有？（《土话》92）

㉑寒热有勿有？（《土话》117）

㉒自侬作伊保人罢，可以勿可以？（《指南》103）

㉓小姐肯拨勿肯拨，丈人丈母做主。（《土话》127）

（3）我们还发现选择问和正反问的混合句式。例如：

㉔货色多呢勿多？（《指南》51）

㉕险呢勿险？（《指南》76）

㉖假呢勿假？（《指南》85）

类似的句子还有：“气呢勿气？”“肯呢勿肯？”“可笑呢勿可笑？”

（4）我们还发现了一句比较特别的动补式的正反问，但是我们怀疑这一句式是受到北方话的影响，上海方言至今也不这样提问，特别是“得”的用法明显是北京话的用法。

㉗坟山地请地理先生看，葬得葬勿得？（《土话》144）

㉘告诉我，有话得呢，话勿得个？（《指南》48）

3. 上海土话的特指问

上海土话的特指问，结构跟北方话一致，疑问焦点也在疑问代词上，区别只是疑问代词不同。基本上有两套：一是由“啥”构成的，例如：啥人、啥地方（啥户荡、啥场化）、啥辰光等；二是特殊的疑问代词，例如：哪能、几化、鞋里、几点（几时、几月）等，但是在结构上没有什么特殊的地方。

三、上海土话是非问的语气词

上海土话的是非问很有特色，没有单纯依靠语调来承载疑问信息的，只有依靠疑问语气词来承载疑问信息的，所以疑问语气词颇具特色。最常见的句法形式是：“S否？”即一个陈述句的句尾附加上一个疑问语气词“否（哦）”，就构成是非问句。其内部有以下三种类型：

1. 谓语动词句，加上“否”构成，主语可能是施事（前面四例），也可能是受事（后面四例）

例如：

①郎中先生把过歇脉否？（《土话》15）

②侬晓得英国个烧法否？（《土话》37）

③大和尚拉山上否？（《指南》5）

④常远勿看见者，阁下还认得我否？（《指南》5）

⑤饭吃得落否？（《土话》15）

⑥那荡行里麻咾夏布买个否？（《土话》26）

⑦地皮咾啥先要去看一看否？（《指南》24）

⑧店号改否？（《指南》25）

也有大主语是受事，小主语是施事的。例如：

⑨外国字招牌侬会写否？（《土话》125）

⑩田上契张，自家齐看见过否？（《指南》24）

⑪阁下格味替客人箇只箱子寻着否？（《指南》51）

2. “助动词+动词”加上疑问语气词“否”构成

例如：

⑫侬要去看戏否？（《土话》7）

⑬第件衣裳染拉颜色后首要退否？（《土话》102）

⑭第个生活会做否？（《土话》7）

⑮外国字招牌侬会写否？（《土话》113）

3. 由特殊动词“是”、“有”、“拉（在）”构成

例如：

⑯阁下补拉个缺是烦缺否？（《指南》17）

⑰侬包里个是碗料家生否？（《指南》21）

⑱熟桐油此地有买处否？（《土话》96）

⑲今年时疫症有否？（《土话》117）

⑳老弟常庄拉屋里否？（《指南》17）

㉑老爷拉屋里否？（《指南》22）

4. 心理动词构成

例如：

㉒中国人欢喜外国物事否？（《土话》34）

㉓腰里觉着酸痛否？（《土话》117）

㉔侬身上只管觉着寒寒凛凛否？（《土话》117）

5. 形容词构成

例如：

㉕今年年成好否？（《指南》27）

㉖近来自家个贵恙好点否？（《指南》2）

㉗侬个眼睛光好否？（《土话》13）

㉘身体爽快拉否？（《土话》13）

㉙伊块地方生意好做否？（《土话》26）

㉚第个人向来牢实个否？（《土话》156）

上海方言是非问句的疑问手段主要有两个，除了“的”上升语调之外，更多的是依赖于疑问语气词，这个疑问语气词通常写作“勿”，我们认为在上海话里实际上有三个疑问语气词变体：

（1）侬去勿？这个“勿”，有时也写作“没”或“么”，这在书面上都有记录。例如：

㉛账还清拉没？（《指南》25）

㉜现在完全好没？（《指南》25）

㉝那众位看见伊酒吃个没？（《指南》97）

㉞箇十块银子，换来拉没？（《指南》120）

㉟侬去看个看，房间收作好拉没？（《指南》124）

㊱阁下勿认得伊个脾气么？（《指南》2）

㊲伲两家头前头拉张老二屋里，一只台子上吃酒个，忘记者么？（《指南》5）

㊳用吉郎中出门看病个么？（《指南》111）

（2）“勿”的读音是 vu，入声，是个否定副词，“没”也是入声，音标是 meh，“么”的音标是 me，应该说，这三个读音是比较接近的。对“侬去勿?”有两种看法：一种认为它是“侬去勿去?”的简略格式，或者叫做“后省略格式”。由于“勿”长期处于句尾，形式上语音弱化，语义上虚化，有发展为语气词的趋势。“啦”则是情态语气词，加在句尾，目的在于加强发问的语气，有一种追根寻底的意味。“侬去勿啦?”这个“啦”也有写作“咾”的（声母都是边辅音）。例如：

㊴保人总是要个，自家寻得着否咾？（《指南》14）

（3）“勿啦”两个音节如果读得快一点，就成为一个合音“否（哦）”。前一个音节的声母加上后一个音节的韵母：vu + la = va。《土话》和《指南》都把“否”的音标记作 va。例如：

㊵海里向个舢板船到远个地方去捉鱼否？（《土话》92）

㊶侬个令姐是拉旧年出嫁个否？（《土话》92）

㊷世兄，史记读过歇否？（《指南》8）

㊸行医总比做生意好点否？（《指南》16）

四、具有上海特色的命题疑问句

上海土话有一种特别的疑问句，它的结构形式是“S，V 否?”，特点是一个完整的陈述句在前，语气停顿之后，再用“V 否”发问。这有点类似于北方方言里的“附加问”，但是在上海土话里特别多。我们把这一疑问句命名为“命题疑问句”。即前行句先提出一个命题，然后就这一命题进行提问。这种疑问句的优点在于：命题先行，给对方明确无误的信息，问题简明，只要求对方简单回答，所以在上海土话里盛行。在形式上，它属于是非问，但是在语用功能上，则为正反问，因为要求的回答只是肯定或者否定。我们不妨把这一类型叫做“是非正反问”。这一类疑问句主要有四类：

1. S，判断词 + 否，主要是“是”、“有”

例如：

①老弟从屋里来，是否？（《指南》17）

②老弟今朝是头一日出来，是否？（《指南》17）

③比伊小点，还有否？（《指南》21）

④比第个再好点，还有否？（《土话》26）

⑤我听见话天井西面箇座房子要出租，有介事否？（《指南》13）

2. S，形容词 + 否

例如：

⑥水路来，快否？（《土话》17）

⑦第档货色买来，便宜否？（《土话》22）

⑧生意拉拉北路里做起来，见得好否？（《土话》34）

⑨格味伲两家头一淘去，好否？（《指南》4）

⑩箇块地皮大来野，无啥人担伊来种种园地，可惜否？（《指南》9）

3. 助动词（+动词）+否

例如：

⑪侬要照第个样子做，会否？（《土话》87）

⑫侬要照第个样子咾做，会否？（《土话》87）

⑬第个价钱减少点，可以否？（《土话》46）

⑭照外国法子，会造否？（《土话》85）

⑮第管洋枪有点毛病，那会收作否？（《土话》88）

4. 动词 + 否

例如：

⑯老弟封印之后，来总理衙门里，去歇否？（《指南》18）

⑰托办拉箇只醒钟，买着否？（《指南》38）

这一形式在普通话里也是有的，我们以前称之为“附加问”（邵敬敏，1996），它有四个特点：

第一，不独立使用，必须附加在某个非疑问句的后面。

第二，由疑问格式或者疑问词单独构成疑问句。

第三，回答必定是简单的肯定或者否定。

第四，这类问句比较特别，从形式上看，最常见的是正反问、是非问，但也可以是个别特指问（怎么样?），乃至叹词独用问句。从语义上看，却属于单纯的是非问。从功能上看，则表示就始发句 S 的内容征求对方的意见或者希望对方予以证实。例如：

⑱你要发誓，过完年就回来，好不好？（北大语料库）

⑲张姐，我真的不知该怎么办，你帮帮我，好吗？（北大语料库）

⑳你早点脱军装，我们兄弟俩联手办厂，怎么样？（北大语料库）

㉑如果老板满意再正式来，啊？（北大语料库）

其实，用正反问在陈述句之后发问，《土话》里也是有的。例如：

㉒伊块头四邻八舍打起来，好勿好？（《土话》76）

㉓令业先生个教法好勿好？（《土话》8）

㉔生铁载进来，多勿多？（《土话》30）

㉕我还那啦个行情，买勿买？（《土话》31）

五、有关疑问句演变的几点启示

考察了上海土话的疑问句类型，我们可以从中发现一些有趣的语言现象以及演变特点，同时，这也给了我们不少启示。

1. 多种来源，导致多元化

如上所述，上海土话受到各个方面方言的影响，特别是苏州地区和宁波地区向上海输入大量的移民，而且由于他们的经济状况比较好，所以他们的语言成为强势方言，他们对上海土话的影响力，不能小看。比如苏州话的疑问句，包括疑问语气词也曾经大量借用。例如：

①侬厨司做仔几年哉？（《土话》37）

②侬净衣裳生活做仔几年哉？（《土话》42）

③侬木作头做仔几年哉？（《土话》74）

④咳嗽咳仔几年哉？（《土话》117）

“仔”是时态助词，相当于“了$_1$”，“哉”相当于语气词“了$_2$”。（赵元任，1926）到了 1949 年以后，主要是受普通话的影响，因此，目前上海方言疑问句的发展趋势是向普通话靠拢，“阿 V”疑问句逐渐萎缩，而以往极少使用的“V 勿 V”、“V 勿 VO”等正反问也开始出现。

2. 多类并存，导致杂糅化

上海土话除了直接借用苏州方言的疑问方式之外，还出现借用格式跟本地格式混用的句式。例如“阿V……?”是苏州方言的典型疑问句式。上海土话虽然也借用了这类句式，但是主要限于“阿是/阿要/阿曾/阿有V?”例如：

⑤阿是伊要造房子？（《指南》27）

⑥今年打拉个米，阿是比旧年多点？（《指南》31）

⑦米价阿是主人家定个？（《指南》32）

⑧阿曾补过歇实缺个？（《指南》17）

⑨阿要写啥纸张个？（《指南》37）

其中动词跟“阿”直接构成“阿V”疑问句式极少，几乎没有；相比较而言，《海上花列传》这样用苏州话写成的小说，就出现大量用“阿”直接引入动词的句子。例如：

⑩庄大少爷阿来里？（《海上花列传》）

⑪耐阿吃嗄？（《海上花列传》）

⑫昨日夜头保合楼厅浪阿看见个胖子？（《海上花列传》）

⑬秀宝是清倌人口，耐阿晓得？（《海上花列传》）

⑭人阿缥致嗄？（《海上花列传》）

⑮阿二末比仔么二阿省点？（《海上花列传》）

有趣的是，上海土话里出现了“阿是/阿要/阿曾/阿有V……否?”混合格式。例如：

⑯阿要偷果子出去卖个否？（《指南》34）

⑰阿要教人来看拉个否？（《指南》34）

⑱阿是受累勿轻否？（《指南》38）

⑲阿是怕者否？（《指南》83）

⑳我阿要紧跟老爷去否？（《指南》110）

甚至于出现“阿是/阿要/阿曾/阿有V……，V否?”格式。例如：

㉑自家阿是有个果子树园，是否？（《指南》33）

㉒阿是厨司贴正放之云耳拉去，是否？（《指南》106）

㉓阿是侬有两只官帽，是否？（《指南》110）

3. 主流导向，导致趋同化

在《土话》里，我们发现有一类比较特别的用“呢啥”在句子的结尾来提问的疑问句，而《土话》里却没有发现这样的例句。“VP呢啥?”表示“是这样呢，还是别的怎么样?”的意思，有点像选择问。例如：

㉔原来箇位姓朱个拉当帐呢啥？（《指南》35）

㉕还是侬要买啥巧货呢啥？（《指南》25）

㉖格味现在要银子来做生意呢啥？（《指南》25）

㉗伴阁下一淘去个人亦是做官个呢啥？（《指南》17）（回答：是个做官个。）

㉘老弟，我一向勿看见侬，到啥地方出去之呢啥？（《指南》23）

㉙伊个爷娘勿管个呢啥？（《指南》9）

㉚老弟从屋里来呢啥？（《指南》38）

最有意思的是"阿是"跟"呢啥"结合而成的混合疑问句式。例如：

㉛阿是关之后来买个呢啥？（《指南》25）

㉜勿差，有介事个，阿是阁下要租呢啥？（《指南》13）

㉝箇张纸，阿是徒弟上之店就写个呢啥？（《指南》37）

这类疑问句，如果去掉最后的"啥"，前面单独作为疑问句显然是站不住的，但是如果把"啥"改为选择问形式，就可以成立。比较下面的选择疑问句，就明白这类句子的语义和功能了：

㉞老弟箇回同之家眷一淘去呢啥？（《指南》17）

㉟* 老弟箇回同之家眷一淘去呢？

㊱同别人搭伴之咾去呢，还是一干子去？（《指南》17）

我们核查了对话以苏州话为主的《海上花列传》，没有发现一个这样的例句。我们认为这是上海土话的疑问句类型，但是在现实的上海方言里这类疑问句也已经被淘汰了，如果要说，一般就改为"命题疑问句"或者"选择问句"。许宝华（1988）也指出有这类疑问句的存在，并且认为老派还能够听懂。可见主流导向是向普通话靠拢，这就导致疑问句的类型逐渐趋向一致。

第二十五章　汉语方言疑问句横向比较研究

一、湘语、赣语、吴语疑问句的比较

汉语南方六大方言，都以历代北方居民向南方的迁徙演变为发端。从今天汉语方言的地理格局来看，湘语、赣语、吴语均处长江流域，可以说是“同饮一江水”，它们在中国地理分布上同属中部方言。即使在古代，它们在地域上也是连成一体的，“吴头楚尾”，中间即“古楚语和古吴语的交汇处”——赣语（周振鹤、游汝杰，1986：39）。这样，共同的源头、毗邻的地域，决定了湘、赣、吴三大方言在语言上必然呈现出同异交融、犬牙交错的类型特点。下面我们就以疑问句为纲对这三大方言的疑问范畴作一宏观比较和梳理。

（一）是非问比较

是非问以整个句子为疑问点。在普通话中，是非问的疑问信息既可由疑问语气词承担，也可由疑问语调（即升调）承担。从目前发表的材料看，湘、赣、吴三大方言的是非问主要呈现出以下特点：

第一，在吴语和赣语区中，是非问的疑问信息一般都既可由疑问语气词承担，也可由疑问语调（即升调）承担（钱乃荣，2003；刘纶鑫，1999；黄伯荣，1996），但在湘语区中，绝大多数方言的是非问一般都只能由语气词承担（卢小群，2007）。湘语区中一些无语调是非问的典型代表有：湘语北片的长沙、株洲、益阳、湘潭；湘语南片的新化、涟源、冷水江、娄底、衡阳、双峰、湘乡、隆回、武冈。

当然，要指出的是，在吴语和赣语区中，虽然疑问语调都是是非问疑问信息的重要载体之一，但跟普通话比较起来，却是有一定差异的。我们知道，在普通话是非问句中，疑问语调和疑问语气词可以说几乎是并驾齐驱的，一般说来，一个陈述句只要带上疑问语调即可自由转化为疑问句。但在吴语和赣语区中，由疑问语调所构成的这种语调是非问却通常只是一种“非常态形式”，它一般只用于表示惊疑或要求证实等特殊情况。在赣语区中，有少数方言点甚至同湘语一样，只有语气词是非问，无语调是非问。例如赣语宜丰话：

①你吃了饭墨？（你吃了饭吗？）

*你吃了饭↗？

②你不记得阿啊？（你不记得我了？）

*你不记得阿↗？

又如赣语宿松话：

③大母家今年做屋啵？（大舅舅家今年盖房子吗？）

＊大母家今年做屋↗？

④今年哩西瓜甜哦？（今年的西瓜甜，是吗？）

＊今年哩西瓜甜↗？

这样，从疑问语调在是非问句中的地位来看，普通话、湘语、赣语、吴语大致呈现出这样一个梯度等级：

普通话＞吴语＞赣语＞湘语

往左疑问语调的地位越高，往右疑问语调的地位越低。

第二，从是非问句末所使用的疑问语气词来看，吴语区一般使用还带有一定否定词痕迹的“哦”类（钱乃荣，2003：87～96）[①]。例如：

⑤侬是北京人哦？（上海话）（你是北京人吗？）

⑥实伊是学生子哇？（松江话）（他是学生吗？）

⑦渠是学生啊否？（温州话）（他是学生吗？）

⑧伊晓得哦？（嘉兴话）（他知道吗？）

⑨你有书哦？（常州话）（你有书吗？）

⑩渠来号哦？（黄岩话）（他来了吗？）

⑪其来勒哦？（宁波话）（他来了吗？）

⑫你去勒哦？（崇明话）（你去了吗？）

而湘语和赣语区则一般使用虚化得比较彻底、不带有否定词痕迹或根本不是由否定词演变而来的“吗/么”类、“吧”类、“啊”类以及其他如“喃”类、“咪”类、“啵”类等。当然，在赣语中，有些方言点也会使用由否定词虚化而来的疑问语气词，但从这些词所属类别来看，它们一般都只使用属于双唇音的“不”类，而不使用属于唇齿音的“勿”类（卢小群，2007；刘纶鑫，1999）。例如：

湘语区：

⑬今天星期五哒啊？（湘语长沙话）（今天星期五了吗？）

⑭太阳出来哒啵？（湘语长沙话）（太阳出来了吗？）

⑮你今日不去啊？（湘语衡阳话）（你今天不去吗？）

⑯个本书是你的啵？（湘语益阳话）（这本书是你的吗？）

⑰饭煮好哩喃？（湘语新化话）（饭煮好了吗？）

⑱你的脚伤好咖哒罢？（湘语湘潭话）（你的脚伤好了吗？）

⑲你还冇讲得完啊？（湘语涟源话）（你还没有说完吗？）

⑳莳倒田哩么？（湘语隆回话）（耕田了吗？）

赣语区：

㉑你吃了饭啵？（你吃了饭吗？）（赣语南昌话）

㉒你明日不去广州啊？（你明天不去广州吗？）（赣语南昌话）

㉓你今阿下昼去了街墨？（你今天下午上街了吗？）（赣语宜丰话）

㉔个是你哩爷吧？（这是你爸爸吧？）（赣语宜丰话）

㉕饭够吧？（饭够吗？）（赣语宿松话）

㉖明日渠也来哈？（明天他也来吗？）（赣语永修话）

㉗你吃之饭么？（你吃了饭吗？）（赣语永修话）

㉘你不吃嘎？（你不吃吗？）（赣语都昌话）

㉙鞋子这么小，你儿子穿得不？（鞋子这么小，你儿子能穿吗？）（赣语修水话）

㉚你看见我妈妈不？（你看见我妈妈了吗？）（赣语武宁话）

第三，是非问一般都可分成说话人对问题的答案已经有所肯定或否定的“倾向性是非问”和对问题的答案一无所知的“非倾向性是非问（中性问）”两大类。在湘语和赣语区中，绝大多数的方言点一般都既有倾向性是非问，也有非倾向性是非问；而在吴语区中，很多方言却只有倾向性是非问，而对于非倾向的中性问，却常常用正反问形式来表示（黄伯荣，1996；钱乃荣，2003 等）。例如：

㉛拉个房间大不大？——那间屋子大吗？（杭州话）

㉜耐阿看电影嘎？——你看电影吗？（苏州话）

㉝伊来来东屋里？——他在家吗？（绍兴话）

㉞身体好勿好？——身体好吗？（绍兴话）

㉟伊有勿有来力啊？——他来了吗？（嵊县话）

在钱乃荣《北部吴语研究》一书中，刊载了 33 处吴语方言对是非问和正反问的使用情况。可以看出，对于非倾向性是非问，好些方言点，如杭州、绍兴、嵊县的崇仁太平、诸暨的王家井都只使用正反问“V 勿 V”式，而另一些方言点，如苏州、吴江的盛泽、黎里、常熟、江阴、靖江、昆山、无锡、宝山的罗店霜草墩则只使用正反问“阿 V”式。

（二）特指问比较

特指问用疑问代词承担疑问信息。对于湘、赣、吴三大方言而言，其特指问主要呈现出以下特点：

第一，无论湘语、赣语还是吴语特指问的次类划分都相同，即都可分为使用疑问代词的 A 类和使用简略式的 B 类。例如：

湘语区：

㊱今日几号啦？（衡阳话 A 类）

我咯帽子诶？（衡阳话 B 类）

㊲他的病么子样哒唻？（益阳话 A 类）

你的鞋子呢？（益阳话 B 类）

赣语区：

㊳许只着花褂积咯人是谁叻？（宜丰话 A 类）

去乡下呢/时？（宜丰话 B 类）

㊴要买几多菜啊？（宿松话 A 类）

大黄书包呢哝？（宿松话 B 类）

吴语区：

㊵侬做啥勿去？（上海话 A 类）

老头子人呢？（上海话 B 类）

㊶哪个姓钱？（杭州话 A 类）

陈先生呢？（杭州话 B 类）

第二，对于简略式 B 类，三大方言一般都采用"NP/VP + 呢"形式。当然对于句末语气词"呢"，不同方言中语音形式可能会有所不同。如：

㊷我双袜子嘞？（湘语湘乡话）

㊸我咯咪？（湘语涟源话）

㊹老王诶？（湘语衡阳话）

㊺小王呢？（湘语益阳话）

㊻我唔去咪？（湘语新化话）

㊼你个裤子咧？（赣语波阳话）

㊽渠嘞？（赣语南昌话）

㊾去乡下呢/时？（赣语宜丰话）

㊿斗笠呢哝？（赣语宿松话）

51伊勿去呢？（吴语上海话）

52张先生呢？（吴语杭州话）

53耐格兄弟呢/家？（吴语苏州话）

第三，对于非简略式 A 类，三大方言都可以通过疑问代词对人、事物、时间、处所、数量、程度、方式、原因等进行提问，但在疑问代词的选择上，各方言既存在一定共性，也存在一定差异。

（1）湘语疑问代词可分五个系列：

"哪"类：如"哪个、哪只、哪里、哪气子、哪当几、哪落、哪嘎"等。

"么"类：如"么子、么个、么子时候、搞么子、么做几、么个时计、做么个"等。

"几"类：如"几个、几时机"等。

"好"类：如"好久、好多、好重、好长、好多"等。

"何"类：如"何至个、何什、何解、何海、何下、何馨、何嘎"等。

在湘语北片的湘潭地区，受共同语和官话的影响，还有"什么"、"什么时世"、

“什么当上”一类说法。

（2）赣语疑问代词可分六个系列：

“么”类：如“么得、么位子、么时、么样、为么事、么里、做么伪”等。

“啥”类：如“啥个、啥叻、啥叻地方、为啥叻、啥噶、啥么地方、做啥里”等。

“什”类：如“什里、什里地方、什里时候、什个时间、做什叻、为什俚、为什个”等。

“哪”类：如“哪个、哪个地方、哪里、哪刻噶、哪家、哪块、哪当、哪样”等。

“何”类：如“何个、何里、何时、何吗时、何样”等。

“几/几多”类：如“几多人、几多钱、几时间、几远、几长、几久”等。

（3）吴语疑问代词可分六个系列：

“哪”类：如“啰家、哪个、哪噶、哪能、啰档、哪去、哪亨”等。

“啥”类：如“啥人、啥物、啥里、啥格末事、啥地方、啥辰光、为啥、啥事体”等。

“底”类：如“底介人、底人、底个、底家”等。

“鞋”类：如“鞋只、鞋个、鞋里格、鞋里噶”等。

“几/几忽”类：如“几个、几本、几忽铜钿、几忽物事、几忽深、几忽高”等。

“多少”类：如“多少铜钿、多少个人、多少水、多少深、多少高”等。

（4）相对说来，湘语的疑问代词语音形式比较简单，本字来源较为清晰，而赣语和吴语的疑问代词则不仅语音形式较复杂，而且本字来源不太清晰，保留古语词较多。

（5）在疑问代词的选用上，湘、赣、吴三大方言所表现的共性和联系是：

	哪	几	么	何	啥
湘语	√	√	√	√	
赣语	√	√	√	√	√
吴语	√	√			√

由于赣语处于湘语和吴语之间，因此它既有这三大方言共有的疑问代词“哪”类和“几”类，也有只跟湘语相同的“么”类和“何”类，以及只跟吴语相同的“啥”类。

（6）湘、赣、吴三大方言的明显差异，主要表现在：

A.“底”类和“鞋”类一般只用于吴语。

B. “什”类一般只用于赣语。

C. 对于数量的询问，除“几”之外，湘、赣、吴三大方言选词各不相同，分别用“好多”、“几多”、“几忽/多少”。例如：

箇件衣服好多钱？（湘语长沙话）

屋里有好多人？（湘语新化话）

大伯今年卖了几多谷子？（赣语，转引自刘纶鑫，1999：705）

你今年几多岁哩？（赣语，转引自刘纶鑫，1999：705））

出诊费几忽/多少？（吴语上海话）

侬有几忽/多少铜钿？（吴语上海话）

D. 对于程度的询问，湘、赣、吴三大方言选词也各不相同，分别用“好”、“几”、“几忽/多少”。例如：

箇条东西有好重？（湘语溆浦话）

他今年子有好大咯年纪哩啊？（湘语娄底话）

个里到上海几远？（赣语，转引自刘纶鑫，1999：705）

你个裤子几长？（赣语，转引自刘纶鑫，1999：705））

迭块肉有几忽/多少重？（吴语上海话）

伊块布有几忽/多少长短？（吴语上海话）

为便于比较，在下边三个表格中，我们列出了湘、赣、吴一些主要地点的疑问代词。

表 1　湘语中疑问代词的使用（卢小群，2007：146－150）

项目 地点	问人（谁）	问事物（什么）	问地点（哪里）	问时间（什么时候）	问数量（几/多少）	问程度（多）	问方式（怎么）	问原因（为什么）
长沙	哪个/何至个	么子	哪里/何至/哪块子	哪气子/么子时候	好多	好	何什	何解
湘潭	哪个	什么/么子	哪当/什么当上	什么时世/几时/好久	好多	好	台的 $i^{13}ti^{33}$/台解/台至解	台的解
益阳	哪个/何至个	么子	何海	好久	好多	好	何咖	搞么子

（续上表）

项目 \ 地点	问人（谁）	问事物（什么）	问地点（哪里）	问时间（什么时候）	问数量（几/多少）	问程度（多）	问方式（怎么）	问原因（为什么）
衡阳	哪个	么咯/么子	哪里/哪当儿	么前儿/好久（儿）	好多儿	好	么做儿	么理
邵阳	哪只人	么子	哪里	么子时候	好多	好	何咖	何的
衡山	哪个	吗格	哪里	吗格时机/几时机/好久	好多	好	吗唰	吗解
双峰	哪个	么子	哪里	哪气时基/么子时家	好多 几多	好	么家	为么子/做么子
娄底	哪个/谁个	么子/么子什	哪里	偌阵/么子时际	好多	好	么解滴/么解滴个	么解
涟源	哪个	么子	哪嘎	哪阵唧	好多	好	吗瓜	为么子
新化	哪个	么个	哪落	么个时计/么个前咖	好多	好	若向/偌里	做么个
隆回	哪个/滴	么个	哪里/哪个档	哪会子	好多	多	何嘎	做么个
溆浦	哪个	么个	哪坨	么个辰间	好多	好	要子 iɑʌ^{35}tsʅ^{0}	做么个

表 2　赣语中疑问代词的使用（刘纶鑫，1999：477、666、667、669）

项目 \ 地点	问人（谁）	问事物（什么）	问地点（什么地方）	问时间（什么时候）	问数量（几/多少）	问程度（多远）	问性状、方式（怎么、怎么样）	问原因（为什么）
湖口	哪个	么得 mo^{3}tɛ	么位子	么时	几多	几远	么样 mo^{3}iɔŋ^{6}	□的 ʂo^{2}ti^{3}
星子	哪个	么事 mo^{3}sʅ^{6}	么□喝 mo^{3}sai^{3}tɛ	么令喝	几多	几远	么样 mo^{3}iɔŋ^{6}	为么事 ui^{6}mo^{3}sʅ^{6}

（续上表）

项目 地点	问人（谁）	问事物（什么）	问地点（什么地方）	问时间（什么时候）	问数量（几/多少）	问程度（多远）	问性状、方式（怎么、怎么样）	问原因（为什么）
永修	哪个	啥叻 sa^{4}li	啥叻地方	几时间	几多	几远	□ ʂen^{3} ȵi^{3}	为啥叻 vi^{7} ʂa^{4}li
修水	谁	么里 mo^{3}di	哪个地方	几时	几多	几远	□样 loʔ^{9}sʅʔ^{8} iɔŋ^{7}	□么叻 kaʔ^{8}mo^{3}le
南昌	哪个	什里 ɕit^{6}li^{4}	什里□的 ɕit^{7}lilɔŋ^{2}t^{h}i^{5}	奚里时间	几多	几远	□样 lɔŋ^{2}iɔŋ^{5}	为什里 uɨi^{5}ɕit^{6}li^{4}
波阳	何个	什么 sʅ^{4}mo^{4}	何里	何时	几多	几远	何人个 ho^{2}ȵin^{2}ko^{5}	为什么 uɛi^{1}sʅ^{4}mo^{4}
乐平	何个	么叻 mo^{1}lɛi^{2}	何里	何吗时	几多	几远	何样 ho^{2}iɔŋ^{6}	做么叻 tso^{4}mo^{1}lɛi^{2}
横峰	何个	么里 mɔ^{2}li^{3}	哪个地方	几时	几多	几远	怎 tsan^{5}	怎 tsan^{5}
高安	哪个	什里 søl^{7}li	什里地方	什里时候	几多	几远	怎□个 tsɛn^{5}n̩ koʔ^{6}	做什叻 tsu^{4}søl^{7}li
奉新	哪个	什俚 səp^{7}li	什里地方	几呒嘚	几多	几远	怎俚 tsam^{4}li	为什俚 ui^{5}səp^{7}li
上高	谁	什里 sət^{5}li	□块几 hai ↗ k^{h}ai^{4}tɕit^{5}	□□□ hai ↗ k^{h}əŋkaʔ^{5}	几多	几远	短□ tɔn^{3}tɕit^{5}	为什里 vi^{2}sət^{5}li
万载	哪个	啥嘚 sa^{3}teʔ^{5}	哪里	哪刻嘚	几多	几远	□嘚 tan^{2}teʔ^{5}	为啥嘚 uei^{4}sa^{4}teʔ^{5}
新余	哪个	啥嘚 sa^{4}ma^{1}li	啥么地方	哪啥嘚	几多	几远	□样 tsa^{4}ȵiɔŋ^{5}	做啥里 tsʅ^{3}sa^{4}li

（续上表）

项目 地点	问人（谁）	问事物（什么）	问地点（什么地方）	问时间（什么时候）	问数量（几/多少）	问程度（多远）	问性状、方式（怎么、怎么样）	问原因（为什么）
东乡	何个	什个 ɕit^{7}ko^{4}	什个地方	什个时间	几多	几远	□叻 tɕin^{1}li^{3}	为什个 ui^{2}ɕit^{7}ko^{4}
临川	何个	什个 ɕip^{7}ko^{4}	□里 hoi^{3}ti^{1}	几时	几多	几远	□□样 tɕi^{4}ȵi^{1}iɔŋ^{4}	□□ lan^{2}ȵi^{3}
南丰	何个	什伆 ɕip^{7}li^{4}	何里	什里时候	几多	几远	何样 ho^{3}iɔŋ^{5}	为什伆 ui^{5}ɕip^{6}li^{4}
宜黄	何个	什个 ɕit^{7}ko^{4}	什个地方	什个时候	几多	几远	□样 lan^{2}ȵiɔŋ^{4}	为什个 ui^{4}ɕit^{7}ko^{4}
黎川	何个	口 ɕiɛ^{4}	什地方	什时间	几多	几远	□□ tɕin^{3}lɔŋ^{1}	做□ tsu^{4}ɕiɛ^{4}
萍乡	哪个	咋个 tsa^{4}ko^{4}	咋个栏场	咋个时会	几多	几远	□□ lo^{2}t^{h}i^{4}	为咋个 ui^{4}tsa^{4}ko^{4}
莲花	哪个	哪家 la^{5}ka^{1}	哪块	哪□叻 lai^{5}lẽ^{3}li	几多	几远叻	□□ ts^{h}ai^{5}kai^{3}	为哪家 uœ^{2}la^{5}ka^{1}
吉安	哪个	咋个 tsa^{3}ko^{2}	咋个地方	咋个时间	几多	几远	□样 tɕ^{h}iɔŋ^{1}iɔŋ^{4}	为咋个 uei^{2}tsa^{3}ko^{2}
永丰	哪个	啥个 sa^{3}ko^{2}	哪几	几咖	几多	几远	□□ tɕ^{h}laŋ^{4}ləŋ^{2}	为啥个 vɛ^{4}sa^{3}ko^{2}
泰和	哪个	口 lɔ^{3}te^{2}	哪当	哪久	几多	几远	□□ tɕ^{h}iɔ̃^{4}ȵi^{4}	舞□□ u^{3}lɔ^{3}te^{2}

表 3　吴语中疑问代词的使用（钱乃荣，2003：124－126）

项目 地点	问人（谁）	问事物（什么）	问地点（哪里）	问时间（什么时候）	问数量（几/多少）	问程度（多远）	问方式（怎么）	问原因（为什么）
上海	啥人 啥格人	啥/啥末事 啥格/ 啥格末事	啥地方/ 啥场化/ 湖荡/ 鞋里格	几时/啥辰 光/啥格 辰光	几格/ 几忽/ 多少	几忽/ 多少	哪能/ 哪能格	哪能/ 为啥/ 做啥/ 啥事体
宁波	啥人 ［sɔʔ^{5} ȵiŋ^{33}］	啥	阿里 啥地方	啥辰光	多少	多少	咋来的	啥当
天台	啥人、 哪个	啥物/啥个	哪去/ 哪旮	几时	多少	□zau˦	咋嗯	为啥物 为啥个
苏州	啥人 □个 lo˩ kɤʔ˧	啥 sɒ^{412}/ 啥个 sɒ^{52} kəʔ^{3}	哪达 哪面	几辰光	几化	几化	哪亨 哪亨能	哪亨/做啥
嘉兴	哪个	啥么	啥里 sɑ^{33} li:^{51}	几辰光 啥辰光	几化	几化	哪哈	为啥
绍兴	何谁/何 （谁）个/ 啥人/ 啥个人	啥/啥西/ 啥个/ 啥事体	何里 （头）/何 头/何块 手/何搭块/ 何里搭埭 坞/啥埭坞	啥（介） 时光/几 时/几时 光/捺介个 时光	几/多少	多少/ 捺个	捺介	作啥/ 为啥/ 啥事体
溧阳	啰家 lo^{24} ko^{52}	底个 ti$_{z}$^{54} kE^{34}	啰	底个辰光	多少	多	奈底个	奈底个
无锡	哪葛	啥事体/ 啥/么事	哪档/哪里 lʌɤ^{24} tɑʔ^{31}	啥辰光	几/几许	几	哪亨	做啥个
萧山	何个、 哪个	何什 何事体	何里、 何地方、 哪塌化	何辰光	何多	哪噶	哪噶	测何/ 为何尬/ 哪尬

（续上表）

项目 地点	问人（谁）	问事物（什么）	问地点（哪里）	问时间（什么时候）	问数量（几/多少）	问程度（多远）	问方式（怎么）	问原因（为什么）
温州	何呢人/何人	何呢	□宕/ȵiau˧ duɔ˩/若宕	□ȵiau˧ 能间/若能间	几化/几倈	几倈	訾能	为何呢/装呢
松江	啥人	啥末事	啥场化	已时	几化	几化	哪哈	哪得

（三）选择问比较

选择问由并列的选择项承担疑问信息。湘语、赣语和吴语跟普通话一样，一般都采用基本式“（是）A还是B”式。例如：

湘语湘乡话：你是明子行还是后日子行？（你是明天走还是后天走？）
　　　　　　你明子行还是后日子行？
湘语涟源话：是我去还是你去？
　　　　　　我去还是你去？
湘语长沙话：你是喝可乐还是喝牛奶？
　　　　　　你晚上住箇里还是住回去？
湘语湘潭话：你请客是定在星期六还是星期天啰？
　　　　　　你吃槟榔个子还是抽烟？
赣语宜丰话：你是吃啤酒还是吃白酒？
　　　　　　你吃啤酒还是吃白酒？
赣语南昌话：你是去图书馆还是去百货大楼嘞？
　　　　　　你去图书馆还是去百货大楼嘞？
赣语永修话：渠是到北京去之还是到上海去之哈？
　　　　　　渠到北京去之还是到上海去之哈？
吴语上海话：侬是吃饭，还是吃面？
　　　　　　侬吃饭，还是吃面？
吴语苏州话：耐是看电影还是看戏嘎？
　　　　　　耐看电影还是看戏嘎？
吴语天台话：佢是北京人还是上海人？
　　　　　　尔吃饭还是吃面？

除此之外，在很多方言中，还使用省略式“（是）A啊/呢B”式。例如：

湘语涟源话：是我去啊你去？

我去啊你去？

湘语新化话：是喜欢以件咹/咊喜欢尔件？

喜欢以件咹/咊喜欢尔件？

赣语宜丰话：今日是礼拜一啊礼拜二叻？

你吃啤酒啊吃白酒？

赣语宿松话：是中时去啊夜里去哝？

大个好啊，滴滴个好啊？

吴语上海话：阿拉是去北京呢去南京？

迭个塘里个鱼多呢勿多？

吴语天台话：是乃爸好啊乃姆好？

尔吃饭啊吃面？

这一省略格式，其实经历了这样的演变过程：

（是）A 还是 B →（是）A 啊/呢还是 B →（是）A 啊/呢 B

目前，在有的方言，如湘语新化话中，这三种格式仍可并行使用。例如：

你（是）喜欢以件（，）还是喜欢尔件？

你（是）喜欢以件咹/咊（，）还是喜欢尔件？

你（是）喜欢以件咹/咊（，）喜欢尔件？

此外，在个别方言，如赣语的宜丰话和宿松话中，基本式只是受普通话和官话影响而后起的句式，对于本地人而言，使用最多、最地道的还是省略式。

至于 A、B 间不用连词或语气词而直接组合的形式，虽在吴、湘、赣三大方言中都存在，但其使用并不太普遍。因为这种形式所构成的选择问，语气上往往显得有些生硬，一般只用于熟人之间或表达不太客气的口吻。如：

①哎！你呷饭呷面？（哎！你吃饭还是吃面？）（湘语新化话）

②到底你去我去？（湘语新化话）

③你着一件着两件？（赣语宜丰话）

④相信你相信佢？（赣语宜丰话）

⑤侬吃饭吃面？（吴语上海话）

⑥阿拉去北京去南京？（吴语上海话）

（四）正反问比较

正反问由正反并列结构承担疑问信息。一般说来，汉语方言正反问的基本类型有三种：①VP－Neg－VP；②VP－Neg；③K－VP（K 为疑问副词，在不同方言中读音不同）。此外，①、②两类中还有若干下位分类。在吴、湘、赣三大汉语方言中，正反问类型多样，关系复杂。下面我们从四个方面来说明和比较：

1. 基本大类的比较

在正反问基本类型方面，赣语的主要问句形式是“VP－Neg－VP”；湘语和吴语的主要问句形式是“VP－Neg－VP”和“VP－Neg”。例如：

赣语的“VP－Neg－VP”：

⑦这本书是你个不是你个啵？（南昌话）

⑧明日我们去不去哩？（永修话）

⑨你去广州啊不去？（万载话）

⑩你认得啊不认得阿叻？（你认识我不认识我？）（宜丰话）

⑪正煮熟咯饭，吃不吃叻？（宜丰话）

⑫你知道不知道？（铅山话）

湘语的“VP－Neg－VP”：

⑬你买不买书（啊）？（湘乡话）

⑭今夜哩你行啊恩行啊？（涟源古塘话）

⑮你下午做唔做暑假作业？（新化话）

⑯晓得个事不晓得？（衡阳话）

⑰他看戏阿不看啰？（益阳话）

⑱你买不买米？（湘潭话）

⑲你吃饭不吃饭啰？（长沙话）

⑳我去不去啊？（娄底话）

吴语的“VP－Neg－VP”：

㉑侬吃饭勿吃饭？（上海话）

㉒身体好不好啦？（杭州话）

㉓他是勿是学生？（绍兴话）

㉔你有勿有书？（嵊县话）

㉕他晓（得）勿晓得？（宁波话）

㉖走得快勿快？（溧阳话）

㉗渠用功否用功？（乐清话）

湘语的“VP－Neg”：

㉘你买书不？（湘乡话）

㉙你喜欢其不？（衡阳话）

㉚你屋里禾扮咖冇啰？（益阳话）

㉛你还想吃土豆炖牛肉不啦？（长沙话）

㉜你崽伢子过年回来不？（湘潭话）

㉝你去唱歌不啰？（娄底话）

㉞摆起花哩冇？（隆回话）

㉟你吃过白兰地冇？（祁阳话）

吴语的“VP－Neg”：

㊱你去勒勿？（崇明话）

㊲渠来勿曾葛？（衢州话）

㊳个件事干你答应勿？（天台话）

㊴渠应承做否喔？（平阳话）

㊵来了末？（南汇周浦话）

㊶走得快勿？（宜兴话）

㊷尔去弗？（金华话）

㊸侬去勿？（上海话）

当然，对于赣语区而言，在宿松、宜丰等少数地区，还存在“VP－Neg”。例如：

㊹你知道不？（铅山话）

㊺有茶叶不哝？（有没有茶叶呢?）（宿松话）

对于吴语区而言，在旧松江府以外的苏南地区，皖南旧宣州府的铜陵和泾县，以及江西的玉山，还存在“K－VP”（游汝杰，1999：101）。例如：

㊻阿要吃点物事？（苏州话）

㊼阿曾来？（吴江话）

㊽你阿有书？（常熟话）

㊾阿晓得？（无锡话）

㊿可是学生？（金坛话）

2. “VP－Neg－VP”下位类型的比较

正反问“VP－Neg－VP”下辖四式：Ⅰ. V－Neg－V；Ⅱ. V－Neg－VO；Ⅲ. VO－Neg－VO；Ⅳ. VO－Neg－V。Ⅰ为简单式，Ⅱ为前省式，Ⅲ为完整式，Ⅳ为后省式。对于吴、湘、赣三大方言区而言，虽然“VP－Neg－VP”为三大区共同通行的格式，但在具体运用上，仍存在一定差异和特点：

（1）从使用频率看，在湘语区，人们使用较多的是“V－Neg－V”、“V－Neg－VO”和“VO－Neg－V”（尤以前两者为甚）。但在赣语和吴语区，人们使用最多的却只有“V－Neg－V”和“V－Neg－VO”，至于完整式“VO－Neg－VO”和后省式“VO－Neg－V”，则使用较少。[②]

（2）从句式变化看，在湘语和赣语区，对于动宾短语（VO）所构成的正反问，一般不存在把宾语提前放置主语位置的情况，但在吴语区的很多方言中，人们却往往更习惯于使用“O－V－Neg－V”这种话题句或变式句。下边引用的是温州话的用例。（转引自游汝杰，1999：102）

(51)你饭吃不吃？（你吃不吃饭?）（温州话）

(52)雨衣着不着？（穿不穿雨衣?）（温州话）

㊿茶喝否喝？（穿不穿雨衣？）（温州话）

（3）从省略式的情况看，在吴语的某些地方如旧绍兴府的绍兴、诸暨和嵊县，以及旧金华府的金华和武义，还存在“V－Neg－V（O）”和其省略式“VV（O）”并存使用的情况，但在湘语和赣语区中，却未曾见到省略式“VV（O）”的运用。下边是吴语区绍兴话和嵊县话的用例：

54饭吃吃？（吃不吃饭？）（绍兴话）

55小王来来？（小王来不来？）（绍兴话）

56晚稻种（勿）种来？（晚稻种不种？）（嵊县话）

57呷（勿）呷老酒来？（喝不喝黄酒？）（嵊县话）

（4）从双音节谓词的正反问句式来看，在“V－Neg－V（O）”式的类推下，对于由双音节谓词（AB）所构成的正反问，虽然吴、湘、赣三大区所使用的大都是“AB－Neg－AB”式和“A－Neg－AB”式，但在湘语的某些地方，还可使用“AB－Neg－A”式（当然此时的AB仅限于由动宾式构成的词语）。例如：

58你洗澡唔洗？（你洗不洗澡？）（湘语新化话）

59你睏觉唔睏？（你睡不睡觉？）（湘语新化话）

60其理发唔理？（他理不理发？）（湘语新化话）

3.“VP－Neg”下位类型的比较

正反问“VP－Neg”下辖两式：Ⅰ.VP－Neg；Ⅱ.VP－Prt－Neg”（Prt为语气词的标识符）。在吴、湘、赣三大方言中，湘语和赣语一般使用“VP－Neg”，而在吴语区中，有些方言如温州、乐清、宜兴等却常常使用“VP－Prt－Neg”。例如：

湘语和赣语区的“VP－Neg”：

61箇只梳子是你的不？（那把梳子是你的吗？）（湘语湘潭话）

62他去上课不啦？（他去不去上课？）（湘语娄底话）

63明天见一面不？（赣语铅山话）

64暗边积舞得正不叻/咧？（赣语宜丰话）

吴语区的“VP－Prt－Neg”：

65你后半日走去泅河儿也否？（你下午去不去游泳？）（温州话）

66西餐你爱吃也否？（西餐你爱不爱吃？）（温州话）

67你能界走去读书也否？（你现在去不去读书？）（乐清话）

68渠个说话你相信也否？（他的话你相信不相信？）（乐清话）

69我勿晓则他有勒勿？（我不知道他有没有？）（宜兴话）

70他老快勒勿？（他走得快不快？）（宜兴话）

4. 其他方面的比较

除了上边所提到的这些情况，对于吴、湘、赣三大方言的正反问而言，具有比较价值的还有以下两点：

（1）对能性述补结构“V得C”的正反式提问。

对能性述补结构“V得C”的正反式提问，赣方言一般只采用“V－得－C＋V－Neg－C”一种形式，湘方言一般可采用“V－得－C＋V－Neg－C”和“V－Neg－V－得－C”两种形式（比较而言，后一种形式更为常见）。例如：

赣方言的“V－得－C＋V－Neg－C”式：

㉑这件事你做得来做不来？（赣语武宁话）

㉒摩托车，你骑得来骑不来？（赣语武宁话）

㉓你吃得完吃不完？（赣语宜丰话）

㉔佢哩两公婆找得到找不到？（赣语宜丰话）

湘方言的“V－得－C＋V－Neg－C”式和“V－Neg－V－得－C”式：

㉕箇本书你看得完看不完啰？（湘语长沙话）

㉖箇点咖子饭吃不吃得完啰？（湘语长沙话）

㉗你拿得动拿唔动？（湘语新化话）

㉘你呷唔呷得完咮？（湘语新化话）

而对于吴方言而言，则情况复杂，大体有以下五种情况（参阅钱乃荣，2003）：

A. 在杭州、上海、金华、永康等方言中，既可采用“V－得－C＋V－Neg－C”式，也可采用“V－Neg－V－得－C”式，而且以后一种形式更为常见。下边是杭州话和上海话的用例：

㉙他走不走得快？（杭州话）

㉚他走得快走不快？（杭州话）

㉛伊扫勿扫得干净？（上海话）

㉜伊扫得干净扫勿干净？（上海话）

B. 在宜兴、湖州双林、黄岩等方言中，既能采用“V－得－C＋V－Neg－C”式，也能采用“VP－Neg”式。下边是宜兴话的用例：

㉝他走得快佬走勿快？（他走得快走不快？）

㉞他走快佬勿？（他走得快走不快？）

C. 在丹阳、宁波、常州、溧阳等方言中，只能采用“V－得－C＋V－Neg－C”式。

㉟其喊得来喊勿来？（宁波话）

㊱听得懂听勿懂？（常州话）

D. 在绍兴、诸暨等方言中，只能采用“V－Neg－V－得－C”式。如：

㊲饭吃勿吃得完？（绍兴话）

㊳晚稻种勿种得好？（诸暨话）

E. 在温州、余姚、衢州等方言中，只能采用“VP－Neg”式。如：

㊴该倈饭吃得落不？（这些饭吃得下吃不下？）（温州话）

(90)渠走得快勿？（他走得快走不快？）（衢州话）

（2）对“有－Neg－有－VP”和“有－V－Neg”的使用。

“有－Neg－有－VP”和“有－V－Neg”，都用于对已然态谓词的正反式提问。在湘、赣、吴三大方言中，赣语区已然态谓词的正反问是不用这两种句式来表示的；湘语区有些地区，如新化、益阳则可以使用“有－Neg－有－VP”；吴语区有些地区，如上海、杭州、绍兴、嵊县、诸暨、松江、临海可以使用“有－Neg－有－VP”，而另一些地区，如乐清、温州、平阳、青田可以使用“有－V－Neg”（游汝杰，1999：108）。例如：

湘语和吴语的“有－Neg－有－VP”式：

(91)其有冇有呷饭？（湘语新化话）

(92)你昨日有冇有写作业？（湘语新化话）

(93)渠有吪有来？（吴语临海话）

(94)有勿有去过？（吴语上海话）

吴语的“有－V－Neg”式：

(95)你昨夜黄昏有吃点心冇？（吴语平阳话）

(96)渠昨天有走来冇喔？（吴语平阳话）

(97)你旧年有读英文也冇？（吴语温州话）

(98)渠有抗你讲说话也冇？（吴语温州话）

我们知道，在南方有些方言如粤方言中，也存在这样的句式。不同的是，从肯定式答语来看，粤方言可以用“有VP”作答，而吴语和湘语则只能直接用问句中的动词作答。

（五）湘语、赣语、吴语疑问句的类型特征及其解释

为了更好地显示出湘、赣、吴三大方言在疑问范畴上所体现的类型特点，现把我们上文所提到的比较项目及其结果综括如下：

比较项		湘语	赣语	吴语
是非问	（1）疑问信息的载体	疑问语气词	疑问语气词、疑问语调	疑问语气词、疑问语调
	（2）句末语气词是否带有否定词的痕迹	否	否	是
	（3）有无是非问缺失现象	无	无	有

（续上表）

比较项			湘语	赣语	吴语
特指问		（4）特指问的次类划分	疑问代词式、简略式	疑问代词式、简略式	疑问代词式、简略式
		（5）简略式的结构形式	NP/VP＋呢	NP/VP＋呢	NP/VP＋呢
		（6）非简略式的语用功能	对人、事物、时间、处所、数量、程度、方式、原因等进行提问	对人、事物、时间、处所、数量、程度、方式、原因等进行提问	对人、事物、时间、处所、数量、程度、方式、原因等进行提问
		（7）疑问代词	“哪”类、“么”类、“几”、“好多”类、“何”类、“好”类	“哪”类、“么”类、“几”、“几多”类、“何”类、“啥”类、“什”类	“哪”类、“底”类、“几”、“几忽”类、“多少”类、“啥”类、“鞋”类
选择问		（8）结构形式	基本式：（是）A 还是 B 省略式：（是）A 啊/呢 B	基本式：（是）A 还是 B 省略式：（是）A 啊/呢 B	基本式：（是）A 还是 B 省略式：（是）A 啊/呢 B
正反问		（9）基本大类	VP－Neg－VP、VP－Neg	VP－Neg－VP	VP－Neg－VP、VP－Neg、K－VP
	VP－Neg－VP	（10）使用频率较高的句式	V－Neg－V、V－Neg－VO、VO－Neg－V	V－Neg－V、V－Neg－VO	V－Neg－V、V－Neg－VO
		（11）句式变化	无“O－V－Neg－V”句	无“O－V－Neg－V”句	有“O－V－Neg－V”句
		（12）省略式	无“VV（O）”式	无“VV（O）”式	有“VV（O）”式
		（13）双音节谓词的正反问	有“AB－Neg－A”式	无“AB－Neg－A”式	无“AB－Neg－A”式
		（14）“VP－Neg”的下位类型	VP－Neg	VP－Neg	VP－Neg、VP－Prt－Neg
		（15）对能性述补结构“V得C”的正反式提问	V－得－C＋V－Neg－C、V－Neg－V－得－C	V－得－C＋V－Neg－C	复杂（有5种情况）V－Neg－V－得－C
		（16）对“有－Neg－有－VP”和“有－V－Neg”的使用	有－Neg－有－VP	无	有－Neg－有－VP、有－V－Neg

根据上表的归纳，我们可总结出以下几点：

第一，湘、赣、吴三大方言在疑问范畴的表现上虽然同异并存，但总体上是重叠交叉，同大于异。这不仅鲜明地表现在特指问和选择问上，而且也表现在是非问和正反问某些比较项的分布上。

第二，跟湘、赣、吴地理分布上“西—中—东”的格局相对应，在疑问范畴上，赣方言也表现出很强的过渡性特征。例如，对于比较项（1）、（2）、（3）和（10）、（11）、（12）、（13）、（14）而言，赣方言要么跟湘语表现出很强的一致性，要么跟吴语表现很强的一致性。当然总体来看，赣语偏向湘语的成分要多一些。

第三，对于地域并不毗邻的湘语和吴语，其在疑问范畴上所表现的共性倾向也比较明显。例如，除了特指问和选择问所存在的诸多共性，在“VP－Neg－VP”和“VP－Neg”的并用、“V－得－C＋V－Neg－C”和“V－Neg－V－得－C”的并用，以及“有－Neg－有－VP”的使用和回答上，也都显现出一定的对应性。

第四，湘、赣、吴三大方言在历史发展中，均受到北方方言的渗透和影响。但从目前疑问范畴的情况来看，赣语跟北方方言的关系最为接近。例如，赣方言在比较项（15）、（16）上的表现，就跟北方方言完全一致。

第五，在各比较点上，湘、赣、吴三大方言所体现的多样性和复杂性是不太一致的。相对而言，吴语的表现手段最为复杂。例如在比较项（9）和（14）、（15）、（16）这几点上，吴语的情况都显得比湘语和赣语复杂多样。

湘、赣、吴语在疑问范畴上之所以会表现出较大的一致性和整体倾向，这既跟其历史渊源密切相关，也跟其地理位置有重要联系。首先，从方言形成的历史过程来看，南方六大方言都是北方不同时期不同地区的古汉语随北方汉人大规模南下而发展演变的结果（周振鹤、游汝杰，1986：9）。其中，吴语和湘语形成较早。吴语是渭水中游的中原移民南徙到江南地区不断发展的结果。湘语源于古楚语，而楚人溯其源也来自中原移民。（周振鹤、游汝杰，1986：38）赣语是后来冀、豫区的北方移民大规模南迁江西地区所形成的结果。这样，古吴语和古楚语源远流长的历史关系，也就解释了今天吴语和湘语在各方面（包括疑问范畴方面）所存在的共性与联系。其次，从地理格局来看，随着冀、豫区的北方移民大量涌入江西地区并形成赣方言，虽然一方面吴语和湘语被永远地隔开，但另一方面吴、湘、赣又被连为一体。这样，湘、赣、吴地理位置的毗邻与衔接，使湘语、赣语和吴语形成语言接触的高频带，吴语和赣语、湘语和赣语以及吴、湘、赣也就在相互交流中又生发出诸多共性与联系。

当然，湘、赣、吴语在疑问范畴和其他语言特征上所表现的现状，是多元因素综合作用的结果。除了地理位置和移民史之外，经济因素和周边环境的影响也是一个很重要的原因。例如，在各种疑问形式的交融度和复杂度方面，吴语总是甚于湘语和赣语，这跟该地区经济发达，各地人交往以及语言接触、交融频繁有很大关系。

二、吴语、闽语、粤语疑问范畴比较研究

吴方言、闽方言、粤方言的地理位置，从长江口开始，沿着东海岸从北向南延伸，地处东南沿海的边缘地带，互为邻省，呈现一种连续的态势。从历史来源看，根据游汝杰《汉语方言学导论》（上海教育出版社，1992）的研究，吴语的最早源头可以追溯到先周时代，而且南北朝文献中已有明确记载，是北方移民多次大规模南下后跟当地土语混合的产物，并且一层一层地向南挤压，从苏南到浙北，再到浙东、浙南。而闽语最大可能就是在汉末以及魏晋时代开始的百多年间，汉人从吴语区沿着海路和陆路继续南下，到唐宋时代开始确立其基本形态。所以现在浙南吴语跟闽北闽语在语音、词汇、语法诸多方面有相同之处，以至于某些地方的方言（平阳蛮话、泰顺蛮话）究竟属于吴语还是闽语，就成了有争议的问题。换言之，闽方言不是直接来源于北方话，而是从古代吴语延伸而来的。粤语发端于唐宋时代的大量北方移民，尤其是宋代因金人入侵，大批汉人南下避难进入广东，所以粤方言保留比较多的唐宋中古汉语的特点。更由于偏安南部，战乱较少，时局相对稳定，跟其他方言接触、交融的机会比较小，导致语言面貌变化相对较小。从吴方言、闽方言，到粤方言，随着地理位置的南延，这些历史演变的渊源反映在语法特点上，尤其是疑问范畴，包括疑问句式、疑问代词，以及疑问语气词等方面，表现出语言类型学的特点，非常值得注意。

（一）是非问疑问语气词比较

广州话是非疑问句的特色是疑问语气词特别丰富，不同的疑问语气词往往在表意上有细微的区别，在北方方言里往往无法找到相对应的语气词。主要有：①嘛［ma^{33}］（吗，中性）；②啊（或咋、啦、㗎）（回声问）；③咧［$l\varepsilon^{13}$］（吧，事实求证）；④嗬［$h\text{ɔ}^{35}$］（吧，有法求证）；⑤啩［kwa^{33}］（吧，征询）；⑥咧［$l\varepsilon^{21}$］（吧，揣测）；⑦咩［$m\varepsilon^{55}$］（吗，诧异）。例如：

①你嘅仔出年返嚟嘛？（你儿子明年回来吗？）

②你中意佢啊→？（你喜欢他呀→？）

③啯度几靓咧？（那儿的确蛮漂亮吧？）

④噉做唔係几好嗬？（这样做不是太好，对吧？）

⑤呢次展销会佢哋会嚟参展啩？（这次的展销会他们会来参展吧？）

⑥听晚去睇场电影咧？（明晚去看场电影吧？）

⑦就噉两本咩？（就这么两本吗？）

可是闽语的是非疑问句中几乎不见疑问语气词，这可能跟闽语疑问句式采用否定词后置的形态有关。例如：

⑧老板有同意无？

这个后置句末的否定词“无”，实际是已经开始虚化，属于带有否定意义的副词性的疑问语气词，或者说，它还处于虚化的进程中，开始虚化，但是还没有完全虚

化，明显有否定副词的意思，但是位置处于句尾，也具有语气词的某些特点。也可以说是介于副定性副词与疑问语气词之间。正因为“无”起到了强化疑问格式的作用，也就不需要再借助任何疑问语气词了。这跟吴方言的是非疑问句句末的“哦”有异曲同工之妙。根据我们的观察，吴方言这类句子的末尾，通常有三种形式并存：

⑨侬去勿？

⑩侬去勿啦？

⑪侬去哦？

例⑨的“勿”明显还是否定副词，例⑩句末是否定副词“勿”加上语气词“啊”，例⑪则是否定副词“勿”加上语气词“啊”的合音“哦”。例⑨的“勿”比较接近于闽语的“无”，而例⑪的这个“哦”看来比起“勿”进一步虚化了，已经更加接近于语气词了，尽管还保留有一点否定的意味。从这一点来看，吴方言比起闽方言来，演变的程度更加深一点。不过吴方言的疑问语气词尽管比不上粤方言，比闽方言还是要丰富得多，而且比较接近于北方方言，除了“哦”，还有“啊”、“啦”、“嚎”。例如：

⑫明早礼拜一啊？（相当于“吗”，中性问）

⑬侬后日走啦？（相当于“吗”，表示惊异）

⑭伊饭吃过勒嚎？（相当于“吧”）

闽方言只是在求证性是非疑问句中，还可以看到福州、厦门、泉州方言中有少量的疑问语气词。求证性疑问句中，福州话用语气词“啦”，闽南话则用“吓”（或“乎”），分布上与北京话的“吗”对应。例如：

⑮今旦礼拜三啦？（“今天星期三↗？”，隐含“不相信今天星期三”义）

⑯恁咧开会吓？（你们在开会吗？）

⑰恁咧开会乎？（你们在开会吧？）

在求证性疑问句中，吴、闽、粤方言体现出共性来。闽南话是非问句更常见的是采用“S＋疑问语气词”的形式，听者必须针对所问作出回答。例如厦门话：

⑱恁咧开会吓？（你们在开会吗？）

⑲汝卜请伊吓？（你想请他吧？）

“吓”音［heʔ³²］，周长楫、欧阳忆耘说：“‘吓’的语气比较重，带有‘是吗’的强调意味”，也就是希望得到听话者的证实。

在泉州话中，相应的是非疑问句的语气词用“乎”，这种疑问句的疑问程度较弱，即信的程度强于疑。例如：

⑳恁咧开会乎？（你们在开会吧？）

如果要表示疑的程度强于信，通常用正反问的形式，即“恁是伓是咧开会？”。粤语也有这种类型的疑问句，如：

㉑噉做唔係几好嘀？（这样做不是太好，对吧？）

㉒呢场波我哋实会赢嘅，嗬？（这场球我们队肯定会赢的，对吧？）

其实这种句式在南方不少方言皆有，应该是对古汉语的共同保留，如吴方言的上海话：

㉓伊是北京人嚎？

㉔侬有30岁嚎？

“嚎”的作用是“表示已经基本上知道某个信息，但是还不能确认，所以提出来，要求对方证实”。再如江西客家话的“嚯”：

㉕今朝年初三呃嚯？（今天正月初三了，是吧？）

㉖坐飞机蛮有味道嚯？（坐飞机很有意思，是吧？）

闽语的“乎”、粤语的“嗬”、吴语的“嚎”和客家的“嚎”，应该都来自一个共同的早期形式，从语音形式来看，声母都属于舌根辅音，比较可能的是古汉语的虚词“乎”（古汉语“乎”除表示一般的疑问外，还可以表示揣度的语气，例如：“成败兴亡之机，其在斯乎？”）。

至于单纯依靠语调，而不依赖于疑问语气词的是非问句，吴语、闽语以及粤语都有，都是带有明显的怀疑、惊讶的语气，出乎意料，所以常常有反问的意味，表示简直不相信会这样，所以不大需要对方给以回答，而且出现的频率也比较低。例如：

㉗侬勿想参加↗？（吴语）

㉘伊今旦去北京↗？（闽语）

㉙你唔知今日要开会↗？（粤语）

（二）正反问句比较

粤方言的正反疑问句既有跟普通话对应的地方，也有跟普通话不对应之处。广州话的正反问句主要有“VP唔VP”、“VP未”、“有冇VP”、“係唔係VP”四大类，其中“VP唔VP”情况最复杂，具有不同的表现形式：①V唔V？②V唔VO？③VO唔V？例如：

㉚佢哋来唔来？（他们来不来？）

㉛你返唔返屋企？（你回家不回？）

㉜佢考公务员唔考？（他考公务员不考？）

只是最常用的格式是前省式“V唔VO？”而且年轻人更加喜欢用，后省式实际上主要是老年人使用。这跟吴方言、闽方言大体上是一致的。

闽南话的正反问句，主要由谓语的肯定形式和否定形式并列构成。可以是完整式，宾语可以是前省式，也可以是后省式，不过以前省式更为常见，此外，否定词“伓”常以弱化的形态出现（与前一音节合音）。例如：

㉝汝是大学生伓是大学生？（完整式）

㉞汝是伓是大学生？（前省式）

㉟汝是大学生伓是？（后省式）

闽方言的正反问句的格式还有采用“VP－Neg”格式的，这种格式基本上就是古汉语的遗留，吕叔湘（1982）、朱德熙（1991）、邵敬敏（1996）都指出“VP－Neg”格式是唐以至近代汉语的优势格式。例如厦门话：

㊱汝欲去北京伓？

至于吴方言的正反问，最为特殊，第一，除了很少使用的完整式，只有前省式，没有后省式。例如：

㊲侬吃饭勿吃饭？

㊳侬吃勿吃饭？

绝对不说“侬吃饭勿吃？”第二，吴方言里相当的次方言还可以用“阿VP”来发问，作用相当于正反问。上海话就保留了不少这样的句式，这其实是苏州话的格式，是不是属于正反问，历来有争议。上海人里，中老年说得比较多，年轻人由于受到普通话的影响，已经很少使用了。目前上海话里主要是用一些常用格式，例如“阿是”、“阿有”、“阿好”、“阿会”、“阿会得”、“阿要”、“阿有啥”等。例如：

㊴侬阿是北京人？

㊵里面阿是杨树浦？

㊶伊阿有迭本书？

㊷迭个小贼阿有神经病咯？

这一种以“阿V”提问的疑问句式，闽方言和粤方言基本上都没有。

还有一种正反问句式是这三种方言都具有的，即“有没有VP”，主要询问确认某动作、行为、情状有否发生。

粤方言的形式是：“有冇VP?”相当于普通话的“V没VP”。近年来，受到南方方言，尤其是粤方言的影响，普通话中使用“有没有VP”的现象也日渐增多了。

对它的回答，肯定式是“有”或“有V”，否定式是“冇”或“冇V”。例如：

㊸——你有冇学揸车啊？（你学没学开车？）

——有。/冇。

㊹——你今年有冇返屋企过年啊？（你今年回没回家过年？）

——有返。/冇返。

闽方言也有这类格式，而且回答既可以否定回答，也可以用“有”来肯定回答。例如：

㊺——汝有无去看电影？

——有看电影。

㊻——面有无红？

——有面红。

闽语的正反疑问句还有一类特殊的格式：跟“有无V”相匹配的“有V无”格式，例如：

㊼汝有无字典?

㊽汝有字典无?

㊾汝有无去看电影?

㊿汝有去看电影无?

至于吴方言，可以这样提问，即“有勿有 VP?”这说明吴方言跟粤方言和闽方言在类型学上有共通之处，但是吴方言跟粤方言、闽方言的主要差别在于，肯定性回答不能用“有”或者“有 VP”，而必须去掉“有”，用时态助词。例如：

(51)侬有勿有吃过饭？吃过勒。(不能回答：有吃过)

(52)香港侬有勿有去过？去过勒。(不能回答：有去过)

(三) 疑问代词系统比较

就疑问代词系统来看，粤语有以下四个系列，其中，“几”系最为发达：

(1)“几”系列，常见的有问数量的“几”、“几多”，问时间的“几时”、“几耐”(次方言也有说“几久”的)，问程度的“几”。

(2) 自身生发出的“边”系(“边个”、“边度”)。

(3) 从古汉语的“底”衍化而来的“点”、“点样”(问方式、原因)。

(4) 从“物”衍化而来的“乜(嘢)”。

闽语的疑问代词就其大势而言与粤语有很大的不同。主要有两大系列：

(1)“底”系。

(2)“偌”系。

处所的疑问代词几乎都是“底”系，如“底呢”、“底(蜀)角”、“底(蜀)对”、“底(蜀)边”(福州)，闽南的情况亦相似；方式和状况的疑问词则是“怎样”、“怎其”(福州)，闽南差别不大，如厦门用“怎样”和“安怎(款)”，数量较多时通常用“偌夥”询问，问时间(长)用“偌夥行”(福州)或“偌夥久”(厦门)，问程度也是“偌夥”，其他则是“底”系与别的说法兼有，如问人是“底人(侬)”(福州)和“底蜀只”(福州)、问时点是“底时”(闽南)，只有在问身份时才用“甚乇人”(什么人，福州)、“甚物人”(厦门)，“几”只用在问单纯的数量上(十以下)。

吴方言(上海话)的疑问代词比较特别，有三个系列：

(1) 独用系列：“几时”、“几格”、“几忽”、“哪能”、“哪能格”(“多少”怀疑是受北方方言的影响)。

(2) 由“啥”跟名词组合而成的系列：“啥格”、“啥末事”、“啥人”、“啥地方”、“啥场化”、“啥湖荡”、“啥辰光”、“啥事体”。

(3) 由“鞋里(衣)”跟其他名词组合而成的系列：“鞋里搭”、“鞋里个”。

可见，吴、闽、粤三大方言的疑问代词系统具有较大的差异性，不过闽方言和粤方言还是相对接近一点。但是即使是来源相同的“底”，闽、粤两种方言也体现出用法的不同：闽语用于问人和问处所，粤语用于问方式和原因。

附注

①在该文中，钱先生是不分是非问和正反问的。但我们认为“哦”是否定词“勿”与语气词“啊”的合音，因此，“VP＋哦 ”还是以看成是非问为宜。

②据刘纶鑫（1999：747）统计显示，前两种格式在赣语区的使用区域占95%以上，而后两种格式只占5%以下。

参考文献

1. 鲍厚星，陈立中，彭泽润．二十世纪湖南方言研究概述．方言，2000（1）

2. 鲍厚星．湘方言概要．长沙：湖南师范大学出版社，2006

3. 曹剑芬．汉语声调与语调的关系．中国语文，2002（3）

4. 常玉钟．试析反问句的语用含义．汉语学习，1992（5）

5. 陈晖．20世纪以来湘语研究述评．见：储泽祥，蒋冀骋．现代汉语研究．长沙：湖南师范大学出版社，2004

6. 陈晖，鲍厚星．湖南省的汉语方言．方言，2007（3）

7. 陈泽平．福州方言研究．福州：福建人民出版社，1998

8. 陈泽平．福州方言的否定词和反复疑问句．方言，1998（1）

9. 陈泽平．北京话福州话疑问语气词的对比分析．中国语文，2004（5）

10. 储诚志．语气词语气意义的分析问题——以“啊”为例．语言教学与研究，1994（4）

11. 邓少君．广州话常见的语气词．方言，1991（2）

12. 戴昭铭．天台方言初探．北京：中国社会科学出版社，2003

13. 丁力．从问句系统看“是不是”问句．中国语文，1999（6）

14. 丁力．现代汉语列项选择问研究．武汉：华中师范大学出版社，2003

15. 范继淹．是非问句的句法形式．中国语文，1982（6）

16. 方小燕．广州方言句末语气助词．广州：暨南大学出版社，2003

17. 冯爱珍．福州方言词典．杭州：江苏教育出版社，1998

18. 甘于恩．广东四邑方言语法研究．暨南大学博士学位论文，2002

19. 甘于恩．闽方言疑问句比较研究．暨南学报，2007（3）

20. 甘于恩，邵慧君．汉语部分南方方言否定副词的类型比较，见：第四届国际闽方言研讨会论文集，汕头：汕头大学出版社，1996

21. 何耿镛．客家方言语法研究．厦门：厦门大学出版社，1993

22. 胡孝斌．反问句的话语制约因素．世界汉语教学，1999（1）

23. 龚千炎．谈现代汉语的时制表示和时态表达系统．中国语文，1991（4）

24. 郭必之．香港粤语疑问代词“点”［tim^{35}］的来源．语言学论丛［27］．北京：商务印书馆，2003

25. 郭继懋．反问句的语义语用特点．中国语文，1992（2）
26. 郭锐．“吗”问句的确信度和回答方式．世界汉语教学，2000（2）
27. 郭锡良．关于系词“是”产生时代和来源论争的几点认识．汉语史论集．北京：商务印书馆，1997
28. 郭校珍．山西晋语的疑问系统及其反复问句．语文研究，2005（2）
29. 贺巍．获嘉方言的疑问句——兼论反复问两种句型的关系．中国语文，1991（5）
30. 黄伯荣．汉语方言语法类编．青岛：青岛出版社，1996
31. 黄伯荣．汉语方言语法调查手册．广州：广东人民出版社，2001
32. 黄国营．“吗”字用法初探．语言研究，1986（2）
33. 黄雪贞．梅县方言词典．南京：江苏教育出版社，1995
34. 李崇兴．选择问记号“还是”的来历．语言研究，1990（2）
35. 李讷，安珊笛，张伯江．从话语角度论证语气词“的”．中国语文，1998（2）
36. 李如龙．福建方言．福州：福建人民出版社，1997
37. 李如龙，张双庆．客赣方言调查报告．厦门：厦门大学出版社，1992
38. 李小凡．也谈反复问句．见：语言学与汉语教学．北京：北京语言学院出版社，1990
39. 李新魁等．广州方言研究．广州：广东人民出版社，1995
40. 李延瑞．福州话反复问句的特点．福建师范大学学报，1987（3）
41. 李宇明．反问句的构成及其理解．殷都学刊，1990（3）
42. 林寒生．闽东方言词汇语法研究．昆明：云南大学出版社，2002
43. 林立芳．梅县方言语法论稿．北京：中华工商联合出版社，1997
44. 林连通．泉州方言志．北京：社会科学文献出版社，1993
45. 林茂灿．汉语的语调和声调．语言文字应用，2004（3）
46. 刘丹青．苏州方言的发问句与“可 VP”句式．中国语文，1991（1）
47. 刘纶鑫．客赣方言比较研究．北京：中国社会科学出版社，1999
48. 刘松汉．反问句新探．南京师大学报，1989（1）
49. 刘月华．语调是非问句．语言教学与研究，1988（2）
50. 陆俭明．关于现代汉语里的疑问语气词．中国语文，1984（5）
51. 卢小群．湘语语法研究述评．湖南师范大学社会科学学报，2007（4）
52. 卢小群．湘语语法研究．北京：中央民族大学出版社，2007
53. 吕叔湘．中国文法要略．吕叔湘文集（第一卷）．北京：商务印书馆，1993
54. 吕叔湘．汉语语法分析问题．吕叔湘文集（第二卷）．北京：商务印书馆，1995
55. 吕叔湘．疑问・否定・肯定．中国语文，1985（4）

56. 吕叔湘．现代汉语八百词（增订本）．北京：商务印书馆，1999

57. 吕叔湘著，江蓝生补．近代汉语指代词．北京：学林出版社，1985

58. 罗福腾．山东方言里的反复问句．方言，1996（3）

59. 罗昕如．新化方言研究．长沙：湖南教育出版社，1998

60. 罗肇锦．客语语法．台北：台湾学生书局，1988

61. 麦耘．广州话语调说略．广州话研究与教学（三）．广州：中山大学出版社，1998

62. 麦耘．广州话疑问语气系统概说．暨南学报，1998（4）

63. 麦耘．实验报告：广州话句末升语调对字调的影响．见：单周尧等主编．第七届国际粤方言研讨会论文集．北京：商务印书馆，2000

64. 闵家骥，范晓，朱川，张嵩岳．简明吴方言词典．上海：上海辞书出版社，1986

65. 彭兰玉．衡阳方言语法研究．北京：中国社会科学出版社，2005

66. 彭小川．关于是非问句的几点思考．语言教学与研究，2006（6）

67. 彭小川．广州话是非问句研究．暨南学报，2006（4）

68. 齐沪扬．语气词和语气系统．合肥：安徽教育出版社，2002

69. 齐沪扬，丁婵婵．反诘类语气副词的否定功能分析．汉语学习，2006（5）

70. 钱奠香．海南屯昌闽语语法研究．昆明：云南大学出版社，1999

71. 钱乃荣．上海话语法．上海：上海人民出版社，1997

72. 钱乃荣．当代吴语研究．上海：上海教育出版社，1992

73. 钱乃荣．上海语法发展史．上海：上海人民出版社，2003

74. 钱乃荣．北部吴语研究．上海：上海大学出版社，2003

75. ［日］桥本万太郎．语言地理类型学．余志鸿译．北京：北京大学出版社，1985

76. 乔全生．从洪洞方言看唐宋以来助词“着”的性质．方言，1998（2）

77. 裘锡圭．关于殷墟卜辞的命辞是否问句的考察．中国语文，1988（1）

78. 邵敬敏．现代汉语疑问句研究．上海：华东师范大学出版社，1996

79. 邵敬敏．关于疑问句的研究．语法研究入门．北京：商务印书馆，1999

80. 邵敬敏，鲍茂振．从北京话、上海话、香港话看语言渐变的走势．香港语文建设通讯，1997（3）

81. 沈家煊．复句三域“行、知、言”．中国语文，2003（3）

82. 史金生．表反问的“不是”．中国语文，1997（1）

83. 史金生．“要不”的语法化——语用机制及相关的形式变化．解放军外国语学院学报，2005（6）

84. 施其生．汕头方言的反复问句．中国语文，1990（3）

85. 项梦冰．连城客家话语法研究．北京：语文出版社，1997
86. 邢福义．现代汉语的特指性是非问．语言教学与研究，1987（4）
87. 邢福义．“有没有 VP”疑问句式．华中师范大学学报，1990（1）
88. 许宝华，汤珍珠．上海市区方言志．上海：上海教育出版社，1988
89. 徐慧．益阳方言语法研究．长沙：湖南教育出版社，2001
90. 徐杰．疑问范畴与疑问句式．语言研究，1999（2）
91. 徐杰，李英哲．焦点和两个非线性语法范畴：“否定”“疑问”．中国语文，1993（2）
92. 徐烈炯，邵敬敏．上海方言语法研究．上海：华东师范大学出版社，1998
93. 徐烈炯，刘丹青．话题的结构与功能（增订本）．上海：上海教育出版社，2007
94. 徐盛桓．疑问句探询功能的迁移．中国语文，1999（1）
95. ［日］太田辰夫．中国语历史文法．北京：北京大学出版社，1987
96. 汤廷池．闽南语的是非问句与正反问句．汉学研究，1987（12）
97. 汤廷池．国语疑问句研究续论．汉语词法句法论集．台北：台湾学生书局，1998
98. 唐爱华．宿松方言研究．北京：中国社会科学出版社，2005
99. 陶炼．“是不是”问句说略．中国语文，1998（2）
100. 王建设，张甘荔．泉州方言与文化．厦门：鹭江出版社，1994
101. 王世华．扬州话里两种反复问句共存．中国语文，1985（6）
102. 颜逸明．吴语概说．上海：华东师范大学出版社，1994
103. 杨敬宇．清末粤方言语法及其发展研究．广州：广东人民出版社，2006
104. 游汝杰．吴语里的反复问句．中国语文，1993（2）
105. 余霭芹．广东开平方言的中性问句．中国语文，1992（4）
106. 袁家骅等．汉语方言概要（第二版）．北京：语文出版社，2001
107. 袁毓林．正反问句及相关的类型学参项．中国语文，1993（2）
108. 曾毅平．石城（龙岗）客家方言语法研究．暨南大学博士学位论文，1998
108. 曾毅平，杜宝莲．略论反问的否定功能．暨南大学华文学院学报，2004（2）
110. 曾毓美．湘潭方言语法研究．长沙：湖南大学出版社，2001
111. 詹伯慧．汉语方言及方言调查．武汉：湖北教育出版社，2001
112. 赵元任．北京、苏州、常州语助词的研究．清华学报，1926（2）
113. 赵元任．现代吴语的研究．清华研究院丛书第 4 种，1928
114. 赵元任．汉语的字调跟语调．见：赵元任语言学论文集．北京：商务印书馆，2002
115. 张伯江．疑问句功能琐议．中国语文，1997（2）

116. 张伯江．认知观的语法表现．国外语言学．1997（2）

117. 张洪年．香港粤语语法的研究．香港：香港中文大学出版社，1972

118. 张惠英．汉语方言代词研究．北京：语文出版社，2001

119. 张敏．汉语方言反复问句的类型学研究．北京大学博士学位论文，1990

120. 植符兰．广州方言的语气词．见：詹伯慧主编．第五届国际粤方言研讨会论文集．广州：暨南大学出版社，1997

121. 周长楫．厦门方言词典．南京：江苏教育出版社，1993

122. 周长楫．厦门话疑问句末的"不"、"无"、"袂"、"未"．第五届闽方言学术研讨会论文集．广州：暨南大学出版社，1999

123. 周长楫，欧阳忆耘．厦门方言研究．福州：福建人民出版社，1998

124. 周振鹤，游汝杰．方言与中国文化．上海：上海人民出版社，1986

125. 朱德熙．关于汉语方言里的两种反复问句．中国语文，1985（1）

126. 朱德熙．"V－Neg－VO"与"VO－Neg－V"两种反复问句在汉语方言里的分布．中国语文，1991（5）

127. Chao，Yuren. Grammar of Spoken Chinese. Berkeley & LosAngeles：University of California Press，1968

128. Jackendoff，Jay. Semantic Interpretation in Generative Grammar. Cambridge：MIT Press，1972

129. Halliday，M. A. K. An Introduction to Functional Grammar（Second edition）. Beijing：Foreign Language Teaching and Research Press，2000

130. Li，Charles N. & Sandra A. Thompson. The pragmatics of two types of yes-no question in Mandarin and its universal implications. Papers from the Fifteenth Regional Meeting of Chicago Linguistic Society. Chicago：University of Chicago，1979

131. Ernst，Thomas. Towards an Integrated Theory of Adverb Position in English. Bloomington：Indiana University Linguistics Club，1984

132. Ernst Thomas. Conditions on Chinese A-not-A questions. Journal of East Asian Languages，1994（3）：241－264

133. Cinque，Guglielmo. Adverbs and the Universal Hierarchy of Functional Projections. MS. Venice：University of Venice，1997